本书系2013年国家社会科学基金一般项目（项目号：13BJL017）的最终成果

近代中国城市
文化娱乐消费需求变迁研究

（1861—1937）

郭立珍　著

科学技术文献出版社
SCIENTIFIC AND TECHNICAL DOCUMENTATION PRESS
·北京·

图书在版编目（CIP）数据

近代中国城市文化娱乐消费需求变迁研究：1861—1937 / 郭立珍著. —北京：科学技术文献出版社，2021.6
ISBN 978-7-5189-7986-8

Ⅰ.①近… Ⅱ.①郭… Ⅲ.①城市—文化生活—消费—顾客需求—研究—中国—1861-1937 Ⅳ.① G124

中国版本图书馆 CIP 数据核字（2021）第 112048 号

近代中国城市文化娱乐消费需求变迁研究：1861—1937

策划编辑：曹沧晔　　责任编辑：曹沧晔　　责任校对：赵　瑗　　责任出版：张志平

出 版 者　科学技术文献出版社
地　　址　北京市复兴路15号　邮编 100038
编 务 部　（010）58882938，58882087（传真）
发 行 部　（010）58882868，58882870（传真）
邮 购 部　（010）58882873
官方网址　www.stdp.com.cn
发 行 者　科学技术文献出版社发行 全国各地新华书店经销
印 刷 者　三河市华东印刷有限公司
版　　次　2021 年 6 月第 1 版　2021 年 6 月第 1 次印刷
开　　本　710 × 1000　1/16
字　　数　395千
印　　张　22
书　　号　ISBN 978-7-5189-7986-8
定　　价　98.00元

前 言
FOREWORD

消费是社会再生产的基本环节，消费经济史研究是消费问题研究中不可缺少的一部分，文化娱乐消费经济史又是消费经济史研究的重要组成部分。近代是中国城市文化娱乐消费需求模式由传统向现代转型的历史起点，但国内外学者运用经济学理论和方法对其进行研究的成果鲜少。课题组以马克思主义消费经济学理论为指导，利用现存的近代名人日记、杂记、竹枝词、报纸、城市指南、社会调查报告、年鉴等文献资料，把近代中国城市文化娱乐消费划分为娱乐消费和文化教育消费两大部分，1861—1894 年、1895—1911 年、1912—1937 年三个历史阶段，全国划分为七大区域，每个区域选择若干代表性城市；采用理论分析与实证分析相结合等方法，通过对每个历史阶段代表性城市的典型案例的深入剖析，揭示出近代中国城市文化娱乐消费需求变迁的基本趋势和基本特征、变迁的动力机制以及对经济发展产生的影响，并总结出对当前我国扩大文化消费需求和推进文化产业高质量发展的历史启迪。

近代中国城市文化娱乐消费需求变化的基本趋势体现在四个方面：

首先，近代中国城市文化娱乐消费需求变迁是一缓慢渐变过程。五口通商时期，赛马等西式娱乐活动已在上海出现，不过消费对象主要是外侨，西式文化娱乐产品和服务成为中国城市居民文化娱乐消费构成的一部分，应始于洋务运动期间，发展于清末“新政”时期，繁荣于20世纪二三十年代。洋务运动期间，上海、天津等城市不仅传统娱乐消费需求有所增长，而且观看赛马、打弹子等西式娱乐活动已经进入部分华人的娱乐消费生活中。辛亥革命前十多年间，在上海、天津、汉口等重要通商口岸城市，北京等国家行政中心城市居民的文化娱乐消费结构中，西式文化娱乐产品和服务的种类和数量增加，在文化娱乐消费支出中的占比提高，这一变化趋势还以重要通商口岸城市为中心向其他城市发展。进入民国后，不仅东部沿海沿江地区城市居民文化娱乐消费需求进一步增长，而且中西部地区城市居民娱乐消费也开始由传统向现代嬗变；随着社会教育运动的不断深入，公共文化消费支出也随之增长，公共文化产品和公共文化服务在转变城市居民文化娱乐消费观念、提升民众文化素养和文化娱乐水平方面发挥了积极作用。

其次，在主要通商口岸城市文化娱乐消费需求变迁的带动下，中西部地区城市文化娱乐消费需求也由传统向现代缓慢转型。近代中国城市文化娱乐消费需求变迁是在我国半殖民地半封建社会程度不断加深社会背景下发生的，烙着时代印记，具体表现为：西式文化娱乐消费需求兴起于中心通商口岸城市的租界内，然后中心通商口岸城市带动、引领其他城市文化娱乐消费需求模式的变革。从近代中国城市文化娱乐消费需求变迁的深度和广度看，以中东部沿海沿江地区通商口岸城市变迁幅度尤为显著，西部地区城市文化娱乐消费需求变迁幅度较小、速度缓慢。也因此，近代中国城市文化娱乐消费需求变迁的格局呈现出中东部地区通商口岸城市的繁荣与西部地区城市的落后并存局面。

第三，近代中国城市文化娱乐消费需求变迁程度不均衡。从文化娱乐消费需求变迁的幅度和影响力看，大城市变迁幅度大，对经济社会发展产生的影响较强，中小城市变迁幅度较小，对经济社会变迁产生的影响较弱；同等规模的城市，通商口岸城市变迁的幅度、对经济社会变迁产生的影响大于非通商口岸城市。从文化娱乐消费需求变迁的区域看，华东地区、华南地区、华北地区、华中地区的大城市、省会城市文化娱乐消费需求变化幅度较大。从文化娱乐消费主体看，中高收入群体文化娱乐消费需求变化幅度较大，消费水平提升明显，而广大劳工群体变化幅度小，消费水平低，即使有少量娱乐支出，也呈现产品种类单一、层次低等特征。

第四，近代中国城市文化娱乐消费需求变迁是在曲折发展中演进的。近代中国城市文化娱乐消费需求变迁是在各种掣肘力、推动力相互交织中曲折发展的，居民消费的文化娱乐产品和服务的种类和数量不断增加，总体上呈增长态势。

近代中国城市文化娱乐消费需求变化具有以下五个基本特征：其一，文化娱乐消费结构由单一向多元，由传统向现代转变。19世纪60年代后，在主要通商口岸城市居民的文化娱乐消费构成中，西式娱乐产品的种类、数量逐渐增加，到20世纪30年代全国绝大部分地区城市居民的文化娱乐消费结构与鸦片战争前相比都发生了显著变化，一个中国与西方、先进与落后、传统与现代，由多种多样文化娱乐消费产品和服务构成的现代文化娱乐消费需求体系已经形成。其二，文化娱乐消费主体由小众向大众，由居民向政府、企业、社会组织转变。鸦片战争前文化娱乐消费支出的主体是居民（包括个人、家庭），且主要为官绅、纨绔子弟、商旅等小众，发展到20世纪二三十年代城市居民中不仅中高收入群体文化娱乐消费的种类、数量进一步增加，而且广大劳工群体也有一定的文化娱乐消费支出，文化娱乐消费由小众向大众转变速度加快。民国时期随着社会教育运动、资本主义工商业、文化教育事业的发展，企业、政府、社会组织也逐渐发展成为文化娱乐消费的重要主体，公共文化消费需求显著增长。其三，文化娱乐消费观念由保守向开放，由落后向现代嬗变。文化娱乐消费逐渐由“玩物丧志”向开启民智、辅助教育的利器转变。社会各界逐渐认识到文化娱乐消费的教育、经济等价值。抑制女性文化娱乐消费观念有所改变，享受文化娱乐消费的女性、接受现代教育的女性人数越来越多，规模越来越大。文化娱乐消费功能多元化发展，即文化娱乐消费的休闲娱乐功能、经济功能、教育功能、助赈功能、商业和社交载体功能等都得到一定程度发挥。其四，文化娱乐消费对经济发展产生双重影响，一方面近代中国城市居民文化娱乐消费需求变化及增长促进了现代文化产业、公共文化消费、文化事业以及相关产业的发展；另一方面，过度娱乐消费观念、享乐主义盛行不仅挤压了发展性消费，而且造成黄赌毒娼泛滥，对民众的身心健康和社会经济发展造成了巨大危害。其五，文化娱乐消费节奏发生显著变化。文化娱乐消费由节庆、农闲向日常、夜晚发展。娱乐消费日常化、夜生活化是近代中国城市文化娱乐消费需求变迁的基本特征之一。

近代中国城市文化娱乐消费需求变迁对经济发展产生了深远影响，集中在以下三个方面。一是促进了传统娱乐活动产业化发展。在戏剧消费需求扩大的刺激下，戏剧演艺业逐渐发展成为近代中国城市文化产业的重要组成部分，还促进了茶园戏园向现代戏院、剧场转型升级。在居民品茗、听书消费需求增长的驱动下，茶楼书场行业得到较快发展，而茶园、书场、茶楼等传统娱乐业的发展又带动茶叶、茶具的生产等相关产业的发展。二是推动现代文化产业的兴起与发展。看电影、打弹子等现代文化娱乐消费需求的兴起与扩大对电影产业、体育产业、现代出版业等现代文化产业的兴起和发展产生了巨大推动作用。在电影消费需求增长的刺激下，我国电影放映业、电影制片业迅速发展起来，还带动了影片租赁、进口贸易等业务的发展。打弹子、游泳、打网球等体育活动已发展成为部分城市居民休闲娱乐消费的重要组成部分，不仅促进现代体育产业的兴起而且推动了公共体育事业的发展。读小说、看报纸、逛书店成为近代中国城市知识分子的重要消遣方式，不仅推动了现代出版业的发展而且带动了书刊零售业、邮政业等相关产业的发展，还间接带动洋纸、印刷机器设备等进口贸易的发展。三是产生的其他经济影响，如“娱乐+宴饮+社交”一体化模式不仅促进了集吃、娱、购于一体商业新业态的出现，而且推动城市旅社、餐饮等产业的发展。此外，文化娱乐消费需求的增长还增加了城市的税收，推动广告业等产业的发展。

驱动近代中国城市文化娱乐消费需求由传统向现代转型升级的力量是多方面的，主要力量集中在以下五个方面：一是工业化、城市化的驱动。近代中国城市文化消费需求变迁是随着我国工业化、城市化的兴起而逐渐发展演进的，工业化和城市化发展是推动近代中国城市文化娱乐消费需求变迁的重要力量。二是城市居民构成变化的促进。城市居民的籍贯、职业、文化构成多元化是近代中国城市文化娱乐消费需求结构、消费内容多元化的基础。三是城市居民收入水平提升的推动。收入是文化娱乐消费需求模式变迁和需求规模扩大的基础，在工业化、城市化、现代文化教育事业等发展的带动和影响下，近代中国城市居民收入水平得到一定程度的提升。四是现代文化教育事业发展的促进。随着现代文化教育事业的发展，我国新式知识分子群体规模不断壮大，为近代中国城市文化娱乐消费能力和消费需求水平的提升奠定了基础。随着社会教育运动深入推进，政府和社会组织等增加了城市公共文化产品和服务的供给，公共文化产品和公共文化服务在转变居民文化娱乐消费观念、优化文化娱乐消费结构、提高文化娱乐水平中发挥了重要作用。五是文化娱乐消费环境优化的影响。娱乐消费观念由“玩物丧志”转变为开启民智、辅助教育的利器，抑制女性享受文化娱乐消费观念的改变也在一定程度上刺激了城市文化娱乐消费需求的扩展。文化娱乐基础设施供给的增加、文化娱乐品供给环境的优化、闲暇时间的变化、社会运动等都是影响文化娱乐消费需求变迁的不可忽视因素。

近代中国城市文化娱乐消费需求变迁为当前我国扩大和引导文化消费、推进文化产业高质量发展提供以下启示：

一是稳步推进工业化、城镇化发展。扩大文化消费需求关键在于释放中低收入群体潜在的文化消费需求，而释放中低收入群体的文化消费需求关键在于提高他们的经济收入，提高我国中低收入群体的收入水平又重在稳步推进工业化和城镇化的发展。

二是深入推进教育改革，进一步提升教育质量。教育落后、居民文盲率高是制约近代中国城市文化娱乐消费层次和文化市场扩展的关键因素。扩大文化娱乐消费需求，推动文化产业高质量发展，不仅要重视提高学校教育的质量，而且要提高社会教育的发展质量。

三是建构新时代文化消费观念体系。扩大文化消费需求和提升文化产业发展质量，离不开文化消费观念的变革，应以社会主义核心价值观为指导，加快形成与社会主义新时代经济文化发展相适应的文化消费观念体系。

四是进一步提升公共文化产品和公共文化服务的质量。政府应在增加公共文化产品和公共文化服务供给上下功夫，在完善公共文化产品供给体系的同时，充分发挥公共文化场馆的社会效益和经济效益，进一步提升公共文化产品和公共文化服务的发展质量。

五是推动文化产业高质量发展。通过改革创新激发文化市场的创造力和活力，创新文化产品的供给形式，进一步提升文化产品和服务供给的数量和质量。进一步完善对通俗性、娱乐性强的文化产品和服务的引导和监管机制，提高其品质和趣味，积极推动文化产业的高质量发展。

六是加快文化市场治理的现代化。扩大文化消费需求，推动文化产业高质量发展，一方面要充分发挥市场的主体作用，另一方面要充分发挥政府、社会组织对文化市场的引导和监管作用，为扩大文化消费需求和推动文化产业高质量发展提供保障。

目 录

CONTENTS

绪 论 ………………………………………………………………… **1**

一、课题研究的目的和意义 ……………………………………………… 1

二、基本概念的界定 ……………………………………………………… 2

三、文化娱乐消费需求与文化娱乐消费模式 ………………………… 7

四、近代中国城市文化娱乐消费研究现状述评 ……………………… 9

五、研究架构 ……………………………………………………………… 14

第一章 1861—1894 年中国城市文化娱乐消费的基本情况 ………… **17**

第一节 1860 年前中国城市文化娱乐消费情况概述 ………………… 17

一、1860 年前中国城市文化娱乐消费的基本特征 ………………… 18

二、通商口岸城市的文化娱乐消费概况 …………………………… 25

第二节 1861—1894 年城市文化娱乐消费的基本情况 …………… 32

一、传统娱乐消费需求缓慢增长 …………………………………… 33

二、西方文化娱乐消费方式初现 …………………………………… 37

三、其他娱乐消费的发展 …………………………………………… 41

四、文化教育消费中出现新元素 …………………………………… 44

五、从典型案例看 1861—1894 年城市文化娱乐消费需求变化 …… 48

第三节 1861—1894 年中国城市文化娱乐消费需求变迁的基本特征 ……… 54

第二章 1895—1911 年中国城市文化娱乐消费需求的增长 ………… **56**

第一节 1895—1911 年中国城市娱乐消费需求的扩展 ……………… 56

一、上海居民娱乐消费的显著增长 ………………………………… 56

二、北京居民娱乐消费的增长情况 ………………………………… 72

三、天津居民娱乐消费的增长情况 ………………………………… 80

四、其他城市居民的娱乐消费情况 …… 88
第二节 1895—1911 年中国城市文化教育消费需求的增长 …… 89
一、图书消费的增长 …… 89
二、报刊消费的增加 …… 99
三、集团书报消费的兴起 …… 100
四、其他文化教育消费情况 …… 102
第三节 1895—1911 年中国城市文化娱乐消费需求变迁的基本特征 …… 103

第三章 1912—1937 年中国城市文化娱乐消费需求进一步增长 …… 105
第一节 1912—1937 年中国城市娱乐消费增长情况 …… 105
一、华北地区城市娱乐消费的增长情况 …… 106
二、华东地区城市娱乐消费的增长情况 …… 124
三、华中地区城市娱乐消费的增长情况 …… 141
四、华南地区城市娱乐消费的增长情况 …… 146
五、西南地区城市娱乐消费增长情况 …… 150
六、东北地区城市娱乐消费增长情况 …… 152
七、西北地区城市娱乐消费增长情况 …… 153
第二节 1912—1937 年中国城市文化教育消费需求的扩大 …… 155
一、图书消费需求显著增长 …… 156
二、报刊消费需求显著增长 …… 162
三、文化教育消费水平提升分析 …… 165
第三节 1912—1937 年中国城市公共文化消费的发展 …… 172
一、近代中国社会教育运动及实施机关 …… 173
二、公共文化消费的发展及其效应分析 …… 176
第四节 1912—1937 年中国城市文化娱乐消费需求变迁的基本特征 …… 196

第四章 近代中国城市文化娱乐消费需求变迁的经济影响 …… 198
第一节 促进传统娱乐活动产业化发展 …… 198
一、推进戏剧产业化发展 …… 198
二、推动茶楼书场业发展 …… 210
第二节 推动现代文化产业的兴起与发展 …… 213
一、推动电影产业的兴起与发展 …… 213
二、促进体育产业的兴起 …… 231

三、推动以公园为中心文化娱乐业的发展 …………………………… 233
四、推进现代出版业的发展 …………………………………………… 238
五、促进书报零售业和邮政业的发展 ……………………………… 241
第三节 产生的其他经济影响 ………………………………………… 244
一、促进商娱结合商业新业态的兴起与发展 ……………………… 244
二、促进旅社、餐饮服务等产业的发展与变革 …………………… 246
三、产生的其他经济影响 ……………………………………………… 248
四、不健康文化娱乐消费的消极影响 ……………………………… 250
五、推动政府加强对文化产业、文化事业的监管 ………………… 253

第五章 近代中国城市文化娱乐消费需求变迁的动力机制与历史思考 …………………………………………………………………… 255
第一节 近代中国城市文化娱乐消费需求变迁的动力分析 ……… 255
一、工业化与城市化发展的驱动 …………………………………… 256
二、城市居民构成变化的促进 ……………………………………… 265
三、城市居民收入水平提升的推动 ………………………………… 275
四、文化教育事业发展的促进 ……………………………………… 294
五、文化娱乐消费环境优化的影响 ………………………………… 301
六、其他因素的助推 …………………………………………………… 303
第二节 近代中国城市文化娱乐消费需求变迁的基本趋势与历史思考 … 307
一、文化娱乐消费需求变迁的基本特征 …………………………… 308
二、文化娱乐消费需求变迁的基本趋势 …………………………… 314
三、文化娱乐消费需求变迁的思考与历史启示 …………………… 324

参考文献 ……………………………………………………………… 329

绪　论

一、课题研究的目的和意义

消费是社会再生产的一个基本环节，也是最终环节。消费经济史研究是消费经济问题研究中不可缺少的一部分，而文化娱乐消费经济史又是消费经济史研究的重要组成部分。近代是中国文化娱乐消费模式由传统向现代转型的历史起点，改革开放以来我国居民文化娱乐消费需求模式变革是以近代为基础的。满足居民多元化文化娱乐消费需求，完善现代文化产业体系，构筑促进文化消费的科学体系和长效发展机制，提升文化消费水平和消费质量是当前我国文化消费领域的重大研究课题。因此，在现阶段我国把扩大内需、大力发展文化产业作为经济发展的重要战略背景下，对该课题进行研究不仅具有理论价值而且具有现实意义。

一是消费经济史不仅是消费经济问题研究的薄弱环节，而且是经济史研究的薄弱环节，其中，对文化娱乐消费经济史的研究尤为薄弱。长期以来关于文化娱乐消费经济史研究，历史学界因对其进行研究需要具备经济学理论和方法鲜有人去碰，经济学界则因需要在浩如烟海的历史文献中如大海捞针般耙梳资料也多不愿进行深入研究，因此学术界运用马克思主义消费经济学理论和方法，围绕近代中国城市文化娱乐消费进行研究的论著鲜少。近代是中国文化娱乐消费需求模式发生巨变且对后世产生深远时期，但迄今为止，课题组尚未见到运用消费经济学理论和方法对该问题进行深入研究的成果。因此，该课题研究既是对消费经济问题进行深入系统研究的需要，也是推进中国经济史研究纵深发展的需要。

二是能为当前扩大文化消费需求和推动文化事业、文化产业高质量发展提供历史借鉴。扩大文化娱乐消费需求不仅是我国增强文化软实力、提高文化自信的需要，而且是推动文化事业、文化产业发展的重要动力，扩大国内有效消费需求的重要着力点。党的十八大报告强调：“要牢牢把握扩大内需这一战略基点”，“推动文化事业全面繁荣、文化产业快速发展”。《国家“十三五”时期文化发展改革规划纲要》进一步提出：至“十三五”末文化产业要发展成为国民经济的支柱性产业。文化产业高质量发展的根本动力是居民文化娱乐消费需求的转型升级，正如著名经济学家马歇尔说：“从长期看来，一个商人或制造商对一样东西所能付给的价格，毕竟要看消费者对这样东西，或用它所制成的东西肯付的价格而定。所以，一切需要的最终调节者是消费者的需要。”① 为实现这一目标，《文化部“十三五”时期文化发展改革规划》中明确提出：一方面要“落实供给侧结构性改革战略部署，完善现代文化产业体系……全面提升文化产业发展的质量和效益”；另一方面要“扩大和引导文化消费。从供需两端发力，以创新供给带动需求扩展，努力实现更高层次的供需平衡。着力扩大文化产品和服务有效供给，改善消费条件，营造消费环境，推动建立扩大和引导文化消费的长效机制。鼓励文化文物单位和社会力量开发文化创意产品，满足多样化消费需求。充分激发市场活力和社会创新创造能力，引导文化企业提供个性化、多样化的文化产品和服务，培育新的文化消费增长点。建设文化消费服务平台。支持各地采取各种措施促进文化消费。加强宣传推广，倡导文化消费理念，提升文化消费水平”②。因此，课题组对近代中国城市文化娱乐消费需求变迁进行深入研究，以期在理论上对改革开放以来我国文化消费政策进行反思，在实践上为当前扩大文化消费需求和加快文化事业、文化产业高质量发展提供历史镜鉴。

二、基本概念的界定

课题组在以近代中国文化娱乐消费需求为研究对象展开研究前，有必要先对“文化”“娱乐”“文化娱乐”“文化消费”“文化娱乐消费”等基本概念进行界定，以便开展后面研究。

（一）文化、娱乐、消费的内涵

1. 文化的内涵

文化是一个内涵非常广泛的概念，不仅东方人和西方人对其界定有别，而且不同学科、不同视野、不同知识背景的专家学者对其理解、阐释也有别。迄今为止，国内外学者对“文化”内涵的阐释、界定有数百种。西方人对“文

---

① ［英］马歇尔：《经济学原理》上卷，朱志泰译，商务印书馆1964年版，第111页。

② 文化部“十三五”时期文化产业发展规划，http：//www.cssn.cn/ysx/ysx_ysqs/201704/t20170421_3494721.shtml.

化”内涵的界定以著名人类学家泰勒的最具代表，即“文化或者文明就是由作为社会成员的人所获得的，包括知识、信念、艺术、道德法则、法律、风俗以及其他能力和习惯的复杂整体。就对其可以作一般原理的研究的意义上说，在不同社会中的文化条件是一个适于对人类思想和活动法则进行研究的主题”①。美国学者马文·哈里斯对文化的阐释，“文化是一特定民族群体的整个社会获得生活方式或生活类型”②。文化在中国历史上最早是指“以文教化”“以文化成”的总称。中国古代的“文化”一词，较早出现于战国末年所编的《易·贲卦》，含有“以文教化”之义，“刚柔交错，天文也。文明以止，人文也。观乎天文，以察时变。观乎人文，以化成天下”。

一般来说，对“文化”内涵的界定有广义和狭义之分。广义上的“文化”是指人类所创造的物质财富与精神财富的总和。狭义上的“文化”是指人类的精神文化类产品、服务和一切社会意识形态的总和。课题选择使用后者，即狭义上文化的界定。

2. 娱乐的含义

娱乐活动是伴随着人类历史发展而产生的。世界上各个民族立足本民族文化优势和特点，创造出了多种多样的文化娱乐活动形式。所谓娱乐，一般意义上是指欢愉、快乐。如陈月英指出：“娱乐，顾名思义，就是指欢娱行乐。人们冀图通过快乐的娱乐活动，以获得身心的喜悦和体魄的健康。”③ 傅才武认为理解“娱乐”的关键在于把握“职业生活”与“非职业生活”的差别，“娱乐”作为一个完整概念的提出应该以“非职业生活”为隐含前提④。总之，我国学者一般认为“娱乐”就是指欢娱、快乐，指能够使人们从中获得精神愉悦、快乐的活动。

3. 消费的含义

马克思认为消费是社会再生产过程的关键环节，消费与生产具有同一性关系。消费与生产同一性关系表现在三方面：一是“生产是消费；消费是生产”；二是“每一方表现为对方的手段；以对方为中介；这种表现为它们的相互依

① ［美］马文·哈里斯：《文化·人·自然——普通人类学导引》，顾建光等译，浙江人民出版社 1992 年版，第 136 页。

② ［美］马文·哈里斯：《文化·人·自然——普通人类学导引》，顾建光等译，浙江人民出版社 1992 年版，第 136 页。

③ 陈月英等编：《娱乐》，中国和平出版社 1991 年版，第 1 页。

④ 傅才武：《近代化进程中的汉口文化娱乐业（1861—1949）》，湖北教育出版社 2005 年版，第 9 页。

存”；三是“生产不仅直接是消费，消费不仅直接是生产；生产也不仅是消费的手段，消费也不仅是生产的目的”，也就是每一方都为对方提供对象，每一方因自己的实现才创造对方，每一方是把自己当作对方创造出来的①。马克思还提出消费需要是由低级逐渐向高级发展的，他在《德意志意识形态》中说：“一切人类生存的第一个前提，也就是一切历史的第一个前提，这个前提是：人们为了能够‘创造历史’，必须能够生活。但是为了生活，首先就需要吃喝住穿以及其他一些东西。因此第一个历史活动就是生产满足这些需要的资料”，即生存消费是最基本需要；“第二个事实是，已经得到满足的第一个需要本身、满足需要的活动和已经获得的为满足需要而用的工具又引起新的需要”②。1875 年恩格斯在《致彼·拉·拉甫罗夫》的信中同意他提出的“人不仅为生存而斗争，而且为享受，为增加自己的享受而斗争”观点，他说：“人类的生产在一定的阶段上会达到这样的高度：能够不仅生产生活必需品，而且生产奢侈品……不再是单纯为生存资料而斗争，而是为了发展资料，为社会生产出来的发展资料而斗争。”③

国内学者较早对马克思和恩格斯消费经济理论进行解读、阐释的是刘方棫、尹世杰等。刘方棫提出：“消费是使产品成为产品的最后行为，而且也是使生产者成为生产者的最后行为。人类整个社会的生产过程，就是运用一切手段生产产品用以消费并改善生产者素质的过程”，还指出“消费，从广义上说，它包括生产消费和个人消费两个方面。生产消费，是指物质资料生产过程中的生产资料和活劳动的使用和消耗，这种作为生产的客体和主体的使用和消耗是一种生产行为，而‘生产行为本身就它的一切要素来说也是消费行为’，因此，这种消费通常已被包括在生产这个范畴中。我们这里说的消费，是从狭义上说的个人消费，它指的是人们把生产出来的物质资料和精神产品用于满足个人生活上的需要的行为和过程，是‘生产过程以外执行生活职能’。”④ 尹世杰的阐释：“消费分为两种。一种是生产消费。人们从事任何物质生产活动，都要耗费一定的原材料，生产工具也会磨损，从而生产出一定的产品。这种消费活动就是生产消费。另一种是生活消费。人类的生存和发展，劳动力的生产和再生产，都必须消费粮食、衣服、住房、用品等等。”⑤ 尹世杰对“生活消费”的阐释比刘方

---

① 《马克思恩格斯选集：第 2 卷》，人民出版社 1995 年版，第 10－11 页。

② 《马克思恩格斯选集：第 1 卷》，人民出版社 1995 年版，第 78－79 页。

③ 《马克思恩格斯选集：第 4 卷》，人民出版社 1995 年版，第 623 页。

④ 刘方棫：《消费经济学概论》，贵州人民出版社 1984 年版，第 4 页。

⑤ 尹世杰主编：《消费经济学》，中央广播电视大学出版社 1987 年版，第 1 页。

槛提出的“个人消费”内涵更为宽泛，也因此国内学者多采纳他的观点。《辞海》中对“消费”解释为“人们消耗物质资料以满足物质和文化生活需要的过程。”① 无论哪一种对“消费”内涵的界定，基本上都认同消费包括生产消费、生活消费，其中生产消费是指人们在生产活动中消耗原料、消费燃料、利用生产工具等生产资料以及劳动力的过程；生活消费是指人类为满足物质需要和精神需要而消耗物质资料或劳务的过程。

（二）文化消费与文化娱乐消费

1. 文化消费

文化消费与满足温饱的物质消费不同，是随着生产力的发展，人们生活水平的提高和追求生活质量提升过程中出现的一种消费行为。国外关于文化消费理论的早期研究，源于凡勃伦提出的休闲消费。凡勃伦认为休闲消费是权贵阶层为赢得社会尊重，证明自己的财富或权力的一种炫耀式消费，即“想赢得及维持人们的尊重，光靠拥有财富或权力是不够的”，而“休闲生活是财力强度最顺手可得与最具决断性的证据”，他还提出“近代有闲阶级的庆祝活动及宴会可能还有少许是为了宗教奉献的情怀，而更多则是满足消遣和喜庆的要求，但举办这些活动同时还抱着一种比出高下的目的”②，即文化娱乐消遣在某种程度上是为满足有钱有闲阶级证明自己的财富或权力的需要。

国内学者对文化消费的研究相对较晚，学术界明确提出“文化消费”概念是在20世纪80年代。国内学者对文化消费内涵的界定有多种观点，如尹世杰运用马克思主义消费理论来阐释文化消费的内涵，他提出的“精神消费力”实质上就是文化消费，即“精神消费力是消费者为了满足自己的精神文化需要而消费精神文化消费品的能力”，而“精神文化需要主要是享受资料、发展资料的需要，一般是高层次的需要，精神消费力提高了，享受资料、发展资料在消费结构中的比重提高了，就提高了消费层次和消费质量”③。尹世杰还提出精神文化消费是推动生产力发展的重要力量，一方面“健康的精神文化消费能培养人们高尚的品德，高雅的情操，促进人的身心健康和全面发展，开拓人的智力，提高人的整体素质，直接促进生产力水平的提高”；另一方面“人们的消费需要得到较好的满足，特别是高层次的精神文化需要得到较好的满足，就会形成一

---

① 《辞海》，上海辞书出版社1989年版，第2449页。

② ［美］凡勃伦：《有闲阶级论：关于制度的经济研究》，李华夏译，中央编译出版社2012年版，第36－37、60－63页。

③ 尹世杰：《提高精神消费力与繁荣精神文化消费》，《湖南师范大学学报（社会科学版）》，1994年第2期，第20页。

种强大的激励机制，大大有利于调动人的积极性，促进人的能力的充分发挥，从而促进生产力的发展”①。徐淳厚认为文化消费是指“对精神文化类产品及精神文化性劳务的占有、欣赏、享受和使用等。其实质是对社会的及他人提供的精神财富（物质形态和非物质形态的）的消耗。同时这种消费（消耗）过程又是精神财富的消化、继承、积蓄、再造和创新过程”②。不少人认同徐淳厚对文化消费的界定观点，如冀福俊指出“文化消费是指对精神文化类产品及劳务的占有、欣赏、享受和使用，是当今社会消费的重要组成部分和社会文明进步的重要标志”③。

对文化消费内涵研究时，许多学者都将其区分为狭义上的和广义上的文化消费。狭义上的文化消费是指“以文学艺术为主题，包括音像、出版和与此相适应的文化艺术服务，文化消费就是指上述范围的文化产品和文化服务消费”；广义上的文化消费是指“人们为了满足自己的精神文化生活而采取不同的方式来消费精神文化产品和精神文化服务的行为”④。课题组选择广义上的文化消费，即文化消费是指消费者为满足精神文化需要而消耗精神文化类产品、精神文化类服务的行为。在理论和方法指导上，课题组参考和借鉴尹世杰的观点。

2. 文化消费的分类与功能

文化消费有多种分类标准。按照消费的内容划分，文化消费可分为教育、娱乐、体育、旅游等消费。按照消费的形式划分，文化消费可分为服务形式的文化消费，如看电影、观看赛马；产品形式的文化消费，如购买小说、报纸。按照消费的功能划分，文化消费可分为消遣娱乐型文化消费、政治型文化消费、教育型文化消费等。按照消费的影响结果划分，文化消费可分为健康型文化消费、中性文化消费和俚俗文化消费。按照经费来源划分，文化消费可分为居民文化消费（包括个人或家庭）、集团（或团体）文化消费（包括企业、社会组织等）、公共文化消费等。其中，公共文化消费是指“在政府的主导下，以转移支付的财政手段提供公共文化产品和服务消费的总和”⑤。消遣型文化消费属于较低层次的文化消费，享受型、发展型和教育型文化消费属于较高层次的文化

① 尹世杰：《提高精神消费力与繁荣精神文化消费》，《湖南师范大学学报（社会科学版）》，1994年第2期，第20页。

② 徐淳厚：《关于文化消费的几个问题》，《北京商学院学报》1997年第4期，第45页。

③ 冀福俊：《我国现代文化市场体系的建设》，经济日报出版社2016年版，第37页。

④ 何昀、谢迟：《正确认识四项关系 持续提升文化消费》，《消费经济》2015年第6期，第40页。

⑤ 何昀、谢迟：《正确认识四项关系 持续提升文化消费》，《消费经济》2015年第6期，第41页。

消费①。

关于文化消费的社会经济功能，主要观点为：增加消费主体的愉悦感和幸福感，能在文化消费过程中排遣、消解不愉快心情；文化消费还能促进人力资本提升和人的全面发展；有助于人们的价值观和思想品质塑造、文化水平及艺术修养的提升，在文化消费过程中能获取知识、增长才干②。

3. 文化娱乐消费

文化娱乐消费是文化消费的一个子系统。如国家统计部门在文化消费进行统计时将其分为“文化产品消费、文化娱乐服务消费及教育消费”③ 三大类。所谓文化娱乐消费，是指人们为获得精神愉悦而享受、占有欣赏文化娱乐商品（包括服务）的一种消费行为，具体表现形式主要有看戏、看电影、听音乐会、跳舞以及阅读书籍、报纸、期刊等，使用娱乐器械等以获得感官享受或精神愉悦等。

课题组把文化娱乐消费分为两个大部分进行研究，即娱乐消费和文化教育消费，前者重点研究文化娱乐产品和服务方面的消费情况，后者重点研究休闲型图书消费、报纸消费、期刊消费以及公共文化产品方面的消费情况。

三、文化娱乐消费需求与文化娱乐消费模式

（一）文化娱乐消费需求

在西方经济学中，需求是指消费者在一定时期内，在各种可能的价格水平下，愿意且能够购买的商品或服务的数量。所谓文化需求，是“指消费者对文化商品和存在着服务形式的文化产品的需求和欲望”④。文化娱乐消费需求是指人们在一定时期为满足文化娱乐需要对文化娱乐商品（包括实物和非实物形式的文化娱乐商品）的需求和欲望。

（二）文化娱乐消费结构

消费结构反映人们消费的具体内容以及质量，同时体现着人们消费水平和消费需要的满足程度。所谓消费结构是指“人们要满足自身存在和发展的需要，满足物质和文化生活的需要，就要消费各种不同类型的消费资料和劳务。在不同的国家，或在同一国家的不同地区，消费资料和劳务的品种、数量、属性、

① 冀福俊：《我国现代文化市场体系的建设》，经济日报出版社 2016 年版，第 41 页。
② 李明：《我国大众文化消费结构研究》，中国书籍出版社 2017 年版，第 12 页。
③ 李明：《我国大众文化消费结构研究》，中国书籍出版社 2017 年版，第 8 页。
④ 李明：《我国大众文化消费结构研究》，中国书籍出版社 2017 年版，第 31 页。

来源和各自所占的比重是不同的，但在一定时期却又是一定的。在一定的社会经济条件下，人们（包括各种不同类型的消费者）在消费过程中消费的各种不同类型的消费资料（包括消费服务或劳务）的比例关系”①。文化娱乐消费结构是指人们（包括各种不同类型的消费者）在文化娱乐消费过程中购买、享受的各种文化娱乐商品（包括消费服务或劳务）的比例关系，在一定程度上体现着一个国家、一个地区的经济文化发展水平和社会习俗、社会风气。

文化娱乐消费需求结构变迁受经济发展水平、政治制度、教育发展水平、文化消费观念和民风民俗等多种因素的影响。一个国家、一个地区，因经济发展水平、文化教育制度、消费观念等不同，往往形成不同的文化娱乐消费需求模式；即使在同一个国家或同一地区、同一城市，不同的社会群体也往往因收入水平差异、受教育程度不同、从事职业不同以及受家庭环境、年龄、性别等因素的影响，文化娱乐消费支出结构也往往不同，消费的文化娱乐品种类、数量以及消费观念也有很大差别。

（三）文化娱乐消费模式

消费模式“是指人们消费关系和行为规范的综合表现，是从总体上反映人们消费行为的主要内容、基本态势和质的规定性，是指导人们进行消费活动，并对人们的消费行为进行社会价值判断的理论概括和依据”②。文化娱乐消费模式是指一个国家或地区居民在文化娱乐消费中所体现的、共同遵循的方法、理念、行为方式等的总和，其形成受到多种因素的影响，其中文化传统、政治制度、经济发展水平的影响尤为显著③。不同国家和地区因文化传统、经济发展水平、教育发展水平等不同，形成的文化娱乐消费需求模式也不相同。

（四）文化娱乐消费与文化产业、文化事业

文化在发展过程中形成了各种各样的行业，如演艺业、出版业等。文化相关行业的健康发展需要政府等对其进行经营、管理和引导，也因此，逐渐形成文化事业和文化产业之别。文化事业和文化产业是文化的两种基本存在形式，二者的主要区别体现在五个方面：一是生产目的不同，前者生产的是公共产品，后者生产的是商品。二是资本来源不同，前者的生产资本来源于国家或社会，后者的生产资本为多种经济成分并存。三是机构性质不同，前者是政府部门的附属单位，后者是企业单位。四是运营机制不同，前者是由国家财政提供经费

---

① 尹世杰主编：《消费经济学》，中央广播电视大学出版社 1987 年版，第 105 页。
② 尹世杰：《中国消费模式研究》，中国商业出版社 1993 年版，第 1 页。
③ 傅才武：《中国文化市场与消费研究》，云南人民出版社 2014 年版，第 26 页。

以维持其运营活动，以实现社会效益最大化为原则；后者是企业，以实现经济效益最大化为原则。当社会效益和经济效益发生矛盾时，前者把社会效益放在第一位，后者往往考虑自己的利润以及承受能力。五是调控方式不同，前者为国家直接调控，后者为国家间接调控①。

文化娱乐消费与文化产业、文化事业是相互促进和相互影响关系，尤其文化娱乐消费是与文化产业之间。消费是生产发展的动力和最终目的，消费规模化是相关产业发展的前提和基础，文化娱乐消费领域亦是如此。文化娱乐消费是文化产业发展的内在动力，只有文化娱乐消费达到一定规模时才能推动相关产业的兴起与发展。同时文化产业作为一种文化生产方式，其发展水平、供给的产品和服务质量影响甚至决定着文化娱乐消费水平和消费质量，因为文化娱乐消费的产品和服务主要靠文化生产部门供给。历史发展的实践也一再证明上述观点，即文化娱乐消费的繁荣是文化产业兴盛的内在动力。

四、近代中国城市文化娱乐消费研究现状述评

20世纪20年代以来，学术界对中国城市文化娱乐消费及其相关研究可分为两个阶段。

第一阶段为20世纪20年代至1949年。这一时期虽没有以“文化娱乐消费”为对象的研究论著，但在当时的城市指南、城市生活调查报告、社会教育发展研究、年鉴中已经把“文化娱乐”列入其中，为课题研究提供了重要史料和研究基础。

一是城市指南。自清末起主要城市为吸引游客和指导来往商旅的吃喝玩乐，在编辑出版的“城市指南”中一般都将“食宿游览”部分单列出来，把城市内的著名酒楼、饭店、茶楼、戏园等娱乐场所的地点、价格、特点等一一列出。出现最早、出版版次最多的“城市指南”是上海。目前能查到的出版时间最早的“上海指南”是1909年编辑出版的《上海指南》，最后一年是1947年东南文化服务社出版的《大上海指南》。在上海等主要城市的示范和带动下，20世纪二三十年代主要城市基本上都编写了各自的城市指南。目前能够查到的城市指南主要有：古学谦编的《天津指南》（新华书局1922年版）、中华图书馆编辑部编纂的《北京指南》（中华图书馆1919年版）、田蕴瑾编的《最新北京指南》（自强书局1938年版）、周荣亚等编纂的《武汉指南》（新中华日报社1933年版）、广州市政府编的《广州指南》（培英印务局1934年版）、唐幼峰编的《重

① 张翔鹏：《文化产业与文化事业的区别》，《中国文化报》2001年5月23日。

庆旅行指南》（重庆书店 1933 年版）和杨世才编的《重庆指南》（重庆书店 1937 年版）、张光剑编的《杭州市指南》（杭州市指南编辑社 1935 年版）、郑拔驾编纂的《福州旅行指南》（商务印书馆 1935 年版）、山西民社编的《太原指南》（北平民社 1936 年版）、朱揖文编纂的《苏州指南》（苏州文新印刷公司 1929 年版）、《厦门指南》（苏州文新印刷公司 1931 年版）等。上述“城市指南”较为详细地介绍了本市当时的主要娱乐场及其消费人群，比较真实地记录了民国时期主要城市文化娱乐商品的供给情况，也能间接反映文化娱乐消费需求的变化趋势。

二是民国时期城市生活状况调查报告。20 世纪二三十年代言心哲、陶孟和、李景汉等一批专家学者对上海、北平、天津、南京、重庆等主要城市劳工阶层的家庭生活状况情况进行调查研究，调研一般包括五大部分，即食物、衣着、房租、燃料、杂项（有的报告中亦称“其他”），前四项消费支出为生活必需品。杂项费用即消费者在衣、食、住、燃料等日常生活必需品支出以外支出的费用，是指人们用于追求生活舒适和满足物质及精神享受各种消费支出，一般包括用具、交通、医药、卫生、妆饰、嗜好、娱乐、捐助、教育、杂用①。如杨西孟对上海工人生活程度调查，其“杂项费用”包括交通、卫生、嗜好、医药、装饰、娱乐、教育、酬应、税捐、家具、利息、祭祀、寄家、特别费、其他②。根据恩格尔定律，收入水平越高则食物消费支出越低，发展性和享受性消费支出就越高，消费质量和生活水平就越高。发展和享受性消费支出越高的家庭，杂项费用支出也越高，杂项费用支出娱乐消费、教育消费、嗜好消费支出就越高。民国时期关于主要城市的居民生活状况调查报告，无论哪一种“杂项费用”内，都包含有“教育”“嗜好”“娱乐”消费支出项目，这三项内容与课题研究的“文化娱乐消费”内容基本吻合。民国时期具有代表性的城市生活居民生活状况调查报告主要有：陶孟和著的《北平生活费之分析》，上海市政府社会局编的《上海市工人生活程度》，言心哲的《南京市人力车夫生活的分析》，林颂河的《塘沽工人调查》，咏蓂的《成都市的人力车夫》，孙蕙君的《昆明市家庭生活情形调查》，杨蔚的《成都市生活费之研究》，余启中的《广州工人家庭之研

---

① 陶孟和：《北平生活费之分析》，李文海主编：《民国时期社会调查丛编》城市（劳工）生活卷，福建教育出版社 2005 年版，第 21 页。

② 杨西孟：《上海工人生活程度的一个研究》，李文海主编：《民国时期社会调查丛编》城市（劳工）生活卷，福建教育出版社 2005 年版，第 291 页。

究》等①。此外，《上海产业与上海职工》中包含有20世纪30年代上海主要产业职工的文化娱乐消费方面内容②。上述城市居民生活状况调查报告为课题研究提供了宝贵的资料以及方法启示。

三是社会教育研究。茶园、戏园、图书馆、博物馆、美术馆、公共体育场、电影院、公园等文化娱乐产品和服务的社会教育功能，在20世纪二三十年代得到社会各界的空前重视。1912年教育部设立社会教育司，社会教育在国家行政上的地位得到正式确认，之后教育部等部门为推进社会教育的深入开展，颁布了一系列法律法规。南京国民政府时期，一批社会教育专家对各地的民众教育馆等社会教育机关及其实施效果进行了调查和研究，代表成果主要有《山东省立民众教育馆设施概览》，该报告对济南民众游戏院、民众茶园等公共娱乐场所及其票价、消费对象及其偏好等进行了调查和分析③。福建省立民众教育馆编的《福建省立民众教育处电影教育实施概况》中记录了福建民众教育馆对电影教育的使命、施教范围、受教人数等进行调研④，从中能看出电影教育取得了显著成效，电影放映队所到之处均受到当地大众的热烈欢迎，使不少没有消费能力或机会看电影群体接触了电影，在提高民众文化娱乐水平、传播现代文化娱乐理念方面发挥了积极作用。1934年张履谦对河南开封市相国寺的戏院、书场等娱乐场所、受众群体等进行了深入调查⑤。湖北省立实验民众教育馆对馆中藏书及其阅读情况，康乐部设立的目的、设备、收费、受众对象及人数等进行了深入调查和研究⑥。

第二阶段是指20世纪90年代至今。20世纪90年代初以来国内外学者以近代中国文化娱乐消费为对象进行深入研究的成果仍然较少，但相关成果丰硕，主要集中在以下几个方面：

一是城市文化娱乐研究。从社会经济史角度，对上海、汉口等近代主要城市文化娱乐的某一阶段或某一方面进行了零星研究。上海是近代中国文化娱乐

---

① 李文海主编：《民国时期社会调查丛编》城市（劳工）生活卷，福建教育出版社2005年版。

② 朱邦兴等编：《上海产业与上海职工》，上海人民出版社1984年版。

③ 山东省立民众教育馆：《山东省立民众教育馆设施概览》，山东省立民众教育馆1933年第三次增订版。

④ 福建省立民众教育馆：《福建省立民众教育处电影教育实施概况》，福建省立民众教育馆印，时间不详。

⑤ 张履谦：《相国寺民众娱乐调查》，《中国曲艺志·河南卷》编辑部编印，1989年。

⑥ 湖北省立实验民众教育馆编辑委员会：《湖北省立实验民众教育馆》，汉口武汉印书馆，出版时间不详。

消费的中心，相关研究成果很多。相关论文主要有：陈鸣著的《近代上海城市的文化娱乐消费》(1991)，对近代上海文化娱乐消费结构和指向进行了研究①；刘秋阳、孙明阳著的《略论近代城市苦力的娱乐状况》，对近代城市苦力的娱乐状况进行研究，提出城市苦力不仅缺乏娱乐生活的经济基础而且缺乏娱乐所需要的时间，即使有少量娱乐活动也存在种类单一、不正当娱乐居多特征②；李微的《娱乐场所与市民生活——以近代北京电影院为主要考察对象》（2005）一文，认为近代北京电影院的兴起不仅反映了当时北京市民娱乐生活的情形，也在一定程度上反映人们的身份等级、经济条件的差别及文化差异的影响③；黄益军、魏向东的《从〈申报〉看晚清上海人的娱乐生活及其特征（1872—1911)》(2006)，通过对1872—1911年间《申报》中有关上海城市娱乐资料的梳理，对上海娱乐生活特征进行分析④。王迪的《二十世纪初的茶馆与中国城市生活——以成都为例》⑤，深入分析了“茶馆”在都市社会生活中的作用。相关专著主要有：楼嘉军著《上海城市娱乐研究（1930—1939)》（2008），该成果运用经济学等理论对上海娱乐发展背景及演变轨迹，以及进入鼎盛时期娱乐的经营主体等进行深入研究⑥，虽然侧重于对娱乐消费品方面研究，但给课题研究不少启示；高福进著《洋娱乐的流入——近代上海的文化娱乐业》，介绍了上海从开埠到20世纪初主要休闲娱乐的发展状况及休闲观念的变迁，其中零星涉及有20世纪二三十年代的上海娱乐消费内容⑦；陈刚著《上海南京路电影文化消费史（1896—1937)》（2011），也关涉有上海文化娱乐消费变化方面内容⑧；高铮著的《近代上海娱乐文化探微》(2007）一书，论述了近代上海娱乐文化的形成背景、特点、发展状况，包括娱乐业的经营巨头、娱乐种类的发展和娱乐文化的消费者等⑨。傅才武著的《近代化进程中的汉口文化娱乐业

---

① 陈鸣：《近代上海城市的文化娱乐消费》，《上海大学学报（社会科学版)》1991年第4期。

② 刘秋阳、孙明阳：《略论近代城市苦力的娱乐状况》，《甘肃社会科学》2012年第4期。

③ 李微：《娱乐场所与市民生活—以近代北京电影院为主要考察对象》，《北京社会科学》2005年第4期。

④ 黄益军、魏向东的《从〈申报〉看晚清上海人的娱乐生活及其特征（1872—1911)》，《苏州大学学报》(哲学社会科学版)，2006年第4期。

⑤ 王笛：《二十世纪初的茶馆与中国城市生活——以成都为例》，《历史研究》2001年第5期。

⑥ 楼嘉军：《上海城市娱乐研究（1930—1939)》，文汇出版社2008年版。

⑦ 高福进：《洋娱乐的流入——近代上海的文化娱乐业》，上海人民出版社2003年版。

⑧ 陈刚：《上海南京路电影文化消费史（1896—1937)》，中国电影出版社2010年版。

⑨ 高铮：《近代上海娱乐文化探微》，中国文联出版社2007年版。

(1861—1949)》(2005) 对娱乐行业组织形态变迁的过程进行考察，为认识中国近现代文化娱乐业的组织形态以及这种形态对文化娱乐业发展的影响提供参照①。

二是城市文化史研究。一些学者在近代中国城市文化史研究中涉及有文化娱乐消费方面的内容。学界对上海文化史的研究成果较多，如《上海百年文化史》《上海通史》(第10卷，民国文化)、《上海文化通史》等著作，对近代上海文化发展的历史和演进轨迹进行了研究，其中关涉有文化消费方面的内容②。国外主要有法国学者戴仁著《上海商务印书馆：1897—1949》(2000)、美国哈佛大学李欧梵著《上海摩登——一种新都市文化在中国1930—1945》(2001)等著作中，涉及有上海文化消费需求变化内容，但非研究的重点仅一带而过③。洪煜著《近代上海小报与市民文化研究》(2007)，对近代上海小报的兴起、发展与市民文化建构中的价值进行研究，小报文人立足市场需求进行创作，逐渐发展成为上海市民生活中一种重要的文化消费品④。

三是近代城市史研究。张仲礼、何一民、张忠民、李长莉、罗澍伟、罗苏文、隗瀛涛、皮明庥、蒋建国等学者都对近代主要城市进行过研究。如蒋建国著《广州消费文化与社会变迁》(2006)，罗苏文将城市休闲娱乐区作为研究对象对市民休闲娱乐理念和消费方式的培养进行了探讨；李长莉从清末民初休闲娱乐业日常化、大众化入手，探讨了夜生活兴旺、星期休息制度等公共时间与公共休闲的关系。此外，王亚南、范周等对中国当前城市文化消费的研究，程恩富主编的《文化经济学》(中国经济出版社1993年版) 等成果，也为本课题提供了理论和方法的参照。

总的来说，现有研究成果中，运用马克思主义消费经济学理论和方法对近代中国城市文化娱乐消费进行研究的成果稀少，而相关研究成果也呈现出：单方面研究的多而综合性探究的少，具体描述的多而理论分析的少，短期研究的多而长时段考察的少，单个城市研究的多而把城市作为整体探讨的少等特点。

---

① 傅才武：《近代化进程中的汉口文化娱乐业(1861—1949)》，湖北教育出版社2005年版。

② 熊月之：《上海通史：第10卷》，上海人民出版社1999年版；陈伯海：《上海文化通史》，上海文艺出版社2001年版；上海百年文化史编纂委员会：《上海百年文化史》，上海科学技术文献出版社2002年版。

③ 李欧梵：《上海摩登：一种新都市文化在中国1930—1945》，毛尖译，北京大学出版社2001年版。

④ 洪煜：《近代上海小报与市民文化研究》，上海世纪出版集团2007年版。

五、研究架构

（一）研究思路

课题以马克思主义消费经济学理论为指导，利用日记、杂记、竹枝词、报纸、城市指南、社会调查报告、年鉴等现存的近代文献资料，在前人研究的基础上，综合运用经济学、历史学等跨学科理论和方法，突破城市史和娱乐史研究的局限，将近代中国城市文化娱乐消费需求变迁放在当时国内外经济社会环境发生巨大变化的时代背景下，将其划分为三个历史阶段，每个阶段精选典型案例进行研究；把全国划分为七大区域，每个区域选择代表性城市，由典型案例、区域代表性城市的文化娱乐消费变化推导出全国城市变迁的基本趋势、基本特征和动力机制以及对现代文化产业等发展产生的影响，总结出对当前我国扩大文化消费需求和推进文化产业高质量发展的历史启示。

（二）研究方法

在研究方法上，采用理论分析与实证分析相结合，在利用文字资料进行分析的同时，利用图表分析法对收集到的案例、数据等资料进行深入研究；运用典型案例分析法，每个时期都精选出典型案例，通过对典型案例的文化娱乐消费结构、方式、观念进行深入剖析，揭示出他们所处的社会阶层、所处城市居民的文化娱乐消费的基本特征和需求变化的基本趋向；采用历史分析法和阶层分析法，运用近代日记、杂记、竹枝词、报纸、调查报告、年鉴等文献资料，揭示出近代中国城市居民文化娱乐消费需求变迁的一般规律及其产生的经济影响。

（三）研究内容

课题以近代中国城市文化娱乐消费需求变迁为主线，除导论外，分三个阶段、五大部分进行研究：

第一部分研究 1861—1894 年中国城市文化娱乐消费的基本情况。探究上海、北京、天津、广州等主要城市在外力——西方列强在华的经济力、文化力和内力——主要是洋务运动双重力量的影响下，在工业化和城市化的兴起、现代文化教育事业的出现、洋娱乐的流入等因素的推动下，主要城市居民文化娱乐消费结构、方式和观念发生的变化以及消费需求的变化趋向。

第二部分研究 1895—1911 年中国城市文化娱乐消费需求的增长。探究主要城市在外力——西方列强在华的经济力、文化力进一步扩张和内力——主要是维新运动、清末新政双重力量的驱动下，工业化和城市化的加速发展以及在经济、政治、文化教育等领域变革的推动下，中国主要城市居民文化娱乐消费结构、方式和观念发生的变化以及文化娱乐消费需求的增长情况。

第三部分研究 1912—1937 年城市文化娱乐消费需求的进一步增长。分七大区域探讨在社会教育运动深入开展以及工业化和城市化、现代文化教育事业发展等因素的推动下，各个区域城市居民文化娱乐消费结构、消费观念、消费方式发生的变化以及消费需求的增长情况，公共文化消费的发展及其产生的社会经济效应。

第四部分探讨近代中国城市文化娱乐消费需求变化产生的经济影响。首先研究传统娱乐消费需求变化对传统娱乐产业化发展的影响；其次研究现代文化娱乐需求的出现和增长对现代文化产业兴起和发展产生的影响；然后研究文化娱乐消费需求变化对旅社、餐饮、广告等产业发展产生的影响。

第五部分探究近代中国城市文化娱乐消费需求变迁的动力机制与历史镜鉴。首先，对引发近代中国城市文化娱乐消费需求变迁的动力机制进行探究，重点对工业化与城市化发展、现代文化教育事业兴起以及城市人口规模、构成和收入水平变化、消费观念变革等对近代中国城市文化娱乐消费需求变迁的驱动作用进行研究；其次，揭示出近代中国城市文化娱乐消费需求变迁的基本趋势、基本特征以及变迁的局限性；最后，总结出对当前我国扩大文化消费需求、推动文化产业高质量发展的历史启示。

（四）创新与不足

1. 课题研究的主要创新

一是研究内容的创新。宏观分析了近代中国城市文化娱乐消费需求变迁的趋势、动力及其产生的经济影响。着力对近代中国城市文化娱乐消费需求与文化产业、文化事业三者变革间的相互影响、相互制约关系进行了深入研究，一方面近代中国城市文化娱乐消费需求变迁和需求规模的扩大带动了现代文化产业及其相关产业的兴起和发展，也在一定程度上推动了公共文化消费、公共文化事业的发展；另一方面现代文化产业、公共文化事业的发展又是推动近代中国城市居民文化娱乐消费需求变革的重要力量。

二是研究方法的创新。以马克思主义消费经济学理论为指导，利用时人日记、杂记和竹枝词、报纸、杂志、社会调查报告、年鉴、城市指南等文献资料，借助大量图表反映学术观点；并运用案例分析法，每个时期精选典型案例，通过对典型案例的深入剖析，揭示出近代中国城市文化娱乐消费需求变迁的基本特征以及需求变化的基本趋向。

三是研究资料的突破。课题组基本上选用原生态史料进行论证分析，运用名人日记、杂记以及竹枝词，主要城市居民生活消费方面的调查报告、城市指南、《大公报》《申报》透视近代中国城市居民文化娱乐消费需求的变迁。课题组查阅和使用的原生态史料分为五大类：一是王韬、冯芳缉、王锡麒、孙宝瑄、英敛之、严复、鲁迅、胡适、刘成志、徐志摩等几十种近代名人的日记以及主要城市的竹枝词、杂记；二是《申报》《大公报》等近代报纸、杂志；三是民国时期上海、北京、天津、广州等几十个城市的“城市指南”；四是民国年鉴和调查报告，如《申报年鉴》《民国上海年鉴汇编》《中国电影年鉴》《民国时期社会调查丛编》等年鉴、丛书；五是大成老旧期刊、文翰等数据库中相关资料。

2. 成果存在的不足

近代中国城市文化娱乐消费需求变迁是一个牵涉面广、内容广博，尚未得到学术界充分重视的课题，没有现成的研究框架可资借鉴。同时受文献资料的约束，加之，课题组研究水平的限制，虽不遗余力但仍存在一些不足，如一些观点尚需进一步推敲，再如计划书中拟估算出 1927—1937 年城市文化娱乐消费总量及对经济发展的贡献，因搜集到统计数据不足，无法采用回归分析等统计分析方法进行研究，仍采用学界普遍运用的以点带面、典型案例分析等方法进行研究。

第一章

1861—1894年中国城市文化娱乐消费的基本情况

第二次鸦片战争后依据《天津条约》等不平等条约，天津、汉口等城市被迫开埠通商，至1863年已有17个城市①被迫埠为通商口岸城市。依据《天津条约》，外国公使可常驻北京，外籍传教士可进入中国内地传教，外国人可进入中国内地游历和通商，外国商船可往来于长江流域各通商口岸城市。西人基于经济侵略、文化侵略需要，以通商口岸城市为据点开展的一系列经济文化活动，对中国城市文化娱乐消费需求模式变迁起到一定示范作用。两次鸦片战争中国的失败以及太平天国战争迫使部分官僚知识分子转变发展理念，提出“师夷长技以制夷”口号，开启了洋务运动。洋务运动始于19世纪60年代，历时30多年，虽没使中国真正走上富强之路，但在客观上促进了中国资本主义工商业、现代文化教育事业的兴起。1861—1894年上海等城市居民在国内外双重力量的影响下，文化娱乐消费需求模式开始由传统向现代转型。因直接反映1861—1894年文化娱乐消费方面的文献资料极少，课题组挖掘生活在这一时期文人的日记、杂记和竹枝词以及报纸上相关资料，以北京、上海、天津为中心，透视这一时期城市文化娱乐消费的基本情况和变化的基本趋向。

第一节　1860年前中国城市文化娱乐消费情况概述

在考察1861—1894年中国城市文化娱乐消费的基本情况前，需要对清朝初期至1860年间中国城市文化娱乐消费的基本情况进行梳理。

---

① 上海、厦门、广州、福州、宁波依据《南京条约》开埠；1852年伊犁、塔城开埠；依据《天津条约》等不平等条约，天津、牛庄（营口）、喀什噶尔（今疏勒县）、潮州（汕头）、库伦、汉口、九江、芝罘（登州）、淡水、台湾（台南县）开埠。

一、1860 年前中国城市文化娱乐消费的基本特征

文化娱乐消费模式是与一个国家或一个地区的生产力发展水平、文化教育制度、文化传统等相适应的，且在一定程度上体现特定历史时期经济、文化、教育等发展的水平。课题组为方便表述，把中国人自己创造出的文化娱乐产品或服务称之为传统或本土文化娱乐产品或服务，相关消费称之为传统或本土文化娱乐消费。1860 年前中国城市文化娱乐消费模式的基本特征可概括为以下几个方面。

（一）文化娱乐活动形式丰富多彩

中华民族文化具有五千多年的发展史，在漫长的发展和演变中形成了庞大的文化体系，其中文化娱乐是中华民族文化的重要组成部分。中国传统文化娱乐活动种类丰富，形式多样，既有高雅的、需要具备一定文化素养、专业技能的休闲娱乐活动，如把玩乐器、欣赏绘画和书法作品等，也有各种各样满足一般市民需要的通俗型或消遣型娱乐活动，如观看戏剧表演、茶馆品茶、书场听书、花园赏花、名胜游览等。

据刘师培考证，我国的戏曲歌舞等娱乐活动发源于先民们的祟祀活动。汉代时我国娱乐活动种类已非常丰富，可用“百戏”来概称民间各类艺术表演活动。汉武帝时还设立专门管理音乐的机构——乐府，负责采集民间歌谣、训练乐员等。宋代时，在汴京（今开封）、临安（今杭州）等大城市已经出现了综合性、固定的、营业性娱乐市场——瓦肆，场内提供多种多样的娱乐活动，如傀儡戏、杂剧、杂要等，以满足市民、来往商旅等的日常休闲娱乐需要。

鸦片战争前，北京不仅是中国的行政中心、政治中心而且是文化娱乐中心，文化娱乐场所众多，文化娱乐产品种类齐全，同时娱乐设施先进，其他城市的文化娱乐消费皆以北京马首是瞻，当时北京的文化娱乐消费需求变化代表着全国文化娱乐消费需求的基本走向，如嘉庆年间北京城内“最尚昆剧”①，之后昆曲在全国各地广为流行。昆曲，又称昆剧、昆腔，是中国古老的剧种之一，被梨园界称为“雅部”。昆曲因“非特有音节、台步不能以己意损益，服饰亦纤屑不能苟”，且“含有文学、美术两种性质，自非庸夫俗子所能理解”②，也因此，对于昆剧，一般市民不仅欣赏不了也不爱观看。为满足大众对通俗易懂戏剧消费需要，一些简单易懂、适合大众口味的剧种，如被称为“乱弹戏”的皮黄腔、

---

① 徐珂：《清稗类钞》（第 11 册），中华书局 1986 年版，第 5012 - 5013 页。

② 徐珂：《清稗类钞》（第 11 册），中华书局 1986 年版，第 5015、5017 - 5018 页。

秦腔、罗罗腔等纷纷到北京开拓市场，这些剧种“聚八人或十人，鸣金伐鼓，演唱乱弹戏文，其调则和昆腔、京腔、弋阳腔、皮黄腔、秦腔、罗罗腔而兼有之”①。有人甚至提出之前昆剧之所以能流行，是因为“无他种戏剧起而代之耳。自徽调入而稍稍衰微，至京剧盛而遂无立足之地矣。此非昆剧之罪也，大抵人之常情，喜动而恶静，昆剧以笛为主，而皮黄则大锣大鼓，五音杂奏”②。道光年间北京戏剧演出已形成“昆剧、乱弹相互奏演”的格局，在演出时很多观众趁表演昆剧时，“辄出外小遗，故当时以车前子讥昆剧者”③。嘉庆时北京著名的戏园分为四部：“曰春台，曰三庆，曰四喜，曰和春”。受照明条件、治安等因素的影响，清朝大部分时间内，北京戏园是禁止夜晚提供戏剧演出服务的。当时戏剧演出的场地，“度中建台，台前平地曰池。对台为厅，三面皆环以楼。堂会以尊客坐池前近台，茶园则池中以人计算，楼上以席计算。故平时坐池中者，多市井俗侩，楼上人谑之曰下井。若衣冠之士，无不登楼”，光绪庚子年（1900）以前“戏园定价，每座售钱百三十文”④。嘉庆、道光之际，国内太平，北京城内戏剧消费需求旺盛，“士绅讌会，非音不樽。而郡邑城乡，岁时祭赛，亦无不有剧”⑤。北京除有昆剧、京剧等戏剧演出场所外，还有高调戏、皮黄戏、秦腔戏、汴梁腔戏、土梆戏、猫儿戏、傀儡戏等戏剧演出场所，以及托偶、八角歌、什不闲、杂耍把式、相声、大鼓、评书之类娱乐演出活动⑥。

高雅型文化娱乐产品和服务的消费主体是有钱有闲且受过一定教育的知识群体（包括附庸风雅群体），是为了满足他们休闲娱乐需要或发展需要的。北京是明清时期我国知识分子聚集的高地，对高雅型、发展型文化娱乐产品的消费能力较强，如读书看报是知识分子的重要消遣方式之一。因图书消费需求较旺，北京图书市场呈现一片繁荣景象，有竹枝词生动描述北京图书市场的繁华情形，“书楼林立望重重，金碧辉煌瑞气浓”⑦。在文人墨客、来往北京参加科举考试的学子等的带动下，还形成以看《京报》为时尚现象，以至于有不识字的商人等唯恐别人知其目不识丁，纷纷订阅《京报》，“惟恐人疑不识丁，日来送报壮

---

① 徐珂：《清稗类钞》（第 11 册），中华书局 1986 年版，第 5015 页。
② 徐珂：《清稗类钞》（第 11 册），中华书局 1986 年版，第 5017 - 5018 页。
③ 徐珂：《清稗类钞》（第 11 册），中华书局 1986 年版，第 5014 页。
④ 徐珂：《清稗类钞》（第 11 册），中华书局 1986 年版，第 5044 页。
⑤ 徐珂：《清稗类钞》（第 11 册），中华书局 1986 年版，第 5014 页。
⑥ 徐珂：《清稗类钞》（第 11 册），中华书局 1986 年版，第 5066 页。
⑦ 杨米人：《都门杂咏》，路工编选：《清代北京竹枝词》，北京古籍出版社 1982 年版，第 81 页。

门庭。月间只费钱三百，时倩亲朋念我听”①。“京报”这一名称在明朝末年已经出现，当时是“邸报”的别称，而“邸报”是指中国古代抄发皇帝谕旨、臣僚奏议等的抄本，清朝前期京报与邸报仍为同一概念。乾隆年间鉴于由各省向地方抄发“邸报”存在易掺入伪稿的隐患，决定统一抄发。因抄发量较大就委托民间书坊等代为抄写，这些机构为增加收入，大量抄印，除满足各级官府对邸报的需要外，还卖给其他关心国家大事的知识分子，天长日久在北京就逐渐形成了以阅读《京报》为时髦现象。再如天津，开埠前已是中国北方的商业重镇，城内居住了一批以盐商为代表的富商群体以及以书画家为代表的文人雅士，他们中有不少人或为满足休闲娱乐需要，或为社交需要，或为附庸风雅，经常进行棋琴书画等高雅文化娱乐活动，有竹枝词描述，“吴老弹棋品第一，柳朱绘事技殊工。黄图他日编方技，掌录人才半寓公”②。北京、天津等城市文人集聚，偏爱古玩字画的知识分子众多，逛古董摊、古籍店是他们的重要休闲娱乐方式之一，有竹枝词描述天津古董摊贩非常多，“城门内外满街泥，古董摊多不整齐。宋砚汉章名字画，家家也卖玉东西”③。

清朝中期天津、汉口等商业比较发达、商旅来往较多的城市，基本上都建有固定的营业性茶馆、戏园等休闲娱乐场馆，以满足市民和商旅的经常性娱乐消费需要。道光年间天津已有戏园多处，崔旭在竹枝词中描述“戏园七处赛京城，纨绔逢场各有情”，“琵琶清脆响流珠，宛转歌喉学凤雏。小曲近来兴北调，当筵赢得一狂呼”④。

茶馆品茗、听说书是明清时期中国城市居民常见的娱乐方式，如天津“清凉茶肆沦汤初，座上盲翁讲法如”⑤。汉口来往商旅众多，茶园、酒楼在开埠前已经是市民、商旅的主要休闲娱乐场所，不少竹枝词都有描述酒楼、茶馆生意兴隆，如“酒如泉涌客如蝇，彩帐锦屏布几层。演彻梨园归去好，官衔写满纸

① 杨米人：《都门杂咏》，路工编选：《清代北京竹枝词》，北京古籍出版社 1982 年版，第 78 页。

② 来新夏主编：《梓里联珠集》，天津古籍出版社 1986 年版，第 53 页。

③ （清）崔旭：《念堂竹枝词》，雷梦水等编：《中华竹枝词》，北京古籍出版社 1996 年版，第 449 页。

④ （清）崔旭：《念堂竹枝词》，雷梦水等编：《中华竹枝词》，北京古籍出版社 1996 年版，第 450 页。

⑤ （清）崔旭：《念堂竹枝词》，雷梦水等编：《中华竹枝词》，北京古籍出版社 1996 年版，第 449 页。

糊灯"①，"后湖时有妇女结伴闲步，倦即惕坐茶寮，唤烟呼茗，不以为嫌也"②。

山东济南、河南开封，财丰物阜，文化娱乐消费水平也较高。以戏剧为例，著名演员演出的首选城市是北京，如果在北京被排挤了，要么选择山东济南，要么选择河南开封，"盖当时名优以京师为中心点，初被挤，则至山东之济南，再被挤，则至河南之开封，故就当时统计，开封戏剧之盛，位置实为第三。花旦天凰名满天下，凡过开封者，无论士商，咸以不见天凰为恨。时戏剧古风未泯，昆黄并重，凡籍隶梨园者，亦必兼通昆曲"③。

休闲娱乐消费支出是有钱有闲群体日常重要支出项目，城市手工业者等劳工群体在劳作之余也偶尔有少量支出，他们的娱乐活动以观看戏曲表演、茶馆喝茶、书场听书、逛庙会等为基本形式。此外，还有在春节、端午节等重要节庆日，各地城市一般都举办具有本区域文化特色的娱乐活动，如舞龙狮、赛龙舟等活动。如汉口每年正月十五均要举办舞龙狮活动，"纸作皮儿蔑作胎，龙灯到处户齐开。穿街入巷人多少，岂为看灯到此来"④。赛龙舟也是中国端午节最重要的民俗活动，南方城市对该活动非常重视，普遍组织举办如广州"竞渡端阳兴未央，家家儿女荡轻航。屈原枉抱千秋恨，付与珠江作闹场"⑤。在北方靠近河湖的城市也有此习俗。湖北、安徽、江西等地还有"旱龙船"民俗表演，如汉口"每逢五月赛金容，设立行宫大路中。木刻龙头安座右，划船锣鼓演村童"⑥。

受宗教信仰等因素的影响，不少城市都定期举办集娱乐、祭祀、商业贸易等于一体的庙会、皇会等活动。如农历三月二十三日是海神——天后娘娘的生日，每年这一天，很多城市的天后娘娘信徒都要大肆举办庆祝活动，以祈求天后娘娘的庇护。如天津开埠前后基本上每年都要组织举办皇会活动，"办会者穷奢极侈，看会者举国若狂"⑦。

---

① （清）范锴：《汉口丛谈》，湖北人民出版社1999年版，第205页。

② （清）范锴：《汉口丛谈》，湖北人民出版社1999年版，第208页。

③ 徐珂：《清稗类钞》（第11册），中华书局1986年版，第5045页。

④ （清）叶调元著，徐明庭、马昌松校注：《汉口竹枝词校注》，湖北人民出版社1982年版，第44页。

⑤ 苏浚泉：《羊城竹枝词》，雷梦水等编：《中华竹枝词》，北京古籍出版社1996年版，第2981页。

⑥ （清）叶调元著，徐明庭、马昌松校注：《汉口竹枝词校注》，湖北人民出版社1982年版，第49页。

⑦ 雷梦水等编：《中华竹枝词》，北京古籍出版社1996年版，第496页。

逛庙会也是深受中国大众欢迎的一种传统休闲娱乐形式。有竹枝词描述汉口庙会游客拥挤不堪，“岳神诞日进香来，人海人山挤不开。名是敬神终为戏，逢人啧啧徽台”①。岳神是指古代神话故事中的泰山神，徽调是戏剧的一种，供徽班演唱的戏台称为徽台，即岳神诞辰日时有徽班演出，市民纷纷前来观看，美其名曰为敬神，实际上是为了看戏。再如上海每年三月二十八日，为庆贺城隍夫人诞辰，“几于倾邑若狂，士女往观者，骈肩累踵”②。

因不同城市所处的区域文化环境、经济发展水平等不同，娱乐活动形式具有鲜明地域特色，如我国有多种反映不同地域文化的地方剧种。两湖地区居民喜爱花鼓戏、楚调等地方戏，对此不少竹枝词中有描述，如“俗人偏自爱风情，浪语油腔最喜听。土荡约看花鼓戏，开场总在两三更”③。“花鼓戏”曾流行于湖北、湖南、安徽、江西等地，时常演出男女爱情戏，即“风情”戏，演员为迎合观众低俗趣味，常“浪语油腔”，有放荡轻浮唱词，常被地方官府以“有伤风化”为由禁演。花鼓戏班常在半夜演出，以逃避地方官府的检查。“吴讴楚调管弦催，翠鬓红裙结伴来。除却寒风和暑雨，后湖日日有花开”，“吴讴楚调”泛指各地的曲艺和戏曲，“花”代指妇女④，说明汉口开埠前已有多种地方戏在汉口演出，女性已常到戏园等娱乐场游玩。天津流行皮簧戏，连儿童也乐于学唱，“只有儿童偏快乐，满街学唱二簧腔”⑤。

此外，娱乐消费需求还随社会经济环境的变化而变化。如上海，开埠前很长时期崇尚昆腔，19 世纪五六十年代受第二次鸦片战争和太平天国运动的冲击，江浙一带富家大户纷纷移居上海租界避难，不仅带动了上海戏剧消费需求的增长，而且促使戏剧消费多元化发展。1851 年一家名为三雅园的茶园开张，上午卖茶，下午搭台演戏，这应是上海开埠后开设第一家营业性戏园，上演昆曲，一度曾吸引“城外人向城内跑”。不过好景不长，园中虽不乏著名演员但难以激起大众持久的观赏热情。需要说明的，19 世纪 50 年代上海租界内没有戏园，租界内华人观看戏剧表演需要到城内，这从王韬和朋友们的戏剧消费情况能得到

① （清）叶调元著，徐明庭、马昌松校注：《汉口竹枝词校注》，湖北人民出版社 1982 年版，第 46 页。

② （清）王韬：《瀛壖杂志 瓮牖余谈》，岳麓书社 1988 年版，第 21 页。

③ （清）叶调元著，徐明庭、马昌松校注：《汉口竹枝词校注》，湖北人民出版社 1982 年版，第 150 页。

④ （清）叶调元著，徐明庭、马昌松校注：《汉口竹枝词校注》，湖北人民出版社 1982 年版，第 102 页。

⑤ （清）崔旭：《念堂竹枝词》，雷梦水等编：《中华竹枝词》，北京古籍出版社 1996 年版，第 446 页。

印证，他在日记中多处记录入城观剧，如 1859 年 2 月 7 日“清晨，同春甫入城观剧”，2 月 8 日“午后，梁阆斋来，留以饭。壬叔（李善兰）为沽酒。饭罢，同入城观剧”①，也就是竹枝词中描述的“城外人往城内跑”。王韬（1823—1897），江苏吴县（1995 年撤销）人，18 岁时考取秀才，1849 年到上海在英国教会创办的墨海书馆工作，他和墨海书局的同事以及租界内其他华人朋友经常入城观剧，他 1859 年 2 月 8 日在日记中对当时戏剧消费的评论，“沪人不喜听昆腔，而弋阳等调粗率无味，不如昆腔远甚。今昆腔之在沪者，不过大章班而已。班中有一小生，容颇可人，旦则荣桂为领袖，态度风骚，绝似妖荡女子”②，这句话应包含有两个基本信息，一是昆腔等高雅艺术是得到王韬等知识分子群体认同的，二是一般市民不喜爱昆腔，而喜爱通俗的弋阳腔。

（二）文化娱乐消费水平低

受经济文化发展水平等因素的制约，鸦片战争前中国城市文化娱乐消费水平整体水平很低。一般市民仅为酬神祈福、庆贺祭祀支付些微费用，如汉口竹枝词描述“沈家庙里戏酬神，一节入官二百文。求福人多还愿众，戏台押得一包银”③。沈家庙供奉关帝，旧时迷信的人常求神、佛庇佑，赐福免灾，祈福者往往许神明、佛祖日后修庙、演戏等种种承诺，若所许愿望实现了就要向神明、佛祖兑现承诺。上面竹枝词也说明当时沈家庙香火旺盛，还愿戏非常多。以戏剧表演场所的设施为例，戏园集中在北京、天津、汉口等少数城市，且消费主体为纨绔子弟、官僚士绅、来往商旅等有钱有闲群体。鸦片战争前一般城市很少有固定的戏剧表演场馆，戏剧演出多为流动性、临时性演出。

明清时期戏台或戏棚多是用芦苇、席子等材料搭建的简易场所，即使大中城市的戏台或戏棚等设施也多因陋就简，如有竹枝词描述道光年间汉口木偶戏、戏剧的表演场地，“芦棚试演梁山调，纱幔轻遮木偶场”④，“河岸宽平好戏场，子台齐搭草台旁”⑤。鸦片战争前在广州居住过的英国人亨利曾说：“中国的戏台没有布景，表演就在白天露天进行。”⑥ 用芦苇、席子等易燃材料搭建的简陋

---

① （清）王韬著，方行、汤志钧整理：《王韬日记》，中华书局 1987 年版，第 76 页。
② 王韬著，方行、汤志钧整理：《王韬日记》，中华书局 1987 年版，第 76 页。
③ （清）叶调元著，徐明庭、马昌松校注：《汉口竹枝词校注》，湖北人民出版社 1982 年版，第 16 页。
④ （清）叶调元著，徐明庭、马昌松校注：《汉口竹枝词校注》，湖北人民出版社 1982 年版，第 79 页。
⑤ （清）叶调元著，徐明庭、马昌松校注：《汉口竹枝词校注》，湖北人民出版社 1982 年版，第 100 页。
⑥ （美）亨利：《旧中国杂记》，沈正邦译，广州人民出版社 2000 年版，第 147 页。

戏台、戏棚存在着极大安全隐患，一旦发生火灾死伤惨重。《清稗类钞》中记录道光年间广州戏园发生了一场大火灾，死伤1400多人，“广州酬神演剧，妇女杂沓。列棚以观，曰看台，又曰子台。市廛无赖，混迹其间，斜睨窃探，恣意品评，以为笑乐。甚有攫取钗钏者。道光乙巳（二十五年，1845年）四月二十日，城中九曜坊演剧，设台于学政署前，席棚鳞次。一子台中人以吸水烟遗火，遂尔燎原，致焚毙男女一千四百余人。……越墙逃避者，尚有千余人”①。由上所述能推断出：当时在广州戏园内看戏者应在3000人左右，戏园是采用席子等易燃材料搭建的简易棚子，因有人吸水烟不慎掉下火种，引发了一场大火，死伤惨重。

（三）文化娱乐消费观念比较保守

消费观念是指消费者在准备或进行消费活动时，对消费对象、行为方式以及变化趋势等的整体认识以及价值评判，对消费者行为选择具有重要影响。文化娱乐消费观念是影响一个国家或地区居民文化娱乐消费的重要因素。中国传统文化娱乐消费观念具有以下几个突出特点。

一是抑制娱乐消费。文化娱乐消费模式是与一定生产力发展水平相适应的，1860年前自然经济是中国的基本经济形式，虽然资本主义萌芽已经出现，但在经济发展中作用微弱。男耕女织的家庭协作生产方式决定着经济的增长速度取决于劳动者的时间投入，娱乐活动在中国整个封建社会不被鼓励，休闲娱乐被视为“玩物丧志”。“玩物丧志”语出《尚书·旅獒》：“玩人丧德，玩物丧志。”“玩”的对象多指文物古玩、琴棋书画、花鸟虫鱼等，以现代人眼光看，这些爱好不仅不会使人“丧志”反而可充实人的生活、提升人的修养、陶冶人的情操。中国历代统治者倡导和宣教的是勤劳文化，如“克勤于邦”“克俭于家”“天道酬勤”等。人们自幼就被告诫“看戏”等休闲娱乐活动对人的成长是无益的，凡是勤奋进取者都将获得丰厚的收获，如传统启蒙教材《三字经》中劝诫人们：“勤有功，戏无益，戒之哉，宜勉力。”

二是抑制女性文化娱乐消费。女性是人类社会重要的组成部分，占“半边天”，但在中国古代受“男女大防”“男尊女卑”“女子无才便是德”等观念的长期影响，女性不仅社会地位较低且独立人格也受到一定限制，在行为规范上倡导男主外女主内，即男人在外面从政、从军、种地、打猎、经商等，女人在家内“主中馈”（主持饭食等家务）、务蚕织、生儿育女、孝敬公婆等。在中国封建社会上层，妇女一般是不允许参与政事、军事等外事活动的，否则就是

① 徐珂：《清稗类钞》（第11册），中华书局1986年版，第5063－5064页。

“牝鸡司晨，惟家之索”（母鸡打鸣为家国的不祥之兆）。在下层小农家庭，形成“男耕女织”劳动分工协作模式。在这种对男女位置和社会分工划分的影响下，又逐渐形成了男女在日常生产、生活中的内外区分，以及“男女授受不亲”“内言不出，外言不入”等观念，封建统治者还以“有伤风化”、有悖礼教之名，限制女性进入戏园等社会公共娱乐场所。受“女子无才便是德”观念的影响，多数女性被剥夺了受教育的权利。女孩子自 6 岁起就被关在家中，“几乎每天都要做那些似乎永无尽头的家务活”①。如果有妇女到戏园等娱乐场所消遣将被社会所不耻，有时还受到地方政府的干预。如道光年间北京有戏园为增加收入，默许妇女进园看戏，但需要在楼上看，即“妇女皆可往观，惟须在楼上耳”，即使如此，被某御史巡视中发现后也马上就被勒令禁止，“谓有伤风化，疏请严禁，旋奉旨禁止”②。

二、通商口岸城市的文化娱乐消费概况

在第一次鸦片战争前，一些西方文化娱乐品已出现在广东、北京、福建等地区居民的娱乐生活中，如西洋的乐器受到部分纨绔子弟的喜爱。因进口乐器价格高昂，是与当时政府倡导的节俭消费观念相悖的，有“玩物丧志”“奇技淫巧”之嫌。1829 年福建道监察御史章沅在《请禁外商以违例货物私易官银出洋折》中提到禁止进口的货物中有多种为娱乐品，“近日所通货物，违例特多，作为奇淫，导民奢丽，日甚一日，罔所底止。臣闻夷商每岁必务为新奇可喜之物，借相炫惑，如多宝筒、自鸣雀、风枪、乐琴，不可枚举。在彼专恃人工，不甚费值，一入内地，纨绔子弟争相购致”③。可见多宝筒、乐琴等文化娱乐品被列入奇技淫巧、违禁货物之列，但是能看出纨绔子弟对来自异域的娱乐品特别喜爱，已经进入他们的生活消费中。

鸦片战争后，以通商口岸城市尤其是以上海为中心，中国城市文化娱乐消费需求模式开启了由传统向现代转型的历史进程。文化娱乐活动形式是社会经济、文化、民俗的综合表现，体现着特定时期一个国家或地区物质文明和精神文明的发展水平。在华从事商业、传教等活动的外国人，他们把本国的文化娱乐品、消费观念等带入中国，在上海等地租界内，建造了一些供他们消遣娱乐

① ［英］约翰·麦高恩：《近代中国人的生活掠影》，李征、吕琴译，南京出版社 2009 年版，第 73 页。

② 徐珂：《清稗类钞》（第 11 册），中华书局 1986 年版，第 5065 页。

③ 中国第一历史档案馆编：《鸦片战争档案史料》第 1 册，上海人民出版社 1999 年版，第 54 页。

的场所，如赛马场、弹子房（有大小之分，大的即今天的保龄球，小的即台球）、剧场、运动场、现代图书馆等，不仅打破了中国相沿上千年的文化娱乐产品供给体系，且影响和改变着这些城市居民的文化娱乐消费结构和消费方式，这在以王韬为代表的一批知识分子消费生活中有一定体现。

首先需要说明的是王韬的休闲娱乐活动基本上是以群体形式出现的，常与他一起活动的朋友有官小异、梁阆斋、蒋剑人、李壬叔等。官小异因得到传教士艾约瑟的赏识曾在合信书局翻译医书，著有《西医略论》《妇婴新说》等书。梁阆斋，工篆刻，家道中落，当时在上海谋生。李壬叔即李善兰，1852—1866年为墨海书馆编译，翻译了《几何原本》等著作。课题组将王韬日记中1858年、1859年、1860年的休闲娱乐消费活动进行梳理，并绘制成表1－1、表1－2、表1－3。

表1－1　王韬1858年主要休闲娱乐活动

月	娱乐场所、陪同者
二月	十四日与壬叔及家人拈骰子为戏（该游戏为当时文人骚人、韵士、名姝、闺秀中流行的一种雅俗共赏游戏）
	十五日在家中赏花，梅一枝，盆内则水仙怒放。夜，掷骰子为戏
	十六日关门习静，与壬叔谈诗
	十七日与壬叔游南园，士女如云，肩摩踵接，斗鸡走狗为戏。集茶寮中，几无隙地
三月	七日祝斋招饮……唤歌者侑酒。明珠、素云两校书，颇艳丽
	十日梁阆斋来，同遄勾栏访艳
	十五日同小异酒垆小饮。 十八日同小异茶寮啜茗，剧谈贼中情事（指太平天国战争）
	二十五日同邓子明及其弟子衡南园啜茗
九月	十九日家中读诗、与朋友欣赏字画，然后茶寮小啜
	二十一日与朋友集蘅华行馆猜枚射复，备极其乐
	二十六日晨与壬叔、阆斋至城，时庙中演剧，人颇丛。与壬叔绿波廊啜茗。午后，散步西园，偕宦秋萍、陈香谷啜茗
	二十八日与官小异、梁阆斋酒楼小饮，酒酣射复为乐。酒后同梁阆斋吴氏小室吸片芥

续表

月	娱乐场所、陪同者
十月	三日同官小异、梁阆斋入城购书
	五日酒楼小饮，购宋刻丛书十种
	十日翻书遣闷
	十二日环马场馆中小饮，酒后访艳
	十六日在壬叔处，借得俞中华《结水浒》来阅，聊以消闲
	十七日同官小异司牌楼书坊检阅书籍，继往绿茗轩啜茗。茗罢，叶萃馆小酌
	十九日同朋友景阳馆小饮。午后与朋友环马场散步，然后一起青楼访艳，鸨母特设片芥招待
	二十一日同小异、春甫景阳馆小饮
	二十二日薄暮环马场侧散步
	二十三日同小异、春甫万福楼小饮
	二十四日与梁阆斋、春甫乐名轩小啜。与梁阆斋到三牌楼吸片芥
	二十五日与梁阆斋到吴氏小室吸片芥

资料来源：根据（清）王韬著，方行、汤志钧整理：《王韬日记》，中华书局 1987 年版，第 1－24 页整理。

由表 1－1 能看出 1858 年王韬和朋友梁阆斋、官小异等娱乐活动主要有酒楼小酌、茶楼品茗、书店购书、妓院访艳等。也就是，王韬及朋友们的娱乐消费构成，既有高雅的品诗论道等娱乐活动，也有低俗堕落娱乐活动，如烟馆吸食鸦片（即王韬文中的“片芥”）、青楼狎妓。

表 1－2、表 1－3 是课题组对王韬日记中 1859 年 2 月和 5 月、1860 年 2 月和 5 月的休闲娱乐活动进行梳理和归类编制的。

表 1－2　王韬 1859 年 2 月和 5 月主要娱乐活动

月	娱乐场所、陪同者
二月	三日同李君壬叔善兰至西园散步。士女如云，遇杨㒟门及姚吉庵，遍游萃秀堂，造其绝顶，见来自络绎，如磨上旋蚁。 5 日同梁阆斋至乐茗轩小啜。春甫亦来合并。阆斋特邀至酒楼小饮。 6 日清晨，同李壬叔往浙绍会馆观剧。午后，同徐春甫、黄吉甫、春甫啜茗。张蓉村忽来合并，抵掌纵谈。 7 日同春甫入城观剧。午后独往绿荫轩啜茗。得遇王子根，相见欢然。 8 日与梁阆斋、李壬叔入城观剧。 10 日同壬叔散步至马场。 11 日与潘恂如、费玉塘酒馆小饮。酒罢，往游西园。 16 日午后朋友来访，同往酒楼小饮。啜茗茶寮，剧谈良久而别。 17 日是夕，同阆斋至叶萃楼小饮。酒罢，往茶寮听讲平话，出语诙谐，妙解颐。然后又游西园，到茶寮啜茗。 19 日与梁阆斋、潘恂如至叶萃酒楼。酒罢，往陆氏宅（一茶寮）听讲平话。 20 日清晨同阆斋至福泉楼啜茗。午后，往浙绍公所观剧。薄暮，同张桂山、李壬叔至乐茗轩小啜，剧谈竟晷。 21 日与蒋剑人茗香寮小啜。 27 日晨，入城，同春甫、卿屏茶寮小啜。
五月	1 日环马场侧有打球房，西人每于闲时，击球斗捷。 8 日与梁阆斋酒垆小饮。酒罢，往小室吸片芥。 17 日同李壬叔往访公寿，与之纵谈书画，酒楼小饮。酒罢，同公寿供养烟云。 18 日薄暮偕桂秋田至凝晖阁啜茗。 19 日与梁阆斋、官小异环马场散步，后到酒楼小饮。 22 日与陆椿年往酒楼小饮。酒罢，与梁阆斋作烟云供养计。 23 日同小异、子登至环马场酒楼小饮。

资料来源：根据（清）王韬著，方行、汤志钧整理：《王韬日记》，中华书局 1987 年版，第 75－83、111－123 页整理。

表 1-3 王韬 1860 年 2 月和 5 月主要娱乐活动

月	娱乐场所、陪同者
二月	5 日与朋友茗寮小啜。 9 日与朋友酒楼小饮。 10 日与朋友酒楼小饮。酒后，至挹清楼啜茗。 11 日午后酒垆小饮。 12 日午后，入城往听袁桂香平话。得晤周致尧，同他登凝晖阁啜茗。 13 日与朋友秦娘处听琴，声韵清越，可谓俗耳针砭。复诣酒楼小饮。 15 日晨，周致尧来访，同往茗寮小啜。薄暮与官小异等人酒楼小酌。 16 日与众朋友酒楼小饮。酒罢，登挹清楼啜茗。 17 日与众朋友酒楼小饮。 18 日同朋友酒楼小饮。 19 日与朋友上午茶楼小啜。午后同桐翁、孙安甫往王桂香说平话，声韵清婉，色艺俱佳。 20 日上午与祝安甫秦娘处听琴。中午偕朋友酒楼小酌。 25 日与龚孝拱至褚家觅艳。 26 日与茶寮小啜。茶罢酒楼赏雨。
五月	1 日与一群朋友欲观西人赛马，但因下雨地湿中止。 2 日与朋友作云间行。茶寮啜茗。 3 日与朋友到松江游玩，酒楼小酌。酒罢，妓院猎围。 4 日与朋友登会鹤楼啜茗。茶罢，晚壹家吸片芥。 5 日入城至一家吸片芥，在烟馆遇到薛义亭，然后偕诣茗楼小啜。夜，在伎家吃饭。 6 日与朋友们茗楼小啜。茶罢，仍去昨天的鸦片馆吸食鸦片。 7 日西门茶寮啜茗。午饭后朋友诸薇卿，然后伎家吸鸦片。薄暮与朋友啜茗。 8 日薄暮与朋友黄垆小饮。 11 日与蔡春雨同往访艳。 13 日与众朋友茶寮啜茗，“谈辩锋起”。茶罢，饭于酒楼。薄暮游张家花园。 15 日至朋友家宴饮。酒罢，访艳。 17 日在朋友家吃饭，饭后同往访艳。 18 日与普景阳馆啜茗。 19 日与朋友茶寮啜茗。茶罢酒楼小饮。酒罢访艳。 20 日晨与梁阆斋至方鹤楼食鸡肉饺。中午与朋友酒楼小饮。薄暮一群朋友在张家花园小饮。 21 日与朋友酒楼小酌。酒后访艳。 27 日与朋友茶寮啜茗。茶罢，酒楼小饮。 28 日与朋友挹清楼啜茗。茗罢，酒垆小饮。 29 日与朋友群玉楼啜茗。茗罢，访艳。

资料来源：根据（清）王韬著，方行、汤志钧整理：《王韬日记》，中华书局 1987 年版，第 133-138、160-172 页整理。

由表 1-1、表 1-2、表 1-3 能看出 19 世纪 50 年代末上海租界内以王韬为代表的知识分子群体的文化娱乐消费具有以下特征。

一是茶楼品茗、酒楼小酌是休闲娱乐的基本方式。三五好友在酒楼或饭店小酌、茶寮品茗，既能排遣郁闷又能增进朋友间的情谊，还能交流信息。如1859年2月13日，进城内，与潘恂如等闲话，然后一起到酒馆小饮，“最妙者蚶子巨如大钱，味极鲜美。鳊鱼肥嫩，颇堪下箸。拇战争先，酒饮无算爵”①。酒楼、茶楼不仅是王韬的休闲娱乐场所，是当时中国城市居民休闲娱乐的基本场所，一日本人观察到中国上海等城市，“酒店旁必有茶店。人过酒店，或出酒店，必至茶店一立，吃茶”②。由上面三个表也能看出，王韬和朋友们往往是酒罢啜茗，或啜茗后到酒楼小酌，酒楼、茶楼集聚在一起是为了方便消费者。

二是观剧、听平话等为传统娱乐的重要方式。王韬和朋友们偶尔会到戏园观剧、茶楼听平话。这一时期上海传统娱乐消费需求的扩展不仅在王韬等群体身上有所体现，而且能在一定程度上体现当时上海居民娱乐消费的基本情况。王韬描述庙会以及节日期间，茶园游人如织，如上元之夕（即正月十五日晚）“火树银花，异常璀璨。园中茗寮重敞，游人毕集”③。

三是不正当娱乐消费需求旺盛。王韬群体多嗜酒、嗜鸦片、嗜色，他们时常出入酒馆、烟馆、妓馆。课题组对王韬1859年1月至5月、1860年1月至5月（他并非天天记日记）日记中记录的文化娱乐活动进行梳理，得出王韬和朋友们消遣娱乐最主要场所是酒楼，80次。色情消费也是王韬和朋友们的重要娱乐支出项目，1858年王韬曾在日记中说因流连于“花场酒国”好多天没有写日记，“余近来笔墨疏懒，日记一役，屡作屡止……诗、古文、词久束高阁，花场酒国，意兴迥非”④。王韬和朋友们还视吸食鸦片为正当娱乐，如1859年5月17日“薄暮，同壬叔往访公寿，与之纵谈书画，约往酒楼小饮，所煮鲥鱼极肥美。酒罢饭饱，同公寿供养烟云（应指吸食鸦片），亦是一乐”⑤。王韬的朋友中有些人沉迷烟室、妓院难以自拔，1860年王韬与李壬叔等人时常逛妓院，不足半年王韬日记中记录去妓院二十余次，他在日记多次提到担忧好友李壬叔沉迷其中，“闻壬叔在褚桂生家，及即乘兴闯入。桂生为吴门名妓，艳噪一时。……薛银涛亦在，壬叔左拥右抱，意颇得。甚恐一入迷香洞中，不能复出，待

① （清）王韬著，方行、汤志钧整理：《王韬日记》，中华书局1987年版，第77页。

② ［日］日比野辉宽、高杉晋作等著：《1862年上海日记》，陶振孝等译，中华书局2012年版，第27页。

③ （清）王韬：《瀛壖杂志 瓮牖馀谈》，岳麓书社1988年版，第19页。

④ （清）王韬著，方行、汤志钧整理：《王韬日记》，中华书局1987年版，第5页。

⑤ （清）王韬著，方行、汤志钧整理：《王韬日记》，中华书局1987年版，第118页。

至金尽裘敝，浩然思归，则晚矣”①。一次王韬与几位朋友聊天时，朋友们也对“壬叔一人迷香洞，溺而不出，深为可忧”②。龚孝拱为清代思想家、诗人、文学家龚自珍的儿子，与王韬为好友，“经术文章，皆臻绝顶”，也经常逛妓院、叫局，“谓得孝珙所书一出局条子，皆可付装潢，后世争宝”③。

四是出现了西式娱乐。从王韬群体的文化娱乐活动，能看出上海文人群体的文化娱乐消费仍以传统活动为主，但出现了新的娱乐活动，如观看赛马。1851 年英国侨民在上海成立跑马会，建造跑马场。赛马活动往往连续举行 3 天，西人将赛马视为重大活动，赛马活动举办期间所有洋行都歇业。因赛马活动具有较强的观赏性、刺激性，吸引着男女老少纷纷前往观看，如王韬 1859 年 4 月 19 日描述赛马活动时的盛况，“是日，西人赛马，士女观者如堵。赛马之法：各选骏马，骑者各以五色衣为别，约远二三里许，立一旗，并马疾驱，先至旗下者为胜，例得重赏。勾栏中乘舆来观者纷如也”④。除赛马进入租界华人娱乐活动中，台球、桌球即打弹子，也进入城市居民的视野中。王韬等人有时还观看西人打弹子，1859 年日记中提道：“马场侧有打球房，西人每于闲时，击球斗捷。又有若秋千之戏者，以一足踏板上，一手执绳，令其四面旋转，久之乃下。盖此皆西北角力之风恐筋骨久逸则脆弱，故以此习劳。”⑤

此外，西书也开始进入部分知识分子的文化消费中。19 世纪 50 年代墨海书局等外国人开办的翻译出版机构，翻译出版了一批反映西方文化的图书，已得到部分知识分子的认可，并开始购买这些译著，如 1858 年 10 月 20 日海防署的胡雅堂购泰西医书数种⑥。1860 年 5 月 9 日湖州王蓉士来访，“购天文书数种去。蓉士将赴河南候补，道于此”⑦。由王韬日记还能看出当时翻译的西书非常珍贵，朋友们收到他所赠的图书时往往如获珍宝，他常以墨海书局翻译出版的图书送朋友，如云间韩蒜卿来访“以所刊《几何原本》相赠，得之如获拱璧”⑧。

五是节俭消费观念约束力很弱。中国封建社会崇尚节俭，历代封建统治者都把节俭视为美德极力提倡。道光帝就多次向臣民、皇室成员强调要“黜奢崇

① （清）王韬著，方行、汤志钧整理：《王韬日记》，中华书局 1987 年版，第 157 页。
② （清）王韬著，方行、汤志钧整理：《王韬日记》，中华书局 1987 年版，第 164 页。
③ （清）王韬著，方行、汤志钧整理：《王韬日记》，中华书局 1987 年版，第 164 页。
④ （清）王韬著，方行、汤志钧整理：《王韬日记》，中华书局 1987 年版，第 109 页。
⑤ （清）王韬著，方行、汤志钧整理：《王韬日记》，中华书局 1987 年版，第 111 页。
⑥ （清）王韬著，方行、汤志钧整理：《王韬日记》，中华书局 1987 年版，第 22 页。
⑦ （清）王韬著，方行、汤志钧整理：《王韬日记》，中华书局 1987 年版，第 163 页。
⑧ （清）王韬著，方行、汤志钧整理：《王韬日记》，中华书局 1987 年版，第 69 页。

俭”，如道光二年（1822）上谕总管内务府大臣等：“嗣后皇子皇孙一经指婚，其福晋父家置备妆奁不得以奢华相尚，一概务从俭约”①。王韬日记中没有明确记载他的月收入情况，但他提到在合信书馆译书的管小异，“修脯月止十五金”②，即一年180金，这一收入水平在当时应该算比较高的，大致与清朝宰相的收入水平相仿。孙宝瑄日记中曾记录：“本朝则虽贵为宰相，而岁仅180两俸银。”③王韬也在外国人办的书局工作，可推断出他的收入应与管小异相差不远。王韬的住房是墨海书局免费提供的，但他还时常感叹经济窘迫：“郁氏遣人馈吕宋银饼六枚，以为卒岁之需，却之不获，三让后受。予得此金，稍售鸡鱼肉脯，以为甘旨之奉，可以度残腊矣”④，这也从侧面反映了节俭消费观念对王韬群体的约束力较弱。王韬曾评价当时上海的奢靡、享乐风气非常浓厚，“酒地花天，别一世界。女闾成市，脂夜为妖。风俗淫靡，可谓极矣”⑤。在上海奢靡、享乐社会风气的影响下，王韬和朋友们的吃喝玩乐消费支出巨大。

上海的娱乐消费需求变化的基本特征和发展趋势在当时中国通商口岸城市中具有代表性，同时期的福州、广州、厦门、宁波等城市也出现相似情况，只是上海表现得更为突出、更为集中。正如李长莉所说，上海是中国最早开始近代化的城市，上海社会生活的种种变迁，“也代表了中国社会生活近代化变迁的一些普遍趋向”⑥。

第二节　1861—1894年城市文化娱乐消费的基本情况

上海等城市开埠通商后，西方文化娱乐元素开始逐渐渗入这些城市，打破了传统休闲娱乐消费模式在中国城市一统天下的格局。传统文化娱乐消费方式与西方文化娱乐消费方式开始在上海等城市碰撞、并存和融合，19世纪后期这种趋势在上海、天津等主要通商口岸城市开始显现，以上海最为显著。

---

① 《大清十朝圣训》第12册，北京燕山出版社1998年版，第7302页。
② （清）王韬著，方行、汤志钧整理：《王韬日记》，中华书局1987年版，第92页。
③ 孙宝瑄：《忘山庐日记》，上海古籍出版社1983年版，第643页。
④ （清）王韬著，方行、汤志钧整理：《王韬日记》，中华书局1987年版，第71页。
⑤ （清）王韬：《瀛壖杂志　瓮牖馀谈》，岳麓书社1988年版，第17页。
⑥ 李长莉：《上海社会生活史的典型意义》，《史林》2002年第4期，第4-6页。

一、传统娱乐消费需求缓慢增长

传统文化娱乐活动根植于中华民族文化土壤之中，不仅体现着中华民族文化特征且具有鲜明的地域文化特色。各具特色的戏园、茶馆等不仅具有休闲娱乐功能，而且可以通过消费这些场所提供的产品和服务实现寄托乡愁、对家乡热爱等情感诉求。随着上海等城市人口规模的扩大，外来人口日渐增多，多种地方文化娱乐产品也向这些城市集聚，戏剧等文化娱乐产品和服务供给逐渐朝多元化方向发展，消费需求也呈现不断增长趋势。

（一）戏剧消费需求有所增长

在近代中国，观看戏曲演出是各地居民的基本娱乐活动形式，就如清朝后期在中国居住半个世纪、跑遍大江南北的传教士约翰·麦高恩观察到的那样："对中国人而言最受欢迎、最令人着迷的方式就是戏剧，虽然由于昂贵，普通老百姓负担不起，但中国的风俗是在空地上表演，因此每个喜爱看戏的人都可以尽情地观赏而不付任何费用。"① 一般市民时常可免费观看戏剧演出，如富人为父母等长辈祝寿、家中有重大喜事时，为让更多人分享他们的喜庆一般会请戏班子演戏酬宾。约翰·麦高恩还观察到当时中国富人的家门前搭起戏台，"笛鼓合奏的乐声通知邻人戏团已经准备来表演了。这一消息如野火般地传得很快，等演员们准备开始表演时，人们已如潮水般从四面八方涌来，免费观看对他们而言亲切的表演"②，这种习俗即使在今天仍在中国多地存在。但中国戏剧具有鲜明的地域特色，如两广人喜爱粤剧，西北人偏爱秦腔，湖北人喜爱楚剧等。来自全国各地的移民汇聚上海、天津、北京等城市，为满足来自不同地区人们观看戏剧的需要，提供各种各样地方剧种的演出场所应运而生。以上海为例，19世纪50年代就出现了专门表演昆剧等戏剧的场所——戏园③。19世纪60年代后江浙等地居民为避难或寻求商机等纷纷移居上海，难民中的有钱有闲群体是推动19世纪六七十年代上海戏剧消费需求增长的主力。日本人纳富阶次郎在1862年所作的《上海杂记》中记录："闻难民中多苏州之人，约有十余万众"，

---

① [英] 约翰·麦高恩：《近代中国人的生活掠影》，李征、吕琴译，南京出版社2009年版，第81页。

② [英] 约翰·麦高恩：《近代中国人的生活掠影》，李征、吕琴译，南京出版社2009年版，第81页。

③ 19世纪末20世纪初，中国很多城市的茶楼和戏班子联合营业，戏班子借茶楼的场所表演，茶楼和戏班子分享营业收入，因此戏园也称为"茶园"。

“上海本俗地，舞文弄墨者不多，偶来旅馆作风流之交者，皆难民中人。”① 19世纪后期上海在居民观看戏剧表演需求不断扩大的驱动下，各种戏馆茶园纷纷建立。同治五年（1866），英籍华人罗逸卿仿照北京戏园的样式，在上海租界内建造了第一座华人戏园（当时称为茶园）——满庭芳，该园是一座木结构二层楼，是当时上海设施最为先进的戏园之一，为招徕顾客，特地从天津邀请京剧演员到上海演出，实行一票制，即“楼上楼下每位票价一元”②，观众趋之若狂。有人称满庭芳开启了上海戏剧近代化发展的进程。满庭芳的成功让人们看到上海戏剧消费市场的巨大发展潜力，受其影响1867年刘维忠（定海人）建造了丹桂茶园（也称丹桂轩）。为开拓市场，刘维忠亲自到北京邀请京剧名角到上海演出，还根据上海市民的消费心理和收入差别，按照座位的不同位置，采取差别定价营销策略，尤其值得一提的是设计了一些价格较廉的座位，使收入不高又热爱戏剧者也偶尔能消费一次，“开台楼上下佳座一律八角。包厢售六角，余下散座，价目较廉。因属比较名角，备受群众欢迎，盛况空前”③。丹桂轩因设备先进、名角荟萃，加上善于营销，一时间名声大噪，“桂园观剧”被当时上海人评为“沪北十景”之一，有竹枝词描绘其繁荣，“相传鞠部最豪奢，不待登场万口夸。一样梨园名弟子，来从京国更风华”④。满庭芳、丹桂轩等新式京剧茶园与旧式茶园相比，装潢典雅、座位多且舒适，剧目、演出形式新颖，并采用了当时最为先进的照明设备——煤气灯，一时间上海居民以及来往商旅、周边城市居民观看戏剧的热情被激发出来。在京剧获得成功的同时，昆剧、苏滩、猫儿戏（也称帽儿戏）、花鼓戏也纷纷设立固定的演出场所。成书于19世纪七八十年代的《沪游杂记》中记录：“文班唱昆曲皆姑苏大章、大雅两班所演，始于同治二年（1863）。自徽班登场而文班减色，京班出而徽班皆唱二黄。……丹凤园、同乐园亦以徽调间京腔。尚有帽儿戏、花鼓戏。”⑤ 由上述可以看出，19世纪七八十年代上海不仅京剧消费有所增长，而且猫儿戏、花鼓戏、昆剧、粤剧等也都有固定的演出场所，反映了当时上海传统戏剧消费需求多元化发展情况。

---

① ［日］日比野辉宽、高杉晋作等著：《1862年上海日记》，陶振孝等译，中华书局2012年版，第24－25页。

② 王仲钧、胡仲龄：《上海戏园琐话》，《上海地方史资料》（五），上海社会科学院出版社1986年版，第198页。

③ 王仲钧、胡仲龄：《上海戏园琐话》，《上海地方史资料》（五），上海社会科学院出版社1986年版，第199页。

④ （清）葛元煦：《沪游杂记》，上海书店出版社2009年版，第186页。

⑤ （清）葛元煦：《沪游杂记》，上海书店出版社2009年版，第131页。

北京居民的戏剧消费也有所增长。慈禧太后等经常召京戏班进宫演出，王公贵族喜爱戏剧者甚多，“恭亲王溥伟喜观昆剧，能自唱，其左右亦能和之”，“内廷或颐和园之演剧，名优均须进内当差，若辈自称曰内奉”①。王公仕宦或私蓄戏班，或叫“堂会”。“堂会”是指个人出资邀请演员在年节或喜、寿日在私宅或借饭庄、会馆、戏园等场所进行的专场演出。19世纪八九十年代北京的官僚富豪们时常邀请名伶为他们进行专场演出，有竹枝词感叹因“堂会”的流行导致戏园观众减少，“时兴小戏得人和，四大徽班势倒戈。虽是园中不上座，原图堂会彩钱多”②。更有不少八旗子弟、纨绔子弟、官僚等终日流连戏园，有竹枝词形容：“茶园楼上列纷纷，宦款游来气炎熏”③。上有所好，下必甚焉，在上层社会的示范引领之下，市民纷纷效尤，有竹枝词描绘京师戏剧消费需求非常旺盛的情景，“典衣看戏是京师，谊重亲朋莫可辞”④。

戏剧消费需求增长不仅在上海、北京出现，而且在保定、镇江、广州等城市也呈现增长趋势，这些城市都出现了固定的、商业性戏馆，1874年《申报》报道：“戏馆之设，京师为最，次则保定、天津、苏州亦然，余如各省城市乡村亦均有之。租界如镇江、上海皆有数处。”⑤ 广州设立固定戏园的时间较晚，在戏剧消费需求增长的带动下，“道光时有江南人史某始创庆春园……未几，怡园、锦园、庆丰、听春诸园相继起”⑥。需要说明的是，这一时期多地城市创建的戏园因地方官员怕滋生是非，往往是屡禁屡开，旋开旋闭。如上海虽屡次禁止开戏馆，但奏效甚微，因租界当局不配合，华界如果禁戏，戏园就迁移到租界内开办，也因此出现上海华界内越是禁戏，租界内戏园越多、生意越好。1874年《申报》围绕戏园的禁与不禁，发表了多篇文章，如11月3日刊登的《论戏园》一文，较为系统地阐述了戏园的益处，“大则可以尽孝养，中则可以寓劝惩，小则可以破忧愁。或因所谋不遂，或因远游他乡，或因劳苦终日，忧闷长宵无可以解忧者，自有戏园之设，亦可藉为消遣之地，较之嫖赌之事，不至倾家荡产，伤生败名。故不但日戏不必禁，即夜戏亦不必禁。何也？农工商

① 徐珂：《清稗类钞》（第11册），中华书局1986年版，第5064、5042页。

② 《都门杂咏》，杨米人等著，路工编选：《清代北京竹枝词》，北京古籍出版社1982年版，第84页。

③ 《都门杂咏》，杨米人等著，路工编选：《清代北京竹枝词》，北京古籍出版社1982年版，第83页。

④ 《都门杂咏》，杨米人等著，路工编选：《清代北京竹枝词》，北京古籍出版社1982年版，第83页。

⑤ 《论戏园》，《申报》1874年11月3日，第1版。

⑥ 徐珂：《清稗类钞》（第11册），中华书局1986年版，第5048页。

贾日有正业，惟长夜无聊，始能为此耳”①。由《申报》的报道可以看出，随着工商业的发展，上海等城市居民在闲暇时观看戏剧演出的需求和愿望增强，也反映了戏剧消费观念已开始发生变化，即视看戏为“玩物丧志”的传统观念开始动摇，开明人士已经认识到戏剧消费的经济功能、教育功能、社会功能，即观剧能为戏剧演员等提供谋生机会，且能帮助观剧者树立正确的价值观、消遣解闷，长辈生日时演戏还可以达到考亲目的。

（二）其他本土娱乐活动的消费增长情况

19 世纪七八十年代，上海等城市除戏剧消费需求呈现增长趋势外，其他本土娱乐消费如茶馆品茗、酒楼小酌、青楼行乐等也呈现繁荣景象。

休闲娱乐与餐饮、社交消费一体化发展使酒楼、饭店成为城市居民的重要消遣娱乐场所。当时商人商洽生意，朋友增进情感往往选择在酒楼、饭店等场馆内进行。一些酒楼、饭店为招揽顾客附设各种娱乐设施，如弹子房、棋牌室等，还可以叫妓女陪酒和演员来演唱。葛元煦在所著的《沪游杂记》中指出：“天津酒馆自同兴、同新两楼既闭，惟庆兴楼最著。新新楼、复兴园为金陵馆之翘楚。宁波馆虽多，皆自郐以下，鸿运、益庆差堪比数。泰和馆为沪人所开，菜兼南北，座拥婵娟，特为繁盛。津馆围碟点心不列账，统归堂彩。金陵馆叫局堂彩非一元即八角，故庆兴、泰和两馆出局较多。”②

茶馆不仅是解渴消乏的地方，更是大众的休闲娱乐空间，交流商业信息、结交朋友的场所。葛元煦在《沪游杂记》中描述了上海茶馆众多，竞争激烈，之前生意兴隆的一洞天已经关门，丽水台也已经改营他业，松风阁、一壶春等茶楼异军突起，茶客众多，“同治初（19 世纪 60 年代）大马路红栅外有一洞天，三茅阁桥沿河有丽水台，皆杰阁三层，楼宇轩敞。一洞天已闭歇，丽水台改寻常楼屋。惟松风阁以茶胜，宝善园以地胜。大马路之一壶春，宝善街之渭园、桂芳阁均极热闹。城中庙园茶肆十居其五，惟湖心亭最佳”③。成书于 1893 年的《沪游梦影》描述上海茶馆顾客盈门盛况，且有女性可以自由到茶馆品茗，“夫别处茶室之设不过涤烦解渴，聚语消闲，而沪上为宾主酬应之区、士女游观之所，每茶一盏不过二三十钱，而可以亲承款洽，近挹丰神，实为生平艳福”④。可见，19 世纪 90 年代上海茶馆已发展成为集大众聚会、酬宾、消遣、

① 《论戏园》，《申报》1874 年 11 月 3 日，第 1 版。

② （清）葛元煦撰：《沪游杂记》，上海书店出版社 2009 年版，第 122 页。

③ （清）葛元煦撰：《沪游杂记》，上海书店出版社 2009 年版，第 123 页。

④ （清）葛元煦、黄式权、池志澂著：《沪游杂记·淞南梦影录·沪游梦影》，上海古籍出版社 1989 年版，第 159 页。

社交等于一体的综合性休闲场所。

二、西方文化娱乐消费方式初现

19 世纪后期西人在上海、天津、汉口等城市租界内建造跑马场、西式戏院、弹子房、西餐厅、咖啡馆等休闲娱乐场所，这些场馆最初是为满足外侨休闲娱乐消费需要而建的，但后来吸引许多华人前往消费。这一时期引起中国人兴趣的西式娱乐活动主要有观看赛马、马戏、影戏以及打弹子等。

（一）观看赛马活动

1850 年英国人霍格等在上海组织跑马总会，建造了中国第一个跑马场，因赛马活动与戏剧等娱乐形式相比，具有新颖性、竞技性、刺激性等特征，很快赢得上海等城市部分居民的喜爱。1859 年王韬日记中就记录了上海很多华人观看赛马情况，19 世纪 60 年代后钟爱赛马活动的华人越来越多。冯桂芬之子冯芳缉同治元年（1861）的日记中记录他在上海观洋人赛马的感受："入其围中，至其所谓演舞台侧，略伫立顷，见四骑竞逐，衣各异色。俄又见二骑，皆捷如飞，诚不愧健步也。台侧列夷乐一队，其音沉着幽咽，亦觉入耳一新，士女云集，举国若狂。"① 到上海的商旅等如果赶上赛马活动，一般都要一睹为快，如 1879 年王锡麒非常幸运地赶上了春、秋两次赛马活动，他在日记中详细记录了观看赛马的情景，如春季赛马"游人云集，毂击肩摩，西人衣五色衣，稳坐马上，红旗一挥，奋辔争驱，星驰电掣间，已三四里。尽一周圈，乃止"②。需要说明的是 19 世纪七八十年代观看赛马者已是来自社会各个阶层，既有文人雅士，也有妓女负贩者，如《沪游杂记》中记录赛马的观众来自社会上各个群体，"大马路西，西人辟驰马之场。周以短栏，所以防奔轶。春秋佳日，各赛跑马一次。每次三日，午起酉止。或三四骑，或六七班骑，衣则有黄、红、紫、绿之异，马则有骊黄、骝骆之别。并辔齐驱、风驰电掣。场西设二厂备校阅，以马至先后分胜负。第三日增以跳墙、跳沟、跳栏等技，是日观者上自士夫下及负贩，肩摩踵接，后至者几无置足处：至于油壁香车、侍儿娇倚者，则皆南朝金粉、北里胭脂也，鬓影衣香，令人真个销魂矣"③。

19 世纪七八十年代天津的外侨在租界内也建造了赛马场，每年春、秋佳日居住在天津的外侨都分别举办赛马活动一次，每次活动三日。每当举办赛马活

---

① 《清代日记汇抄》，上海人民出版社 1982 年版，第 290 页。
② 《清代日记汇抄》，上海人民出版社 1982 年版，第 333 页。
③ （清）葛元煦：《沪游杂记》，上海书店出版社 2009 年版，第 35 页。

动，“人声哗然，蹄声隆然，各国之旗飘飘然，各种乐呜呜然，跑马棚边不啻如火如荼矣。倾城士女联袂而往，观者或驾香车，或乘宝马，或暖轿停留，或小车独驾，衣香鬓影，尽态极妍，白夹青衫，左顾右盼，听奏从军之乐，畅观出猎之图，较之钱塘看潮，万人空巷，殆有过之而无不及焉。此数日，各洋行皆杜门谢客，海关亦封关停办公事”①。古润招隐山人曾作诗歌咏天津西人举办赛马活动时观众的狂热情景：“草色平铺赛马场，骅骝开道竞飞扬，西人角逐成年例，如堵来观举国狂”②。

（二）打弹子热开始出现

19 世纪 50 年代上海租界内西人建造了弹子房，王韬和朋友们偶尔驻足观看，但到 19 世纪八九十年代，上海、天津等城市一些大茶楼、大饭店、大酒楼等休闲娱乐场所内已经增设弹子房，消费对象主要为华人。1882 年《申报》刊登的《观打弹记》中描述华人打弹子热情高涨情景：“外国游戏之事，有所谓打弹者，其弹有大有小”，因一品香拆建，“华众会（青莲阁前身——引者注）生意遂由是大盛，去年腊底至今年开正以来，竟至游人如织，入或不能出，肩为之摩，趾为之踵”③。19 世纪八九十年代上海中国人创办的西餐厅如一品香、茶楼如华众会中都设有弹子房。有些中国人打弹子的水平甚至高于西人，1886 年《申报》一文记载：“打弹一事，西人之所以为游戏之具者也。行入中国曾无几时而华人之工于打弹者殊不乏人。大弹则心力俱准，一举而击倒十椿；小弹则曲折如意，一手而连数十。如是者不可胜数。”④ 不仅酒楼、茶楼附设有弹子房，而且张园、愚园等私家园林也设有弹子房。何荫柟光绪十年（1886）年到上海出差，日记中记录了观赏打弹子情形，“文达、宝生约游街肆，寓目皆属夷境。……绕西园一游，看弹子戏，此亦供纨绔一时之兴者耳”⑤。

（三）马戏、魔术等活动受到部分市民的欢迎

19 世纪 80 年代外国的马戏、魔术、戏剧等在上海已受到部分市民的欢迎。马戏是杂技的一种，原指人骑在马上所进行的表演，现指各种野兽、驯禽表演的统称。“马戏”一词在中国出现于汉桓宽的《盐铁论·散不足》：“戏弄蒲人杂妇，百兽马戏斗虎。”唐朝时马戏在中国已达到很高技艺。清朝咸丰帝每到正

① （清）张焘：《津门杂记》，光绪十年（1884）刻本，卷下赛马。

② （清）张焘：《津门杂记》，光绪十年（1884）刻本，卷下赛马。

③ 《观打弹记》，《申报》1882 年 3 月 3 日，第 1 版。

④ 《论中国之仿西法但得其似而不得其真》，《申报》1886 年 4 月 6 日，第 1 版。

⑤ 《清代日记汇抄》，上海人民出版社 1982 年版，第 355 – 356 页。

月十五日都要观看马戏表演①。19 世纪后期西方的马戏团偶尔会到上海、北京、天津等城市演出，一般演出前都要在报纸上大肆宣传。葛元煦曾描绘了 19 世纪七八十年代马戏在上海的精彩表演以及市民纷纷前往观看的情景，“西人马戏以大幕为幄，高八九丈，广蔽数亩。中辟马场，其形如球，环列客座。内奏西乐，乐作，一人扬鞭导马入，绕场三匝，环走如飞，呵之立止。复扬鞭作西语，马以两前足盘旋行，后足交互如铁练状。旋以手帕埋泥中，使马寻觅，马即衔帕出场。内又设一桌，一杯内注以酒，摇铜铃一声，马屈后足作人坐，以前足距案衔杯而饮。少间一西女牵一马，锦鞍无镫，女则窄衣短袖，跃登其上，疾驰如矢。女在马上作蹴踏跳踯诸戏，有时翘一足为商羊舞，或侧身倒挂似欲倾跌者。复使人张布立马前，马从布下驰，女起跃仍立马上，三跃三过，不爽分寸。又一西人锦衣驰马，矫健作势，与女略同。使人执巨圈特立，马自圈下驰过，人则由圈内跃登马上，自一圈至六圈，轻捷异常。其余诸戏，备诸变态，绝迹飞行，诚令人目不及瞬、口不能状也”②。1882 年 6 月 15 日至 8 月 16 日，美国著名马戏团——车利尼马戏团在上海虹口巡捕房后面搭建一个大棚进行马戏表演，几乎场场爆满，当时的票价为：官房收洋银 13 元（可坐 6 人），头等位置每位 2 元，有椅垫的二等位置每位 1 元，三等位置（板位）5 角③，这对于当时居民的收入水平而言，是非常高的价格，但还是有众多市民不惜为之倾囊，“每夜观者达到二三千。青楼妙妓，菊部雏伶，锦障银鞯，络绎不绝……大家眷属，亦间有肩舆而至者，真有万人空巷斗新妆之概。此外尚有袋鼠、人熊之属，不能演剧，惟备赏玩而已。据云：此种戏术，沪上已演过数次，惟车利尼班最为出色云”④。

受中国居民欢迎的外国娱乐活动还有很多，如电光影戏，也就是早期的幻灯片。葛元煦也描述了当时电光影戏在上海演出时市民前往观看的热情及感受：“西人影戏，台前张白布大幔一，以水湿之。中藏灯匣，匣面置洋画，更番叠换，光射布上，则山水、树木、楼阁、人物、鸟兽、虫鱼，光怪陆离诸状毕现。……恍疑身历其境，颇有可观。”⑤ 外国影戏深受上海大众的欢迎，上座率很

---

① 徐珂：《清稗类钞》（第 11 册），中华书局 1986 年版，第 5086－5087 页。
② （清）葛元煦：《沪游杂记》，上海书店出版社 2009 年版，第 133 页。
③ 高福进：《洋娱乐的流入：近代上海的文化娱乐业》，上海人民出版社 2003 年版，第 116 页。
④ （清）葛元煦、黄式权、池志澂著：《沪游杂记·淞南梦影录·沪游梦影》，上海古籍出版社 1989 年版，第 115 页。
⑤ （清）葛元煦撰：《沪游杂记》，上海书店出版社 2009 年版，第 135 页。

高，1875年《申报》曾报道说："近来月桂、金桂两茶园均演外国影戏，已列前报。乃昨悉富春茶园亦于今晚开演奇巧影戏，并用电器引火，格外光明，从此，领异标新，争奇斗胜。"①

设在租界内的外国剧院也有华人前往观看。1874年西式风格的新兰心戏院建成，设有700多个座位，"院内宏阔、层楼整饬、华丽奇巧，便于观看，快畅安逸非常"②，"华人亦有往观者。而西人演戏，于唱歌跳舞甚为注意，且男演男戏，女演女戏……惟不常演耳"③。除了一些西方艺人常来华演出外，也偶尔有日本戏班到上海、天津等城市演出。

魔术表演也受到部分中国人的欢迎。1874年英国魔术师瓦纳到上海演出，因运用对于中国人来说新奇的光电技术，让观众耳目一新，吸引众多市民前往观看，"西人戏术以瓦纳所演为最奇，大约善用电气兼驱使搬运之法。或以鼓悬空，相离丈余将槌虚击，鼓即应声而响，使座客遥击亦然。又以小匣置客座，借客洋蚨数枚藏匣内，台中设玻璃盏一，术师持小棒念咒指匣，若令匣中之洋飞入盏内者。少顷则见空中有洋随棒所指，或疾或徐逐次入盏内，铿然有声。令客启匣，则空所有矣"④。这次魔术表演活动《绛芸馆日记》中有记录："四月二十一日朋友邀丹桂园，看西国术师演戏法、隐戏，新颖异常，颇觉悦目。"⑤

此外，19世纪八九十年代还有很多西式娱乐活动在上海等城市出现，如体育娱乐。体育活动除健身功能外，还具有振奋民族精神、休闲娱乐等功能。咸丰十年（1860）外侨建立运动事业基金，成立上海总会、游泳总会、划船总会、高尔夫球总会等组织，并修建运动场馆。外侨在上海举办划船比赛活动始于同治二年（1863），光绪九年四月（1884）姚觐元途经上海，"观西人跑船之戏"⑥。再如上海市民及来沪的商旅、学子等，以乘坐马车游玩为娱乐消费时尚，葛元煦也描述了当时乘马车主要人群、价格、游览路线等，"西人马车有双轮、四轮者，有一马、两马者。其式随意构造，宜雨宜晴，各尽其妙。近来华人设税车厂，驰驱半日，价约洋银两饼。贾客倡家往往税坐游行，近则沿黄浦、绕马路，

---

① 《申报》1875年3月23日。
② 《申报》1874年3月15日。
③ 徐珂：《清稗类钞》（第11册），中华书局1986年版，第5069页。
④ （清）葛元煦撰：《沪游杂记》，上海书店出版社2009年版，第134页。
⑤ 《清代日记汇抄》，上海人民出版社1982年版，第333页。
⑥ 《清代日记汇抄》，上海人民出版社1982年版，第340页。

远则至徐家汇、静安寺"①。可见，19 世纪七八十年代上海的商人等以乘马车游洋场为时尚。19 世纪 90 年代风和日丽时，乘坐马车游乐的人数非常多，还带动了马车租赁业务的快速发展，"向闻马车惟欧洲巨贾得以用之，今则华人设厂雇税，多至二千多乘……马车非马路不行，洋场大路，其平如掌。当夫风日晴和，偕二三知己，沿黄浦滩，登品泉楼，见夫裙屐少年或携仙眷，或挟歌姬，无不绣毂雕轮，络绎争飞"②。

三、其他娱乐消费的发展

（一）游园热的出现

19 世纪 80 年代私家园林逐渐发展成为上海市民的重要休闲娱乐空间。申园、愚园、徐园、张园以及邑庙内的东、西园等不仅绿树成荫、回廊曲折，而且建造有茶楼、弹子房、酒楼、戏园、饭店等设施，其中以愚园、徐园、张园独盛③。邑庙内有东、西两园，东园即内园，只有逢佳节，或兰花会、荷花会、菊花会期间才开启园门，任人游览。黄懋材在《沪游脞记》中记录："沪上人家善养兰。每年四月初间，为兰花会于豫园（即西园，为前明潘允庵所建，后潘姓式微，归邑庙，改名为西园——引者注）。园在城隍殿后，一目内园，有延清楼，湖心阁诸胜，茶房酒肆及庙前东西二街，摆列兰畹俱满，名香异种，角胜争奇，士女游观杂沓，每至午夜方散。惟朱兰最贵，亲朋相与为贺。"④ 邑庙西园，"池心建亭，左右翼以石桥，名曰九曲桥；又有香雪堂、三棂堂、萃雅堂、点春园诸名胜。园西北隅亦有巨石迭作峰峦磴道，盘旋而上。沪地无山，重九妇女登高者多集于此。惜园内竞设有茗室及各色店铺，竞成市会，而凡山人墨客、江湖杂技亦皆托足其中"⑤。申园在静安寺西隅，"中构洋楼，四周花木，右偏并筑台榭、凿芳池，后设弹子房，任客嬉戏"⑥。也是园，亦名南园，祭祀文帝、斗母诸神，园中荷池广数亩，花开时上海市民纷纷前往观看。

（二）餐饮场所成为市民的重要娱乐中心

不少学者认同酒楼、饭店是近代中国城市的重要娱乐空间，如唐艳香的博

---

① （清）葛元煦：《沪游杂记》，上海书店出版社 2009 年版，第 69 页。

② （清）葛元煦、黄式权、池志澂著：《沪游杂记·淞南梦影录·沪游梦影》，上海古籍出版社 1989 年版，第 160 页。

③ （清）葛元煦、黄式权、池志澂著：《沪游杂记·淞南梦影录·沪游梦影》，第 161 页。

④ 曹聚仁：《上海春秋》，上海人民出版社 1996 年版，第 11 页。

⑤ （清）葛元煦、黄式权、池志澂著：《沪游杂记·淞南梦影录·沪游梦影》，第 161 页。

⑥ （清）葛元煦、黄式权、池志澂著：《沪游杂记·淞南梦影录·沪游梦影》，上海古籍出版社 1989 年版，第 161 页。

士论文《饭店与上海城市生活（1843—1949）》探讨了近代上海饭店与城市社会发展、娱乐空间发展之间的关系①。邹振环提出西餐馆就像一扇直观西洋异质文化的窗口，显现了西方物质与精神的综合形象②。美国社会学家西德尼·D.甘博，1918年9月至1919年12月对北京进行了一次史无前例的社会调查，他调研后指出"餐馆几乎是每个中国城市的社交和娱乐中心"③。楼嘉军把20世纪30年代上海的娱乐活动场所归纳为10类，其中将茶楼（茶馆）、酒吧、咖啡馆归为一类，即"娱乐餐饮类"④。课题组也认同上述观点，即酒楼饭店等餐饮场所是中国人的重要休闲娱乐场所。

19世纪七八十年代在崇洋消费需求的影响下，西餐馆⑤已经发展成为上海、天津等城市中高收入阶层的重要社交消遣场所。西餐馆一般提供弹子房等娱乐产品或服务，"外国菜馆为西人宴会之所，开设外虹口等处，抛球打牌皆可随意为之。大餐必集数人，先期预定，每人洋银三枚。便食随时，不拘人数，每人洋银一枚。酒价皆另给。大餐食品多取专味，以烧羊肉、各色点心为佳，华人间亦往食焉"⑥。1892年《申报》对当时崇洋现象做了概括，指出"饮馔也，山珍海错非不鲜肥，而必欲以番菜为适口"⑦。《绛芸馆日记》的著者情况不详，他日记中记录了光绪六年（1880）到东洋茶室喝茶的愉快心情，"诣新开东洋茶室，更上楼啜茗，与中国稍异。每茶客各一小杯，杯下垫一盆。杯中伫茗，另由东洋糖点各一盆，百合桂元汤各一碗，用东洋女孩斟茶伺候，每客计价二角二分，别开生面，亦一乐也"⑧。王锡麒光绪五年（1879）记录了他在上海洋酒吧品尝洋酒的愉悦感受："乘马车游徐家汇，在黄浦之东，洋楼数十间，花木缤

---

① 唐艳香：《饭店与上海城市生活（1843—1949）》，复旦大学博士学位论文2008年。

② 邹振环：《西餐引入与近代上海城市文化空间的开拓》，《史林》2007年第4期。

③ ［美］西德尼·D.甘博：《北京的社会调查》，陈愉秉等译，中国书店2010年版，第239－240页。

④ 10类分别为：一是演出类：剧场、书场、歌舞厅、音乐厅、马戏场；二是游乐类：游乐场、舞厅、弹子房；三是放映类：电影院；四是休闲教育类：博物馆、展览馆、图书馆；五是娱乐餐饮类：茶楼（茶馆）、酒吧、咖啡馆；六是旅游度假类：观光度假场所；七是健身康体类：公园、运动场、球场、游泳池、溜冰场；八是博彩类：跑马场、跑狗场、回力球场、赌场；九是色情类：妓院、按摩院；十是传媒类：报纸、杂志、广播（楼嘉军：《上海城市娱乐研究》，文汇出版社2008年版，第56页）。

⑤ 近代时期供给西菜的场所，当时亦称之为"番菜馆""西菜馆""外国菜馆""大菜"，也有少数地方称西餐馆。

⑥ （清）葛元煦：《沪游杂记》，上海书店出版社2009年版，第121页。

⑦ 《论西货近日消流甚广》，《申报》1892年1月18日，第1版。

⑧ 《清代日记汇抄》，上海人民出版社1982年版，第319页。

纷，铺设精洁，外国就馆也。有洋人携洋妇二在彼宴聚，园丁不令入。云来饮外国酒者，始含笑谢。入屋，洋酒数十种，菜蔬十余味，别有风致。洋妇顾其类谈笑，毫不作羞缩态。余饮蒲（葡）萄酿二盏，凉沁心脾。"①

（三）祭祖、宗教迷信等消费

传教士麦高恩观察到晚清时期中国城市存在两大宗教力量，即着迷于祖先崇拜和菩萨等神明的崇拜，他指出："在中国，每家都供奉着至少一尊神像，以作为家庭的守护神，有的甚至会在家里供奉好几尊神像。中国的城市里有许多寺庙，里面供奉着人们耳熟能详的菩萨。有一些造价昂贵，还有些神像需要不断修缮。这些经费都来自平民百姓的捐赠。"② 在各种神明的诞辰，各地城市都有信徒到寺庙祭拜，如上海，"三月二十三日为天后诞，粤、闽客商及海船皆演剧伸敬。三月二十八日为城隍夫人诞，乡镇妇女进香甚众；六月二十三日为火神诞，大东门内街市店铺皆悬灯结彩；二十四日为雷祖诞，庙在新北门内，毗连丹凤楼，为小穹窿；七月底为地藏王诞，庵在大东门南城脚；二、六、九月大士成道及诞辰，新北门内沈香阁、大马路红庙香火最盛"③。在庙会期间，游客众多，如上海龙华寺，三月十五日为龙华会，"香火极盛"④。

（四）不健康、不正当消遣需求旺盛

这一时期上海等城市吸食鸦片、赌博、色情等不健康、不正当消遣需求极为旺盛。如吸食鸦片者众多，由上面能看出王韬的朋友中多人对鸦片成瘾，且认为是"一乐"。1862 年一日本人在上海观察到"清国近几年，吃鸦片者甚多，官府遂不能制止。此于今之上海，以吴煦为首，官吏皆吃鸦片"，"清人云'鸦片烟味甚美'，然其害甚大，危及人命"⑤。19 世纪后期在烟馆吸食鸦片者不断增多的刺激下，烟室在上海租界内急剧增加，据 1872 年《申报》报道，当时租界内烟馆有 1700 余家⑥。《申报》1873 年 4 月 7 日刊登一篇题为《申江陋习》的文章，列出的几大耻辱，其中一耻就是"狎么二妓也"。"么二"指次等妓女，"长三"为高等妓女。《青楼二十六则》规定："长三，亦名住家，加茶碗

① 《清代日记汇抄》，上海人民出版社 1982 年版，第 333 页。
② ［英］约翰·麦高恩：《近代中国人的生活掠影》，李征、吕琴译，南京出版社 2009 年版，第 41 页。
③ （清）葛元煦：《沪游杂记》，上海书店出版社 2009 年版，第 11 页。
④ （清）葛元煦：《沪游杂记》，上海书店出版社 2009 年版，第 26 页。
⑤ ［日］日比野辉宽、高杉晋作等著：《1862 年上海日记》，陶振孝等译，中华书局 2012 年版，第 27 页。
⑥ 《附录笑笑山人烟馆月捐纪事》，《申报》1872 年 5 月 25 日。

及侍酒、住夜皆洋三元，为长三。”① 袁翔甫在《望江南》词中也描述上海狎妓成风，且有等级之别，“申江好，妓室等琼闺。旧好新知分冷热，长三么二判高低。身价也难齐”②。

有些人甚至视吃喝嫖赌为正当生活方式。为方便纨绔子弟等的吃喝玩乐，19 世纪 80 年代上海的烟室、青楼、茶楼、酒楼一体化发展。约成书于 1893 年的《沪游梦影》中指出：“今日租界中大小烟间鳞次栉比”，为招揽顾客，烟间装修得富丽堂皇，并聘用女堂倌，如眠云阁、南诚信“画栋雕梁，枕榻几案、灯盘茗碗，无不华丽精工，而复庭设中外之芳菲，室列名人之书画。夏则遍张风幔，不知火伞之当空；冬则遍设火筒，不知冰霜之著地”，“有以烟间兼酒楼者，大马路之最乐居是也；有以烟间兼茶室者，四马路之一层楼、五层楼、青莲阁是也；有以烟间兼书场者，华众会、论交楼、皆谊楼是也。风潇雨晦之际，一榻横陈，两友对叙，仅费青蚨百余片，即可流连半日，亦为人生乐事”③。

多位外国传教士都提出教育普及程度低是造成赌博、鸦片在中国各地城市盛行的根本原因，如麦高恩提出除了极少数的家庭外几乎没有书籍、杂志，对于年轻人来说，“在漫长的冬夜，他们只好自己想办法打发时间。因为确实没有什么可玩的，难怪他们只能找到两种消磨时间的方法，那就是赌博和吸鸦片。”④ 因上海、天津等城市移民多，且单身男性比例非常高，也是造成赌博、吸食鸦片等不正当娱乐活动盛行的不可忽视因素。

四、文化教育消费中出现新元素

读书看报既可以学习知识又能增长见识，还是知识分子的重要消遣方式。洋务运动期间一批洋务派官僚逐渐认识到学习西方文化、培养新式人才的必要性和重要性，于是开设译书局，创建新式学堂，这些近代文化教育机构的设立不仅开启了中国文化教育领域的现代化进程，而且在一定程度上促进了文化教育消费模式的现代转型，使越来越多的知识分子开始关注洋务，购买译著，阅读报纸。

---

① （清）葛元煦：《沪游杂记》，上海书店出版社 2009 年版，第 126 页。

② 曹聚仁：《上海春秋》，上海人民出版社 1996 年版，第 45 页。

③ （清）葛元煦、黄式权、池志澂著：《沪游杂记·淞南梦影录·沪游梦影》，上海古籍出版社 1989 年版，第 160 页。

④ ［英］约翰·麦高恩：《近代中国人的生活掠影》，李征、吕琴译，南京出版社 2009 年版，第 73 页。

（一）西学图书消费需求的出现

图书是文化传播的重要载体，图书消费是发展性消费的重要内容。甲午战争前北京、上海等城市少数知识分子已开始购买西学类图书，以了解和学习西洋文化。西学图书消费需求的兴起，能从当时几个在中国影响比较大的翻译出版机构翻译、出版、销售图书的数量得到侧面验证。

1. 江南制造总局翻译馆的图书出版和销售情况

江南制造总局在近代中国图书翻译出版史上占据重要地位，由其翻译和销售的图书种类和数量，能大体看出洋务运动期间西学图书的消费需求与供给情况。江南制造总局翻译馆自1868 年开馆到1880 年十多年间，翻译出版和销售的图书分为三类：一是已刊成并出售的图书，“已刊成书 98 种，共计 235 本，每本页数为 60 页至 100 页不等”，这些书至 1879 年 6 月“计算所已销售之书有 31111 种，共计 83454 本”；“已刻成地图与海道图，共 27 张，海道图大半为英国者，译出后俱在局中镌铜板印之，已销售者共4774 张”①。二是已翻译完毕尚未刊印图书 45 种，约共成 124 本。三是未译全之书，共 13 种，内略有 34 本已译成②。由上所述可看出，江南制造总局的图书销量已达一定规模，为适应业务扩大的需要，翻译等人员增加到 30 余人，“或刊板，或刷印，或装订，而一人董理，又一人董理售书之事，另有三四人抄写各书”③。江南制造总局译书局出版图书的消费对象是知识分子和教会、洋务派兴办的新式学校，“为官绅文士购存者多，又上海、厦门、烟台之公书院中亦各购存，如上海公书院，在格致书院内有华君若汀（即华蘅芳）居院教习，凡来咨取者，则为之讲译，而华君在局内时，与西人译书有十余种，故在院内甚能讲明格致”④。

2. 教会出版机构图书出版和销售情况

鸦片战争后西方列强在通商口岸城市开设出版印刷机构，建立教会学校等文化教育机构和团体，如成立墨海书局、美华书馆、益智书社、同文书会、《申报》等出版机构，外国传教士等在中国创立出版印刷机构的动机是服务于西方列强对中国的文化侵略。

---

① 傅兰雅：《江南制造总局翻译西书事略》，张静庐辑注：《中国近代出版史料·初编》，上海书店 2003 年版，第 23 页。

② 傅兰雅：《江南制造总局翻译西书事略》，张静庐辑注：《中国近代出版史料·初编》，上海书店 2003 年版，第 24 页。

③ 傅兰雅：《江南制造总局翻译西书事略》，张静庐辑注：《中国近代出版史料·初编》，上海书店 2003 年版，第 14 页。

④ 傅兰雅：《江南制造总局翻译西书事略》，张静庐辑注：《中国近代出版史料·初编》，上海书店 2003 年版，第 21－22 页。

西方列强认为要想改变中国的思想观念，需从改变中国士大夫的思想入手，“士大夫充斥在帝国各地而且受到高度的尊敬，事实上他们乃是这个帝国的真正的灵魂，并实际地统治着中国。这就很明显，如果我们要影响整个中国，就必须从他们下手”①，而要改变士大夫群体的思想，就应以出版业为突破口。也因此，这一时期西方列强在中国通商口岸创设了一批出版机构，如基督教在华设立的最大出版机构广学会，1887年成立时名为同文书会，1892年改名广学会，“意指广西国之学于中国”。广学会创办人韦廉臣在《同文书会发起书》中清楚表明了创办广学会的目的：“本会的目的归纳起来可有两条：一为供应比较高档书籍给中国更有才智的阶层阅读；二为供应附有彩色图片的书籍给中国人家庭阅读”，“我们的目标是面向公众，包括知识界和商界，在我们向他们提供真科学的同时，要努力使之具有吸引力，以达到他们目前能够看得懂的程度”②。西方传教士在中国创办的文化出版结构，除出版印刷宗教类图书外，还翻译出版了一批西方科技文化等方面的图书，采取多种措施进行推广、销售，并取得显著成绩。如美华书馆1893年设在上海北京路18号一家书店，“售出图书159970册，各种小册子237912本”③。

格致书室是由传教士傅兰雅（1839—1928）1885年在上海创办的，是当时中国唯一一家专门出售中文科技书刊的书店，也是近代中国最早的一家科技专业书店，其中江南制造总局翻译馆所出的书籍占很大比重，即“夫格致书院本为英领事起手劝各埠西人捐设者，迄今书院大兴，皆赖徐君雪村之力办成”④。到上海出差的知识分子一般都会去书店逛一逛。为扩展业务，格致书室还先后“在天津、汉口、汕头、北京、福州、香港、沈阳、烟台、厦门等城市设立分销处”，并开展免费代办邮购图书业务，1888年“通过个分销处所售出的图书达15万册，书款达17000多银元”⑤。

这一时期西书最大的消费市场是上海、北京、广州等知识分子比较集中的城市。王廷鼎1878年途经上海，购买了“《谈天蠡测集》《海国图志》各书”⑥。

---

① 顾长声：《传教士与近代中国》，上海人民出版社1981年版，第157页。

② 顾长声：《传教士与近代中国》，上海人民出版社1981年版，第156页。

③ 《上海出版志》编纂委员会编：《上海出版志》，上海社会科学院出版社2000年版，第890页。

④ 傅兰雅：《江南制造总局翻译西书事略》，张静庐辑注：《中国近代出版史料·初编》，上海书店2003年版，第21－22页。

⑤ 《上海出版志》编纂委员会编：《上海出版志》，上海社会科学院出版社2000年版，第890页。

⑥ 《清代日记汇抄》，上海人民出版社1982年版，第326页。

康有为在自编年谱中记录，光绪五年（1879）“得西国近事汇编、李口环游地球新录及西书数种览之，薄游香港，览西人宫室之炫丽，道路之整洁，巡捕之严密，始知西人治国有法度，不得以古书夷狄视之。乃复阅海国图志、瀛环志略等书，购地球图，渐收西学之书，为讲西学之基矣”①。光绪九年（1883）康有为“道经上海之繁盛，益知西人治术之有本。舟车行路，大购西书以归讲求焉”②。光绪十年（1884）康有为“购《万国公报》，大攻西学书，声、光、化、电、重学及各国史志，诸人游记皆涉焉”③。孙宝瑄在光绪二十年（1894）在北京购买《万国史记》（日本阿波冈本撰）等书。可见，洋务运动期间西学著作已影响到北京、广州、上海等地部分知识分子的思想，但受阅读能力、消费能力等条件的约束，购西书者基本上为当时的文化精英。

（二）报纸消费需求增加

北京、上海等城市的知识分子在19世纪七八十年代已经有人时常购买报纸，如王锡麒1879年3月到上海，“至新报馆，订《西国近事报》一分，《新报》一分，托荔泉按月汇寄”④。

因报纸消费的增长，19世纪80年代后《申报》《万国公报》等报纸销量不断增加。由《申报》的销量也能从侧面看出新式报纸消费呈现增长趋势。1872年4月3日，美查出资白银400两，在上海创办了《申报》，初刊时仅售600份，但很快在全国主要城市设立多家分销点，同年6月28日《申报》上刊登已在宁波、汉口、镇江、天津、苏州、杭州、湖州、嘉兴、盛泽、扬州、香港、广东、武昌、南京、北京等处设了分销点。1872年9月9日刊登的《本馆自叙》称，在上海已日销3000张，1877年《申报》每日销售量已达八九千份⑤。该报自1879年11月29日起，每期的第一版《报馆告白》都刊登各地销售点的详细地址，如11月29日有北京、天津、南京、武昌、汉口、扬州（共3处）、安庆、南昌、苏州、杭州、福州、宁波、香港、南宁、重庆、长沙等16个城市，合计销售点18处，并开展代为邮购业务，“其余外埠皆由各信局以及京报房代售”。《申报》立足市场需求，报道各种新闻事件，特别是及时报道一些公众所关心的突发事件、花边新闻，很受大众欢迎，销量迅速增加，1890年《申报》

① 康有为：《康南海自编年谱》，中华书局2012年版，第11页。
② 康有为：《康南海自编年谱》，中华书局2012年版，第12页。
③ 康有为：《康南海自编年谱》，中华书局2012年版，第13页。
④ 《清代日记汇抄》，上海人民出版社1982年版，第333页。
⑤ 《报馆告白》，《申报》1877年6月20日。

每天的销售量已达2万份①。

五、从典型案例看1861—1894年城市文化娱乐消费需求变化

通过上面考察能看出1861—1894年我国城市文化娱乐消费的基本情况，为进一步分析这一时期中国城市娱乐消费需求变迁的趋势，课题组选择当时中国南、北两个文化娱乐消费中心城市，即在上海和北京，分别选择典型样本进行深入解剖。

19世纪60年代外国公使进驻北京，居住在北京的外国人不断增加，从事洋务工作的官绅等关注西学者逐渐增多，知识分子群体等的文化教育观念也逐渐发生改变。1878年冬康有为到西樵山上的三湖书院求学，有幸认识了到三湖书院游玩的翰林院修编张延秋，这次会面是康有为一生的重大转折。在张延秋指导下康有为开始接触西学，“尽知京朝风气，近时人才及各种新书”深受启发，“于是舍弃考据扩帖之学，专心养心，既念民生艰难，天与我聪明才力拯救之”②，从中也能看出居住在北京，任职翰林院编修的张延秋已经涉猎了不少西学著作。上海19世纪后期已发展成为我国的工商业、文化教育、文化娱乐等中心。因此，选择在北京、上海两个城市选择典型城市深入剖析这一时期中国城市文化娱乐消费需求的变迁趋势。

（一）上海居民的文化娱乐消费情况

课题组选择冯芳缉、姚觐元、王锡麒、何荫柟等日记中与文化娱乐相关资料绘制表格（如表1-4所示），来进一步考察19世纪60至80年代上海居民的文化娱乐消费的基本特征和变化的基本趋势。冯芳缉，同治戊辰进士，晚清时期思想家冯桂芬的长子。王锡麒（1855—1913），辑刊《小方壶斋舆地丛钞》等，光绪五年（1879）应顺天试北上赶考，途经上海，他日记中有不少在上海期间游乐记录。姚觐元，光绪初年曾任广东布政史，《弓斋日记》内记载他1879—1884年途经上海的见闻和游览记录。《绛芸馆日记》的著者情况不详，由日记能推断出，日记的主人消费能力很强，至少属于中等收入群体。何荫柟，著有《鉏月馆日记》，由日记能推断出其收入也应在中等以上。

---

① 张仲礼：《近代上海城市研究》，上海人民出版社1990年版，第931页。

② 康有为：《康南海自编年谱》，中华书局2012年版，第11页。

表 1－4 1861—1886 年上海文化娱乐消费情况

时间	人	娱乐场所及活动
1861	冯芳缉	一月：一日游城隍庙，登玉清宫楼，关帝庙瞻礼，四美轩茗茶。五日游到城隍庙，茶馆茗茶。二十六日与友游夷场。 二月：初六看戏。十八日游城隍庙。初十游一粟庵。清明节，与上培至城隍庙，庙有赛会，男妇焚香者甚多。二十七日与朋友游夷场。 三月：初二游也是园。 五月：二十八日与朋友四美轩茶话。二十九日也是园观荷。 十月：十三日看彝人跑马。士女云集，举国若狂。
1871	绛芸馆日记	二月：初二景芳园听戏。初三景芳园听戏。戏散后朋友邀请到杏花天小饮。初五邀请到攀桂轩听朱云山、朱素云说书。初七偕朋友怀社阁茗谈。再邀至杏花园看戏。初十偕朋友到景芳园听戏。十一日丹桂园观剧。十六日景芳园听戏。 三月：十三日下午和朋友一起到万仙台茶叙，后到丹桂园看戏。 四月：初三和朋友到丹桂园看戏。 五月：初六偕友到畅福园听说书。 六月：初五偕友到恒吉昌，听说书。初八偕友到畅福园听书。二十二日先至恒吉昌听书，然后至畅福园听书。 七月：初三畅福园听书。十三日朋友邀至咏霓茶园听戏。三十日看地藏灯。 八月：初五和朋友出城看三茅会。 九月：初四至丹桂看戏。初九游豫园。 十月：二十二日下午宝兴茶园看戏。晚邀友浦五房夜膳，遂至咏霓茶园看团拜戏。二十八日到新开独秀园看戏。
1872	同上	一月：初五午后桂芳阁茶话。 二月：十五日朋友邀饮于庆兴楼。席散后另一友人邀至金桂轩看戏。 四月：十五日朋友邀请到丹桂茶园看戏。 五月：初一，朋友邀请到丹桂茶园看戏。 六月：初八和朋友浦五芳夜膳，饭后丹桂园看戏。十八日晤友于恒吉昌书场，听说书后到浦五房夜饭。 七月：初六偕朋友到丹桂园看戏。 八月：二十五日丹桂园看戏。 九月：初十丹桂看戏。二十八日丹桂看戏。

续表

时间	人	娱乐场所及活动
1873	同上	二月：初九至山凤园看戏。 三月：初一邀友愚园看兰花会。初九偕友四美轩茶叙。二十六日偕友雇马车往游徐家汇。 六月：二十七日丹桂园看戏。 闰六月：十九日友邀金谷园夜饭，饭后丹桂园看戏。 七月：二十三日遇友邀到桂芳阁茶叙，丹桂园看戏。 八月：十一日看东洋女子足技。 十月：十二日邀友新戏院明庆馆看戏。十七日丹桂园看戏。 十一月：初二和朋友金桂看戏。 十二月：初一朋友邀丹桂园看戏。十六日金桂轩看戏。
1874	同上	正月：初四丹桂园看戏。 二月：二十一日与朋友桂芳阁品茶。茶罢，鸿福园听书。 四月：二十一日朋友邀丹桂园，看西国术师演戏法、隐戏。 五月：十八日和友长春楼夜膳。膳毕，丹桂园看戏。二十二日往金桂轩看戏。 六月：十六日友邀金桂轩看戏。十八日乘车至聚福园听书。二十七日丹桂看戏。
1875	同上	正月：初十出城至丹桂园看戏，后又至金桂轩看戏。十三日乘东洋车至雅园听书。十四日畅林园听书。 五月：初十邀友乘车至益庆楼午饭，饭后看戏。 七月：二十日和朋友雇马车同游静安寺。 十一月：十二日丹桂园看戏。 十二月：偕友到新开戏馆鹤鸣园看戏。
1876	同上	正月：初四鹤鸣园看戏。十八日乘车游豫园，看兰花会。观者蜂屯蚁聚。十九日湖心亭茶叙，茶罢至大马路看西人赛马。 四月：初四游愚园，到湖心亭品茶。茶罢，偕友到漱方书馆听书。十六日雇马车2辆偕众友游静安寺。后畅游外国花园，吃香饼酒。 七月：初六约朋友丹桂园看戏。 十月：二十七日大观园看戏。
1877	同上	三月：初五往复新园贺友得孙，然后到三雅园看戏。十四日朋友邀三雅园看戏。 五月：十九日往大马路看广东戏。 十月：二十五日与朋友大观园看戏。 十一月：二十五到大观园看戏。 十二月：初二到大观园看戏。

续表

时间	人	娱乐场所及活动
1879	同上	正月：初二乘东洋车到大观园看戏。初三到丹桂园看戏。初四和朋友到德元馆夜饭，饭后同到金桂轩看戏。初五大观园看戏。初七朋友约天仙园看戏。十三日大观园看戏。十四日大观园看戏。十八日德元馆饭，饭后丹桂园看戏。 四月：十三日丹桂园看戏。 五月：二十四日天仙园看戏。 十月：初十天仙茶园看戏。
1880	同上	四月：二十日丹桂园看戏。 七月：初七东洋茶室茗茶。十二日朋友约天仙园看戏。十七日天仙园看戏。十九日天仙园看戏。 九月：十六日三雅园听戏。 十月：十一日到金桂轩听戏。十三日大观园看戏。
1879	王锡麒	三月：二十日天仙园观剧。二十一日乘人力车游洋场，三雅园观剧。二十一日三雅园观剧。二十二日晚观剧。二十三日乘马车游徐家汇。 闰三月：初四游外国花园。初六游洋泾浜。初八朋友邀观剧。初九游大马路、二马路各处。十一日浦东观跑马。观赛马毕到天仙园观剧。十二日到虹口畅游。 九月：二十二日看赛马，观昆剧。二十三日三雅园观剧。
1879 — 1884	姚觐元	光绪五年：三月初五大观园观剧。初六与朋友邀食宁波馆，饭后至丹桂园观剧。光绪九年：四月十三日观西人跑船之戏。 光绪十年闰五月：十一日与友乘车游静安寺，一品香饭，饭后天仙园观剧。十二日与友复兴园晚饭，饭后老丹桂园观剧。十三日友邀复兴园晚饭，饭后听书。
1886	何荫枏	八月：二十五日东洋车到天仙茶园，赴信之戏局之约。二十六日朋友约游街肆，寓。到四马路华众会茶叙后，乘马车游静安寺之申园。绕西园一游，看弹子戏。二十八日到春申馆文绿招饮。散后听书一二折。

资料来源：《清代日记汇抄》，上海人民出版社 1982 年版，第 285－352 页整理。

由表 1－4 能看出 19 世纪 60 至 80 年代上海居民的娱乐消费具有以下几点新变化：

一是中西文化娱乐消费方式并存。《绛芸馆日记》的著者不详，但可以看出他和朋友们的娱乐活动不仅有戏园观剧、茶馆品茗、书场听书等本土娱乐活动形式，而且出现了外国娱乐活动，如看东洋女子足技、西国术师演魔术、西人赛马、东洋茶室茗茶等。冯芳缉、姚觐元、王锡麒、何荫枏 4 人及其朋友们的娱乐消费中，也出现西式娱乐消费活动。但总体上他们五人的娱乐消费构成中，传统娱乐活动形式仍占主导地位，以戏园看戏、书场听书为基本娱乐形式。据不完全统计《绛芸馆日记》的著者到戏园看戏71次，其中到丹桂园看戏27次，金桂轩看戏7次，大观园看戏9次，天仙园6次，其他22次。到恒吉昌、畅福园、攀桂轩等听说书15次。

二是娱乐消费日常化。从上述冯芳缉、姚觐元、王锡麒、何荫枏等人的娱乐消费能看出，日常化特征显著。《绛芸馆日记》作者不详，他基本上每个月都到戏园看一两次戏或到书场听说书一两次，正月期间观剧、听书次数尤多，如1879年正月看了8次戏，即初二大观园、初三丹桂园、初四金桂轩、初五大观园、初七天仙园、十三日大观园、十四日大观园、十八日丹桂园看戏。再如他1876年正月初四鹤鸣园看戏。十八日游豫园看兰花会。十九日湖心亭茶叙，茶罢至大马路看西人赛马。姚觐元、王锡麒、何荫枏等人在上海时间较短，但是日常化特征也很明显，王锡麒1879年3月20日到上海，然后基本上天天出入娱乐场所，即二十日、二十一日、二十二日观剧，二十三日游徐家汇。闰三月：初四游外国花园。初六游洋泾浜。初八观剧。十一日浦东观跑马（即赛马活动）。观赛马毕，天仙园观剧。十二日又到虹口畅游。

三是娱乐消费主体平民化。上海的娱乐消费主体不再局限于纨绔子弟、来往商旅、士绅等小众，而朝大众化、平民化方向发展。冯芳缉、姚觐元、王锡麒、何荫枏等人在日记中都提到丹桂园、愚园等娱乐场所游客众多。

四是文化娱乐产品种类增多。王锡麒在上海游乐后在日记写道："宝善街一带车声隆然，往来雷动，泰西十七国货物，麕集鳞聚，惊心眩目，应接不暇。晚则煤气灯千百万盏，如列星……花月胜场，所在皆有，妖姬艳服，巧笑工颦"，他还对上海商业的繁盛、娱乐产品和服务的优良所折服，在启程返乡前到三雅园观剧，"色色俱佳，此曲只应天上有，人间能得几回闻"，感叹到"吾欲腰缠十万贯，于此筑销金窝！"①

五是酒楼、饭店成为娱乐中心。浦五芳、金谷园、复兴园等当时上海著名的酒楼、一品香等西餐馆是姚觐元、王锡麒、何荫枏、冯芳缉等人及其朋友们消遣娱乐的重要场所。由表1-4能看出当时上海中上流社会为了加强朋友间的情感，经常相互邀约于酒楼、戏园；或者是中午宴饮，下午到张园游园或到戏园看戏，即"社交+宴会+娱乐"消费一体化发展趋势已经彰显。

---

① 《清代日记汇抄》，上海人民出版社1982年版，第332、336页。

（二）北京娱乐消费的发展趋势

孙宝瑄（1874—1924），浙江钱塘人，父诒经，官至光绪朝户部左侍郎，兄宝琦晚清时曾担任驻法、德公使暨顺天府尹等官，入民国后一度任北洋政府内阁总理。岳父李瀚章，即李鸿章之兄，官至两广总督。孙宝瑄以荫生得分部主事，历工部、邮传部及大理院等职。传世的《忘山庐日记》中 1893 年、1894 年的日记大致能体现甲午战争前以孙宝瑄为代表的北京封建社会上层知识分子的文化娱乐消费的概况。

表 1－5　1893—1894 年孙宝瑄在北京的休闲娱乐活动

年	休闲娱乐场所及地点
1893	十一月：九日偕仲骥驾小车，游天宁寺。十四日天坛观典礼。十八日庆和茶园观剧。二十三日庆和茶园同春部观剧。与朋友玩“骨牌之戏”。 十二月：十五日购《三国演义》。二十八日购画报观之。
1894	正月：八日作傀儡戏，价甚廉，不过京蚨数百文。六日偕亲友观剧。二十三日林清宫观剧。 二月：一日湖广馆观剧。四日午后观剧。十八日至全浙馆，林莲孙寿其母，称觞演剧，宾友杂沓。十九日湖广馆观剧。二十四日诣全浙馆团拜，观剧。 三月：初四诣湖广会馆己尹团拜，演戏。初七万小湖为母寿，称觞。宾客甚多，并招优伶演奏娱母。二十四日全浙馆接场演剧。二十六日湖广馆观剧。 四月：初四全浙馆观剧。 五月：初八诣安徽馆黄榜团拜，观优。 十一月：二十九日观优。 十二月：初二乘马诣长春寺。十四日观剧。十五日购《中西纪事》《万国史记》（日本阿波冈本撰）等书。

资料来源：根据孙宝瑄：《忘山庐日记》，上海古籍出版社 1983 年版，第 1－64 页整理。

由表 1－5 能看出甲午中日战争前以孙宝瑄为代表的北京封建社会上层知识分子的文化娱乐消费需求具有以下几点共同特征：

一是娱乐消费日常化。孙宝瑄和朋友们的娱乐活动日常化特征显著，他们有钱且闲暇时间较多，娱乐消费是他们日常消费的重要内容。

二是娱乐消费功能多元化。传统娱乐功能主要是娱乐神明和祖先，但这一时期娱乐消费功能中休闲娱乐和社交功能显著，茶馆品茗、戏园看戏有时是为消遣时间；有时也为庆贺生日等，如为庆祝母亲生日，“作傀儡戏”。他的朋友们为长辈祝寿也主要采取演戏酬宾，如 1894 年 2 月“至全浙馆，林莲孙寿其母，称觞演剧，宾友杂沓”。

三是娱乐消费支出较大。孙宝瑄和朋友们休闲娱乐的主要场所包括戏园、茶楼、酒楼、会馆等。需要说明的是近代上海、北京等城市的会馆也是来往商旅、市民休闲娱乐的重要场所，孙宝瑄1893年、1894年经常到全浙馆、湖广馆观剧。

四是观看戏剧表演为基本娱乐消费方式。孙宝瑄经常与亲朋好友到戏园看戏，他还在日记中说“余素性好丝竹，虽非知音，而听之忘倦，最喜徽曲，尤爱老生”①。

此外，其他通商口岸城市娱乐消费需求也或多或少出现了一些变化。如宁波1844年1月正式开埠通商，1850年在江北岸划出一片土地作为外国人在宁波的居留地，19世纪60年代太平军攻打宁波时，外国人居留地已非常繁华，有人描述：“在太平天国的革命尚处在高涨时期，浙东一带的富商巨室，纷纷迁入江北岸租界避居。一时洋场风气大盛，酒馆遍街。洋行林立。在桃渡路，有妓院、戏院和专供外人玩乐的弹子房。在中马路，则有专售外文书报及供外人吃喝的‘葆三’、‘美颐’商店；‘美颐’楼上还有总会，即赌场。‘蓬莱春’、‘渡江春’两家则是西菜馆，真是车水马龙，灯红酒绿。”②

第三节　1861—1894年中国城市文化娱乐消费需求变迁的基本特征

通过对1861—1894年三十多年间中国城市文化娱乐消费情况的考察可以看出，这一时期中国城市文化娱乐消费变化具有以下特征。

一是娱乐消费日常化发展。上海、北京等城市居民的娱乐消费不再局限于节庆等特殊时间，而逐渐发展成为日常生活消费的一部分，即日常化发展。19世纪后期上海、北京等城市随着戏园、茶楼等商业化、产业化发展，消费者只要有钱有闲基本上天天可以到戏园、茶楼等娱乐场所进行休闲娱乐。

二是中西娱乐文化杂糅趋势已显现。上海、北京等城市居民的文化娱乐消费结构中出现了西式娱乐品，中西娱乐文化融合发展趋势已经显现，如大茶楼、

① 孙宝瑄：《忘山庐日记》，上海古籍出版社1983年版，第7页。

② 徐文明：《现代转型与民国时期宁波市民的文化娱乐》，宁波出版社2010年版，第2-3页。

大饭店、大酒店等中多增设弹子房等西式娱乐设施，但传统娱乐方式仍占主导地位。

三是消费主体大众化发展。在传统社会，城市的茶园、酒楼等娱乐场所的消费主体是纨绔子弟、士绅、商旅等小众。洋务运动期间随着工商业等发展，上海、天津、汉口等城市人口规模不断扩大，而增加的人口多为移民。基于谋生、求学、投资等需要离开家乡到居住地城市后，不仅要面对身在异乡的种种不适，而且需要面对来自工作、生活等方面的诸多压力，因此在满足生存需要外往往会通过嗜好消费、娱乐消费等方式来缓解精神压力，即使城市苦力阶层也有少量的嗜好消费、娱乐消费支出。也就是说，这一时期城市文化娱乐消费的主体已经开始由小众向大众转变。

四是娱乐消费时空扩大。城市居民的娱乐消费，从时间和空间上看，不再局限于白天和居住地附近。晚上休闲的人数逐渐增加，这是与城市的现代工商业发展的节奏相适应的，在洋行、工厂等工作者，白天一般比较忙，只有晚上才有闲暇时间，各个娱乐场所根据消费者的闲暇时间安排节目。戏园一般每天有两场演出，下午一场、晚上一场，晚上票价要高于白天。19世纪70年代初有竹枝词咏诵当时著名的茶楼——丽水台每当午后时顾客盈门，“茶馆先推丽水台，三层楼阁面河开。日逢两点钟声后，男女纷纷杂坐来”①。随着煤气灯、电灯在上海、天津等租界的使用，道路和交通工具的不断优化，这些城市每当华灯初上，戏园、茶楼生意兴隆。

① 晟溪养浩主人：《戏园竹枝词》，《申报》1872年7月9日。

第二章

1895—1911 年中国城市文化娱乐消费需求的增长

1895—1911 年是近代中国经济社会变化最为剧烈时期，甲午战争和八国联军侵华战争中国的惨败、《马关条约》和《辛丑条约》的签订，民族危机日益深重，迫使朝野上下积极探求“救亡图存”之道。一时间“实业救国”“教育救国”等救国思潮风起云涌。在维新派积极倡导的戊戌变法运动和清政府积极推进的“新政”、废科举兴学堂等多种改革运动的影响下，民族资本主义工商业加速发展，现代文化教育事业兴起，并由此引发了中国传统文化娱乐消费模式生成的经济基础和社会文化基础发生变化。课题组通过挖掘报纸、竹枝词以及时人日记、杂记等中的相关资料，探究这一时期中国城市居民文化娱乐消费的情况及消费需求变化的趋向。

第一节　1895—1911 年中国城市娱乐消费需求的扩展

甲午中日战争后，上海、天津等城市随着资本主义工商业、进出口贸易、现代文化教育事业的发展，人口规模进一步扩大，娱乐消费观念、消费结构、消费方式与 19 世纪五六十年代相比，发生了明显变化。课题组以上海、天津、北京为中心，对 1895—1911 年中国城市娱乐消费的基本特征和变化趋势进行研究。

一、上海居民娱乐消费的显著增长

1895 年《马关条约》签订后，根据条约“日本臣民得在中国通商口岸城邑，任便从事各项工艺制造”，其他列强依据片面最惠国待遇纷纷取得在中国通商口岸城市投资设厂的权利。列强们将上海视为最佳投资设厂基地，在上海开办的工厂数量增长迅速，据统计 1895—1911 年，“外商在中国共投资开办 91 家企业，其中 41 家在上海，占总数的 45%，开办资本总数的 43%”①。在西方列强增加在华投资设厂活动，“实业救国”爱国思潮发展的共同驱使下，上海民族资本主义工商业发展速度加快。清末，上海在中国经济、文化、金融、教育事业等发展中的地位得到大幅度提升，进一步刺激了上海居民娱乐消费，与五口通商时期相比居民的娱乐消费种类和支出规模显著增加。

城市居民的娱乐消费需求模式变迁受多种因素的影响，除受宏观经济环境影响外，还受消费者的收入水平、受教育程度、家庭环境、兴趣偏好、所处社会阶层等多种因素的影响。综合考虑上述因素，课题组选择以孙宝瑄、英敛之为典型案例，通过对孙宝瑄群体、英敛之群体的娱乐消费深入剖析，揭示出清末上海居民娱乐消费的基本特征。

（一）孙宝瑄群体的娱乐消费情况

收入是消费的基础，收入水平不仅决定物质消费水平的高低而且是影响娱乐消费水平的关键因素。收入水平不同的社会阶层往往形成不同的文化娱乐消费需求模式。1895—1911 年上海中高收入阶层的娱乐消费结构发生了显著变化，活跃于这一时期的孙宝瑄群体，他们的娱乐消费情况也刻着时代印记。孙宝瑄群体是指以孙宝瑄为中心，与他一起进行休闲娱乐活动的亲戚、朋友、同事等。1894 年甲午中日战争爆发，在平壤战役中我国战败，孙宝瑄“上书主和，谓晚明耻与本朝言和，以致亡国。为主战派所诃”②。为政治避难，孙宝瑄偕家人移居上海 8 年。孙宝瑄出身世家大族，喜读书，爱好广泛，朋友众多，与其结交者非富即贵。孙宝瑄在上海期间的朋友可划分为以下几大群体：一是亲戚（各种亲戚如内兄弟、侄子）及家族故交；二是商界精英，朋友中不少为民族资本家；三是文化界精英，如严复、商务印书馆的负责人张元济、夏瑞卿和《中外日报》的主笔王穰卿等；四是艺术界朋友，如名伶刘永春、张冠霞等。孙宝瑄在日记中把他在上海期间的众多朋友分为六类，即“曰学友，宋燕生、章枚叔、蒋信侪；曰谈友，张经甫、黄益斋、李耕馀、孙丽轩、荫亭、丁叔雅、应季中、朱琴甫、邵季英、刘永春；曰诗友，吴彦复；约道友，伊陵斋、朱云卿；曰佛友，欧阳石芝；曰情友，张冠霞”③。上述朋友有学界大儒，如章枚叔即章太炎，有出身官宦子弟，如吴彦复（浙江提督吴长庆之子）、丁叔雅（福建巡抚丁日昌之子），吴彦复、丁叔雅均位居“清末四公子”之列。上述人员都具有较强

① 张仲礼主编：《近代上海城市研究》，上海人民出版社 1990 年版，第 13 页。

② 孙宝瑄：《忘山庐日记》，上海古籍出版社 1983 年版，序第 1 页。

③ 孙宝瑄：《忘山庐日记》，上海古籍出版社 1983 年版，第 410 页。

的娱乐消费能力，且多数属于“闲民”。孙宝瑄曾为妻弟李汇东写过一副对联，描述上海“闲民”的日常生活状况，“亦来海上作闲人，报刊舞榭歌楼，名园胜水”①，即读书看报、戏园茶园看戏听曲、名园胜水游玩是上海“闲民”日常生活的基本写照。孙宝瑄还描述经常与他一起吃喝玩乐的李秉庵（他的妻侄）的理想生活，“惟愿蓄数十万之财于京师中，起造高堂广厦，院中养花木，厩畜肥健之马，出则乘骑，或观剧，或登酒楼小酌，沉醉高歌，乐陶陶也”②。由上所述能看出当时居住上海的“闲民”群体享乐主义风气之浓厚。孙宝瑄在日记中多次提到在张园、一品香等当时上海著名的消遣娱乐场所遇到熟人，然后两个团队合并游玩，如 1901 年 4 月 16 日与妻侄秉庵乘马车到张园，在园内“遇林质斋、方守六（《大公报》首任主编——引者注）。晚，邀其至金谷香酣饮。夜，至宝来观金月梅《纺棉花》。俄至桂仙聆贾宝书《举鼎观画》”③。再如同年 11 月 19 日午后游张园，“寥寥几人，遇林质斋、黄益斋”，然后一起吃西餐，到天仙观剧；第二天夜到天仙观剧又遇到林质斋④，同月 26 日游张园，遇丁叔雅，晚宴于雅叙园，然后一起观剧⑤。因此，课题组以孙宝瑄群体的娱乐消费作为清末上海中高收入群体的典型案例来考察上海中高收入群体的娱乐消费情况。课题组对孙宝瑄《忘山庐日记》日记中 1897 年、1898 年、1901 年在上海的娱乐活动情况进行梳理和归类，并绘制成表 2－1。

---

① 孙宝瑄：《忘山庐日记》，上海古籍出版社 1983 年版，第 449 页。
② 孙宝瑄：《忘山庐日记》，上海古籍出版社 1983 年版，第 590 页。
③ 孙宝瑄：《忘山庐日记》，上海古籍出版社 1983 年版，第 348 页。
④ 孙宝瑄：《忘山庐日记》，上海古籍出版社 1983 年版，第 445－446 页。
⑤ 孙宝瑄：《忘山庐日记》，上海古籍出版社 1983 年版，第 448 页。

表 2－1 1897—1901 年孙宝瑄在上海的休闲娱乐活动

年	类型	时间休闲娱乐活动空间及陪同者	次
1897	戏曲	一月：七日夜，观优。十七日庭作傀儡戏，大足排闷。 四月：二十日丹桂园观优。 十月：二十九日天福园观优。	4
	园林	一月：初四日人力车诣味莼园。二十九日乘马车至味莼园。 二月：十九日与子涵同游张园。 四月：二十九日与子颐游味莼园。 五月：五日夜至味莼园览电光影戏。初六夜观影戏。七日、十四日游张园。 九月：十一日与《时务报》主译李一琴乘马车至张园游玩。 十二月：初六日与杏荪同车至张园游玩。	9
	餐饮	一月：十三日宴朋友于雅叙园。十八日包鸿卿招饮于复新园。 二月：九日宴友于复新园。夜，友招饮于金妓家。十八日与众友饭于一品香。 三月：二日诣一品香，坐有王穰卿、谭甫生等人。 五月：六日约饮聚丰园，群妓翩然至，弹丝奏曲。 十月：三十日友招饮于一品香。 十二月：二日朋友招饮于一品香	9
	西式	四月：初六日观马戏。 十月：十二日观赛马。 十一月：初八日观西剧。	3
	其他	三月：十四日游龙华。 十二月：二十六日至花墅买花。有梅二株，赁之。	2

续表

年	类型	时间休闲娱乐活动空间及陪同者	次
1898	戏曲	一月：三日弹筝操齐音者坐之中庭，使歌里巷之曲。 三月：二十九日丹桂园观优。 九月：九日游张园，观优。二十一日徐园观女优。 十月：二十二日丹桂园观优。 十二月：一日观优。十日随母观优。	7
	园林	三月：二十日游张园。 闰三月：十二日与朋友游张园。 五月：八日徐园观烟火。二十四日张园纳凉。二十八日夜，张园观烟火。 六月：五游张园。十九日游张园。二十四日与友游愚园，茗话。 八月：二十五日与朋友游张园、松柏园。 九月：一日与友乘车游张园，茗话，然后愚园登其西偏小楼；薄暮至辛园观残荷。晚上又到张园看烟火。九日游张园，观优。二十一日徐园观女优。三十日驰车诣味莼园，杏荪及其兄置饮。 十一月：二日游徐园。初三游味莼园。六日与友味莼园茗谈。七日与朋友先游松柏园，后到味莼园茗话。二十六日味莼园闲步。 十二月：十三日味莼园散步。二十日游味莼园。	24
	餐饮	二月：十二日与友饮于一品香楼。十七日与友饮于一品香楼。 三月：九日于一品香楼为友饯行。二十三日、二十九宴友于一品香楼。 闰三月：二十九日宴友于西酒楼。 七月：十六日与友饮于一品香楼。 八月：二十五日晚饮于外国酒楼；二十八日友招饮于外国酒楼。 十一月：一日友招饮于海天春。 十二月：十七日友招饮于外国酒楼。	11
	其他娱乐	二月：十二日五层楼最高处品茗。 三月：初七与友至五层楼，纵谈。十一日偕杏荪等游龙华。二十二日与友乘车游龙华，登五层楼。 四月：四日与朋友游城隍庙，园内茗谈。十一日至圆明园路观西人戏法。 十月：初一观菊花会。 十一月：四日游一粟庵。十三日雅集第一期。二十七日雅集第二期。 十二月：十一日、二十五日雅集第三、四期。十九日、二十四日游城隍庙。	14

续表

年	类型	时间休闲娱乐活动空间及陪同者	次
1901	戏曲类	一月：四日观剧。二十七日味莼园观剧。二十八日诣南仲家观戏术。 二月：十二日夜，观剧。十八日夜，观优。 三月：三日天仙观剧，后又宝来观女优金月梅演《富春楼》。五日约友宝来观剧。七日晚友招饮于一品香，饮毕丹桂观优。十一日招业滩簧者于庭间奏技娱宾。十二日晚天仙菊部观《党人碑》。二十八日丹桂观剧。 四月：一日夜饮于金谷香，饮毕观女优。五日晚饮于金谷园，夜宝来观剧。十四日约朋友于金月梅家（娼妓家）。十五日夜观优。十六日夜宝来观金月梅《纺棉花》。俄至桂仙听书，夜至左翠玉小坐，又访金月梅。十九日夜，观剧。二十一日宝来观剧。二十二日夜观剧，金月梅演《杀狗劝夫》。 五月：初八日夜，天仙观剧。十五日夜，观优。二十日秉庵等诣雅叙园。夜，春仙观剧。二十三日宴朋友于谢家（娼妓家），酒罢天仙观孙菊仙演《法门寺》。二十七日夜，随母至春仙观优。 六月：十日夜，观刘伶演《铡美案》。十二日夜，观《党人碑》第三本。二十三日到质斋家玩，有杨姓者来，弹弦作燕赵里巷之曲。 七月：八日夜，观谭鑫培演剧。十六日夜，与朋友观谭鑫培演《淘鱼税》。 八月：七日观谭鑫培演《群英会》。十日夜，观优。十五日夜观素云演《辕门射戟》。十七日观素云演《白门楼》。十九日夜，至天仙观怡云《宇宙锋》。二十六日夜至天仙观怡云演剧。 九月：五日夜，观谭鑫培《卖马》。初七日夜，至春仙观菊仙演剧。十八日夜，观孙菊仙《蔺相如完璧归赵》。二十五日夜，丹桂园观剧。 十月：十四日夜，观三郎演《新安驿》。十五日夜，观优。十八日夜，与琴甫观剧于丹桂。十九日丹桂观剧。 十一月：九日与琴甫至春仙观优。十日夜观优。十四日夜观优。十九日夜，至天仙剧场观谭鑫培演《王佐断臂》。二十日夜天仙观剧。二十六日游味莼园。晚宴于雅叙园。夜观剧。二十八日晚，宴友于雅叙园。夜观剧。 十二月：七日晚，与彦复饮于九华楼，饮毕春仙观剧。十七日夜先到丹桂观优，然后天仙观剧。二十五日夜，丹桂观剧。	56
	园林	一月：六日游味莼园。二十六日与彦复游味莼园。二十七日味莼园观剧。 二月：五日游味莼园。 三月：一日游味莼园。初三日观剧。观毕，游味莼园。二十六日与友游张园。 四月：一日游张园观打弹子。二日游张园。五日宴友于金谷香，宴毕张园打弹子。十五日游张园。十六日游张园。 五月：五日游张园。八日游张园。 六月：十二日与友饮于金谷香，饮毕到张园茗谈。十六日与友雅叙园小酌，饮毕，游张园。二十五日宴友于金谷香。饮毕，游张园。二十七日游张园。 七月：四日乘马车游张园、愚园。十九日友招饮于雅叙园，酒罢，游味莼园。 八月：三日约众友饮于雅叙园。游味莼园。十七日游味莼园。 九月：九日与友饮于雅叙园，饮毕味莼园登高。十六日、二十四日游味莼园。 十月：十四日、二十八日游味莼园。 十一月：十九日、二十六日游味莼园。 十二月：五日、十七日游味莼园。	32

续表

年	类型	时间休闲娱乐活动空间及陪同者	次
1901	餐饮	一月：十一日中午宴友于雅叙园，晚严复邀饮于外国酒楼。二十四日饮于万福居。二十九日与朋友饮于万福居，纵谭。 二月：十一日与友四马路茶楼啜茗。茶罢，至女优金家。晚，饮于万福居。十三日宴友于一品香。十八日与友饮于四马路酒楼。酒罢，伎家茗谈。晚饮于金谷香。 三月：一日金谷香夜饮，邀彦复。三日天仙菊部观剧。观毕，游味莼园。七日友招饮于一品香，饮毕，丹桂观优。十六日与友饮于金谷香，然后游张园。二十四日与友饮于万福居、谢家（娼妓家）。二十六日中午宴友于一品香。下午游张园，晚饮于戴语楼。二十八日丹桂观剧，晚上招友饮于金谷香。 四月：一日夜，饮于金谷香，饮毕，观女优。三日偕友金谷香纵谈。四日与朋友饮于一品香。五日宴友于金谷香，然后，张园打弹子。复与友至金谷园宴饮。夜，宝来观剧。十六日游张园。晚，邀友于金谷香。夜，观剧。二十二日晚友招饮于金谷香。夜，观剧。二十三日邀金月梅于雅叙园。二十七日晚、夜赴友约于锦谷香、新太和馆。 五月：八日游张园，然后饮于一品香，饮毕天仙观剧。十日友招饮于西荟芳。十一日偕友金谷香。十三日携友雅叙园，纵谭。十五日晚友招饮于戴语楼。夜观优。十七日，日中雅叙园小酌。夜宴于戴语楼。二十日饮于雅叙园，夜春仙观剧。二十三日宴友于谢家，酒罢天仙观孙菊仙演《法门寺》。 六月：六日饮于雅叙园。七日友约饮于雅叙园，并邀伶人刘姓者字永春。十日质斋招饮于一品香。坐有刘、何二伶。晚复约质甫等饮于金谷香。夜，观刘伶演《铡美案》。十二日与众友饮于金谷香，然后同马车至张园茗谈。十六日与友雅叙园小酌，然后游张园。十八日友招饮于雅叙园。二十日邀友金谷香。晚，复饮于一品香。二十五日宴友于金谷香。然后游张园。 七月：二日宴于金谷香。下午至江南春李伯渊招饮。三日夜，宴于沈桂云家。四日晚，饮于金谷香，三郎在坐。五日与友饮于吉祥春。六日友约饮于一品香。八日与友雅叙园饭。十六日晚，招饮于金谷香。十九日友招饮于雅叙园，后游味莼园。二十日友约饮于雅叙园，酒后访谭鑫培。二十三日与众友饮于雅叙园。 八月：三日约众友饮于雅叙园。四日夜宴友于金谷香。后又赴友金谷香之约。十四日偕友饮于九华楼。二十二日招饮于聚丰园。二十五日晚，饮于金谷香，唤谢桂香来。二十七日晚饮于金隆。夜又到谢兰卿家。二十八日饮于雅叙园。 九月：一日友约饮于一品香。三日友招饮于一品香、江南村。九日携友至雅叙园共饮，然后味莼园登高。晚宴于花小宝林家。十七日叔雅招饮于一家春。十九日晚饮于金谷香。酒罢复至一品香，饭后猎围。二十二日招饮于雅叙园。二十四日游味莼园。夜宴友于金隆。二十七日中午饮于雅叙园，晚饮于林爱香家。 十月：十二日叔雅招饮于迎春坊。十五日与友饮于九华楼，夜观优。十八日、十九日丹桂观剧。二十日同3起朋友分别饮于小普庆、东荟芳、清和。二十二日友招饮于杏花楼。二十七日饮于金谷香。三十日友招饮于聚丰园。 十一月：七日饮于雅叙园。十一日朋友招饮于迎春三弄。十二日宴客于金谷香，然后猎围。夜宴于洪兰生家。十三日饮于雅叙园。十九日晚饭于金隆。二十三日万福居小酌。二十六日晚宴于雅叙园。夜，观剧。二十八日宴友于雅叙园。 十二月：四日饮于一品香。七日与友饮于九华楼，春仙观剧。十二日友招饮于新太和馆。十四日友招饮于雅叙园。十五日饮于雅叙园。十六日友招饮于谢兰卿家。二十七日饭于金隆。	109

资料来源：根据孙宝瑄：《忘山庐日记》，上海古籍出版社1983年版，第68－465页整理。

由表 2 - 1 能看出以孙宝瑄群体为中心的上海中高收入群体娱乐消费具有以下特征。

1. 娱乐消费构成多元化发展

从上表能清楚看出，以孙宝瑄为中心的上海中高收入群体娱乐消费能力强，消费需求旺盛，娱乐消费种类既有本土娱乐活动，也有西式娱乐活动。孙宝瑄群体经常消遣娱乐的传统娱乐场所主要为戏园、酒楼，西式娱乐场主要为跑马场、弹子房等。按照娱乐产品和服务的性质，可将孙宝瑄和朋友们娱乐消费活动分为五类：一是戏曲类，即观剧、观女优（即演员全为女性的戏剧演出）以及观看滩簧等演出；二是在酒楼、饭店、茶楼等餐饮场所活动；三是公私园林类；四是西式娱乐活动，主要包括观看电影、打弹子等；五是其他娱乐活动。从孙宝瑄群体娱乐消费的次数和消费支出构成来看，传统娱乐活动仍占主导地位，其中又以茶楼、酒楼小酌品茗，戏园观看名伶演出，园林游乐为主要活动形式。从娱乐消费水平看，孙宝瑄群体的娱乐消费已达到比较高的水平，他们娱乐活动次数多，档次高，出入的娱乐场馆基本上都是上海比较著名的。从娱乐消费的类型看，孙宝瑄群体的休闲娱乐消费者活动既有高雅娱乐活动，如组织多次雅集，也有很多低俗娱乐活动，如经常狎妓。

观剧、看戏是清末上海居民最主要的娱乐消费活动，这在孙宝瑄群体也有体现。中高收入群体的戏剧消费与低收入群体的不同之处，主要表现在：高收入者看戏次数多，追捧名伶、名角，选择包厢等象征身份和地位的座位，低收入阶层对座位等不讲究。课题组对孙宝瑄 1901 年日记中记录的他和亲朋好友观剧、观优进行大致统计，他们到丹桂、天仙、宝来、春仙等戏园观优、观剧 56 次。从孙宝瑄日记中还能看出当时上海上流社会追捧名优的风气非常浓郁，一旦有名伶演出，观者云集，如 1901 年 3 月 3 日他偕妹夫张稼霖到天仙菊部观剧，该日为“合埠名班会演，观者极伙”①。金月梅、谭鑫培、三郎、刘永春、张冠霞、孙菊仙等上海名伶都是孙宝瑄和朋友们的座上宾，且刘永春、张冠霞还成为孙宝瑄在上海期间的好友。如 1901 年 6 月 8 日孙宝瑄好友林质斋邀请他到雅叙园喝酒，林质斋“并邀伶人刘姓者字永春，燕人也，善演包龙图故事。旗人朴静善谈，颇明一切理，且通星命学”。同月 10 日林质斋又招饮于一品香，“坐有刘、何二伶。晚，复约朋刘、何二君及林质斋、张冠霞金谷香。夜，观刘伶演《铡美案》”②。孙宝瑄多次看戏是为了追捧谭鑫培、三郎、金月梅等名伶名

① 孙宝瑄：《忘山庐日记》，上海古籍出版社 1983 年版，第 327 页。

② 孙宝瑄：《忘山庐日记》，上海古籍出版社 1983 年版，第 369、371 页。

优的，如果看不到他喜爱的演员出现就在戏园看书打发时间，如 1901 年 9 月 25 日到丹桂园观剧，因谭鑫培未出台，“余于万人丛中，持一卷书观之，不异明窗净几时也”①；同年 10 月 18 日夜，“与琴甫观剧于丹桂。三郎未出台，余静坐观书”②。

2. 酒楼饭店是重要社交娱乐场所

中国城市居民尤其是中高收入群体喜欢在酒楼饭店联络感情、洽谈生意，交流商业信息等，由表 2－1 也可以看出“社交＋娱乐＋宴会”是上海中上层社会的重要支出项目。中高收入群体经常相互邀约于著名的酒楼、饭店，在吃喝玩乐中增进友情，“娱乐活动＋饭局”“饭局＋娱乐＋饭局”“娱乐＋饭局＋娱乐”是这一群体融合消遣和社交于一体的基本消费方式。一般是中午相约一起饮酒，下午观剧、游园，或者晚上相聚于酒楼，然后一起到戏园观剧或娼妓家狎妓。

由上表还可看出西餐厅已发展成为中上流社会的重要消闲场所。孙宝瑄群体经常在上海著名的西餐厅聚乐，据孙宝瑄 1897 年、1898 年、1901 年日记中记录，他和朋友们在当时上海著名的西餐厅——金谷香消费了 27 次，一品香消费了 23 次。一品香等西餐厅不仅附设有茶室、烟室，而且有弹子房等娱乐设施。在清末崇洋风气影响下，西餐厅生意兴隆，还发展成为中高收入群体的重要消遣场所，同时，中式酒店以及娼妓家也是上流社会消遣的重要场所。如 1901 年孙宝瑄在上海各类酒楼、饭店消费了 109 次（有些是他出钱，有些是朋友出钱）。有时一天有两三起“餐饮＋娱乐＋社交”活动，如 1902 年正月初七，孙宝瑄就同 3 起朋友吃喝玩乐。下午与三郎（上海名伶）“同车游愚园，坐而茗话”，后来二人又到张园看游人试足踏车，“薄暮归，饮于雅叙园。复赴襄孙之约。夜，天仙观剧，谭鑫培演《寄子》”③。

消费者选择酒楼、饭店不仅与收入水平有关，还与消费群体的兴趣、偏好有关。孙宝瑄为浙江人，在北京居住多年，偏爱京菜和江浙菜，如常去雅叙园，而雅叙园是上海著名的京菜馆。1897 年、1898 年、1901 年孙宝瑄在雅叙园约消费 27 次，当时有竹枝词形容各大酒楼的特色：“京馆争夸雅叙园，炸鸡爆肚美难言。拉丝山药尤能手，无怪目前车马喧。扬州馆子九华楼，楼上房间各自由。只有锅巴汤最好，侵晨饺面也兼尤。春申楼主本金陵，薄饼佳肴美不胜，大马

---

① 孙宝瑄：《忘山庐日记》，上海古籍出版社 1983 年版，第 418 页。

② 孙宝瑄：《忘山庐日记》，上海古籍出版社 1983 年版，第 429 页。

③ 孙宝瑄：《忘山庐日记》：上海古籍出版社 1983 年版，第 469 页。

路中真杰出，三层楼阁祝高升。楼名鸿运信嘉详，自古商人喜颂扬，无怪各帮大腹贾，均来法界快称觞。”①

3. 私家园林成为娱乐消费的重要场所

清末私家园林成为上海中上流社会休闲娱乐消费的重要场所。私家园林中著名的主要有张园、徐园、豫园、辛园等，尤以张园影响最大。张园是由英国人于 1878 年建造的，1882 年被张叔和收购，更名“张氏味莼园”，简称张园，也称“味莼园”。张园内有茶楼、戏园、中西餐厅、弹子房等休闲娱乐设施。孙宝瑄曾在日记中对进行张园的评价：“味莼园有大楼，厅名安垲第，规制宏敞，有人云仿佛美总统宫殿。每礼拜日，士女云集，几座茶皿，皆极精雅。凡天下四方人过上海，莫不游宴其间。故其地非但为上海阖邑人之聚点，实为我国全国人之聚点。”② 张园内的安垲第大厅是清末民初上海最为重要的公共娱乐场所，“逢到开什么会、欢迎什么要人，都借安垲第为会所，因为该园交通适中，又有广大的洋楼，上下可容几千人，临时借此开会是最适宜不过的”③。张园经常有戏剧演出活动，“西南有髦儿戏班，演唱昆曲及滩簧，林步青为滩簧名家，时常在那儿演出。园中百戏杂陈，有所飞龙岛，供客乘坐，泠然御风，有着后来游艺场的轮廓”④。1901 年一年中，孙宝瑄和朋友到张园就游玩了 32 次，在园内闲步、喝茶、看戏、赏花，有时观看烟火、打弹子、看电影等。上海在固定的、专业性电影院建造前，张园、徐园、愚园等私家园林是放映电影的主要场所。1896 年电影传入中国就是在徐园第一村茶楼放映的。孙宝瑄 1897 年 5 月 5 日、5 月 6 日日记中都记录了他在张园看电光影戏情景，如 5 日“夜，诣味莼园览电光影戏，观者如蚁聚。俄，群灯熄，白布间映车马人物，变动如生，极奇。能作水腾烟起，使人忘其为幻影”⑤。孙宝瑄在日记中多次提到在张园遇到熟人，说明张园是他们这一阶层重要的娱乐空间。愚园中具亭台竹木之胜，也设有球场、弹子房等娱乐设施，还养有虎、豹、猩猩、孔雀、仙鹤等珍禽异兽，备有茶点酒肴等，也是孙宝瑄等群体的重要消闲场所。

1899 年 1 月英敛之途经上海，到张园一游，对张园的描述“在沪粉华攘扰中，得此平旷之地栽花种树，鋆池鋆山，颇为一洗俗尘。然中造红砖洋楼，招

① 朱谦甫：《海上竹枝词》，见《海上光复竹枝词》，民国第一图书局 1913 年版，第 10 页。

② 孙宝瑄：《忘山庐日记》，上海古籍出版社 1983 年版，第 589 页。

③ 郁慕侠：《上海鳞爪》，上海书店出版社 1998 年版，第 159 页。

④ 曹聚仁：《上海春秋》，上海人民出版社 1996 年版，第 222 页。

⑤ 孙宝瑄：《忘山庐日记》，上海古籍出版社 1983 年版，第 102 页。

伶演戏，未免俗矣。打弹房、照相楼、蜡人馆各一”；然后又到愚园游玩，评价说“见皆纨绔携妓者流”①。

4. 娱乐活动时间和频率发生变化

一是日常化。从孙宝瑄日记能看出日常化是清末上海中上流社会娱乐消费的基本特征。以1901年为例，4月孙宝瑄基本上都在吃喝玩乐，甚至在日记中感叹：“余旬月以来，颇为声色所汩没。日与妻侄秉庵狎妓观优，宴会征逐，无读书之暇”，并决定收起玩乐之心，“思欲徐收放心，静坐数日，温理旧业，不知能否如愿？”② 但在身边朋友玩乐的诱惑和影响下，在酒楼、戏园、娼妓家等场所吃喝玩乐仍是他生活的常态。如5月有13天，他是在外面吃喝玩乐的，有时一日之内要去数个娱乐场所，如5月7日，先是去访名伶金月梅，月梅久不下楼，且在楼上打骂养女，他大怒拂袖而去，接着参加了两起朋友的宴请，一起是朋友子丰、叔蘧招饮于金谷香；一起是朋友梅仙置酒于戴语楼；5月8日，先是与朋友铭舫游张园，在张园里碰到仲巽、彦复、枚叔、仲宣、丽轩、荫亭等朋友。晚上仲巽招待大家饮于一品香，饮毕大家一起到天仙观剧。同年6月至12月每个月在酒楼等消闲场所吃喝玩乐都在10天以上，且每月都有几日一天之内在几个娱乐场所吃喝玩乐。

二是夜生活化。由表2－1还能看出孙宝瑄等人观看戏剧表演多数情况下选择在晚上，其一说明上海因电灯在公共场所的普遍使用，夜晚娱乐场所顾客众多、生意兴隆；其二说明商人等群体白天忙于工作只有晚上才有时间进行休闲娱乐活动；其三还说明交通条件改善，缩短了家与娱乐空间的时间，也在一定程度上改变了休闲娱乐的时间和空间格局。

5. 娱乐消费功能多元化发展

鸦片战争前娱乐消费的主要功能是祭祀祖先和神明、喜庆孝亲，目的是为了娱祖乐神，祈求得到祖先和神明的庇佑，富裕之家在喜、寿日子请戏班或杂耍、滩簧等演出以示庆祝，娱乐消费迄今仍承担上述功能。清末以孙宝瑄为中心的中高收入群体为父母等庆生时，多选择邀请戏班子演出酬宾，如1898年4月21日孙宝瑄叔父生日，他携母亲回杭州，叔父家请有戏剧表演，“宾友杂至，乐奏于庭”③，22日“昼，观傀儡戏。夜，张灯作杂剧，来观者多”④。1901年

---

① 方豪编录：《英敛之先生日记遗稿》，沈云龙主编近代中国史料丛刊续编第三辑第21册，台北文海出版社1984年版，第13页。

② 孙宝瑄：《忘山庐日记》，上海古籍出版社1983年版，第354页。

③ 孙宝瑄：《忘山庐日记》，上海古籍出版社1983年版，第209页。

④ 孙宝瑄：《忘山庐日记》，上海古籍出版社1983年版，第210页。

1 月 28 日至许南仲家贺寿，许家为招待亲友邀请戏班子演出以酬谢宾客。滩簧是指“南方俗有以四五人围坐，弹丝吹竹，嬉笑歌唱者”①。孙宝瑄母亲是南方人，1901 年 3 月 10 日他为母亲祝寿，“招业滩簧者，于庭间奏技娱宾。坐中有林步清，丹桂菊部名优也，善诙谐，尤解颐”②。

通过课题组对以孙宝瑄为中心群体娱乐活动的考察，还可以看出“社交 + 宴饮 + 娱乐”一体化消费次数多，这种消费模式中娱乐活动发挥着社交载体功能。

此外，晚清时期义赈出现，一旦出现大的灾难时，士绅通过在园林、戏园等中高收入群体集聚的娱乐场所进行戏剧义演、书画义卖等形式筹集善款，娱乐消费与义赈相结合是娱乐消费的一种新形式。1901 年 1 月 27 日孙宝瑄提到“陆莼伯善捐无策，于味莼园演剧一日，招集海上官商数百人来观，每人出银饼二枚或一枚以助赈。余亦往观”③。

6. 娱乐消费观念的特征

通过孙宝瑄等人的娱乐消费考察还能看出上海中高收入群体的娱乐消费观念具有以下基本特征：

一是奢靡化。从 1897 年到 1908 年孙宝瑄日记中记录的娱乐消费次数明显增多，1897 年在各类娱乐场所玩乐了 27 次，1901 年仅在戏园、园林、酒楼饭店三类娱乐场所消费了 197 次。孙宝瑄们消费过的酒楼，基本上全为当时上海著名的酒楼。据 1910 年出版的《上海指南》中列出的著名酒馆 42 个（上海酒馆饭店极多），“价目自一元六角至二元不等”，著名的酒楼主要有：新太和馆（宁波）、大庆楼（宁波）、燕庆楼（宁波）、馥兴楼（宁波）、大观楼、九华楼（扬州）、半醉居（扬州）、半斋（镇江）、雅叙园（北京）、万庆楼（北京）、春申楼（南京）、聚宾园（徽州）、聚和园（徽州）、聚元楼（徽州）、来元馆（徽州）、同乐园（徽州）、同庆园（徽州）、醉乐园（徽州）、善和馆（上海）、杏花楼等④，其中孙宝瑄群体消费次数比较多的酒楼有雅叙园、新太和馆、九华楼等。1910 年上海番菜馆（西餐厅）的售价，“大抵每份一元，点菜每件自一角五六分至二三角不等，小账加一”。清末上海著名的番菜馆有：一品香、岭南楼、富贵春、三台阁、海天邨、海国春、四海春、一家春、万年春、一枝香、

---

① 孙宝瑄：《忘山庐日记》，上海古籍出版社 1983 年版，第 330 页。
② 孙宝瑄：《忘山庐日记》，上海古籍出版社 1983 年版，第 330 页。
③ 孙宝瑄：《忘山庐日记》，上海古籍出版社 1983 年版，第 313 页。
④ 商务印书馆编译所编纂：《上海指南》，商务印书馆 1910 年版，卷五乙饮食店：酒馆。

万年春、金谷香、歇浦楼、旅泰、叙香楼①，集中在四马路。孙宝瑄们在餐饮场所消遣少则两三人，多则十余人，一次少则花费几元，多则几十元。

二是低俗化。由表2-1还能看出，孙宝瑄经常和朋友在酒楼饭店宴饮结束后一起到娼妓家猎围，还时常叫局。所谓叫局，葛元煦在《沪游杂记》说“看戏饮酒书小红纸传妓曰叫局，妓应叫曰出局”②。以1901年8月为例，他和朋友们猎围多次，如25日晚“饮于金谷香，唤谢桂香来。既，来自桂香之妹也，云桂香已嫁。余为惘然。俄遂亲至松盛胡同，入桂香所居之房，见几榻床厨如故，而其人杳然。不胜人面桃花之感”；27日在著名西餐厅金隆遇到好友履平、季中，然后一同猎围③。再如11月12日宴客于金谷香，然后携友“至陆素娟家猎围，见垂髫女名金兰香，警秀可爱”④。12月16日好友季中招饮于谢兰卿家，“坐客十余人，诸伎翩然来集”⑤。谢家、金家都是当时上海的高级妓女家。孙宝瑄经常与朋友到妓家宴乐，他在日记中辩解说非男女之乐，而是朋友之乐，“旅居海上数年，往来之友甚多，此间宴会，每在北里之中，征歌选舞，习为故事。不知者以为此男女之乐也，余则曰非男女之乐，朋友之乐耳”⑥。孙宝瑄还指出：“上海娼伎不下数千家，沉迷其中不下数万人”，“每夜所销宴乐之费，并北里中及大餐馆等计之，殆数万银饼不止”⑦。可以看出清末上海上流社会视喝花酒为正当娱乐形式。

三是崇洋化。崇洋是清末上海中高收入群体消费的基本趋势，在休闲娱乐领域也有体现，西式娱乐活动因形式新颖，逐渐赢得了上海中高收入群体的认可。孙宝瑄等人享受过的西式娱乐活动主要有：观赛马、看外国戏剧、打弹子、看马戏、看电影等。孙宝瑄多次在日记中描述当时上海人对西式娱乐的喜爱，如观看赛马热捧的盛况“观者如墙。余寻车不得，步归”；再如对电光影戏的喜爱“使人忘其为幻影”；西剧也以新颖形式吸引了他们的眼球，“观西剧，几榻竟丽，男女笑语歌舞，或弹丝……观者鼓掌雷动”，“西人之剧，男女合演，其裳服之华洁，景物之奇丽，歌咏舞蹈合律而应节”⑧。

---

① 商务印书馆编译所编纂：《上海指南》，商务印书馆1910年版，卷五乙饮食店：番菜馆。

② （清）葛元煦撰：《沪游杂记》，上海书店出版社2009年版，第126-127页。

③ 孙宝瑄：《忘山庐日记》，上海古籍出版社1983年版，第404、405页。

④ 孙宝瑄：《忘山庐日记》，上海古籍出版社1983年版，第442页。

⑤ 孙宝瑄：《忘山庐日记》，上海古籍出版社1983年版，第461页。

⑥ 孙宝瑄：《忘山庐日记》，上海古籍出版社1983年版，第411页。

⑦ 孙宝瑄：《忘山庐日记》，上海古籍出版社1983年版，第591、381页。

⑧ 孙宝瑄：《忘山庐日记》，上海古籍出版社1983年版，第143、102、151、469页。

（二）由英敛之日记看上海的娱乐消费需求

英敛之（1867—1926），生于北京，满族正红旗人，近代中国著名的出版家、慈善家、教育家，旗人中少有的书画家，幼年家贫，自学成才，曾在北京、上海、天津、蒙自等城市工作或生活过，为人正直、仗义，交友广泛，不仅有在法国、日本等使馆中工作的外国朋友，且与天津、上海、北京等地政、商、官、学、报、宗教等界多位名流为好友。在上海期间，他与宗教界名流如马相伯、报界名流如《中外日报》的汪穰卿、出版界名流商务印书馆的张元济、企业界精英朱志尧等交往甚密。

在介绍英敛之娱乐消费前，需要先介绍一下他在上海的经历。英敛之日记中第一次关于他在上海的记录是 1899 年，从广东雷州返回北京时，途中在上海待了近一个月，即 1899 年 1 月 2 日至 29 日。1899 年 2 月 2 日回到北京，暂居父母家，生计窘迫，同年 5 月到天津谋生。据他日记描述，能够大致推断出他在天津当时的收入主要来源于教二三位洋人学习“官话”（即教洋人说汉语、写汉字），月收入在 20 元左右，而他当时有五口人依靠他的收入生活，还要不时补贴北京父母的家用，生活十分拮据，多次在日记中表达忧愁苦闷之情，如 1899 年 9 月 12 日“是日甚忧，度日拮据”①。在好友李敬宇的推荐下，英敛之决定去蒙自担任某位天主教员的文案工作，1900 年 1 月 10 日动身，14—15 日在上海中转，2 月 21 日抵达蒙自，6 月因路南教案逃离蒙自，7 月 18 日抵达上海。因义和团运动，他对在北京的家人安危极为担心，先回北京探望家人后返回上海谋生。1900 年 8 月至 1901 年 1 月英敛之在上海期间仍以教洋人“官话”为生。1901 年 2 月回到天津，与几位朋友商议创办《大公报》。为筹备《大公报》，即购买机器设备、图书、聘请主笔等事宜，1901 年 7 月英敛之南下上海，这次他在上海待了约半年时间，但身份已变，是作为《大公报》负责人出现的，这一段时间他日记中关于娱乐消费方面的记录比较多，与他一起在茶馆品茗、戏园观剧、园林游玩、酒楼宴乐者多为上海报界、商界等名流。1903 年 6 月下旬至 7 月中旬，英敛之为拓展《大公报》业务再次到上海。1904 年 9 月下旬至 10 月初在上海二十多天，是为他三弟的结婚事宜。总之，英敛之在上海期间的娱乐也能在一定程度上反映上海中等收入群体的娱乐消费情况。

---

① 方豪编录：《英敛之先生日记遗稿》，沈云龙主编近代中国史料丛刊续编第三辑第 21－23 册，台北文海出版社 1984 版，第 23 页。

表 2－2　1899—1904 年英敛之在上海的娱乐活动

年	休闲娱乐活动时间、场所、价格等
1899	一月：初三观剧。初五观剧。初九晚，观戏。初十同朱云鹏、式如乘车到张园一游。十二日至愚园。二十一日游豫园。二十二日同式如乘东洋车至徐家汇。
1900	一月：十五日同朱云龙及内人城隍庙一游。出城，乘车至四马路青莲阁茶。 十月：二十九日和朋友到美华楼茶。 十一月：二十日宝仙看戏。
1901	一月：初二游城隍庙。十八日城隍庙一游。二十一日偕友游张园，来回交通费三角。二十二日时兄约内人等宝仙看剧。二十七日时雇马车游徐家汇。 二月：初五携复元法国墓园一游。初七购《续儿女英雄传》《远印度游探记》。十一日同时兄宝来看戏，金月梅声色俱佳。 八月：初九与朋友们聚仙看戏。二十日偕友至愚园看白日烟火。园费二角，车四角。二十四日晚赴九华楼许静垒饭约，饭后丹桂观剧。二十五游龙华，车钱二角。另加钱数十。二十八日邀众友在江南邨大餐，花费十元左右。饭后青莲阁茶。 九月：初六购天津泥人三个，一元五，赠时嫂。初八乘车张园一游，乘马车至四马路，六角。初十同汪穰卿雅叙园饭。与时兄聚仙观剧。二十三日同许静斋、朱云鹏等雅叙园饭，游愚园和饭茶钱俱许出，出园资三角。二十四日与时兄群仙看戏。 十一月：初五中午、晚上都和王景宽、时兄雅叙园饭，晚饭后群仙观剧。初六和友群仙观剧。二十二日同友赴愚园正楼喝茶。出至张园一游，然后至雅叙园，车费一元七。二十六日外国坟墓一游。邀友雅叙园饭。 十二月：初四邀众朋友群仙观剧。
1902	正月：初三和时兄到徐园一游，每人出洋一角，园中喝茶。初十晚和友迎春阁喝茶。十四日晚约友雅叙园吃饭。饭后，群仙观剧。二十日晚邀友群仙观剧。二十二日邀友升平楼饮茶。二十五日城隍庙一游。二十七日购油画十二张，价一元。 二月：初五新界一游，外国坟园一视。初七晚，会仙观剧。初十徐园饮茶。十一日早，湘圃以票邀天乐园饭。饭后散步外国坟园。晚，和友雅叙园饭，饭后群仙观剧。十四日和朋友乘马车到徐园茗茶，茶毕，乘东洋车至愚园。游后赴江南邨饭约，饭后春仙观剧。十七日与友天仙观剧。二十六日、二十七日与朋友会仙观剧。
1903	六月：二十一日赴朋友饭约，饭后老天文台打球。二十二日和朋友愚园茗茶。二十四日赴友宝丰楼饭约。二十五日朱志尧邀请在密采里吃饭。 七月：初一邀友徐园茗茶。初二偕李敬宇一家外国坟墓一游，并邀江南村午饭。午后，唤马车游张园、愚园。初十午后，游张园。晚，赴友一品香饭约，饭后群仙观剧。十四日游辛园。一品香赴夏瑞芳约。十五日和友徐园茗茶，晚和朋友杏花春楼饭。

续表

年	休闲娱乐活动时间、场所、价格等
1904	九月：二十日偕亲友到愚园、张园游玩，车价一元四，茶六角。二十四日偕内人等散步外国坟山。二十六日文沃生来，送看跑马上等票两张。偕复元观赛马。二十八日童念康邀看赛马，后又邀雅叙园饭。 十月：初七偕申格车至张园。十九日游张园、愚园。二十日辛园一游。二十一日至外国坟山一游，午后偕内人、梅生等至徐园。

资料来源：据方豪编录：《英敛之先生日记遗稿》，沈云龙主编：近代中国史料丛刊续编第三辑第 22－23 册整理，台北文海出版社 1984 年版。

由表 2－2 能看出以英敛之群体的娱乐消费结构、消费需求变化趋势与孙宝瑄群体是一致的，只不过是消费次数、消费档次略少于、低于孙宝瑄群体。

一是娱乐活动呈现中西杂糅趋势。清末上海无论是高收入阶层还是中等收入阶层的娱乐消费，都是既有本土娱乐，如茶楼品茗、戏园观剧、城隍庙游玩等，也有观看赛马等西式娱乐。从整体看，本土娱乐消费仍在中高收入群体的娱乐消费构成中占主导地位，且本土娱乐仍以戏园观剧、茶馆喝茶为主要形式。英敛之群体也时常到群仙、会仙、宝来等戏园观剧，到青莲阁等上海著名茶楼会友。

二是酒楼饭店也是英敛之群体的重要娱乐场所。由表 2－2 可以看出“娱乐＋餐饮”也是英敛之群体生活消费的重要项目。如 1901 年 7 月 28 日，邀时兄、王丰曾、沈耕莘、沈子金、朱志尧、王子衡、王耀东、汪穰卿等在江南邨吃大餐，花费 10 元左右，饭后到青莲阁饮茗。上述人士都为上海商界、报界的名人，英敛之购置办报的机器设备、聘请主笔等需要他们的推荐和指导，从功能看是为了满足社交和拓展事业的需要。英敛之 1901 年 8 月至 1902 年 1 月间在上海的娱乐消费支出，多数是服务于办理《大公报》。如 1902 年 1 月 14 日“吃饭＋观剧”，2 月 11 日、14 日、17 日等都是具有商业性质的。酒楼饭店也是英敛之群体重要消闲场所。英敛之和朋友们在上海消费的酒店既有著名的中式酒楼如雅叙园等，也有外国人开设的著名西餐厅，如密采里，邀请在密采里吃饭的是英敛之的好友朱志尧。朱志尧（1863—1955）是马相伯的外甥，历任轮船招商局、法商东方汇理银行等买办，除创办求新制造机器轮船厂外，还先后创办同昌油厂、同昌纱厂以及大通仁记与中国合众两大航业公司，他是英敛之的终生挚友，英敛之办报、出版图书等多次得到朱志尧的支持。

三是张园等私家园林也是消遣娱乐的重要场所。清末私家园林不仅是高收入阶层的娱乐场所，也是中等收入群体的消闲场所。英敛之 1899 年在上海期间到张园、愚园等园林游玩了 3 次，1901 年游园 4 次，他日记中提到徐园、愚园的门票为一角。

四是崇洋化发展。游洋场、看赛马已经成为中产阶级娱乐消费活动的重要内容。1904 年英敛之来到上海，朋友文沃生送来"看跑马上等票两张"，还有好友童念康邀请他和家人观看赛马。以赛马票送尊贵的朋友或邀请尊贵的朋友观看赛马，也在一定程度上反映娱乐消费方面以观看洋娱乐为尊贵社会风气。

二、北京居民娱乐消费的增长情况

北京是元明清三代京师所在地，当时中国的行政、政治、文化、国际交流等中心，其娱乐消费需求变迁对其他城市尤其是华北地区城市娱乐消费模式变迁具有很强地辐射和带动作用。1895—1902 年孙宝瑄主要在上海生活，但中间多次回北京，如 1897 年 7—8 月回北京参加科举考试。1902 年 2 月 9 日回北京到工部局复职，先后在工部、邮传部等部门任职。英敛之的父母、岳父等家人都在北京，因工作或探亲，他多次回北京，日记中也零星有在北京的娱乐消费记录。课题组仍以孙宝瑄、英敛之为中心考察这一时期北京居民的娱乐消费情况。

（一）由孙宝瑄群体看北京居民的娱乐消费情况

孙宝瑄家世显赫，尤其是哥哥孙宝琦身居要职，且有岳父显赫的地位庇佑。在北京期间，与孙宝瑄一起吃喝玩乐的朋友多为政要、名流。孙宝琦对弟弟孙宝瑄非常关照，宴请政要名流时，往往偕他一起前往。为对清末北京中高收入群体的娱乐消费结构等情况有一比较全面了解，课题组对孙宝瑄 1897—1908 年日记中记录的在北京的娱乐消费活动进行梳理和归纳，绘制成表，如表 2－3 所示。1897 年孙宝瑄在北京近 2 个月，1902 年 2 月后长期居住在北京。课题组以孙宝瑄为中心对北京中高收入群体娱乐消费情况进行分析，并与他在上海的娱乐消费情况进行比较。

表 2－3　1897—1908 年孙宝瑄在北京的文化娱乐活动

年	娱乐场所及活动
1897	七月：一日饮于广和居。初三乘车游长椿寺。 八月：一日游法源寺。三日广和楼观优。四日与夏粹卿游天宁寺。十三日观优。十七日同乐轩观优。二十日朋友招饮于广和居。二十四日观优。二十六日与众亲朋好友驰马天宁寺。

续表

年	娱乐场所及活动
1902	二月：十日兄招众友于家中小饮，招城外伎家侑酒。十四日与朋友至万福居小酌。酒罢松凤堂选一雏妓。十五日饮于万福居，饭后天乐园观剧。十七日与朋友们饮于致美斋。饭罢，复往松凤。十八日友招饮于同丰堂。二十三日朋友招饮，然后至松凤。二十七日朋友招饮。然后又与石虚至松凤。 三月：二日江苏馆赴友之约。三日同丰堂赴朋友之约，访妓松凤。四日同友乘车观剧。八日偕友饮于广和居，然后同车游江亭。九日友宴于德昌。十日访妓松凤。十三日至同丰堂，赴朋友之约。十五日游西山碧云寺。十七日观优。十九日访妓松凤。二十日朋友招饮于福全馆。二十六日到松凤小坐，观剧。二十八日赴同丰堂朋友之约。 四月：三日先访妓松凤，然后访妓百顺胡同。四日观剧。六日偕友访妓松凤，留宿妓院百顺胡同。十一日至江苏馆赴朋友之约。十二日访妓松凤，然后偕友访妓百顺胡同，留宿。十九日偕友百顺胡同狎妓。二十日朋友邀德昌西菜馆小酌。集宴缮衡两司同僚五十人于聚宝堂。饭后，百顺胡同探妓。 五月：五日天乐园观剧。八日百顺胡同狎妓。十二日百顺胡同狎妓，晚饮于福全馆。 十三日偕友百顺胡同狎妓。十五日百顺狎妓。十七日游余园。二十日偕友百顺胡同狎妓。二十七日与朋友百顺胡同狎妓。 六月：五日驱车至南河泡，有荷池数十亩，夏间游人甚多。七日与友复至南河泡，群坐谭笑，或为象戏，或赌骨牌。九日与友象戏。十三日贺朋友母亲寿，在嵩云草堂演剧款宾。二十一日江苏馆赴朋友之约，偕友百顺狎妓。二十四日晚，与友象棋为戏。 七月：初二与友饮于致美斋。四日友招饮于高庙。夜，观女优。十二日偕友观剧。十三日与秉庵饮于万福居。十九日太和馆观剧，观谭鑫培演剧。二十四日与友饭于玉楼春。二十五日与友饭于德昌。二十六日友约饮于同丰堂。二十八日与友至意大利饭肆。 八月：三日与亲友饮于意大利饭肆。五日夜，观剧。七日观剧。八日与友饮于意大利饭肆。十三日朋友邀饮于余园。十四日饭于德昌。十七日与友饮于万福居。十九日宴同僚与嵩云草堂。二十五日朋友招饮于同丰堂。二十六日都中有外国马戏新到，往观者甚多。三十日朋友约饮于广和居、万福居。 十一月：二十五日观剧。二十七观剧。二十八日观剧。 十二月：九日观剧。

续表

年	娱乐场所及活动
1903	正月：十日游龙虎寺，饮于福全馆。 二月：十六日诣湖广馆，成侍御昌为其父称觞献寿，召梨园，大宴宾客。十九日诣长椿寺。游厂肆，看书画古玩。二十四日湖广馆观剧。二十五日赴惠丰堂宴饮。 三月：五日饮于致美斋，观剧。八日饮于魁元楼，饮罢观剧。二十七日偕友游陶然亭。二十九日游龙泉寺。 四月：二日宴饮于聚庆堂。五日饮于陶然亭。九日与汇东观剧。十九日饮于万福居。二十一日与仲华饮于玉楼春 五月：五日观剧。七日饮于广和居。八日朋友约饮于泰昇堂。九日侯正亭约饮于庆寿堂。十九日与友饮于广和居。二十二日友邀饮于万福居。二十四日至江苏馆，同乡公宴朋友。二十七日中午友邀饮于东昇楼，饮罢广和楼观剧。二十九日同僚设宴源丰堂。 闰五月：九日广乐园观剧。十一日偕陈介石（新科进士）等饮于长椿寺。十六日同僚约饮泰昇堂。二十二日介石邀饮于清华楼。二十四日晚，饮于同丰堂。夜，钱叔楚招饮于谢家妓院，围坐十三人。 九月：一日泰昇堂午饭。十日邀众友饮于同丰堂。十三日观剧。二十四日与勉臣饮于万福居，饮罢观剧。 十一月：十七日友约饮于天福堂。二十日饮于醉琼林。二十一日饮于福全馆。二十三日邀景周、勉臣及昌士、稼霖饮于阳春居。晡，观剧。 十二月：一日与昌士、稼霖及笃甫、桐士共饮于致美斋。晡，观剧。
1906	正月：三日至土地祠观法国影戏，内有俄日战事及种种杂剧。十九日饮于湖广馆。 二月：十日暮，友约饮于同和居。十一日晚，与亲友饮于致美斋。十三日暮与亲友饮于通聚馆。十八日慕兄在江苏馆宴诸友，到者三十余人。二十五日友邀饮于嵩云庵。二十六日晚，介石约广和居。二十七日在广和居宴集诸友。二十九日友约于福州馆。三十日晚，宴饮于六国饭店。 三月：十日观幻戏。十八日至嵩雪庵，班侯、介石约饮。二十二日至全浙馆，赴朋友之约。二十五日晚，聪肃召饮同兴堂，项幼轩招饮斌升楼。二十八日友招饮于同和居。 四月：一日湖广馆观剧，沈兰秋之约。六日偕慕兄长沙许，观夜剧。七日至福州馆，赴钟笙叔之约。薄晚，偕兄观剧。十四日朋友邀饮于陶然亭，法源寺看绿牡丹。十五日至宾宴楼。十六日余及慕兄、勉丈、厚庵辈，小饮于斌升楼。 闰四月：十三日与慕兄等同坐马车至六国饭店。十九日同事约饮于同丰堂。晚，至醉琼林。二十七日晚，在惠丰堂饮，监学陈宇香约。 五月：六日沈谱琴约饮于六国饭店。八日至松云庵，王相国约饮。十二日晚，饮于华东。十四日观剧。二十日与厚庵至广和居，丁叔雅约也。 六月：十三日至太升堂，是日宴集同僚，到者四十余人。至广和居小饮。散后，余独随季鹰、子封至工艺场。十六日偕友工艺场茗谈。十八日广和居小饮。十九日余与班侯同至醉琼林，王奎章约也。二十一日晚，至福兴居，润田约。二十九日德春堂夜饮。 七月：一日余及慕兄饮广和居。四日晚，在燕春园饮。五日朋友召饮于同和居。十二日芝田宴客于泰升堂。二十日胡叔藩约饮于醉琼林。二十一日宴群友于广和居。 八月：三十日诣会芳园，（潘）经世（新选知府）、雯青约饮。 九月：十四日饮于同和居。十五日广和居小酌。十七日玉成班观优。晚至惠丰堂，李芳洲约饮。二十四日致美斋小酌。二十七日独饮于广和居。 十月：四日益斋、秉庵在同和居招饮。六日饭于六国饭店。二十三日晚，岳柱臣约饮于聚宝堂，金荫图约饮于醉琼林。二十九日夜，饮于同和居，昌士约也。 十一月：十三日龚仁舫约饮醉琼林。二十四日饭于六国饭店。二十五日饮于同和居。 十二月：十六日偕友到工艺场茗谈。

续表

年	娱乐场所及活动
1907	正月：十六观陈列馆。二十三日至醉琼林，敬宣、彝臣约也。二十七日中和园观剧。 二月：四日游厂甸。八日友约饮于万福居。十一日夜友约饮于泰升堂。十五日宴同僚于醉琼林。十八日在松筠庵宴客。 三月：二日余兄在江苏馆宴集同省京官四十余人。六日宴同僚三十多人于德昌饭店。九日饭于六国饭店。 四月：七日朋友招饮于德昌饭店。八日万寿寺观赛马。十一日朋友公饯兄于六国饭店。 六月：五日晚宴赞尧等于同和居。二十二日饭于同和居。三十日在纯利饭肆午饭。 七月：二十日饭于六国饭店。二十二日游万生园。二十三日邀友于德昌。二十五日宴客于同和居。二十六日三庆园观剧。 八月：十九日家人游万生园。 十一月：四日文明茶园观剧。五日宴集叔和、子蕃、文初、镜涵、芝樵于同和居。
1908	正月：一月十日游厂甸。十六日天乐园观优。 二月：一日友约饮于六国饭店。 四月：二十三日阖家游万生园。 五月：八日文明茶园观剧。二十六日游万生园。 六月：十六日母妹等皆出观西洋戏法。十八日六国饭店午食。二十七日游万生园。 七月：十五日饭于六国饭店。 八月：十一日邀菊生等六君万生园。 九月：四日广德楼观剧。五日李子瑞招饮于致美斋。九日至月坛迤南观赛马。

资料来源：根据孙宝瑄：《忘山庐日记》：上海古籍出版社 1983 年版整理。

通过对孙宝瑄日记中娱乐活动的梳理，能看出这一时期北京的中高收入群体娱乐消费模式的基本特征和变化趋势与上海中高收入群体的基本一致，主要表现在以下几个方面。

1. 消费结构多元化

由上表能清楚看出清末北京中高收入群体的娱乐消费多元化、中西杂糅趋势也非常明显。从消费内容看，不仅有各种各样的本土娱乐消费活动，如戏园观剧、茶馆品茗、游览古寺名胜等，也有多种的外国娱乐消费活动，如观看赛马、外国马戏等；既有高雅的娱乐消费，如与朋友赏花赏画，也有不少低俗的娱乐活动，如妓院狎妓。从娱乐场所看，戏园、寺庙、茶楼、酒楼是北京居民的主要娱乐场所。从娱乐消费的数量和消费支出结构看，传统娱乐活动仍居主导地位，戏园观剧、茶楼品茗、酒楼宴乐是孙宝瑄群体的基本娱乐消费形式。

孙宝瑄多次在日记中对上海、北京居住环境和娱乐环境进行比较，其中就戏剧消费环境而言，他认为北京优越于上海，并总结出居住北京的“十乐”和居住上海的“三苦”。北京的“十乐”，即“曰山林之雄奇，曰宫阙之壮丽，曰林木之葱郁，曰寺观之苍古，曰街衢之广阔，曰房屋之轩爽。其他如酒楼论道，厂肆收书，妓馆谭禅，剧台听乐”①。居上海的“三苦”，即“一观剧之苦，一游会之苦，一猎围之苦。万人嘈啐，金鼓和鸣，歌不合律，舞不应节，眼枯头眩，心烦耳倦，意中之人迟徊不出，此观剧之苦也。丰肴衎衎，清酤㪉㪉，口厌醲脆，腹肌欲死，项直身疲，笑谈寡味，此宴会之苦也。夜行踽踽，言寻所欢，楼空无人，灯烛未阑，顽妪丑婢，献茶拂茵，丽人不归，枯坐沈沈，此猎围之苦也”②。

北京是清代中国戏剧的高地，不仅戏剧人才众多、戏园多，戏剧演出水平高，而且拥有一大批像孙宝瑄一样热爱戏剧且消费能力强的观众。1902 年孙宝瑄回京复职后，到天乐园观剧，观后感叹道：“戏之佳妙，无过于京师，虽平常之脚色，皆有精神”③。孙宝瑄还对当时有人提出的因义和团运动造成戏剧名角纷纷南下北京戏剧名角减少、戏剧演出质量下降观点，提出不同看法，即“上海之戏，平时远逊于京师，而近因义和团之乱，颇有三五著名伶人南下，人遂谓都中之好戏移于上海矣。及余至京，流连剧场二次，觉戏中精神，终什倍于上海，何也？以平常之好角多也。上海虽有二三异常之名伶，其戏劣如故”④，即孙宝瑄认为北京戏剧演出质量远高于上海，戏剧名角主要集中在北京。北京人喜爱看戏者人数较多，有竹枝词描绘北京戏剧消费需求旺盛，“三十年间尚记曾，戏园加凳偶然能，而今日日都如此，中国真堪富庶称”⑤，即到戏园看戏者太多，园方为了增加收入，天天增加临时座位。

北京名胜古迹众多，其中“山林之雄奇”“宫阙之壮丽”“林木之葱郁”“寺观之苍古”是孙宝瑄总结的“十乐”中的“四乐”，这些是上海、天津等其他城市不具有的优势。游览名胜古刹也是孙宝瑄群体的重要休闲娱乐活动。1897 年七八月间孙宝瑄回北京参加科举考试，学习之余常和朋友到寺院游览，

① 孙宝瑄：《忘山庐日记》，上海古籍出版社 1983 年版，第 515 页。

② 孙宝瑄：《忘山庐日记》，上海古籍出版社 1983 年版，第 371 页。

③ 孙宝瑄：《忘山庐日记》，上海古籍出版社 1983 年版，第 489 - 490 页。

④ 孙宝瑄：《忘山庐日记》，上海古籍出版社 1983 年版，第 493 页。

⑤ 兰陵忧患生：《精华百二竹枝词》，杨米人等著，路工编选：《清代北京竹枝词》，北京古籍出版社 1982 年版，第 133 页。

如八月：初一与杏荪（即盛宣怀）、哥哥孙宝琦游法源寺，初四与夏粹卿游天宁寺，二十六日与众亲友驰马天宁寺①。1902 年孙宝瑄回北京复职后，仍然时常到寺院游玩，如 1903 年 2 月 19 日诣长椿寺，“是日观音大士诞也。寺僧每岁为善会，士女多往拜者”②。

2. 娱乐消费功能的演变

清末酬神、娱祖、祝寿等仍是戏剧消费的基本功能。北京中高收入阶层在为父母等长辈庆生祝寿时仍常以戏剧酬宴宾客，如 1903 年 2 月“成侍御昌为其父峻峰先生称觞献寿，盖八十有九矣。奉旨重赴琼林，是日召梨园，大宴宾客”③。

北京娱乐消费功能多元化发展趋向也非常明显，休闲娱乐是戏剧等消费的基本功能得到广泛认同。同时，娱乐消费还承担着社交、教育、文化、经济等功能。娱乐消费的经济功能主要体现在，娱乐消费需求的扩大是加快文化产业发展的根本动力。娱乐消费的教育功能主要体现在娱乐消费承担的教化作用；娱乐消费的社交功能主要体现为，“娱乐 + 餐饮 + 社交”一体化发展上。万国饭店、德昌等西餐馆，嵩云草堂、同丰堂、广和居、致美斋等著名酒楼饭店，以及江苏馆、全浙馆等地方菜馆，都是孙宝瑄群体消闲娱乐的重要场所。课题组对 1906 年孙宝瑄日记内记录在北京的酒楼饭店消费情况进行梳理和统计，约消费了 31 次（有些是他出钱，有些是朋友出钱，他和朋友经常相互宴饮），这里的消费活动多是服务于社交需要。

娱乐消费与义赈活动相结合也是北京娱乐消费的一种新形式。孙宝瑄在日记中提到 1907 年 2 月 4 日“至厂甸，观慈善会男女学童体操唱歌，凡入观者皆出银饼购券”④。戏园借助组织义赈等慈善活动扩大影响力，也由此打破了北京夜间不能演出的传统，“夜戏公然见帝京，争将歌舞绘升平。缘何不许金吾禁，都有章章义务名”，北京向无夜戏，各戏班均以演戏助赈之名开演，也由此开启了夜晚演戏之风，“争奇斗胜，日盛月增，从此夜夜演唱不复禁止”⑤。

3. 娱乐消费观念的变化

北京中高收入群体娱乐消费与上海相比也存在奢靡化、崇洋化趋势和抑制

---

① 孙宝瑄：《忘山庐日记》，上海古籍出版社 1983 年版，第 130、134 页。
② 孙宝瑄：《忘山庐日记》，上海古籍出版社 1983 年版，第 651 页。
③ 孙宝瑄：《忘山庐日记》，上海古籍出版社 1983 年版，第 651 页。
④ 孙宝瑄：《忘山庐日记》，上海古籍出版社 1983 年版，第 997 页。
⑤ 兰陵忧患生：《精华百二竹枝词》，杨米人等著，路工编选：《清代北京竹枝词》，北京古籍出版社 1982 年版，第 133 页。

女性娱乐消费观念趋弱等现象。

一是奢靡化。主要表现在孙宝瑄等人到娱乐场所消遣的次数多、档次高、支出大，且经常召妓侑酒，由表 2-3 可以清楚看出这一特征。

二是崇洋化。主要体现在多种西式娱乐业在居民消费需求不断扩大的推动下，已在北京兴起和发展起来，如赛马、外国戏剧、打弹子等。孙宝瑄及其亲人、朋友们消费过的西式娱乐活动主要有：观赛马、看外国戏剧、打弹子、看马戏、看电影等，如 1902 年 8 月 26 日“有外国马戏新到，往观者甚多”①。清末赛马在北京也开始流行，1907 年 4 月 8 日孙宝瑄与朋友“万寿寺观赛马，游人众多”，1908 年 9 月与朋友至“月坛迤南观赛马，游人云集”②。这一时期打弹子消费热潮在北京也已经出现，凡楼阁场所多设球房，韩家潭有体育打球房一所极为辉煌，有竹枝词描述该球房的盛况，“韩家潭里好排场，谁说高楼让外洋。请向报端看广告，北京初创打球房”③；“五陵年少喜权奇，酒后茶余日午时。房内兴高来搏打主人还代计雄雌”④。清末电影在北京也开始流行，1903 年闰五月《大公报》刊登天津玉顺园放映电影的广告：“准于闰五月初二日即礼拜五起，在鼓楼北玉顺茶园开演至初五夜止，此影戏新由美国寄到，曾在京都试演，业蒙王公大臣以及驻京各国官商大加奖许。”⑤ 由《大公报》告示可看出 1903 年 5 月天津上演的电影已在北京放映过，并得到北京王公大臣的肯定。孙宝瑄日记中也有看电影的记录，如 1906 年 1 月 3 日午饭后逛街，士女如云。先在会经堂小坐，后至“土地祠观法国影戏，内有俄日战事及种种杂剧，于白昼在暗室中息灯而演”⑥，影戏即早期的电影。

三是女性不能到公共娱乐领域消费观念被打破。由前面所述 19 世纪七八十年代上海、汉口女性经常到戏园看戏。北京是首善之区，官府对女性不能到戏园看戏的管制比其他城市严格得多，但由孙宝瑄日记也能看出这一观念在中上流社会也已经明显松动。清末北京的女性可以随意到厂肆、茶馆、戏园、万生园等场所游乐，如 1908 年 1 月 10 日孙宝瑄游厂肆，看到“醉琼林茶社中貂绮

---

① 孙宝瑄：《忘山庐日记》，上海古籍出版社 1983 年版，第 573 页。

② 孙宝瑄：《忘山庐日记》，上海古籍出版社 1983 年版，第 1026、1249 页。

③ 兰陵忧患生：《精华百二竹枝词》，杨米人等著，路工编选：《清代北京竹枝词》，北京古籍出版社 1982 年版，第 134 页。

④ 兰陵忧患生：《精华百二竹枝词》，杨米人等著，路工编选：《清代北京竹枝词》，北京古籍出版社 1982 年版，第 148 页。

⑤ 《华辉电光活动影戏》，《大公报》天津版，1903 年 6 月 25 日，第 10 版。

⑥ 孙宝瑄：《忘山庐日记》，上海古籍出版社 1983 年版，第 813 页。

满座，其迤北阑内珠翠如云，有绝丽者，殆皆城内大家"①。同年6月16日他在日记中说"母妹等皆出观西洋戏法"，同月27日孙宝瑄与朋友游万生园遇到了母亲和妹妹。这一时期的竹枝词也反映北京的女性也可以光明正大地到戏园看戏，"园自文明创始修，开通破例萃名修。各家援例齐开演，男女都分上下楼"②。

（二）由英敛之群体看北京的娱乐消费情况

英敛之在北京的娱乐活动次数较少，其中有与亲友的娱乐消费，也有偕朋友到北京出差时的娱乐活动。下面对1899年、1902年、1904年英敛之在北京的娱乐消费活动梳理并绘制成表2-4。1899年英敛之在北京待三个多月，1902年、1904年是工作需要，在工作之余邀请朋友到北京名胜古迹等游玩。

表2-4 1899—1904年英敛之在北京的文化娱乐活动

年	时间、地点、陪同者、文化娱乐活动及费用等
1899	二月：初六新泰轩饭。十八日乘车至护国寺，钱四百文。 三月：初五同友四河轩茶有时。初六洋铁铺借钱两千，出阜城门雇驴至正福寺八百文。初七同张尚之弟兄新泰轩茶。十七日与全祥、张五至同源楼茶。二十三日与达夫、晓蓉至琼台西高庙茶，并略饮酒。 四月：初二和朋友琼台茶，省三与钱数百。初三张十来同四河轩茶。十一日和朋友长河楼茶。十二日和朋友稻地馆茶。
1902	三月：十七日偕家人出游，乘两辆马车到海淀裕盛轩饭，共二千四百，后到万福居茶。二十一日偕方守六（大公报首任主笔）骑驴游北京，两驴一千六百，到裕丰轩茶。二十七日同方守六等在万福居饭，然后乘车游览万寿寺、护国寺等地，方雇驴三千二，予饭连车夫二十一吊。二十八日同陆达夫、褚省三照相，然后到砂锅居饭。三十日邀请众朋友到天寿堂饭。
1904	十一月：十一日朋友邀砂锅居饭。十三日与众友唤车至海淀，到泉宗庙、万泉庄一带游玩，午饭后至玉泉山登山。十四日购珐琅花瓶一，为送朱志尧，价廿四元。

资料来源：据方豪编录：《英敛之先生日记遗稿》，沈云龙主编近代中国史料丛刊续编第三辑第21-22册整理，台北文海出版社1984年版。

由表2-4能看出，英敛之在北京的娱乐消费与家人、老友一般选择在茶馆喝茶或到寺庙游玩，也有时在一般的酒楼吃饭。如果与北京的政界以及到北京

① 孙宝瑄：《忘山庐日记》，上海古籍出版社1983年版，第1140页。

② 兰陵忧患生：《精华百二竹枝词》，杨米人等著，路工编选：《清代北京竹枝词》，北京古籍出版社1982年版，第133页。

出差的朋友一起娱乐时，一般选择到著名的酒楼吃饭、名胜古刹游览。如1902年3月30日邀请汪述亭、柴寅生、陈君侯、邓嘉生、济乐农、陈敷民、李荫斋、王书衡、黄艾生、张展云、逢福陔、李六圃、梅撷云、张小圃、陆彤士、刘铁云、严伯玉、林琴南、曾履初、宋子钧、任卓人、孙仪郊、孙履安、冯公度等人到天寿堂聚餐，用洋十八元。上述人士都是天津、北京文化界名流，英敛之招饮这些人主要是为了拓展《大公报》业务服务的。由上表也能看出，英敛之在北京的娱乐消费，根据陪同对象选择不同的娱乐内容和场所。

三、天津居民娱乐消费的增长情况

1895年后天津居民的娱乐消费从形式、内容到观念均发生了较大变化，这在新跻身于中产阶级队伍的英敛之及朋友身上都有体现。英敛之的娱乐活动主要是与《大公报》的员工以及天津报界、学界、戏剧界、政界朋友一起进行的，与他一起娱乐的主要有同事张少秋、方守六、刘伯年等，还有西沽大学堂的蔡志庚，《日日新闻》的负责人方药雨等，多数为中产阶级，也有部分为高收入阶层，如《大公报》主要出资人柴天宠等。此外，还有南来北往到天津出差或中转的朋友，清末乘船由上海到北京或北京到上海，都需要在天津中转。英敛之人脉广，经常接待南来北往的朋友。如1907年著名的民族资本家穆抒斋偕其弟穆藕初到天津，英敛之热情款待，当天晚上就在德义楼宴请，随后偕穆氏兄弟赴李公祠游玩、看日本马戏等①。再如汪穰卿到天津，英敛之也是先在德义楼为其接风洗尘，饭后一起到日本天仙包厢看戏②。

为揭示出清末天津中高收入群体娱乐消费的基本概况和消费需求的变化趋势，课题组对英敛之在天津的娱乐活动情况反复研读，并对1902—1907年他在天津期间的主要娱乐消费活动进行梳理、归纳、绘制成表2－5。

---

① 方豪编录：《英敛之先生日记遗稿》，沈云龙主编：近代中国史料丛刊续编第三辑第23册，第1122页。

② 方豪编录：《英敛之先生日记遗稿》，沈云龙主编：近代中国史料丛刊续编第三辑第22册，第749页。

表 2－5 1902—1907 年英敛之在天津的娱乐活动

<table>
<tr><th>年（合计次）</th><th>类型（计次）</th><th>休闲娱乐活动时间、空间及陪同者</th></tr>
<tr><td rowspan="4">1902 年
合计
49 次</td><td>餐饮
41 次</td><td>西餐馆德义楼 19 次和品升楼 4 次、日餐馆寿亭 9 次和福住楼 1 次，宁波馆等不知道是中餐还是西餐 8 次。</td></tr>
<tr><td>观剧、听曲 3 次</td><td>七月二十一日龄臣约予及守六到庆春园看戏。九月十一日永顺园听曲。十二月十三日偕傅润沅天华戏园看戏。</td></tr>
<tr><td>新式娱乐
1 次</td><td>七月：二十八日邀友到日本饭庄——福住楼，两女铉唱，一小女作舞，廿元。</td></tr>
<tr><td>其他
4 次</td><td>四月二十日买花数十盆，三元三角。六月十八日饭后乘车观灯。
八月十二日雇东洋车两辆，约定一点钟给洋两角，随母携申格出游。九月十八日三德轩茶。</td></tr>
<tr><td rowspan="4">1903 年
128 次</td><td>餐饮
88 次</td><td>品西餐馆：升楼 28 次，德义楼 19 次，寿亭 9 次，美昌饭店 1 次，日餐芙蓉馆 1 次。其他 30 次</td></tr>
<tr><td>观剧、听曲
26 次</td><td>二月：初三偕亲友天华戏园看戏。初六饭后乘车至庆春园观剧。
三月：二十二日饭后邀众友观剧，共用四元余。二十九在庆春园包厢，邀朋友观剧。
闰五月：初一中华园听唱。初二中华园听唱。
六月：十三日天仙观剧。十九日饭后群仙观剧。
八月：初十邀朋友天仙看戏，戏价三元六角。十七日饭后日界天仙观剧。二十四日晚，与刘伯年天仙观剧。
九月：十六日友邀日本天仙观戏。十九日陪朋友天仙观剧。三十日同朋友天仙观剧。
十一月：十七日同朋友天仙观剧。二十三日同刘伯年、张少秋聚兴看戏。
十二月：初四友邀观剧。初七圣诞节放假，同亲友们正面包厢看戏。十一日日本天仙看戏，共购 2 包厢。二十日友邀天仙看戏。二十八日观剧。
闰十二月：初四张少秋、伯年邀观剧。初七朱秀峰约聚兴观剧。初八邀朋友看戏。初九少秋邀看戏。十六日天仙看戏，人极拥挤。</td></tr>
<tr><td>西式娱乐
9 次</td><td>四月：十二日偕亲友骑脚踏车游玩，玩气盘马戏，每人出洋一角。十三日日本馆饮麦酒，看射的，出洋一角。二十八日本铺射的。
闰五月：初六看美国活动影戏。
八月：初二偕小儿看印度马戏。二十二日午后同妹携申格看俄人训狮子。
九月：十五日日本高尾君邀同内人及妹、张少秋天仙戏院看日本戏。
十二月：二十三日看日本女戏。
闰十二月：十四日同德木兰看外国戏法。</td></tr>
<tr><td>其他
5 次</td><td>三月：十七日携家人乘东洋车德界一游。
闰五月：二十日偕亲友乘洋车出游。二十二日偕友乘舟游玩，给洋五角。
十一月：初四散步至小白楼，打气枪数十。
十二月：二十五日同妹及内人乘冰床。</td></tr>
</table>

续表

年（合计次）	类型（计次）	休闲娱乐活动时间、空间及陪同者
1906年176次	餐饮138次	德义楼等餐饮场所。
	观剧、听曲6次	一月：十九日偕道恒等赴天仙，因无座位，中华少坐。 二月：初六方小洲邀晚天仙观剧。夜，内人偕惠如、小洲夫人观剧。 三月：十一日与土尔扈特王上林春饭，饭后赴天仙观剧。 五月：初四天仙观剧，刘子兰邀。 十一月：初八请继仲泉弟兄及其母妹等天仙观剧。
	西式娱乐19次	三月：初二晚同内人等赴天仙看日本孤儿院电影。 五月：初一晚同少秋看马戏。二十五日毛瑞堂处听留声机。 六月：初二唤马车，偕梅生至马场一游。初六蔡志庚来，日西偕少秋乘马车至马场。二十三日同方药雨乘马车至马场一游。 八月：初六午与蔡志庚打球。初九同柴先生、曹剑秋击球。初十早范昌士、朱秀峰来，击球良久。后与曹剑秋击球良久。十七日与同朋友饭前后皆击球有时。二十四日与世廷、剑秋等击球。 九月：初三午后与友打球。初七剑秋来打球。十五日少秋来，击球良久。 十一月：二十六日与志庚至英界一游，击球良久。二十七日志庚来击球。
	其他13次	一月：初三午后偕碧城携偕孩子出游，坐冰床，饮咖啡。初五同惠如携申格出散步，坐冰床至海光寺，复回德界洋酒铺少坐。 二月：初九偕土尔扈特王来，偕其至博物院一览。 三月：二十二日同内人等乘东洋车赴武库大学堂。同蔡及桂东园冒雨看花园。 四月：初九饭后花园散步。二十日午饭后偕淑仲、惠如等至美术会一览。 五月：初五至李公祠，游人如蚁。 六月：十二日晚乘马车河东夏园散步。 九月：初三偕内人等看运动会。二十四日赴李公祠堂音乐会为铸新社筹款。 十月：初八午后偕少秋游展览会。 十一月：二十二日云锄午后偕女学生五六人来蹴球。

续表

年（合计次）	类型（计次）	休闲娱乐活动时间、空间及陪同者
1907 年	餐饮 46 次	德义楼等餐饮场所。
	观剧、听曲 6 次	七月：十一、十二日午后丹桂戏园演戏筹赈，偕淑仲前往，两天皆购一包厢。 八月：二十四饭后天仙观剧。 十一月：初八饭后丹桂观剧。 十二月：十八日毛瑞堂邀丹桂看戏。
	西式娱乐 38 次	四月：初一同内人看日本大运动会。同内人邀朋友权仙看电影。二十二日午后女学生三人来，刘子良携其女来，予偕内人及四女权仙看电影。 六月：二十九日晚偕穆氏兄弟看日本马戏。 八月：初一午后偕淑仲、碧城游英国坟园。初三饭偕少秋权仙看电影。初十下午德界看西人赛船。晚，偕妻子淑仲权仙看电影。十二日偕淑仲车至德界河干看赛舟者。十五日予携申格等一起人到公园一游，令四弟偕张卓青等看电影。十九日午蒋梅生由京来，偕同赴公园抛弹子一盘，看德国陈列教育品。饭后偕梅生、少秋看电影。二十一日孟树村、王子青等来，打球良久。二十二日午后陆朗斋、李秀山来打球良久。二十三日权仙看电影。二十六日王子青夫人邀内人鸿宾楼饭并饭后看电影；权仙看电影。二十七日下午同内人、申格及柴先生赴权仙看电影。 九月：初六自至权仙看电影。二十日同张少秋权仙看电影。二十三日和朋友到马场一游。二十六日同褚省三观电影。二十八日权仙看电影。二十九日井山邀予与内人丹桂看电影。 十月：初三偕少秋权仙看电影。初四与刘子兰打球，后同后斋、少秋权仙看电影。二十二日偕内人及妹、五弟妇权仙看电影。二十六日午后同内人偕申格、志纯看电影。二十八日饭后偕内人等权仙看电影。 十一月：初七饭后权仙看电影。初十看电影。 十二月：初五同少秋河东看外国戏。初九少秋约往权仙看电影。十五日与少秋、柱臣同赴青年会裕中饭店燕会，并看天津各学堂电影。十九日同友权仙看电影。二十一日与吴荫五等澳陞饭庄饭并看电影，共用洋七元。二十三日同内人等权仙看电影。二十六日权仙看电影。二十九日权仙看电影。

续表

年（合计次）	类型（计次）	休闲娱乐活动时间、空间及陪同者
1907年	其他14次	三月：初二日李家花园一游。初九予偕眉生仍游李家花园。 四月：初八午后偕淑仲、怀清看刘子良新戏登台，为之演说。 五月：二十八日种植园看运来南禽车。 六月：二十六日午后游公园。二十九日晚偕穆氏兄弟赴李公祠游玩。 七月：初一携孩子乘电车到李家花园游玩。 八月：初四午后刘子兰携小女来，携申格同其至公园，与刘抛球良久。出，复至种植园。初八偕夫人乘车到天津最高楼北海楼眺望。 九月：初九偕亲友乘电车至北海楼、第一春最高处眺望，少时至公园邀韩步青抛球良久，复观德国教育品良久。二十三日唤马车到种植园，乘船绕河一游。二十五日午后同内人等乘马车至种植园一游。 十月：初五同厚斋、吴调卿游公园，复至植物园。 十二月：二十五日偕侯雪舫（大公报新聘主笔）乘马车至公园一游。

资料来源：据方豪编录：《英敛之先生日记遗稿》，沈云龙主编：近代中国史料丛刊续编第三辑第22－23册整理，台北文海出版社1984年版。

由表2－5能看出1902—1907年，英敛之及朋友的娱乐消费具有以下几点特征：

1. 娱乐消费内容多元化

从娱乐消费的内容看，娱乐活动种类多。英敛之群体娱乐活动不仅有各种各样的本土娱乐活动，如戏园观剧、茶馆品茗等，而且有多种西式娱乐消费形式，如观赛马、看外国马戏、看电影等。外国马戏因表演形式新颖，观赏性、娱乐性强深得天津居民的喜爱，每有演出活动，观者趋之若骛。英敛之和朋友们多次看马戏。此外，还有参观陈列馆、美术会、展览会，听音乐会等活动，如英敛之到李公祠听音乐会，“男女客约千余人”①。英敛之和朋友参观展览会，“人极拥挤，此为中国第一次举办之事也”②。

以消费的娱乐活动次数看，英敛之群体消费次数较多的娱乐活动是中西酒楼饭店宴乐、戏园观剧、电影院看电影。首先，中西酒楼饭店是天津中高收入群体娱乐、社交的重要场所。由表2－5能看出“娱乐＋餐饮＋社交”是英敛之

① 方豪编录：《英敛之先生日记遗稿》，沈云龙主编：近代中国史料丛刊续编第三辑第23册，第1083页。

② 方豪编录：《英敛之先生日记遗稿》，沈云龙主编：近代中国史料丛刊续编第三辑第23册，第1086页。

生活消费中一项重大支出，邀请几位朋友到西餐厅消费一次少则三五元，多则十余元，如 1903 年五月初二英敛之北京的好友陆达夫到天津，遂邀陆达夫等 5 人到品昇楼宴饮，花费八元①。当时《大公报》聘用一个熟练工人如刘伯年一个月也只有 20 元钱②，英敛之在蒙自请的帮佣一个月薪水仅 2 元。德义楼、品升楼等西餐厅以及一些著名酒楼是英敛之群体的主要聚乐场所。1906 年英敛之日记中记录他们在酒楼饭店消费过 138 次（有些是他出钱，有些是朋友出钱，也有些因公的由《大公报》出钱）。

其次，观剧也是天津居民重要娱乐活动方式。娱乐消费行为选择不仅与收入有且与个人的爱好密切相关。孙宝瑄明确表示喜爱音乐、戏剧，加之家境富裕、闲暇时间多，所以他和朋友们观看戏剧表演次数多。英敛之一是受收入限制，二是工作繁忙，《大公报》创办后事务繁多，加之对看戏热情不高，他看戏次数远低于孙宝瑄群体。需要说明的是清末电影在天津已开始流行，加之公园、植物园、博物院、陈列馆等文化娱乐场所的出现，可供民众休闲娱乐选择的产品种类和数量增加，于是原本不太爱观剧者有更好的选择后就不再看戏，英敛之日记中看戏的记录明显减少。清末时，天津因居民戏剧消费需求的变化已经影响到戏馆戏园的生意，1907 年 12 月 5 日英敛之与同事张少秋“河东看外国戏，男女十数人登台，初观者只予二人，十点后又上三四座。颇如滑稽外史所述之状，可怜矣”③。后来英敛之朋友想看戏，他陪同其“至天仙，无味已极”④。由英敛之群体的娱乐消费还能看出：清末电影、弹子房等新式娱乐产品已对戏剧等传统娱乐活动造成一定冲击。

需要说明的是清末天津的娱乐场所设施比较先进，已经普遍使用电灯，英敛之日记中记载广东会馆演戏因“电线失火，故座客不多”⑤。日本等外国戏剧在天津也得到部分居民的喜爱，如英敛之和朋友偶尔看外国戏，如 1904 年温子经邀请他看洋戏，“众女跳舞歌唱，较日本别具一种活泼，发扬之趣，实有天壤

① 方豪编录：《英敛之先生日记遗稿》，沈云龙主编：近代中国史料丛刊续编第三辑第 22 册，第 653 页。

② 方豪编录：《英敛之先生日记遗稿》，沈云龙主编：近代中国史料丛刊续编第三辑第 22 册，第 564 页。

③ 方豪编录：《英敛之先生日记遗稿》，沈云龙主编：近代中国史料丛刊续编第三辑第 23 册，第 1167 页。

④ 方豪编录：《英敛之先生日记遗稿》，沈云龙主编：近代中国史料丛刊续编第三辑第 23 册，台北文海出版社 1984 年版，第 1178－1179 页。

⑤ 方豪编录：《英敛之先生日记遗稿》，沈云龙主编：近代中国史料丛刊续编第三辑辑第 23 册，第 1127 页。

之别”①。

此外，清末园林也成为天津市民及士人重要的综合性娱乐场所，著名的有李公祠、植物园等。如1906年5月5日“至李公祠坐，游人如蚁”②。

2. 娱乐活动时间、功能的变化

日常化也是清末天津居民娱乐消费的基本趋势。英敛之和朋友的娱乐消费突破了传统年节限制，有时天天到戏园观剧、茶馆品茗、酒楼宴乐等。由表2－5能看出英敛之等人观看戏剧表演、看电影多数情况下选择晚上，偶尔下午，一是说明天津因电灯的普遍使用，为夜晚娱乐消费需求的扩大提供了条件；二是反映了英敛之白天忙于工作，只有晚上才有较为充足的时间进行休闲娱乐。

英敛之在天津的娱乐活动多数是为了满足社交需要的，即为了增进朋友间感情，或为招待南来北往的朋友，有的是为了服务于《大公报》发展，当然也有部分是为了满足休闲娱乐需要，如英敛之也偶尔偕家人看戏、看电影等。据不完全统计，1906年英敛之和朋友在酒楼、戏园、电影院、植物园等休闲娱乐场所约消费176次，其中在中西餐厅、酒楼等餐饮场所消费138次，戏园观剧6次，观看电影等西式娱乐19次，其他13次。

娱乐消费功能多元化发展。天津居民的娱乐消费功能变化与上海、北京相似，值得一提的是，娱乐消费的助赈功能在天津也得到发展。天津号称九国租界，集聚着一批戏剧、书画等艺术家，他们为便于组织慈善等社会活动，成立艺善会、书画会等团体，其中英敛之是书画会的重要发起人。刘子良是清末天津戏剧界知名人士、移风乐会的创始人、艺善会的负责人，与英敛之等人一起组织和领导了天津江北特大水灾、直隶水灾等募捐活动。英敛之是清末我国著名的慈善家之一，他在天津组织过多次义赈活动，自认为义赈在北方的兴起他们夫妇的大力倡导功不可没，他在日记中曾说：“为筹江北赈捐，予与内人淑仲及弟实夫夫妇连日到会募捐，为中国北方之创举。”③ 1906—1908年英敛之以《大公报》为平台联合天津的书画会、艺善会等社会团体，积极宣传和劝捐，通过义卖书画、戏园义演等形式，为灾区筹集善款3次，即1906年12月至1907年2月为江北特大水灾灾民募捐、1907年夏为直隶水灾灾民募捐、1908年夏为

① 方豪编录：《英敛之先生日记遗稿》，沈云龙主编：近代中国史料丛刊续编第三辑第22册，第812页。

② 方豪编录：《英敛之先生日记遗稿》，沈云龙主编：近代中国史料丛刊续编第三辑辑第23册，第1045页。

③ 方豪编录：《英敛之先生日记遗稿》，沈云龙主编：近代中国史料丛刊续编第三辑辑第23册，第1096页。

广东水灾灾民募捐。1906年末1907年初为救济江北特大水灾灾民，英敛之等组织一次规模比较大的义赈活动，这次活动持续两三个月。光绪三十三年（1907）正月英敛之日记记载："续开书画会一星期，只予一人所售入价六百元以上，入款分文不动，充江北赈捐，所办各会如书画慈善会、公益善会、艺善会，内一天福茶楼，二宝和轩、三三德轩、四聚合楼、五天泉茶楼、六实益善会、七聚庆园，八忠和园。……至二月底与户部银行结算经予之手汇去江皖赈捐共三万元以上。"① 光绪三十三年（1907）夏，直隶又发生大水，灾区饿殍满地，英敛之与艺善会负责人刘子良等在天津为灾区组织筹赈捐款活动，时间定于七月十一日、十二日在丹桂园募捐，二十六日、二十七日、二十八日三晚在广东会馆戏法募捐，二十七日、二十八日两天白日在下天仙演戏助赈。英敛之夫妇购买包厢并每场必到，劝勉观众为灾民捐款，如"十一日午后丹桂戏园演戏筹赈，予登台演说，并挨客劝捐，是日热甚，挥汗如雨，共收三百余元。十二午后偕淑仲赴丹桂是日予购。登台演说如昨一包厢，有陆亮臣光熙者闻而感动邀与谈并订晚间捐款百元"②。

3. 娱乐消费观念的特征

通过对英敛之及朋友们的娱乐消费活动考察，还能看出这一时期天津居民娱乐消费观念具有以下特征。

一是奢靡化。清末娱乐消费支出已经发展成为天津中上流社会的重要支出，且奢靡化特征明显，即消费次数多，档次高，支出大，如清末一张电影票的费用相当于普通工人半个月左右的生活费，以天津早期的电影院——权仙的票价为例，头等座大洋一元五角，二等座一元，英敛之日记内的记录可佐证，如"同延庚至荣华偕少秋权仙看电影，是日少秋自出一元购票"③。尽管电影票价昂贵，但已成为中上流社会娱乐消费的热点。娱乐消费不只有门票支出，其往往是与宴会结合在一起的，且还有交通费用等。"饭局+娱乐"消费支出大是天津消费奢靡化的重要体现。

二是崇洋化。崇洋是清末天津中高收入群体娱乐消费需求变化的基本趋势，电影、马戏等西式娱乐出现后，很快得到中高收入阶层的追捧，除电影本身具

① 方豪编录：《英敛之先生日记遗稿》，沈云龙主编：近代中国史料丛刊续编第三辑第23册，台北文海出版社1984年版，第1096－1097页。

② 方豪编录：《英敛之先生日记遗稿》，沈云龙主编：近代中国史料丛刊续编第三辑第23册，台北文海出版社1984年版，第1124页。

③ 方豪编录：《英敛之先生日记遗稿》，沈云龙主编：近代中国史料丛刊续编第三辑第23册，台北文海出版社1984年版，第1172页。

有吸引力外，还有一重要因素就是崇洋消费观念的影响。

4. 公共娱乐消费已得到初步发展

清末天津已出现一批公共文化娱乐场所供大众消闲，主要有公园、植物园、动物园、博物院等，尤其是到这些场所游玩已经发展成为大众休闲娱乐的新热点。英敛之多次偕亲友游动物园、植物园，1907 年他和亲友到公园、植物园、动物园游玩共计 22 次。博物院作为展示历史文明的重要窗口，天津博物院成立后，英敛之还购一张年会友票，洋二元①。参观博物院是一种高雅娱乐活动，由表 2－5 能看出英敛之时常偕贵宾参观博物院。

四、其他城市居民的娱乐消费情况

其他城市如广州、杭州、南京、汉口等城市居民的娱乐消费需求变迁或多或少受上海、天津、北京等城市的影响，这些城市娱乐消费的内容和方式与北京、上海等城市相似，如由小众向大众化发展、消费构成多元化，戏剧等消费得到一定程度增长等。

1895—1911 年中国主要城市随着资本主义工商业、进出口贸易、文化教育事业、市政建设等的发展，为周边农民、手工业者、知识分子等进入城市谋生提供了就业和谋生机会，不仅中高收入阶层队伍壮大，而且产业工人规模也逐渐壮大，人力车夫、工厂工人等劳工群体逐渐发展成为城市市民的重要主体。劳工阶层虽然娱乐消费能力较弱，但是人数众多，娱乐消费总量不可小觑。部分戏园等娱乐场所把产品的目标市场转向大众，在一定程度上推动了城市娱乐消费需求大众化发展。

清末人力车夫、工厂工人也是广州、汉口等主要城市居民的重要组成部分，他们在工作之余或节假日，偶尔也会拿出几角钱去茶馆喝茶、看小戏等，据外国人观察“有时拉着刚到上海的外国人而分外多得到几角车资时，他们便会上茶馆去喝茶，甚至到鸦片烟馆里边去抽几筒鸦片烟，或到赌场里边去赌钱”②。以戏剧演出场所为例，为满足平民化看戏需求，座位增加很多，如 1910 上海建成的文明大舞台有座位 2800 余个③，中型规模的戏园一般也有座位千余个，小型戏院有数百个座位不等。戏剧消费是这一时期最受城市居民欢迎的娱乐活动，

① 方豪编录：《英敛之先生日记遗稿》，沈云龙主编：近代中国史料丛刊续编第三辑第 22 册，台北文海出版社 1984 年版，第 804 页。

② ［美］霍塞：《出卖上海滩》，越裔译，上海书店出版社 2000 年版，第 102 页。

③ 周太彤：《黄浦区志》，上海社会科学院出版社 1996 年版，第 1207 页。

也因此戏园、茶园林立，行业竞争加剧。为求生存、求发展，梨园界不断进行改革和创新，部分茶园票价一再降低，使劳工阶层也能偶尔消费一次。娱乐消费大众化也是广州、汉口等城市娱乐消费需求变化的基本趋向。

茶馆、书场等消闲场所，产品或服务价位低廉，已经发展成为劳工阶层的娱乐场所。茶馆也是当时流动戏班子、杂耍等艺人表演的重要场所之一，不仅北京、上海而且天津、汉口、广州等都市茶馆都随处可见。此外，还有不少艺人在街头巷尾、庙前空地等临时搭台或设摊演出，还有为家庭、社区以及庙会的各种活动助兴演出。

总之，通过研究能得出 1895—1911 年主要城市的娱乐消费需求构成呈现多元化发展趋势，即上海、天津、北京、汉口、广州以及沿海沿江交通便利、经济基础较好的城市，娱乐消费都得到一定发展，尤其是西式娱乐得到较快发展，其他城市因缺乏现代娱乐消费模式形成的经济基础和文化环境，仍是传统模式的延续，但随着城市间人员的流动、报纸等媒介的传播，内地城市居民的娱乐消费观念等方面已经受上海等城市的影响。

第二节　1895—1911 年中国城市文化教育消费需求的增长

清末废科举兴学堂后，新式学堂不断涌现，现代出版事业也得到快速发展，对市民读书看报消遣方式变迁产生了深刻影响。基于消遣型图书、报纸消费与教育型图书、报纸消费间没有明确界限，因此课题组以图书消费、报纸消费为中心对 1895—1911 年中国城市文化教育消费的基本特征和发展趋势进行研究。

一、图书消费的增长

图书消费一方面受特定时期社会经济发展水平、教育发展、社会文化观念和政治制度、社会变革诸因素的影响，另一方面也体现着所处时代的经济发展水平、社会文化观念、消费环境和教育水平等的变化。甲午战争后，以康有为、梁启超为首的维新派，提出要“救亡图存”就必须变革，要变革就须从“振兴教育，作育人才，开通民智”入手，这一思想对清末变革和各种“救国”思潮的兴起都产生了深远影响。开启民智需要“普及教育”，而“普及教育”就需要建立新式学堂、报馆、图书馆、博物馆等文化教育机构。1896 年梁启超在《时务报》创刊号上提出发展教育的三件大事，“曰学校、曰新闻馆、曰书籍馆”。礼部尚书李端棻奏请在北京成立京师大学堂，各省府、州、县遍设学堂并建立藏书楼、仪器院、译书局以及广设报馆、选派留学生到国外学习。在维新运动及20世纪初采取的各种“新政”举措的影响和带动下，城市知识分子、青年学子等群体的图书消费需求模式发生了显著变化。关于清末我国城市居民图书消费方面的文献资料鲜少，为此，课题组一方面从消费需求侧探究其发展趋势，即深入挖掘可资利用的日记、报纸中的相关材料，勾画出清末中国城市知识分子图书消费变迁的基本轮廓①；另一方面从供给侧方面，即从图书供给侧的变化来验证由日记材料等提炼出的观点。即从图书消费需求与图书供给两个方面相互佐证，对1895—1911年中国城市图书消费需求的基本特征和发展趋势进行研究。

（一）图书消费构成多元化

图书消费构成即图书消费结构，是指图书消费者在图书消费总支出中各种类型图书所占比例等情况。清末废科举兴学堂，教育向平民化、大众化发展，在一定程度上扩大了图书消费需求，读者购买图书的种类多元化发展，购买的西学类图书显著增加。

1. 清末城市居民图书消费情况

甲午中日战争前西方文化的重要载体——译著已出现在少数知识分子的图书消费中。当时购买西书的知识分子主要有海关工作的华人、洋务派官员，新式学堂的教师和学生以及在外国人创办的文化出版机构等工作的华人。孙宝瑄生于书香门第，自幼接受良好教育，酷爱读书，也爱购书，由他自定的每日课程表能看出读书看报是他的日常生活方式，每天学习内容包括七个方面，即“曰报，曰史，曰事，曰书法，学日文，曰字理学，曰论日记”②。《忘山庐日记》收录了孙宝瑄1893—1908年的日记，其中1897年、1898年、1901年是他在上海的日记，其他年份主要记录他在北京的活动。孙宝瑄和当时很多知识分子一样，一方面从经史子集等经典文献中汲取营养，另一方面广泛涉猎各类西学译著，如饥似渴地学习西方文化。孙宝瑄在当时的富家子弟中属于比较勤奋的，利用一切可以利用的零碎时间读书，如在轿子中、马车上、船上、戏园、公园等场所都在看书。孙宝瑄阅读的图书如果是从朋友处借的他一般都有说明，因此可推断出他阅读的书籍基本上来自个人购买或家庭收藏的。为反映孙宝瑄

① 由于搜集到的日记材料虽有数十种，但对日常生活消费有较为系统记录的仅有孙宝瑄、英敛之等数种，故仍以他们2人为典型案例进行研究。

② 孙宝瑄：《忘山庐日记》，上海古籍出版社1983年版，第395页。

家图书消费和收藏情况，课题组对《忘山庐日记》中1894—1906年孙宝瑄阅读或购买的主要图书进行梳理，并绘制表2-6。

表2-6 1894—1906年孙宝瑄阅读图书的来源

年份	购买的图书		未明确来源的图书	
	国学类	西学类	国学类	西学类等图书
1894	元遗山集、清仪阁题跋记、石渠余记、皇朝直省府厅州县图、啸亭杂录、中西纪事、竹叶亭杂记	日本阿波冈本著《万国史记》	文史通义、书经、尚书注疏、皇朝经世文编、通鉴、皇朝经籍志、明儒学案、群书治要、元朝秘史、书经传说汇纂、养一斋文集、大云山房集、庚子山集、列朝兵制大略	
1897	无邪堂答问	格致书室购《列国岁计政要》《银矿指南》《动植物图说》等书	周礼注疏、随园诗话、朱子集、颜氏学记、荀子、汉学师承记、广韵、论语说、齐民要术、安吴四种、庄子、扬子法言、尚书、管子、商君书、儒门医学、朱子语类日钞、日知录、圣武记、说文解字	全体须知、化学、谈天、电学须知、几何原本、代数算法、旧约、交涉公法论、天演论、原富、心灵学、百年一觉、八星之一总论、虫学论略、西国名菜嘉花论、居宅卫生论、新学伪经考、中国度支考、格致汇编、地学稽古论、兽百种论、汽机师华忒传、地球奇妙论、禽鸟要篇、美会纪略
1901		原富、男女交合论、普通妊娠法、男女造化新论、生植器、日本新地图、万国新地图	石头记、续经世文编、式训堂丛书、王船山遗书、东华录	饮冰室自由书、译书汇编、德国伯仑知理著《国家学》、日本加藤合之著《物竞论》、德国人李士德著《理财学》

续表

年份	购买的图书		未明确来源的图书	
	国学类	西学类	国学类	西学类等图书
1902	道藏心珠集、容斋五笔、寒松堂读杜、弄丸子悟真篇图注、神仙通鉴、吕祖全书、何大复集、李沧滑集	欧洲财政史、宪法精理、万国宪法志、政治学、名学、中国最新度支、财政四纲、吾妻镜、李鸿章、日本人著《男女交合无上至之快乐》	西游记	卫生学问答、仁学、黑奴吁天录、埃及近世史、西学探源、英国人著《农学初级》、英国克喀伯著《俄罗斯大风潮》、公法论纲 译自日文书：森田峻太郎的《传种改良问题》、伊东琴次郎的《胎内教育》、饭泉规矩三氏之的《修学篇》、岸本能武太所的《社会学》、户外宽人的《道德进化论》、日本制度提要、中西牛郎著《支那文明史论》、日本史略
1903	皇朝掌故汇编、西斋偶得、说文通训定声、玉磬兰、西湖图志、骈体文钞、西域考古志、曾涤生家书	支那地图、政教进化论、土耳其史	三国志、辽史、汉书、论语、通鉴论	群学肆言、爱国精神谈、心理教育学、泰西学案、自主论、哲学原理、万国商业志、英国工业发达史、理财学纲要 译自日文书：幸德秋水的《帝国主义》、隅谷己三郎的《精神之教育》、井上圆了的《哲学要领》
1906	消夏随笔、丹铅续笔、六研斋笔记	教科书数种	楚辞、大戴礼记、经世文编、薛子道论、池北偶谈、水经注	泰西礼俗新编、政教考、法国司法组织、人权大纲、马氏文通、日本宪法、新译小说《电术奇谈》

资料来源：根据孙宝瑄：《忘山庐日记》，上海古籍出版社1983年版整理。

从表2-6能够看出以孙宝瑄为代表的上层知识分子家庭图书消费具有以下特征。

一是购买图书数量大、种类多。孙宝瑄看书的种类多，数量大，他阅读图书的来源，有自己购买的，也有哥哥购买的，他曾说“余家所藏书不下2万卷，皆邻居（指他的哥哥孙宝琦——引者注）所购置”①，这在当时相当于一个中型规模图书馆的藏书量。孙宝瑄时常买书但在日记中没有价格方面的记录，应是家庭富裕想买什么书就买什么书，如他喜欢佛学就大批购买此类图书，“余家佛书二百余种，余丙申在海上所购也”②。由表2-6还能看出孙宝瑄阅读的图书包括史学、文学、宗教、数学、经济学、生物学、化学、卫生、哲学等各个门类。如学习历史是孙宝瑄自立课表的一部分，他不仅学习中国的历朝历史，且购买了一批外国历史书籍，常读的外国史学类图书主要有：《日本政党小史》《日本新史》《英国工商业发达史》等。

清末西学书籍虽已进入部分知识分子图书消费构成中，但国学类图书仍占主导地位，当时能大量购买西学类书籍者毕竟是少数人。知识分子购买国学类图书主要是为满足两种基本需要：其一是满足科举考试需要。在1905年科举考试制度废除前，经史词章类图书仍是考试的重要参考书目；其二是满足一些知识分子收藏图书等需要。当时北京、上海等城市拥有一批藏书家，如孙宝瑄、张元济等人都不惜重金购买古籍、国学类图书。

二是中译西书在所购新书中种类、数量不断增加。1893年、1894年孙宝瑄在北京期间每天阅读的书籍基本为国学类，仅有两三处记录涉及西学类书籍，但是他移居上海后，购买的图书中，西学类占主要地位，他在日记中还曾说：“居今日而欲谈名理，以多读新译书为要”③。孙宝瑄在上海期间阅读了大量西学著作，如1897年阅读的西学类书籍主要有：《光学》《全体学》《天文图说》《地球奇妙论》《化学》《电学须知》《几何原本》《交涉公法论》《格致汇编》《治功天演论》《心灵学》《百年一觉》《万国近政考略》《中国度支考》《地学稽古论》《卫生论》《延年益寿论》《兽百种论》《汽机师华忒传》《植物图说》《虫学论略》《禽兽简要篇》等，这些图书基本上都是他自己购买的。孙宝瑄经常到格致书室等书店购书，如1897年6月7日到格致书室购《列国岁计政要》《银矿指南》《动植物图说》等图书④。孙宝瑄购买的新书中，由日文翻译的较多，这也体现了当时中国图书消费的热点，即学习日本文化热带动了日文翻译

① 孙宝瑄：《忘山庐日记》，上海古籍出版社1983年版，第651页。
② 孙宝瑄：《忘山庐日记》，上海古籍出版社1983年版，第651页。
③ 孙宝瑄：《忘山庐日记》，上海古籍出版社1983年版，第755页。
④ 孙宝瑄：《忘山庐日记》，上海古籍出版社1983年版，第115页。

类图书的消费热。孙宝瑄1903年8月14日到书店购买一批新书后感叹道：“自东国游学途辟，东学之输入我国者不少，新书新报年出不穷，几于目不暇接，支那人脑界于是不能复闭矣。”①

英敛之家庭的经济状况无法与孙宝瑄相比，他购买国学类图书一般选择旧书，也会根据需要和偏好购买一些新出版的译著，如为了学习法语，购买法文字典，五元②，再如喜爱外国小说，购买《茶花女》等译著。虽然英敛之购买图书的数量比孙宝瑄少得多，但就图书消费结构而言，二人具有相似性，既购买有国学图书也购买西学图书，且购买的译著数量逐年增多。

2. 从商务印书馆出版图书种类看图书消费多元化

图书出版和发行企业是立足市场需求进行策划、出版图书的，因此从这一时期我国图书产品的供给情况也能在一定程度验证图书消费需求的多元化发展趋势。商务印书馆是近代中国第一家具有现代意义的文化出版企业，也是近代中国出版行业的一面旗帜，课题组以其为中心考察清末我国图书的生产和供给结构。商务印书馆由夏瑞芳等人创立于1897年，资本3750元，因产品质量高、价位较低且贴近市场需求，得到快速发展，一再增资，至1906年资本额已增加到100万元。为推广和分销图书，到1909年时，商务印书馆已经先后在汉口、天津、北京、沈阳、福州、开封、潮州、重庆、安庆、长沙、成都、济南、太原、杭州、芜湖、南昌、哈尔滨17个城市设立了分馆。从出版图书的种类看，商务印书馆供给的图书种类迅猛增长，1902年出版的图书只有15种。受各种思潮和教育改革等的影响，图书消费需求多元化趋势明显，商务印书馆立足市场需求变化不断增加出版的图书种类，1909年出版的图书种类增加到126种，门类包括总类、哲学、社会科学、语文、自然科学、应用科学、文学、史地、艺术、宗教十大门类。至1911年，出版的图书增加到141种③，即10年间，商务印书馆出版的图书增加了126种，增长了8倍多。表2－7为商务印书馆1902—1911年出版图书种类情况，能反映出图书消费需求多元化发展趋势。

---

① 孙宝瑄：《忘山庐日记》，上海古籍出版社1983年版，第739页。

② 方豪编录：《英敛之先生日记遗稿》，沈云龙主编近代中国史料丛刊续编第三辑第21册，台北文海出版社1984年版，第98页。

③ 王云五：《岫庐八十自述》上册，江西教育出版社2011年版，第101页。

表 2－7 1902—1911 年商务印书馆出版的图书种类

类别	社会科学	文学	史地	自然科学	语文学、艺术、应用技术、哲学、总类、宗教合计	总计
种数	366	130	120	89	301	1006
占总数比/%	36.4	12.9	11.9	8.8	30	100

资料来源：根据王云五：《商务印书馆与新教育年谱》上册，江西教育出版社 2008 年版，第 12－61 页相关数据编制。

由表 2－7 还可以看出，商务印书馆在 1902—1911 年出版的社会科学类图书种类最多，为 366 种，占出版的图书总种数的 36.4%；其次是文学，130 种，占 12.9%。出版书籍的种类体现了消费需求的特征，甲午战争前自然科学类图书占绝对优势，清末社会科学类图书供给的增加，同时也说明国人的图书消费观念已发生了较大变化，也在某种程度上体现了中国人逐渐认识到落后的原因不仅在于物质层面上，更在于观念和文化层面，从而激发了部分知识分子学习各国历史、哲学等的热情，这在孙宝瑄身上也有体现，他曾说“人之性质各有所近，余平素亦无书不读，无学不讲究，然必以义理为归，是余性质之所近也。盖余之学问，以明理、修身、救世为宗旨，故于明理之书，每苦嗜之，不厌不倦也”①。文学类图书种类多，因为文学类图书具有娱乐性等特征，出版种类的增加，同时也说明随着教育事业的发展，能看懂小说的人数增加，推动了文学类图书消费需求的扩大。

（二）译著消费显著增长

洋务运动期间设立的译书机构和创办的新式学堂，不仅翻译出版了一批西书类图书，而且培养了一批新式人才，也使更多官僚知识分子关注洋务，阅读译著和新式报纸，并在他们的影响和带动下越来越多的知识分子读译著，看报纸。维新变法运动以及清末“新政”都面临共同的难题，即如何转变落后的发展观念，寻求有效的革新举措，有识之士均把目光聚焦于从欧美国家寻求借鉴，一时间朝野上下纷纷谈西学，购译著，阅读西学图书的人数逐渐增多。孙宝瑄、英敛之正处于这一时期，他们的图书消费结构也体现了这一时代特征。以孙宝瑄为例，1895 年前他购买和阅读的图书以国学为主，1896 年后购买的图书中，西学类图书日益增多。英敛之群体的图书消费也呈现这一趋势，他与朋友聚会时一般会讨论时政，有时相互推荐好书，有时还相互赠送畅销书之类。如 1899

① 孙宝瑄：《忘山庐日记》，上海古籍出版社 1983 年版，第 743 页。

年英敛之在上海一次朋友聚会上与夏时若一见如故，后来夏时若托人将一册当时非常畅销的译著即严复翻译的《天演论》捎给英敛之①。

西学类图书的销售情况也能在一定程度上反映这一时期西学类图书的消费需求增长趋势。出版商抓住机会，迎合社会需求，翻译出版的西学著作不断增加，光绪三十年（1904）《译书经眼录序例》说："清道咸之间，言政俗之书，间有译本。同光以后，则江南制造局、格致书院所译者盛行于世。"②《马关条约》签订后，留学日本热潮兴起，"日本文之译本，遂充斥市肆，推行于学校，几使一时之学术，寖成风尚"③。据1899年出版的《东西学书录》统计，1840—1899年中国市场上供给的各类译著共568种；而1900—1911年市场上供给的各类译著增加到1599种④，也就是清末11年间出版的译著是之前60年间的1.8倍。其中，翻译图书以日文为主，1896—1911年中译日书（含转译西书）958种⑤。

表2－8　1811—1911年我国翻译出版图书种类

阶段	翻译出版种类	平均每年翻译出版种类
1811—1842	34	1
1843—1860	105	6
1860—1900	555	14
1900—1911	1599	145

资料来源：熊月之：《西学东渐与晚清社会》，中国人民大学出版社2011年版，第12页。

清末西学类图书消费增加，从畅销书的销量也能反映出来。如广学会立足中国图书市场消费需求，出版了一批贴近读者需求的图书，如花之安著的《自西徂东》一书发行了5.4万册，李提摩太著的《泰西新史揽要》发行了3.2万册，林乐知的《中西战纪本末》发行2.2万册⑥。广学会为了推广和销售图书

① 方豪编录：《英敛之先生日记遗稿》，沈云龙主编：近代中国史料丛刊续编第三辑第21册，台北文海出版社1984年版，第42页。

② 诸宗元，顾燮光：《译书经眼录》，张静庐辑注：《中国近代出版史料·二编》，群联出版社1954年版，第95页。

③ 诸宗元，顾燮光：《译书经眼录》，张静庐辑注：《中国近代出版史料·二编》，群联出版社1954年版，第95页。

④ 熊月之：《西学东渐与晚清社会》，上海人民出版社2011年版，第13页。

⑤ 章开沅，罗福惠主编：《比较中的审视：中国早期现代化研究》，浙江人民出版社1993年版，第572页。

⑥ 元青主编，王建明、王晓霞等著：《中国近代出版史稿》，南开大学出版社2011年版，第92页。

在中国主要城市广设分销处，从 1892—1899 年先后在 29 个城市建立 35 个经销处，即“辽阳、沈阳、牛庄、北京 2 处、天津、济南、青州、平度、兴安、重庆 3 处、成都、汉阳、汉口、九江、湖南 1 处、庐州、南京 2 处、扬州、镇江 2 处、常熟、苏州、江阴、衢州、福州、厦门、广州、太原、梧州、朝鲜”①。也因此，广学会图书销售量大增，1893 年全年出版物销售额为 800 美元，1898 年增加到 18000 美元②，5 年增加了 20 倍以上。

有些畅销书多次再版，如严复翻译的《天演论》，出版后“天演”“物竞”“天泽”等字眼充斥于各种报刊，据统计“自 1898 年后，短短十多年中发行过三十多种不同版本”③。再如《万国史记》也再版多次，1901 年“印刷销售量包括盗版估计达 30 万部”④。

（三）小说成为图书消费热点

小说的突出特点是文字浅显易懂且情节能引人入胜、娱乐性强，是大众的重要消闲娱乐品。1902 年梁启超发表《论小说与群治之关系》一文，吹响了“小说界革命”号角，他甚至把小说的作用拔到“新道德”“新政治”“新人格”高度，受此思想的影响，热爱小说者从遮遮掩掩到光明正大购买和阅读，购买小说者不断增加，借阅或租借小说者更多，连粗通文墨的贩夫走卒也有以阅读小说为乐。

孙宝瑄、英敛之都把阅读小说作为日常的重要消遣方式，不仅自己看且把好的小说推荐给朋友，甚至在茶余饭后为家人讲解小说。孙宝瑄在书店遇到新出版的小说一般都要购买，且认真阅读，读后还对比中西小说的优劣，他对外国小说给予了非常高的评价：“西人小说每处处惊人之笔，使人不可猜测，而又不肯明言，须待人终卷而后了悟，此实叙事之常例也，即中国小说何独不然？但中国人喜言妖邪鬼怪，任意捏造，往往不合情理；西人亦往往说怪说奇，使人惊愕不定，及审观之，皆于人物情理无不密合者，此其所以胜我国也。观西人政治小说，可以悟政治原理；观科学小说，可以通种种格物原理；观包探小说，可以觇西国人情土俗及其居心之险诈诡变，有非我国所能及者。故观我国

① 陈昌文：《都市化进程中的上海出版业 1843—1948》，上海人民出版社 2012 年版，第 64 页。

② 《上海出版志》编纂委员会编：《上海出版志》，上海社会科学院出版社 2000 年版，第 890 页。

③ 熊月之：《西学东渐与晚清社会》，中国人民大学出版社 2011 年版，第 559 页。

④ 熊月之：《西学东渐与晚清社会》，中国人民大学出版社 2011 年版，第 372 页。

小说，不过排遣而已；观西人小说，大有助于学问也。”① 孙宝瑄尤为喜爱侦探小说，曾说：“余最喜观西人包探笔记，其情节往往离奇俶诡，使人无思索处，而包探家穷究之能力有出意外者，然一说破，亦合情理之常，人自不察耳。”② 英敛之非常喜爱西洋小说，曾说：“予素最嗜阅西洋各种说部，以其思想新，章法妙，每出一种必购阅之。”③ 英敛之遇到喜欢的小说甚至熬夜阅读，“孟晋书社购西洋小说数种，晚阅稿后，即披阅小说至天明”④。他还利用闲暇时间为亲友讲《茶花女》《福尔摩斯缉案事件》《儿女英雄传》《黑奴吁天录》等小说，如“午后风霾蔽天，阅天演论有时。酉刻与妹等说福尔摩斯缉案毕”⑤。林纾翻译的《巴黎茶花女遗事》非常畅销，英敛之 1901 年 8 月 15 日购买该书，阅后非常震撼：“灯下阅茶花女事，有摧魂憾魄之情，万念灰靡，不意西藉有如此之细腻，然他书之敖牙屈曲者，译之不善耳。时与时兄话此情理，复将此书阅，竟至三点始睡。”⑥

孙宝瑄和英敛之的小说消费情况在当时中国主要城市的知识分子中具有代表性，这从小说的出版发行情况也能得到证明。据统计，1895—1902 年我国共出版各类小说 155 种，其中属于通俗小说的 102 种，翻译小说占到 48 种；1903—1911 年 9 年间我国共出版发行小说约 2377 种，其中通俗小说 1422 种，翻译类小说 942 种⑦。从小说出版发行小说种类能看出，清末小说消费的热点是通俗小说和翻译类小说。

此外，从畅销小说的销量也能看出小说消费需求的增长趋势，如 1905 年小说林社出版曾朴所著的《孽海花》，以苏州状元金沟和名妓傅彩云之间情感和经历为线索，出版后在文坛上引起了巨大轰动，“不到一二年，竟再版至十五次，销行至五万部之多”⑧。

---

① 孙宝瑄：《忘山庐日记》，上海古籍出版社 1983 年版，第 710 页。
② 孙宝瑄：《忘山庐日记》，上海古籍出版社 1983 年版，第 743 页。
③ 方豪编录：《英敛之先生日记遗稿》，沈云龙主编：近代中国史料丛刊续编第三辑第 23 册，台北文海出版社 1984 年版，第 974 页。
④ 方豪编录：《英敛之先生日记遗稿》，沈云龙主编：近代中国史料丛刊续编第三辑第 23 册，台北文海出版社 1984 年版，第 974 页。
⑤ 方豪编录：《英敛之先生日记遗稿》，沈云龙主编：近代中国史料丛刊续编第三辑第 22 册，台北文海出版社 1984 年版，第 511 页。
⑥ 方豪编录：《英敛之先生日记遗稿》，沈云龙主编：近代中国史料丛刊续编第三辑第 21 册，台北文海出版社 1984 年版，第 319 页。
⑦ 陈大康：《中近代小说编年》，华东师范大学出版社 2002 年版，前言第 1 - 2 页。
⑧ 阿英：《晚清小说史》，人民文学出版社 1994 年版，第 702 页。

二、报刊消费的增加

清末，报纸对开阔人的视野和开启民众智慧发挥着不可估量作用，孙宝瑄曾说："报纸之娱人，几如以全球为大剧台，而日日观其演变。"① 从孙宝瑄、英敛之等人日记都能看出清末阅报已发展成为上海、北京、天津等城市知识分子的一项不可缺少的日常活动，不仅知识分子群体养成了看纸习惯，就是一般识字的店铺伙计也有时常看报者。报纸所报道的新闻成为朋友相逢聚会、街谈巷议的主要谈资。在孙宝瑄等群体如果不看报、不了解新闻被视为耻辱，他曾说："报纸为今日一种大学问，无论何人皆当寓目，苟朋友相聚，语新闻而不知，引为大耻。不读报者，如面墙，如坐井，又如木偶，如顽石，不能与社会人相接应也。报所载事，虽不尽据，然必有可据者存焉。"② 这一时期，北京、上海、天津等城市出现了购买报纸热潮，有竹枝词形象描述："各家书报售纷纷，销路争夸最出群。纵是花丛不识字，亦持一纸说新闻。"③

1895 年前孙宝瑄在北京期间主要看《邸报》，1895 年到上海后阅报是每天的基本功课。孙宝瑄阅读的报纸种类比较多，主要可分为两大类，一是维新派主办的报纸，他在上海期间恰逢维新派非常活跃期，他阅读的报纸多是维新派创办的。1895—1898 年维新派在全国共创办报刊近 40 种，其中 27 种是在上海创刊、发行的，且孙宝瑄和这些报刊的不少编辑是好友，时常到报馆和他们谈学论道，如"与坚仲至《国闻报》馆，粹卿、又陵诸人所创"，"诣《蒙学报》馆，晤浩吾论教"，"诣《昌言报》，晤枚叔"；他还是《时务报》主要撰稿人之一，撰写《时务杂钞序》等稿子④。孙宝瑄在上海期间阅读过的维新派创办报纸主要有《时务报》《知新报》《湘学报》《蒙学报》《国闻报》《新学报》《农学报》《昌言报》《经世报》《粤东报》等。二是其他类报纸，主要有《万国公报》《格致汇报》《中外报》《新民报》《新小说报》《日日新闻》《新民丛报》《大公报》《游戏报》等。

从几种影响比较大的报纸销量也能看出报纸消费的增长情况。据 1901 年美国传教士潘慎文对当时我国的几大报纸销售量进行统计，"《新闻报》每天的发

---

① 孙宝瑄：《忘山庐日记》，上海古籍出版社 1983 年版，第 1111 页。
② 孙宝瑄：《忘山庐日记》，上海古籍出版社 1983 年版，第 917 页。
③ 兰陵忧患生：《精华百二竹枝词》，杨米人等著，路工编选：《清代北京竹枝词》，北京古籍出版社 1982 年版，第 126 页。
④ 孙宝瑄：《忘山庐日记》，上海古籍出版社 1983 年版，第 135、260、103 页。

行量超过一万份，《中外日报》次之，每天近一万份，《申报》只有九千份”①，就当时中国的报纸消费水平而言已是比较好的成绩了。孙宝瑄在日记提到李伯渊创的娱乐小报《繁华报》，“销售颇广，上海杂报林立，然皆祥于北里掌故，于菊部则从略焉。伯渊于《繁华报》中首列菊部记事及丛谈，意在提倡风气焉”②。1910 年上海出版发行的报纸有 23 种，影响比较大的有《申报》《新闻报》《中外日报》《时报》等，每份报纸的价格在一分至一角之间③。

此外，期刊类消费也呈现增长趋势，刊登小说的期刊也不断涌现，1902—1911 年就有“57 家文学期刊问世”④。《东方杂志》创办于 1904 年，因字数多，装帧好，内容丰富，质量高，售价低，销行海内外，1910 年“每期销行数已达一万五千份”⑤。

三、集团书报消费的兴起

清末废科举兴学堂后，新式学堂不断涌现不仅促进了教科书消费需求量的激增，而且推动图书馆事业的发展，新式学校、图书馆是当时最为重要的图书消费集团。

一般而言，人口越多意味着图书消费量越大，不过清末我国虽有四亿多人口但多数为目不识丁的文盲，且知识分子中寒士多，图书消费力弱。清末维新运动中倡导的创办图书馆理念得到广泛传播。戊戌变法失败后许多举措被废止，教育领域也不例外，但其理念得到广泛传播。1901 年清政府要求各地积极兴办新式学堂，提出“兴学育才，实为当今急务”⑥。清政府把兴学的好坏纳入地方官员的考绩指标体系中，为推行新式学堂有些地方的官办学堂的经费中包含有购买学生教材费用。废科举兴学堂带来了巨大的教科书需求，教科书中有不少为学校集体购买的。1902 年全国公私立小学校学生数为 859 人，1904 年增加到 85221 人，1905 年为 173847 人，1906 年增长到 481659 人，1909 年达到 1409412 人⑦，即 1906 年与 1902 年相比小学学生人数增加了 560 倍，1909 年与 1902 年

---

① 林盼：《〈时务日报〉的创办与经营》，《上海档案史料研究》第 12 辑，上海三联书店 2012 年版，第 50 页。

② 孙宝瑄：《忘山庐日记》，上海古籍出版社 1983 年版，第 364 页。

③ 商务印书馆编译所编纂：《上海指南》，商务印书馆 1910 年版，卷五：丙报章。

④ 黄林：《晚清新政时期图书出版业研究》，湖南师范大学出版社 2007 年版，第 231 页。

⑤ 张静庐辑注：《中国近代出版史料·初编》，上海书店 2003 年版，第 82 页。

⑥ 《钦定学堂章程·上谕奏折》，陈元晖主编：《中国近代教育史资料汇编·学制演变》，上海教育出版社 1991 年版，第 7 页。

⑦ 陈学恂主编：《中国近代教育史教学参考资料》（下册），人民教育出版社 1987 年版，第 369 页。

相比增加了 1640 倍。商务印书馆编纂的最新教科书，“盛行十余年，行销至数百万册”①，可见，现代教育事业的发展带动教科书消费需求增长。

清末图书馆事业的发展也带动了图书消费量的大幅度增加。《奏定学堂章程》中规定，大中小学堂均应设立图书馆或图书室。自维新运动以后图书馆在启迪民智、促进教育方面的功能被广泛认可，辛亥革命前已建立或筹建的图书馆有四十余个②。

此外，政府机关、文化企业等组织每年也会购买一批图书和报纸供内部职工阅读，如孙宝瑄、英敛之所在单位都有图书馆（或图书室）。孙宝瑄回北京复职后购买图书明显减少，工作忙固然是原因，还有一个重要原因就是所在单位购买有一定数量的报纸和图书。英敛之在《大公报》创刊后，个人购书次数也明显减少，也与《大公报》购有报纸、图书供编辑等使用有关。英敛之 1901 年后半年为筹备《大公报》，购买了不少图书和报纸，如 1902 年正月初八日记中记录“从新年起，订新闻报、中外日报、苏报三分”③。

此外，清末公共文化消费已经萌芽，具体表现为：天津、北京等城市的一些士绅和地方官员，为“开启民智”，自发组织了阅报会、阅书社、阅报所等组织。据英敛之日记，1901 年天津就有人设立阅书处，“督署东新设阅书处，经理人刘绍颜甚谦和，让内坐。中设长桌，有二人阅报，书皆史集等类，尚无时务新书”④。因市民中很多人不具备阅读报纸的能力，有士绅成立阅报社为他们读报或讲报，1905 年《大公报》载天津“学董林君拟在本埠各茶楼约请同志友人讲演各项书报，以开民智，业经禀请批准在案。今将所讲之书报暨演说之地址开列于后，敝帚千金、五种遗规、西史揽要、国民必读、京话日报、启蒙画报、各种新闻报、各种白话报”⑤。因听报者较多，天津河东地区还增加了讲报人，“津郡学务总董事林墨卿君前经禀请在各茶园添人讲报，曾蒙天津县颁发白话示谕，在讲报处粘贴藉以开通风气，诚善举也。嗣因河东地广人稠，拟于往来通衢添人讲报”⑥。还有一些热心公益的士绅在自己家墙上张贴报纸让过往行人观

① 陈学恂主编：《中国近代教育史教学参考资料》（上册），人民教育出版社 1986 年版，第 652 页。

② 邹华享，施金炎：《中国近现代图书馆事业大事记》，湖南人民出版社 1988 年版，第 7－18页。

③ 方豪编录：《英敛之先生日记遗稿》，沈云龙主编：近代中国史料丛刊续编第三辑第 22 册，台北文海出版社 1984 年版，第 428 页。

④ 方豪编录：《英敛之先生日记遗稿》，沈云龙主编：近代中国史料丛刊续编第三辑第 21 册，台北文海出版社 1984 年版册，第 368 页。

⑤ 《大开民智》，《大公报》1905 年 12 月 16 日，第 2 版。

⑥ 《河东拟添讲报人员》，《大公报》1906 年 1 月 9 日，第 3 版。

看，如1911年天津东门外有绅士郑万青“在本宅左近墙上悬挂自制阅报木牌一方，备有各种报纸每日粘贴以便邻里行人阅看”①。据统计1905年4月到1907年10月间北京成立的阅报社有45处④。阅报社等的出现满足了部分无力购买书报者的读书、看报需求，对开启民智起到一定作用。阅报社等最初为民间公益组织，后来因筹措经费困难导致部分阅报社停闭，有些地方政府为支持阅报社等的发展开始给予一定的经费支持，如北京，“阅报社自开办以来，社会风俗颇有影响，惟筹款之难大同小异。现在因款绌停办者则有：同人阅报社、正俗阅报社、爱国阅报社、乐群阅报社。筹款开办者则有：乐众东分社、朝阳阅报社。闻督学局之议，拟将各社调查注册按月筹给补助”②。

四、其他文化教育消费情况

这一时期从文化教育的主体看，大致可以划分为两类：集团和公共文化教育消费，居民（包括个体及家庭）文化教育消费。城市居民文化教育消费方面出现了新的特点：

一是在学习外语等方面消费支出增加。清末学习英语、法语、日语等人数逐渐增多，孙宝瑄在上海期间向日本僧人松林学习过一段时间日文，“三日一往，月送银饼二枚”③。1901年孙宝瑄到日文学堂看望朋友杨凌霄，杨凌霄便建议他购买日文字典，“凌霄在杭习东国语言文字两年矣。有《言海》一书，日本字典也，检字极便，凌霄劝余速购备用”④。有些家庭聘请外国人担任家庭教师，如孙宝瑄哥哥请一德国教师来华“课家中男幼读书”⑤。学习外语人数的增多，不仅带动参考书消费量的增长而且带来语言培训机构的发展。

二是教科书消费需求量激增。新政时期我国各种新式学堂的出现，刺激了教科书和参考书的消费需求。清末废科举兴学堂后，虽有些地方学生的教科书是学校免费提供的，但多数学校教科书是需要学生购买的。孙宝瑄在日记中提到哥哥孙宝琦将从海外回国，他提前为侄子购买教科书，如1906年1月28日为侄子“购国文教科及修身等书”⑥。商务印书馆看到学习英文者增多，随即出版相关教材及辅导书、工具书。如当时初学英语者使用的教材是由教会学校编写的，共七册，编者均为外国人，不了解中国的需求状况，全文英文，这对于初

① 《热心公益》，《大公报》1911年5月21日，第3版。
② 《北京：纪阅报社》，《大公报》1907年3月4日，第2版。
③ 孙宝瑄：《忘山庐日记》，上海古籍出版社1983年版，第329页。
④ 孙宝瑄：《忘山庐日记》，上海古籍出版社1983年版，第992页。
⑤ 孙宝瑄：《忘山庐日记》，上海古籍出版社1983年版，第909页。
⑥ 孙宝瑄：《忘山庐日记》，上海古籍出版社1983年版，第826页。

学英文者难度很大，鉴于此商务印书馆聘请专家对课文中的单词加注中文释义，分为《华英初阶》和《华英进阶》二册，这套书出版后“在相当广泛的范围发行，一个星期之内就售出 3000 本以上”①。

通过对这一时期我国城市文化教育消费需求变迁的考察，可以看出图书、报刊消费都有一定程度的增加，但需要说明的是，这种变化是非常不均衡的，主要集中在北京、上海、天津、广州、汉口等大城市以及中东部的省会城市。造成文化教育消费需求发展不均衡的原因主要是政治、经济、文化教育事业等发展的不均衡。图书、报纸消费量比较大的群体主要有教师、医生、律师、编辑等知识分子群体；图书、报纸消费比较大的团体为各类学校、图书馆等。1905 年废科举兴学堂后，我国兴办的“中等以上学校集中都市，而使乡村青年不能不向都市求学”②，当时接受新式教育的农村子弟很少有人愿意回家乡，造成文化教育消费的主体集中在城市。

第三节　1895—1911 年中国城市文化娱乐消费需求变迁的基本特征

通过对 1895—1911 年十多年中国城市文化娱乐消费情况的考察，能看出这一时期与 1895 年前相比出现了一些新变化：

一是文化娱乐消费需求在传统娱乐活动与西式娱乐活动的碰撞、并存与融合中得到一定增长。上海、北京、天津、广州、汉口等城市居民的文化娱乐消费构成中，西式娱乐产品的数量和种类增多，且这些城市居民中对西式娱乐认同者、参与者、消费者规模不断扩大，但其影响力仍然有限。随着电影、马戏等西式娱乐在主要城市的巡回演出，西方的文化娱乐理念和消费方式在中国广泛传播；且西式娱乐文化与中国传统娱乐消费方式相互融合现象已经出现，如弹子房、咖啡厅等西式娱乐形式出现在中国的茶楼、酒店、私家园林等场所内。总之，虽然传统文化娱乐活动形式在城市居民文化娱乐消费中仍占主导地位，但西式娱乐产品和服务的需求量增长迅速，这一趋势还由高收入阶层向中低收入阶层发展、由上海等中心城市向中西部省会城市扩展，且融合中西娱乐文化的产品和服务发展成为主要城市居民娱乐消费的新增长点。

二是消费主体大众化、平民化发展。鸦片战争前即使在 19 世纪 80 年代上

① ［法］戴仁：《上海商务印书馆：1897—1949》，李桐实译，商务印书馆 2000 年版，第 9 页。
② 舒新城：《中国教育建设方针》，《教育杂志》1928 年第 20 期，第 5 页。

海等城市的茶园、戏园，消费者仍然主要是官僚富商、纨绔子弟等小众。清末，随着资本主义工商业发展速度加快，城市人口规模不断扩大，而上海、天津、汉口等大城市增加的人口中，以劳工人数最多。劳工阶层虽然文化娱乐消费能力低，但是人数众多，消费需求总量大，北京的“天桥”、天津的“三不管”拥挤的观众多是劳工阶层，即主要城市娱乐消费主体由小众向大众，由官绅向平民转变趋势进一步强化。

三是娱乐活动的功能和观念发生了较大变化。娱乐活动在鸦片战争前主要功能是娱神祈福，在这一时期开始向多元化发展，除仍承担酬神祈福保平安的功能外，休闲消遣、庆贺饷客功能、道德教化功能得到广泛认同，娱乐活动在健体、增知、益智、怡情、养性方面的作用也逐渐被认可。孙宝瑄喜爱戏剧，经常到戏园看戏，对戏剧消费的教育价值认识较为深刻，曾说：“余谓梨园一业，士夫不可不亟为整理，盖与人心风俗智识，皆有直接之影响。其所演之事，有不见于经传，及怪妄无理邪淫不道者，皆汰除之，禁遏之，并为润饰其词文，增减其节目，且多选古今忠廉孝义，可悲可愕之事，编成新剧，使彼曹歌之舞之，亦助社会普通进化之一端也。”① 休闲娱乐与社交聚会等消费一体化发展，说明娱乐消费的社交功能得到强化。“商业宴会＋娱乐＋社交”消费模式中，娱乐消费的功能是为了取悦朋友，是为了满足商人、官僚等人的社交需要和商业发展需要。同时娱乐消费也成为义赈活动的主要载体，戏法助赈、义卖书画助赈等活动在主要城市都已经兴起。在文化娱乐消费观念上，男女平等理念得到一定发展，越来越多的城市接受了女性可以与男性一样到戏园观剧、茶馆品茗、电影院看电影。

四是上海在中国城市文化娱乐消费需求变迁中的引领和带动作用更加突出，即使北京的不少新兴娱乐场所也是借鉴上海而建的。如北京的宾宴楼是借鉴上海的青莲阁模式，孙宝瑄说“都中向无茶楼，供上等社会人谈宴者，庚子之乱后，此其创新，如上海之青莲阁然”②。北京的工艺场是借鉴张园经营模式而建的，1906 年 6 月 13 日孙宝瑄“至工艺场茗谈，其地仿佛上海之味莼园”③。其他城市更是以上海为是瞻，如天津“一切衣食视上海为转移”④。

---

① 孙宝瑄：《忘山庐日记》，上海古籍出版社 1983 年版，第 860 页。
② 孙宝瑄：《忘山庐日记》，上海古籍出版社 1983 年版，第 863 页。
③ 孙宝瑄：《忘山庐日记》，上海古籍出版社 1983 年版，第 901 页。
④ 古学谦：《天津指南》，新华书局 1922 年版，卷上：风俗。

第三章

1912—1937年中国城市文化娱乐消费需求进一步增长

晚清时期西方列强在沿海沿江地区的主要通商口岸城市、租借地，基于经济文化侵略以及满足外侨休闲娱乐需要，修筑道路、增设路灯等基础设施，建造剧场、公园、运动场等文化娱乐设施；这一时期清政府为推动资本主义工商业和现代文化教育等事业的发展，采取了一系列改革举措，并颁布了相关法律法规。在国内外双重力量的共同驱动下，中国城市文化娱乐消费需求模式由传统向现代转型的速度加快。进入民国后，受国内外经济、文化、政治等环境变化的影响，不仅东部沿海沿江地区城市居民文化娱乐消费需求进一步扩展，而且中西部省会城市文化娱乐消费构成中西式娱乐品也不断增加，中西方文化娱乐消费观念、消费方式并存与融合成为民国时期我国城市文化娱乐消费需求变迁的基本特征。同时，在现代文化教育事业发展尤其是社会教育运动深入开展等因素的影响下，公共文化消费成为公共消费支出的重要组成部分，政府和社会组织不断增加在民众茶园、公园、电影院、运动场等公共文化产品或服务方面的投入和供给。20世纪二三十年代公共文化服务在转变城市居民文化娱乐消费观念、提升文化娱乐水平、优化文化娱乐结构中发挥了重要作用。

第一节　1912—1937年中国城市娱乐消费增长情况

因中国地域辽阔、城市众多，课题组采取每个区域选择若干代表城市对这一时期中国城市娱乐消费情况进行研究。在区域划分上，课题组参照1961年国家划分的经济协作区和丁世良、赵放主编的《中国地方志民俗资料汇编》的区域划分标准①，把全国划分为七大区域进行研究，也就是华北地区以北京、天津为中心，华东地区以上海、青岛、杭州、厦门为中心，华中地区以汉口、开封为中心，华南地区以广州、香港为中心，西南地区以成都、重庆、昆明为中心，西北地区以西安为中心，东北地区以哈尔滨、大连、奉天（今沈阳）为中心进行研究。

一、华北地区城市娱乐消费的增长情况

华北地区是中华文明的重要发祥地，第二次鸦片战争后西式文化娱乐产品和服务在天津租界、北京外国公使活动区等地出现。清末“新政”期间，西方娱乐消费观念在华北地区广为传播，西式娱乐产品和服务的消费主体开始由中高收入群体向大众、平民发展，这一趋势在1912—1937年得到进一步强化。

（一）电影消费热潮的扩展

电影是由活动照相与幻灯放映技术相结合发展起来的集视觉和听觉于一体的一门现代艺术，与中国传统戏剧等娱乐活动形式相比更生动、更形象，通过影像能使人们更直观地了解世界，也能拓展人的眼界、增长人的见识。此外，建造电影院比建筑戏院成本要低很多且容纳人数也多，观众看电影花费时间与观剧相比也相对较短，20世纪二三十年代看电影已发展成为中国城市居民的重要娱乐消费方式。

自清末电影传入北京、天津后，两市居民观看电影的热情持续高涨。20世纪二三十年代看电影已经发展成为北京、天津居民娱乐生活中不可缺少的一部分，且电影消费热潮还以京津两市为中心在华北地区扩展。

1. 北京居民的电影消费热潮

北京居民观看电影热潮在清末时已经出现，在电影消费需求的引领和带动下，1909年第一家电影院在北京②开张营业。专业电影放映场即俗称的电影院

---

① 华北地区包括北京市、天津市、河北省、山西省、内蒙古自治区，东北地区包括辽宁省、吉林省、黑龙江省，华东地区包括上海市、江苏省、浙江省、安徽省、福建省、江西省、山东省、台湾地区，华中地区包括河南省、湖北省、湖南省，华南地区包括广东省、广西壮族自治区、香港特区和澳门特别行政区，西南地区包括四川省、贵州省、云南省、西藏自治区，西北地区包括陕西省、甘肃省、青海省、宁夏回族自治区、新疆维吾尔自治区。

② 北京的名称在近代时期经历了多次变更：1928年6月20日南京国民政府将“北京”更名为“北平”并设北平为特别市，1937年10月12日日伪政府又将其改为北京市，1945年日本投降后又复名“北平市”。1949年9月中国人民政治协商会议第一届全体会议通过中华人民共和国首都设在北平，同时将其更名为北京市。

出现后，为宣传和扩大影响，经常在报纸上刊登广告，预告将要放映的新片和介绍电影的优点等，不仅传播了新的娱乐消费观念而且在一定程度上刺激了电影消费需求的增长。有竹枝词描述观看电影的奇妙感受，“百怪千奇电影开，虚无缥缈起楼台。世间万事原如此，那个繁华梦觉来”①。

1919 年北京专业性的电影院已经发展到 6 家，据甘博调研，其中“最豪华的一家是坐落在东长安街的平安电影院。这个电影院是一位英国人开办的，主要为外国人放映电影，但也有大量的中国来此观看。影院的开放时间为每晚的 9：15—0：00 和星期三、星期六的下午。门票从 60 分到 1.5 元，每日平均上座 200 人，通常放映相对较好的影片，但也放映一些廉价的喜剧片”②；大观楼电影院坐落在南城区最大的商业街大栅栏，“价分为 12、24、50、80 个铜板四种，放映时间是晚 8：00 到晚 12：00。剧院每天收入 5 ~ 70 元，每日平均上座为 250 人”；华安电影厅，以大众为目标顾客，票价每人 6 ~ 8 铜板，“平均上座为 300 人，每日收入 20 元左右”③，每日“北京全部电影院上座率达到 3000 人”④。为了刺激和激发居民电影消费热情，电影院不仅采取多种手段进行宣传和推广，而且立足市场需求，根据居民的收入、消费偏好等细分市场，分类提供不同品质和价位的放映场所和影片。20 世纪 20 年代北京既有装修豪华、价位高昂的现代电影院，也有由旧式戏园改造的价位低廉的电影院，还有设施简陋的电影放映棚、露天电影放映场。其中以真光影戏院的营业最佳，以建筑新、影片精以及机器设备先进赢得了中高收入阶层的青睐。就上面电影院的门票价格而言，非一般劳工群体能负担起的。20 世纪 20 年代北京正规电影院内的观众集中在中高收入阶层。课题组以刘成志、鲁迅为典型案例来分析 20 世纪 20 年代北京居民的电影消费情况。

刘成志（1882—1945）出身官宦世家，日本东京帝国大学毕业，法政科举人，内阁中书，民政部七品京官。历任邮传部七品京官、交通部路政司调查科科长、交通部育才科科长、交通部航政司第一科科长、代理航政司司长、天津区航政局局长、湘鄂铁路总务处处长等职；还曾担任过国立法政专门学校教授、

① 雷梦水等编：《中华竹枝词》，北京古籍出版社 1996 年版，第 430 页。
② [美] 西德尼·D. 甘博：《北京的社会调查》，陈愉秉、袁佳等译，中国书店 2010 年版，第 245 页。
③ [美] 西德尼·D. 甘博：《北京的社会调查》，陈愉秉、袁佳等译，中国书店 2010 年版，第 245 – 246 页。
④ [美] 西德尼·D. 甘博：《北京的社会调查》，陈愉秉、袁佳等译，中国书店 2010 年版，第 245 页。

交通大学教授、宏毅铁路专修学校董事长等职。妻子为谘议局议员张益藻之女，也曾经在日本留过学。刘成志1925—1927年日记中有不少看电影的记录，表3-1是课题组对刘成志家庭1925年的电影消费情况。

表3-1 1925年刘成志家电影消费一览表

月	电影院及陪同者	次数
一月	三日下午平安公司看电影。十八日偕孩子平安公司看电影	2
二月	八日偕妻儿到平安公司看电影。十五日、十七日真光剧场看电影。二十一日偕妻儿中天台看电影。	4
三月	八日、十三日偕妻儿真光剧场看电影	2
四月	五日、六日、二十二日、二十九偕妻儿真光剧场看电影，其中二十二日真光剧场还表演了法国魔术。	4
五月	一日偕妻子开明戏院看电影。二十日偕妻子中天台看电影。	2
八月	二日偕妻儿中天电影台看电影。十二日晚上与妻儿真光剧场看电影。十四日偕妻儿中央公园社稷坛看电影。十六日与孩子、朋友真光剧场看电影。	4
九月	八日、二十七日偕妻儿真光剧场看电影。十三日偕妻儿东安市场吉祥园明星剧场看电影。	3
十月	七日真光剧场看电影。	1
十一月	一日偕妻儿真光剧场看电影。二十日、二十二日、二十五日、二十七日、二十九日偕妻儿中天台看电影。	6
十二月	二十二日偕妻儿真光剧场看电影。二十五日携孩子明星影院看电影。	2
合计	真光剧场13次，中天台8次，平安3次。	30

资料来源：根据《新民堂日记》（1925年至1926年上），沈云龙主编：《近代中国史料丛刊续编》第35辑，文海出版社1976年版，第2147-2495页整理。

由表3-1和对刘成志家1925—1927年电影消费情况的研究，能推断出20世纪20年代北京中高收入群体电影消费具有以下特征：

一是看电影已经成为中高收入家庭的重要娱乐活动。由上表能看出刘成志一个月至少偕妻儿到电影院看电影2次，最多的一个月达6次，1925年全家到电影院看了30次电影。刘成志家选择的电影院以真光影戏院（即真光剧场，当时也往往简称“真光”）次数最多，共 13 次；其次是中天台（即中天电影台，当时往往简称“中天”，也有文献称之为“中天影戏院”），共 8 次；然后是平安公司（即平安影戏院，当时也简称“平安”），共 3 次，其他电影院 6 次。1925 年前后北京电影院的票价，真光影戏院的池座 1.5 元，楼上沙发座价位在 2 元以上；平安的价位比真光还高。以刘成志夫妇的身份和地位应不会选择池座，他们一家有时夫妇二人、有时带孩子（有三个孩子）一起看电影，以每次看电影 3 人、每人门票价格 1.5 元计算，一年仅电影消费支出就约达 135 元，这一项支出相当于当时北京一个初级小学教师半年的工资收入。1919 年由教育部支付给教师的薪俸水平，“初级小学教师每月 24 元，校长 36 元”①。需要说明的是中高收入家庭外出看电影，电影票费用仅为支出的一部分，除交通费外，一般还有餐饮费，他们往往在看电影前或看电影后要在酒楼饭店或咖啡厅品尝美食，如 3 月 13 日“下午偕内子携两儿至真光剧场看电影，看毕，游中央公园。余与杨景苏诸君在行健会击球。七时赴华美番菜馆晚餐”②。

二是中高收入群体电影消费需求旺盛。看电影不仅需要金钱还需要时间，刘成志在多个部门任职，工作繁忙且他们家的娱乐活动种类比较多，如到戏院看戏、公园游乐等。鲁迅 1912 年 5 月至 1926 年 8 月在北京教育部任职，和教育部的同事以及在北京大学等大学任教的朋友们也偶尔看电影，如 1925 年 6 月 4 日下午，同季市③往中天剧场观电影；6 月 6 日下午往中天看电影；7 月 17 日晚，品青、依萍、小峰来，邀往中央公园夜饭并观电影，中央公园室外剧场放映电影《乱世英雄》④。需要说明的是，消费者选择娱乐产品的种类和数量不仅受收入水平的影响，而且受个人兴趣、受教育程度以及教育背景、闲暇时间等多种因素的影响。鲁迅在北京期间看电影的次数少于刘成志，不能说明他没有经济能力看电影，而是因为逛书店是鲁迅主要的休闲娱乐方式，他一有时间就逛琉璃厂，购买各种古籍是其在北京是其最主要的文化娱乐支出。

三是国产电影消费需求潜力大。电影消费水平不仅与收入水平相关，还受

---

① ［美］西德尼 · D. 甘博：《北京的社会调查》，陈愉秉、袁佳等译，中国书店 2010 年版，第 128 页。

② 《新民堂日记》（1925 年至 1926 年上），沈云龙主编：《近代中国史料丛刊续编》第 35 辑，文海出版社 1976 年版，第 2223 页。

③ 即许寿裳，鲁迅日记中常称为“季市”“季茀”，1902 年以浙江官费派到日本留学，两人成为好友，1912 年都应教育总长蔡元培的邀请到教育部任职，先后任教育部佥事、科长、参事和普通教育司司长等职，1917 年冬起历任江西省教育厅厅长、北京女子高等师范学校校长等职，鲁迅在北京、广州、上海休闲娱乐时经常由其陪同。

④ 《鲁迅全集》第 15 卷：日记，人民文学出版社 2005 年版，第 568、第 573 – 574 页。

教育程度、文化结构等因素的影响。20 世纪 20 年代有声电影还未出现，放映的影片都是默片且基本为外国片，多为英文字幕（已出现了中文字幕），这使不懂英语、不了解西方文化群体看不太明白，激发不起他们的观看兴趣，看电影的主要是知识分子群体，时人评价“北京社会看影片的眼光逊于上海，除学生、外交派人物而外，识英文者殊不多。然外交人物以住东城者为多，而使馆界又在东城，故东城之影戏院独多，观影片者多为知识阶级之人物”①。对于妇女和不懂英文群体来说，他们偏爱看中文电影，于是就有电影院专门放映国产片（这一时期中国电影制片业已得到初步发展），以满足这部分人看电影的需要，如中天电影台就专映国产影片，“盖西城住户观影片者，妇孺及不识英文者为多”②。由表 3－1 也能看出，刘成志夫妇虽都曾留学海外，可能考虑到孩子的因素，多次选择到中天电影台看电影。鲁迅看的几次电影也是选择中天。

消费者选择的电影院受多种因素的影响，其中票价和环境是关键因素。1927 年有一资深影迷对北京各大电影院逐一评价：买卖最好的是真光，因为其交通方便加上片子来得快，广告宣传到位；其次是平安、中天、中央，平安是外国人开办的，常常有跳舞、魔术表演什么的，票价在北京是最贵的。中天的电影平常，票价也不算高，戏院也不错，就是地点差一点。青年会也有电影院，为小设备但“备有茶水随便取用”和“影剧周刊”，观众大多为学生和基督教信徒。此外，还有一个电影院也可以叫作大戏院的明星，从前叫作“吉祥园”，座位全都是大戏院的座位，多演国产片子③，1925 年 9 月 13 日刘成志偕妻儿到东安市场吉祥园明星剧场看电影，就是指该影院。

20 世纪 20 年代电影的票价比较高，到电影院看电影者基本上都来自中高收入群体，“露天电影前排有要八角大洋的，别的也可想而知”④。从 20 世纪 20 年代北京一个大学生对各个电影院的吐槽，也可以侧面看出当时北京市民观看电影的热情：真光的地点设备尽善尽美，样样都好就是价钱比较贵，从前日场有音乐近来也取消了，想一边听音乐一边看电影只有看晚场，可是不免要多花两毛钱。中央设备同真光差不多，相对便宜一点，可是要男女分座，楼上不分，如果偕眷属就非上楼不可，而楼上一张票又要多花两毛钱。平安地方太小又特别贵，只有礼拜六特加的日场便宜一点。中央自改设以来座位比从前舒适但是

---

① 马二先生：《北京电影事业情况》，《国闻周报》1925 年第 2 卷第 14 期，第 27 页。
② 马二先生：《北京电影事业情况》，《国闻周报》1925 年第 2 卷第 14 期，第 27 页。
③ 亮亮：《北京的电影院》，《大公报》1927 年 8 月 10 日，第 8 版。
④ 亮亮：《北京的电影院》，《大公报》1927 年 8 月 10 日，第 8 版。

比较吵闹。中天的电影票价稍为便宜，但儿童的掌声、呼声以及叫卖声此起彼伏，怪不得人家说中天是儿童的娱乐场。青年会办的很好，价钱也公道，只是座位设置不合理，如果前排观众稍高一点后排观众简直看不见。明星戏院设备为老式的，且桌椅破旧①。

20 世纪二三十年代看电影已发展成为北京大众化、平民化娱乐消费方式。据 1927 年《中华影业年鉴》记录，当时北京有电影院 14 家，即大观楼、中天电影园、平安电影院、北京电影院、明星电影院、城南游艺园、真光电影院、真光电影分场、开明电影院、开明电影园、通俗电影园、隆福电影园、华安电影院、新明电影院②。1928 年国民政府迁都南京后，主要政府机关南迁，政府职员及其家属也多移居南京，北京的电影消费能力有所下降，1935 年《最新北京指南》记录，当时北京有 9 家电影院，即平安电影院、光陆电影院、真光电影院、社交堂电影院、中央电影院、中天电影院、大观楼电影院、同乐电影院、钟楼电影院，电影院的影迷“以青年与女郎为最多”；各家电影院为吸引顾客“皆趋新设备，价格不等，分早场晚场，并分前排后排及楼上，前排价格最低，后排稍昂，楼上益昂，更有添聘女招待者”③。其中，钟楼电影院价格便宜，主要是“供平民之观光，价亦廉，每位壹毛至叁角不等”④。

2. 天津居民的电影消费热潮

由第二章英敛之群体的娱乐消费能够看出，天津在清末已出现电影消费热潮，民国时期观看电影发展成为天津居民的大众娱乐方式，不仅高档电影院上座率高，低档影院以及杂耍场内的电影放映棚也挤满观众，“电影院几乎没有一家生意不好的，只要影片出色就能卖满座”⑤。民国初年美国驻天津领事福勒在报告也说：电影在天津大受欢迎，“在英文电影中植入中文字幕引起越来越多当地人的兴趣。目前在天津有 6 家电影院，洋人经营的电影院能容纳 600 人，而华人经营的电影院能容纳 500 ~ 2000 人不等，每天上演两场电影。电影主要从美国的大公司引进，因此美国影星在这里与美国一样受到影迷的推崇”⑥。天津

---

① 渺渺：《我对于北京几个电影院不满意的地方》，《大公报》1927 年 8 月 25 日，第 5 版。
② 《影戏院总表》，第 8 - 10 页，见甘亚子、陈定：《民国十六年中华影业年鉴》第一集，中华影业年鉴 1927 年版。
③ 田蕴瑾：《最新北京指南》，自强书局 1938 年版，第六编娱乐：第 2 - 3 页。
④ 田蕴瑾：《最新北京指南》，自强书局 1938 年版，第一编总论：第 11 页。
⑤ 《天津电影业之调查》，《大公报》1926 年 9 月 7 日，第 7 版。
⑥ 郑曦原编：《共和国十年：〈纽约时报〉民初观察记（1911—1921）社会篇——美国人眼中的民国初年〈纽约时报〉版的中国近代史》，当代中国出版社 2011 年版，第 340 页。

随着居民电影消费热的发展，观看电影者不断增多，1927 年电影院增加到 10 家，即平安电影园、上权仙电影园、天升电影园、光明社、皇宫影戏院、开达电影园、新人影戏院、新明大戏园、新新电影园、新华电影园①。天津看电影消费热潮 20 世纪 30 年代，已经包括了中低收入群体，中低档电影院生意兴隆，尤其是低价位电影院上座率非常高，“影院林立，然考其实际营业，则以售价一角之电影院最为繁盛，此种影院以劝业场之天宫开其端，楼上下无所谓包厢与前后排之分，一律大洋一角，几于逐日皆售满座，继之者则为天祥之新欣与日租界之新明”②。

此外，天津著名平民娱乐场所“三不管”③ 内的杂耍场中也有电影放映棚。杂耍场内的电影放映棚，设施因陋就简，租赁的片子是老旧片子，票价低廉，主要是为满足人力车夫、工厂工人等劳工群体看电影的需要。如新三不管内的电影放映棚，“电影场之制，有类埃及之金字塔，屋顶有若天棚，大致为流通空气而设，但演片时每易漏光。两全之难于此可见，置身其中、每令人欲呕，场中有茶役，茶壶备大小两种，以观众之衣饰为标准而大小其壶。所演诸片，类为十年前风行一时之侦探长片，偶尔还上演当时一些著名影片，如‘沈少爷’、‘八戒’亦尝光顾其间，因此曾轰动一时，此外还有点缀于劳工游客间浓妆厚抹的暗娼与三等妓女，招摇往返以施其引诱狎客之伎俩”④。

3. 华北地区城市的电影消费需求分析

一个国家或一个城市电影院的数量和分布在一定程度上体现该国家、城市的电影消费能力和电影消费需求发展趋势。表 3 - 2 为 1934 年华北地区电影院的分布情况，能看出当时华北地区的电影院集中在北京、天津，其中以天津影院数量、座位数量最多，即有 23 家电影院，能同时容纳 17397 位观众。北京有 10 家电影院，能容纳 5116 名观众，也在一定程度上体现了北京、天津两市电影消费能力和民众电影消费意愿在华北地区是最强的，同时也是京津两市在华北地区的经济、政治、文化教育等中心地位在电影消费领域的体现。天津为当时

① 《影戏院总表》，第 11 - 12 页，见甘亚子、陈定：《民国十六年中华影业年鉴》第一集，中华影业年鉴 1927 年版。

② 《民众化的娱乐》，《大公报》1931 年 1 月 8 日，第 7 版。

③ “三不管”一词是清末才有的，最初仅指天津北司衙门和城垣未拆时西城根一带，距离日、法租界较近但日、法两国领事馆无权管辖，中国地方官署也置之不管，“故称三不管”。之后有类似“三不管”娱乐场出现，被称为“新三不管”“新新三不管”。“三不管”类似北京天桥，提供梆子戏、蹦蹦戏、评书、大鼓、魔术、电影等各种娱乐产品或服务。

④ 《新三不管：下层民众娱乐场所调查》，《大公报》1928 年 9 月 4 日，第 6 版。

中国北方最为重要的通商口岸城市，还是北方的工业、金融、进出口贸易、文化教育等中心，人口规模大，居民娱乐消费能力较强，1928 年人口达到 1122405 人①。北京是国家的行政、政治、文化教育、国际交流等中心，是当时中国达官显贵、高级知识分子最为集中的城市，1925 年北京人口超过百万，即 1266148 人②。虽然 1928 年国民政府迁都南京，对北京的经济社会发展造成一定影响，但其悠久的历史、丰厚的文化底蕴，良好的发展基础，仍是我国北方重要的文化中心、教育中心、政治中心、经济中心，1935 年人口增加到 1566784 人③。北京、天津是华北地区甚至中国北方官僚地主、民族资本家、中产阶级群体最为集中的城市，两市产业工人也都有几十万人，不仅拥有数量可观、电影消费能力强的中高收入者，而且拥有庞大的中低端电影消费群体，他们的电影消费需求总量大，需求多元化，这从电影院的数量上也能间接体现出来。

表 3－2 1934 年华北地区电影院一览表

省市	影院名称及座位数
北平市	中央电影院（882 位）、真光电影院（828 位）、民众教育馆电影院（240 位）、平安电影院（553 位）、光陆电影院（500 位）、中天电影院（677 位）、大观楼电影院（436 位）、社交堂电影院（300 位）、同乐电影院（450 位）、春光电影院（250 位） 电影放映院合计 10 个
河北	天津：同记上平安电影院（950 位）、庆云电影院（600 位）、平安电影院（730 位）、群英电影院（200 位）、上权仙电影院（500 位）、新明星影戏院（1200 位）、明星大戏院（870 位）、光明大戏院（西人，955 位）、新中央影戏院（800 位）、新欣影戏院（500 位）、新新电影院（800 位）、天宫电影院（720 位）、春和电影院（980 位）、光陆电影院（800 位）、皇宫电影院（600 位）、中央电影院（500 位）、河北电影院（820 位）、东方电影院（1000 位）、天津电影院（600 位）、新记天桂电影院（600 位）、蛱蝶电影院（891 位）、北洋电影院（981 位）、丹桂电影院（800 位） 唐山：石门声光电影院（400 位） 电影放映院合计 24 个
山西	晋阳：大华大戏院

资料来源：根据中国电影协会：《中国电影年鉴 1934》（影印本），中国广播电视出版社 2008 年版，第 887－888、896－898 页整理。

在北京、天津两市电影消费热潮的带动下，河北的唐山、张家口以及山西

① 李竞能：《天津人口史》，南开大学出版社 1990 年版，第 207 页。

② 《申报年鉴 1933》第三册，上海书店出版社 2012 年版，第 276 页。

③ 田蕴瑾：《最新北京指南》，自强书局 1938 年版，第 4 页。

省会太原也出现了电影院。1927 年张家口开设有两家电影院，即 Pieh Yu T'ien、明星电影园①。1936 年《太原指南》中记录电影消费在太原的发展，电影院有 2 家，即山西大戏院、中华大戏院，“有时兼演新旧各剧，价目较平时为高。其普通楼上各座，包厢三元，包厢散票五角，楼座三角，楼下后排二角，前排一角，映演特片或加演新旧剧时，甲票约在一元上下”②。

总之，华北地区的电影消费市场主要集中在天津、北京，因受资本主义工商业发展等因素的影响，该区域的其他城市因中高收入群体规模小，电影消费需求不足制约着其电影院的发展，即使建立电影院的城市，影院一般设施落后，规模小，放映的影片也多为老旧影片。

（二）华北地区城市居民传统娱乐消费情况

传统娱乐活动中最受大众欢迎的是茶园戏院观剧、茶馆书场听书、杂要场消遣，入民国后这些娱乐活动在北京、天津、保定、太原等华北地区主要城市呈现出一片繁荣景象。

1. 北京传统娱乐消费的繁荣

（1）居民看戏热情高。北京是帝王之居，人文集聚的高地，看戏是居民最为重要的娱乐活动，有“典衣看戏是京师”③ 之说。现代戏院剧场、高档茶园是中高收入群体看戏观剧的主要场所，适合中低收入群体看戏的场所更是随处可见。1918—1919 年美国人甘博对北京进行了全面调查，据他调查当时北京有各种戏剧演出场所几十家，大剧院设备先进，座位多，戏棚的设施比较简陋，“比较大的剧院平均有 1000 个座位，有较好的剧本上演时上座在 700 ~ 800 个。戏棚的座位在 700 ~ 800 个，而且戏棚的演出也没有较大的剧院那么正规，大概类同西方的折子剧。这些戏棚可吸引了大量观众，有时一天的观众人数超过 1000 人。各个剧院的收费标准差异很小：一等包厢是 400 个铜板（合 2. 9 元），私人包一张桌子要 200 个铜板（合 1. 45 元），一等座位是 40 个铜板，二等座位 30 个铜板，三等座位是 20 个铜板”④。在著名的大剧院里看戏，票价比较高，如当时北京最大剧院第一舞台“一个包厢收 8 元，一等票价是 80 分，二等票价

① 《影戏院总表》，第 7 页，见甘亚子、陈定：《民国十六年中华影业年鉴》第一集，中华影业年鉴 1927 年版。

② 山西民社编：《太原指南》，北平民社 1936 年版，第 151 – 152 页。

③ 杨米人等著，路工编选，《清代北京竹枝词（十三种）》，北京古籍出版社 1982 年版，第 83 页。

④ ［美］西德尼 · D. 甘博：《北京的社会调查》，陈愉秉、袁佳等译，中国书店 2010 年版，第 234 页。

是50分，三等票价是30分。偶尔遇到为慈善机关募捐演出，或是当时名角如梅兰芳、劳祥金等登台演出的时候则收费更高”①，而戏棚的价格就便宜多了，“一般的戏棚每人收5个或6个铜板”②。可见，北京有适应各种收入群体观看戏剧演出的场所，每天有数万人在各种戏剧演出场所看戏。

课题组以刘成志为中心进一步考察20世纪20年代北京中高收入群体的戏剧消费情况。表3-3是课题组根据刘成志1925年日记内记录的看戏情况进行梳理后编制的。

表3-3　1925年刘成志家观剧情况一览表

月	戏院和陪同者	次数
一月	一日与朋友庆华乐园看戏。二十四日与妻儿开明戏院看戏。	2
二月	一日与孩子广德楼看戏。二日携孩子福春堂看戏。三日请亲友华乐观戏。七日、二十四日、二十八日请亲友新明剧场看戏。	6
三月	七日、十五日与妻儿广德楼看戏。二十四日心兄电话邀开明剧场看戏，以汽车送归。	3
四月	四日晚上偕妻儿新明剧场看戏。七日偕妻儿磊贤堂看戏。十一日偕妻儿新明剧场看戏。十九日偕妻儿华乐园看戏。二十五日偕妻儿新明剧场看戏。	5
五月	十七日偕妻子中和园看戏。二十三日偕妻儿开明戏院看戏。三十日偕妻儿新明剧场看戏。	3
六月	六日偕内子新明剧场看戏。	1
七月	十一日、二十二日偕妻儿新明剧场看戏。	2
八月	二十三日与妻儿开明戏院观剧。二十五日朋友邀请中和园看戏。二十七日名伶及票友在真光剧场演戏，券资悉数捐给失业工人。以五元购前批池座券1张。三十日中和园看戏。	4
九月	五日与妻儿新明剧场看戏。十九日开明剧场观剧。	2

① ［美］西德尼·D. 甘博：《北京的社会调查》，陈愉秉、袁佳等译，中国书店2010年版，第235页。

② ［美］西德尼·D. 甘博：《北京的社会调查》，陈愉秉、袁佳等译，中国书店2010年版，第235页。

续表

月	戏院和陪同者	次数
十月	二日偕妻儿新明剧场看戏。十日下午偕妻儿新明剧场看戏。三十一日偕妻儿新明剧场看戏。	3
十一月	八日偕妻儿游城南游艺园，在杂要场看大鼓书。十五日与妻儿广德楼看戏。二十一日偕妻儿新明剧场看戏。	3
十二月	十六日偕妻子开明剧场看戏。二十日偕妻儿游城南游艺园，坤剧场看戏。二十七日开明戏院看戏。	3
合计	新明剧场 17 次，开明戏院 7 次，广德楼 4 次，其他 9 次。	37

资料来源根据刘成志：《新民堂日记》（1925 年至 1926 年上），沈云龙主编：《近代中国史料丛刊续编》第 35 辑，文海出版社 1976 年版，第 2147－2495 页整理。

由表 3－3 能看出戏剧消费是刘成志家重要的娱乐消费支出项目之一，1925 年他们到戏院剧场看戏 37 次，其中新明剧场 17 次，开明戏院 7 次，广德楼 4 次，其他戏院 9 次，上述剧场戏院都在当时北京影响都比较大。这一时期汽车已经进入民族资本家等有钱人家庭，如东城区规模最大的戏院——吉祥戏院，“观剧者以贵族化居多，汽车往来，包车接送，乃太太小姐散闷之所在地”①。刘成志朋友家已拥有私家汽车，“心兄电话邀开明剧场看言菊朋田桂凤演戏……以汽车送归”②。天桥、各大商场的杂要场内有众多小戏演出，这种戏园的票价较低，刘成志群体一般不去消费。小戏园是人力车夫等劳工群体的游乐之所，一般都附设在茶社或茶馆内，“戏钱需要另付，茶资每位约在十大枚至三五枚不等，所唱之戏以梆子评戏为最多，西皮二黄搀杂其间，以外更有露天戏场，专唱滑稽二黄或梆子”③。滑稽二黄，在天桥以“云里飞”为佼佼者，每日都有大量慕名而来的围观者。

（2）茶楼书场内听曲者众多。饮茶品茗是近代中国各地城市一般市民的重要消遣方式，北京的清茶馆④随处皆是。如北京什刹海每值炎热酷暑时，沿海畔搭有一片席棚，形如一条长廊，两旁以茶社最多⑤。天桥，“专卖清茶之小本

① 田蕴瑾：《最新北京指南》，自强书局 1938 年版，第一编：第 14 页。
② 《新民堂日记》（1925 年至 1926 年上），沈云龙主编：《近代中国史料丛刊续编》第 35 辑，文海出版社 1976 年版，第 2234 页。
③ 田蕴瑾：《最新北京指南》，自强书局 1938 年版，第一编：第 8 页。
④ 指不提供戏剧、曲艺等表演，只提供茶食类茶馆。
⑤ 田蕴瑾：《最新北京指南》，自强书局 1938 年版，第一编：第 11 页。

经营者林立，茶资极廉，铜元数枚，即可饱饮，更有规模宏大者荣乐园、同乐轩、西华轩等均筑有高楼大厦，座亦清洁，茶资亦只数枚，如夏日炎热之际，微风袭来，心神倍爽，二三知己，环坐谈天，亦不亚于北戴河、青岛、庐山等地之避暑也”①。

说书是我国流传久远的一种传统娱乐方式，近代时期在各个城市均广受大众的喜爱，更是北京城内大众日常娱乐的重要形式，“无论是小巷茶馆里的人力车夫、胡同里的孩子、庙会上拥挤的人群，还是在街上的或私人聚会中的各种各样的人，都喜欢这种娱乐”②。有些茶楼为招徕顾客，请说书等艺人在茶馆演出，这样的茶楼很多城市称为“书场”，有些城市“书场”与“茶楼”是可通用的。北京书场按照规模的大小、设施的优劣以及观众消费水平可分为三类，即高雅型、雅俗共赏型、流俗型茶楼。高雅型茶楼，一般楼宇宽敞，装修讲究，茶具精美，艺人知名度高，如爽心园、合意轩、二友轩、德意轩、德昌茶社等，《最新北京指南》指出著名茶楼“劳动阶级鲜有涉足者，在座之人皆中产份子”③。流俗型书场多为用席棚搭建，棚内除了戏台外，就是顺排的长板凳，这类场子收费一般仅为几文钱，集中在天桥、平民商场等内。雅俗共赏型书场介于上述两类书场之间，艺人知名度一般。据甘博调研北京的“许多茶馆都设有一百多个座位的厅堂，是专门用作听说书的场地，每个座位的价格一般是 2 个铜板。所得利润的 20% ~40% 归茶馆老板。双寒冰是北京最有名的说书人之一，据说一天收入约有 1000 个铜板（7. 25 元）进账的记录。那些没有这么出名的说书人，一天也能赚到 300 ~ 600 个铜板（2. 15 ~ 4. 35 元）不等”④。冯毅之（1908—2002），山东青州人，中共党员，历任北平左联组织部长、鲁中区文艺协会主任、青州市市长、中共山东省委文艺处处长、山东省文化局局长兼党组书记、山东省文联主席兼党组书记、山东艺术学院院长等职，20 世纪 30 年代初他在北京干过一段时间人力车夫，曾说：“拉车的生活使得我了解到车夫的思想感情和爱好，不但与富有的资产阶级不同，与小资产阶级和知识分子也不同。他们没有奢望、没有幻想，只求温饱。他们对于豪华的游乐场、影院、戏院是不敢想的。喜爱的是有五花八门杂艺的天桥和街头巷尾的小饭摊。到天桥去花

① 田蕴瑾：《最新北京指南》，自强书局 1938 年版，第一编：第 9 页。

② ［美］西德尼·D. 甘博：《北京的社会调查》，陈愉秉、袁佳等译，中国书店 2010 年版，第 236 页。

③ 田蕴瑾：《最新北京指南》，自强书局 1938 年版，第一编：第 8 页。

④ ［美］西德尼·D. 甘博：《北京的社会调查》，陈愉秉、袁佳等译，中国书店 2010 年版，第 236 页。

不了几个钱就可以看到云里飞的滑稽表演、大金牙的洋片和粗俗逗趣的相声，以及杂耍、武术、高跷等各种各样使人心情舒畅精神愉快的民间艺术项目。”①时人描述在天桥游乐见闻和感受，“天桥的游人的确拥挤，中下级人为多，游人大部分抱着消遣来的，所以玩艺场比任何场所多，游艺场里以大戏和大鼓最占势力”②。

（3）庙会、街头巷尾的杂耍场观众拥挤。在街头巷尾、商场内、庙会上观赏艺人表演也是北京市民的重要消遣方式。

清末民初北京的庙会已发展成为以祭祀鬼神为缘由，以提供传统娱乐活动为号召，定期开展的商业性活动，十个庙会就是一个移动的大众娱乐市场，“每个庙的庙会选在专门的日子，通常每十或十五天一次。除非寺庙有专门的节日，一般情况下，一次庙会不超过两天。因为每个庙会的开放时间不相同，商人们就从一个市场转到另一个市场，每个月里几乎每天都是很忙碌的。每当这些庙会开放时，一定会演出娱乐节目，参加表演的有：说评书的、摔跤的、演魔术的、唱戏的，有时还会有教育部的讲师讲演。热闹的场面以及表演者的表演刺激着很多人，为他们提供娱乐”③。如20世纪30年代北京的隆福寺庙会，每逢九日起会，会期四天，杂技摊中以麻子之赞罗圈、栗庆茂之滑稽二黄为最佳④。白塔寺庙会“杂技场中有相声、小戏、魔术”⑤。护国寺每月初七、初八两日为庙会之期，杂技与其他庙会无异，“西城之市民多视此地为消遣遛弯之所”⑥。每次庙会游客众多，有竹枝词描述庙会上人来人往，极为拥挤，“逛庙常是人拥人，汗出头上挂灰尘。猛看好似小鬼样，不知游者为何辛”⑦。北京的几个市场中都有杂技场，场内有各种各样的传统游艺项目。北城区平民商场内的杂技场中有“露天戏、大鼓书、相声均系摆设地摊”⑧。东安市场东面有杂技场场内有“唱小戏、鼓书、魔术、武术、说相声林立”⑨。

---

① 陈明远：《文化人与钱》，百花文艺出版社2001年版，第110页。

② 昭恺：《北平的天桥》，《大公报》1930年4月7日，第10版。

③ ［美］西德尼·D. 甘博：《北京的社会调查》，陈愉秉、袁佳等译，中国书店2010年版，第220－221页。

④ 田蕴瑾：《最新北京指南》，自强书局1938年版，第一编：第15页。

⑤ 田蕴瑾：《最新北京指南》，自强书局1938年版，第一编：第18页。

⑥ 田蕴瑾：《最新北京指南》，自强书局1938年版，第一编：第18页。

⑦ 雷梦水等编：《中华竹枝词》，北京古籍出版社1996年版，第399页。

⑧ 田蕴瑾：《最新北京指南》，自强书局1938年版，第一编：第11页。

⑨ 田蕴瑾：《最新北京指南》，自强书局1938年版，第一编：第15页。

2. 华北其他城市传统娱乐消费情况

（1）戏剧消费情况。看戏也是天津等城市居民的重要娱乐活动，20 世纪二三十年代天津城市有价位高、装修豪华的戏院、剧场数家，演旧剧的剧场有中原大剧场、春和大戏院、北洋大戏院、华北大戏院、天华景戏院、天外天戏院；上演什样杂耍及新剧的茶园有歌舞楼、天晴茶楼、燕乐升平、聚华茶园、聚英茶园、天会轩、天乐评戏园、小广寒茶园①。不同身份地位、收入水平的市民都能在天津找到适合自己的看戏场所，如"三不管"内表演的各种小戏是为满足劳工阶层看戏需要的。就剧种而言，蹦蹦戏最受天津中下社会和妇孺的喜爱，"这种玩艺在风雅之士讲起来当然不足以登大雅之堂，但是那些太太奶奶们以及大人先生们目光里的中下社会中人，差不多都极端的欢迎，而且全看戏看上了瘾"②。租界里的新明大戏院、天天舞台、劝业场的天乐园"几乎每天都是满座"，蹦蹦戏多半从民间流行的小说取材"大受北方一部分社会的欢迎"③。此外，落子馆（在天津也称坤书场）深受大众欢迎，馆内"凡演唱者皆系二等妓女，内有新戏、旧戏、大鼓、时调、小曲等，价目皆系一角，小账每位四五枚"④，差不多天天可以卖满座，第一个原因是票价卖得便宜，第二个原因是可以藉此饱餐秀色，不过这种园子观众对于座位的舒服不舒服都不在乎，"总是满满的塞足一园子，本来也是上落子馆去听玩艺的，你就再挤得他难过些，他也乐意"⑤。

保定为京汉铁路上的重镇，距离北京、天津都比较近，直奉战争后军阀势力逐渐向该市转移，城内商务人口大增，戏剧消费需求显著增长，城市内外设立剧场 3 处，即大舞台、湖广会馆、南城公园，其中"戏价以大舞台最廉，池座每客 20 枚"，"南城公园戏价每座 60 枚，坤伶以程筱能、传花仙为最优"⑥。保定娱乐场所管理规范程度低于天津，在天津禁演的"淫戏"在保定可以光明正大地上演，"如卖胭脂、富春楼、拾玉蚀、日月图等连日演唱无忌"⑦。

看戏也是塘沽市民的重要娱乐。据林颂河 1926 年对塘沽久大精盐工厂 86 位住厂工人的调研，得出"大多数工人仍然喜好看戏听书，塘沽本没有固定的

① 《申报年鉴 1933》第三册，上海书店出版社 2012 年版，第 269 页。
② 《蹦蹦戏漫话》，《大公报》1929 年 9 月 25 日，第 15 版。
③ 《蹦蹦园中杂话》，《大公报》1930 年 2 月 13 日，第 9 版。
④ 古学谦：《天津指南》，新华书局 1922 年版，卷下：坤书场。
⑤ 《娱乐场的零碎话》，《大公报》1929 年 1 月 14 日，第 10 版。
⑥ 奋鹏：《旅保见闻记》，《大公报》1925 年 6 月 7 日，第 6 页。
⑦ 奋鹏：《旅保见闻记》，《大公报》1925 年 6 月 7 日，第 6 页。

戏班，遇有经过的小戏班，就临时演唱些日，15 年（1926）春天有一班蹦蹦戏在塘沽新街长久演唱起来”①。

山西省省会太原戏剧消费情况和保定相仿，有戏园三四家，其中承庆园存在时间最长，“演京调二黄”，生意尚可，山西大戏院、鸣盛楼、新化茶园则“时演时停”，戏园所演唱者“以京调为最多，本省之蒲州、北路、中路、上党、河北蹦蹦等剧次之”，票价“以承庆园为最高，包厢五元，甲票五角，乙票三角，丙票一角五；鸣盛轩包厢三元，甲票四角，乙票二角五角，丙票一角。新化茶园包厢二元，甲票三角，乙票二角，丙票一角”②。

（2）书场茶园生意兴隆。天津除有随处可见的清茶馆外，还有众多提供曲艺表演的茶馆，也称“茶园”“书场”。天津是曲艺之乡，不仅有众多曲艺名家，且拥有大批忠诚的观众，也出现一批著名茶园，如燕乐升平茶园集中国传统杂耍之大成，“内分大鼓、相声、魔术、耍坛子、耍叉、毽子等新技，且廉价，每日观众恒形拥挤”③。再如聚华茶园内娱乐项目质量高，茶价便宜，生意兴隆，“津埠南市一带娱乐场中上座之拥挤，以聚华茶园为最，其致胜之主力军，厥为压场之一出新旧参半的文明戏，而以朱侠影、陈玉秋为中坚”④。有些茶楼提供餐饮、读书看报服务，如玉壶春。一位到过天津的游客在玉壶春茶楼午餐，对该茶楼的评价极高：“较青莲阁雅洁多多，所做各样点心及饭菜亦颇可口，雅座每间茶资四毛、散座则仅十四枚。陈设均甚完备，电话、电灯、电扇均有且购置新闻纸二份，任人阅览焉。”⑤

书场听书也是塘沽市民最为重要的娱乐方式。据林颂河 1926 年对塘沽久大精盐工厂 86 位住厂工人的娱乐活动调研，得出多数工人喜好听书，“塘沽说书馆，共有两处，也如同北京书茶馆一样，很受劳动界的欢迎。住厂工人没有其他合宜的娱乐场所，戏馆书馆便是他们常到的地方，他们的娱乐费用也以这两项为主要项目”⑥。

听书也是太原的主要消遣形式。山西人因盛产煤，通常在家饮茶，“所以茶馆设备，虽在省会亦很少见”，以茶馆为业者多与戏园或书场合作，“如承庆茶

---

① 林颂河：《塘沽工人调查》，李文海主编：《民国时期社会调查丛编》城市（劳工）生活卷，福建教育出版社 2005 年版，第 836 页。

② 山西民社编：《太原指南》，北平民社 1936 年版，第 151－152 页。

③ 《南市之燕乐升平》，《大公报》1930 年 2 月 17 日，第 9 版。

④ 《聚华杂记》，《大公报》1929 年 10 月 26 日，第 10 版。

⑤ 抱真：《续京浦游记》，《大公报》1925 年 10 月 20 日，第 6 版。

⑥ 林颂河：《塘沽工人调查》，李文海主编：《民国时期社会调查丛编》城市（劳工）生活卷，福建教育出版社 2005 年版，第 836 页。

园、新化茶园演唱新旧各剧。威发、豫晋、三义等茶园，则为短剧和书场，其茶资，前者在票价中，倘中间换茶，须再加资一角左右；后者之茶资，约计铜元十枚至二十枚，茶之种类及等次随意。太原民众教育馆成立后，极谋市民之方便，于中山公园内辟民众茶社，茶资极廉，计铜元十五枚。并规定某时演讲，某时说书以娱乐来者"①。太原坤书场，所唱为大鼓书、时调、小曲二黄及各种梆子腔、秦腔等，流动露天书场演出，"最多者夏日在东海子、西海子，冬季则以大中楼上及柳巷百货商场，开化市东夹道等地，通常多设备有茶水及干果等。每日均于午后演唱，每奏一曲，索钱一次，随意付给，捧角点曲者，需洋六角或八角，有喜庆事者，亦可应招"②。

（3）杂耍场的喧嚣。天津为北方的工业、进出口贸易等中心，有几十万收入微薄的工人、人力车夫等劳工群体，为满足这一群体的娱乐需要，形成了"三不管""新三不管"等几个以下层劳工为消费对象的娱乐场。"三不管"内充斥多种低俗娱乐，如"新三不管"内有从外国弄来一种极小透明的外国模特照片，和电影片差不多，装在瓶子里透视过去便可放大，中间有外国名胜的照片，而最受欢迎莫如裸体美人，每 2 个铜子便可以赏鉴一下，看的人很多。此外，还有些拉洋片的，即用一只木箱，木箱下开着许多圆孔，孔中镶以镜片，从这里边便可以看见箱中奇景，箱上有广告样片，但大半都是些给人以不良印象的照片……看这种洋片的地方亦有六七处之多③。

天津的平民消遣场所，合计起来"有 30 场子至 50 场子之多，平均以 40 场子计算，每场子又分晨午晚三场，每场子以每场 200 人计算得听者 600 人，即每日 40 场子总计为 2400 人"④，主要有东兴市场、新三不管、鸟市、地道外、谦德庄、北开、贺家口等。

此外，庙会不仅是北京居民的重要娱乐场所也是华北其他城乡居民的娱乐盛举，如太原庙会上，有说书的、表演西洋镜的，西洋镜即两倍或三倍之放大镜，"映照各种像片之谓也。其形式以木匣装置，前边镶一镜头，后面罗杂像片，递次换映"，"每观一次需铜元四五枚至十余枚"⑤。

---

① 山西民社编：《太原指南》，北平民社 1936 年版，第 142 页。
② 山西民社编：《太原指南》，北平民社 1936 年版，第 153 页。
③ 《郭庄子民众娱乐场：千奇百怪的新新三不管》，《大公报》1930 年 2 月 10 日，第 9 版。
④ 《劳苦大众的娱乐场所》，《大公报》1933 年 3 月 19 日，第 13 版。
⑤ 山西民社编：《太原指南》，北平民社 1936 年版，第 153 页。

（三）华北地区城市现代娱乐消费情况

这一时期弹子房、舞厅等娱乐活动在华北地区兴起。天津打弹子热在清末已经形成，英敛之经常和朋友击球，应该就是指打台球。20世纪二三十年代打弹子风气在天津更浓，如劝业场四楼的天纬球社是小资产阶级的娱乐场所，专设美貌女招待陪客人们打球，“装饰得也十分清洁，里边共设有球台九座”①。北京1908年前几乎没有台球，但是民国初年打球风气已经很浓，1919年“已经有17个台球厅，79个球台”，各家生意都非常兴隆，“许多顾客在台球旁一待就是二三个小时，有的甚至可以待到四个小时。而且一般说来，球台边极少有只是看看而已”②。

20世纪二三十年代交谊舞在天津、北京有钱有闲青年中流行。《大公报》有文说：“一般沾洋气的饭店因为想求事业上的发达，经济上的胜利，不得不有极精美的跳舞场，去迎合一般自以为新青年人们的心理，所以这些爱出风头的男男女女们如癫似狂，争先恐后去学习跳舞”，“跳舞场中的人才多半是小姐少爷或是少奶奶们，家里过的安闲日子整天没有事情做。怎么不想找这些地方去开开心呢？”③ 有竹枝词描述天津夜晚舞厅的场景：“婆娑蹈舞夜登场，一曲熏风送汗香。座有乡人恍然悟，原来蹦蹦出西洋。”④ “蹦蹦”指跳舞，竹枝词描绘当时天津饭店常有跳舞。

赛马等娱乐消费也得到北京、天津居民的欢迎。清末从英敛之、孙宝瑄日记都能看出当时观看赛马热潮在北京、天津已经形成，民国时期更加狂热。如天津观看赛马的风气更浓，华商见有利可图，也跟风开设了跑马场。西人跑马场在梁家园，华商跑马场在南开，有竹枝词形象描述，“早辟西商跑马场，春秋今又赛华商。性如彩票人争购，绿女红男举国狂”⑤。

此外，外国戏、马戏等也在北京、天津赢得市民的喜爱，如外国的马戏团得到人们的追捧，“东洋马戏赌争先，绳橛唐梯自古传。急讶美人天上落，身轻于燕远秋千”⑥。绳橛，即碾轮于绳上。上唐梯，即上高竿，空际飞舞眩目惊心。

---

① 《天津劝业场的天纬球社一瞥的感想》，《大公报》1933年6月29日，第13版。

② ［美］西德尼·D. 甘博：《北京的社会调查》，陈愉秉、袁佳等译，中国书店2010年版，第244页。

③ 弃舍：《跳舞：我的跳舞观念》，《大公报》1927年7月13日，第5版。

④ 雷梦水等编：《中华竹枝词》，北京古籍出版社1996版，第521页。

⑤ 雷梦水等编：《中华竹枝词》，北京古籍出版社1996版，第495页。

⑥ 冯文洵：《丙寅天津竹枝词》，雷梦水等编：《中华竹枝词》，北京古籍出版社1996版，第495页。

（四）游艺场在北京和天津的发展

20世纪初期游艺场在上海兴起后，其经营模式很快在北京、天津等城市被推广。北京的新世界为四层大楼，位于先农坛的北面，据甘博调研，“该中心提供一系列娱乐活动，入场券每张售价30个铜板（儿童每人15个铜板）里面有两个大剧院，分别演出新、旧不同风格的戏剧，还有两三个小型剧院，供歌女和说书人向观众演出。在大空场上有杂技和武术的表演，中午和傍晚时放映电影。除此之外，还有中餐厅和西餐厅、茶室、台球厅，有一条装有哈哈镜的长廊和放映各种图片的投币游戏机。这些图片中很多内容相当粗俗，但是还够不上伤风败俗”，为扩大中西餐馆的营业额，“持有西餐就餐券者可以看所有表演并享用一顿西餐，西餐就餐券售价1元，中餐券售价50分，月票的售价是5元”①；营业时间从早上11：00到夜里0：00，“平常日子游客的平均数为2000人，周六和周日可达到4000人。但是，近来自南城娱乐园开张以来，这里的游客人数大约下降到一天1000人”②。北京南城娱乐园，设在先农坛内，提供的娱乐项目有：“电影、上海地方戏、剧院的演出以及餐馆等设施与新世界完全相似。平时入园人数平均在4000人，而周六、周日则达6000人”，营业时间上午11点到晚上11点，门票也是30分一张③。刘成志夫妇多次带孩子到南城游乐园游玩，如1925年9月6日“下午偕内人两儿游城南游艺园，在味根斋吃点心，游毕至青云阁购物”④；11月8日“下午三时偕内人两儿游城南游艺园，在杂要场看刘保全、华子元、张春臣、焦德海、广阔臣等大鼓书”⑤。

天津游艺场也比较发达。1922年《天津指南》内记载游艺场有张园、游艺津会、大罗天、学界俱乐部、陶园5所，主要游艺项目有大鼓书、口技、活动电影、文明新戏、文武戏法等，还提供中西大菜（即餐饮服务），游戏场价目一角二角不等⑥。此外，还有一批商娱结合的综合娱乐场所——屋顶花园。天祥、

① ［美］西德尼·D. 甘博：《北京的社会调查》，陈愉秉、袁佳等译，中国书店2010年版，第249页。

② ［美］西德尼·D. 甘博：《北京的社会调查》，陈愉秉、袁佳等译，中国书店2010年版，第250页。

③ ［美］西德尼·D. 甘博：《北京的社会调查》，陈愉秉、袁佳等译，中国书店2010年版，第250页。

④ 《新民堂日记》（1925年至1926年上），沈云龙主编：《近代中国史料丛刊续编》第35辑，文海出版社1976年版，第2394页。

⑤ 《新民堂日记》（1925年至1926年上），沈云龙主编：《近代中国史料丛刊续编》第35辑，文海出版社1976年版，第2458页。

⑥ 古学谦：《天津指南》，新华书局1922年版，卷下游艺场：第25页。

中原、张园、小世界一到夏季都把娱乐项目搬到屋顶上，游客众多。天祥屋顶游艺园，分新剧电影及杂要、魔术三部。劝业场的屋顶游艺场，把白天天宫的电影、天华景的大戏、天会轩的杂要、共和厅的苏滩等到晚上一齐搬到屋顶上。中原公司的屋顶花园，有文明大鼓、电影等。张园有电影、清口文明戏、十样杂要；小世界内，有新剧、杂要、露天电影，门票售三十八个铜子①。上述屋顶花园上的游艺场生意兴隆，其中劝业场的天外天游艺场开幕以后每日顾客盈门，"该场六层楼以上均为屋顶花园之范围，统名曰'天外天游艺场'、内容除原有之'共和厅'仍唱申滩外、另辟'卧月楼'、'舞风台'、'齐云亭'三处。'卧月楼'面积最为宽大，台上所演者为陆凤翔父子之说书及李氏三文（文英、文美、文君）之苏滩、陆家母女（美云、紫娟等）之文明戏。'舞风台'则有群芳大会之皮簧、银姑娘之梨花大鼓、王福林之文武戏法，各项游艺可谓五花八门，应有尽有。而'齐云亭'则更演电影以供嗜观影片者之欣赏。各处均设藤椅、极为舒适。就中以'卧月楼'之苏滩、文明戏，座客比较最多，文明戏以陆美云为中坚人物，而苏滩男女各角亦均加入扮演，连夕所演'婚姻鉴'、'郑元和'等剧，均饶有兴致，听者忘倦，长夜无事倚榻啜茗，听曲观剧，竟日工作之烦劳大可藉此消散，而入场券总共不过两角，佳茗一壶铜元二十枚，诚为浔暑中纳凉之胜地也"②，"自开幕后每晚观众总计可达3000人"③。中原游艺场环境清洁，"票价低廉，实为津市各娱乐场之冠，据闻每日早晚两场，全部收入最高纪录约在千元有奇，最少亦达六七百"④。

二、华东地区城市娱乐消费的增长情况

华东地区是通商口岸城市比较集中的地区，也是近代中国资本主义工业兴起比较早且比较集中的地区，20世纪二三十年代该地区在上海的辐射和带动下，工业化、城市化发展速度进一步加快，主要城市娱乐消费呈现繁荣景象。

（一）电影消费热以上海为中心在整个区域兴起

华东地区是中国电影消费需求出现最早的区域，1897—1907年先后有美国电影商人雍松、西班牙商人加伦白克和雷玛斯等携带放映机和影片多次赴上海及其周边城市放映。

---

① 《应运而生的几个消暑的场所》，《大公报》1930年6月2日，第8版。

② 《天外天纪游》，《大公报》1929年6月23日，第10版。

③ 《天外天游人最盛》，《大公报》1929年6月29日，第10版。

④ 《游艺杂碎》，《大公报》1935年8月6日，第13版。

1. 上海的电影消费热潮

清末电影消费热潮在上海已经出现，电影与中国传统的戏剧相比具有独特的优势，是现代工业文明发展的产物，观众能在看电影中获得全方位的感官满足、精神愉悦且能学习文化知识等，20 世纪二三十电影已在上海居民“娱乐生活中占据了最高的位置”①，有竹枝词描述看电影感受，“浊世休论爱与憎，且将电影做良朋”②。为满足不同收入阶层、不同教育水平居民观看电影的需要，面向各个收入群体和不同教育程度的电影放映场所在上海应运而生，到 1927 年上海有就有电影院 38 家，即九亩地大戏院、凡尔登露天大戏院、上海大戏院、大和影戏园、大华花园影戏场、大世界、小世界、中山大戏院、中央大戏院、中美影戏院、中华大戏院、永安天韵楼、北京大戏院、世界大戏院、卡尔登影戏院、卡德影戏院、共和影戏院、先施乐园、百星大戏院、金星大戏院、青年会、东华大戏院、虹口大戏院、神仙世界、夏令配克大戏院、恩派亚戏院、通俗影戏院、闸北影戏院、万国大戏院、新中央戏院、新爱伦影戏院、新世界、新新花园、爱普庐影戏院、圣乔治露天影戏院、奥迪安大戏院、宝兴影戏院、东和活动写真馆③。由上所述能看出，20 世纪 20 年代上海不仅有高档电影院，而且有露天电影院，以及大世界、小世界、永安天韵楼、先施乐园、神仙世界、新世界、新新花园等游戏场内平民化票价的电影放映院。在电影热的刺激下，20 世纪 30 年代上海电影院进一步发展，1934 年《上海市指南》中列出的电影院就有 45 家④。一般情况下，上海的电影院每日开映三次，价格“日戏二角、四角、六角最为普通，夜戏三角、五角、七角之价最为普通，亦有每人座价高至二元三元者”⑤。据统计 1937 年上海全市共有电影院 48 家，座位数有 43692 个⑥。从电影院数量增长情况，可以侧面反映出电影消费热在上海持续高涨的情形。

课题组以鲁迅为典型案例分析 20 世纪二三十年代上海居民的电影消费热的高涨情形。鲁迅是 1927 年 10 月 3 日偕许广平抵达上海的，之前他在北京（1912 年 5 月至 1926 年 8 月）、厦门（1926 年 9 月至 1926 年 12 月）、广州（1927 年 1

① 上海通社：《上海研究资料续集》，上海书店 1984 版，第 538 页。
② 刘豁公：《上海竹枝词》，雕龙出版社 1925 年版，第 51 页。
③ 《影戏院总表》，第 29 - 33 页，见甘亚子、陈定：《民国十六年中华影业年鉴》第一集，中华影业年鉴 1927 年。
④ 沈伯经、陈怀圃编：《上海市指南》，上海中华书局 1934 年版，第 164 - 166 页。
⑤ 沈伯经、陈怀圃编：《上海市指南》，上海中华书局 1934 年版，第 164 页。
⑥ 根据屠诗聘《上海市大观》下，上海中国图书馆志公司 1948 年版，第 40 页计算。

月至9月）时，偶尔看一两次电影，但是到上海后，受上海电影消费热潮及良好的消费环境影响，看电影成为鲁迅家庭及其朋友们的主要休闲娱乐方式。

鲁迅到上海第一个月即十月，就与许广平、三弟（周建人）等到电影院看了5次电影，即7日晚邀小峰等饮于言茂源，饭毕同观电影于百新（星）戏院。8日夜，同三弟、广平往中有天饭，饭讫百新（星）戏院观影戏。17日看影戏。22日夜，同三弟及广平观电影。25日夜同三弟及广平至日本演艺馆观电影①。为进一步考察鲁迅家电影消费情况，课题组对他1934年、1935年两年日记中记录的电影消费情况进行梳理、归纳，并制成表3-4。

表3-4 1934—1935年鲁迅家电影消费一览表

电影院	时间	陪同者	电影
上海大戏院（9次）	1934年1月7日 1934年2月20日夜 1934年4月16日 1934年5月4日 1934年10月11日夜 1935年1月29日 1934年4月2日下午 1935年5月4日下午 1935年8月17日	广平、三弟、蕴如等 广平 广平 广平、三弟、蕴如 广平 广平、海婴 广平、海婴 广平、海婴 广平、海婴、蕴如等	《Ubangi》 — 亡命者 拉斯普丁 傀儡 抵抗 金银岛 玩意世界 粤剧
威利大戏院	1934年2月19日夜	广平	—
虹口大戏院	1934年2月22日午后	广平、海婴、何太太、碧山	—
金城大戏院3次	1934年3月22日夜 1934年10月14日夜 1935年11月3日	广平 广平 广平	兽王历险记 海底探险 钦差大臣
卡尔登戏院6次	1934年3月29夜 1935年4月30日 1935年9月8日夜 1935年11月3日下午 1935年11月10日 1935年11月26日夜	广平 广平、三弟、蕴如 广平、河清 广平、海婴 广平、海婴 广平	— 《荒岛历险记》下 Non - Stop Renue 海底探险 Angkor 蛮岛黑月

① 鲁迅：《鲁迅全集》第16卷：日记，人民文学出版社2005年版，第41-43页。

续表

电影院	时间	陪同者	电影
南京大戏院 7 次	1934 年 4 月 2 日夜 1934 年 6 月 14 日夜 1934 年 9 月 23 日 1934 年 10 月 16 日 1935 年 8 月 5 日夜 1935 年 8 月 14 日 1935 年 11 月 24 日	广平 季市、广平 内山及富人等 广平 广平、蕴如、三弟 广平、海婴 广平、海婴	— 富人之家 泰山情侣 VIVA VILLA 剿匪伟绩 野性的呼唤 寻子伏虎记
融光大戏院 11 次	1934 年 4 月 3 日午后 1934 年 6 月 23 日 1934 年 6 月 30 日 1934 年 10 月 22 日 1935 年 4 月 8 日夜 1935 年 4 月 9 日夜 1935 年 4 月 11 日夜 1935 年 10 月 27 日下午 1935 年 11 月 13 日夜 1935 年 11 月 15 日 1935 年 12 月 29 日夜	广平、海婴等 广平、蕴如、三弟 广平、蕴如、三弟 广平 广平、蕴如、三弟 广平 广平、蕴如、三弟 广平、海婴 广平、三弟、蕴如 广平 广平	四十二号街 爱斯基摩 豹姑娘 奇异酒店 《珍珠岛》上集 海底寻金 《珍珠岛》下集 漫游兽国记 黑衣骑士 “G” Men Clive in India
大上海戏院 4 次	— — — —	广平、蕴如、三弟 三弟、广平 广平、海婴、阿霜 广平、三弟、蕴如等	锦绣天 虎魔王 降龙伏魔 金刚之子
新光大戏院 7 次	1934 年 5 月 5 日 1934 年 5 月 25 日夜 1934 年 5 月 31 日夜 1934 年 11 月 6 日夜 1934 年 8 日夜 1935 年 4 月 5 日 1935 年 5 月 11 日	广平 广平 广平 广平 广平 广平、三弟、蕴如 广平、三弟、蕴如等	阿丽思漫游奇景记 — 苏联电影《雪耻》 科学权威 《科学权威》后集 Baboona 兽国寻尸记
巴黎大戏院	1934 年 6 月 2 日夜 1935 年 10 月 3 日	广平、蕴如、三弟 广平	魔侠吉诃德 黄金湖

续表

电影院	时间	陪同者	电影
光陆大戏院 5次	1934年6月15日夜 1934年10月10日夜 1935年3月11日夜 1935年4月20日午后 1935年6月29日下午 1935年10月1日 1935年11月12日夜	广平 广平 三弟、蕴如、广平 阿菩、广平、海婴 蕴如及其孩子、广平、海婴 广平 广平	— 罗宫绮梦 美人心 米老鼠儿童片 米老鼠影片凡十种 南美风光 菲州战争
中央戏院	1934年10月1日	广平、内山夫妇等	金刚
大光明戏院	1935年1月2日 19359月27日下午	广平、内山夫妇 广平、海婴	CLEOPATRA 十字军英雄记
丽都大戏院	1935年2月16日 1935年3月12夜 1935年10月27日夜 1935年10月23日	广平、海婴 广平 广平、河清 广平	泰山情侣 金银岛 电国秘密 《电国秘密》下集
国泰大戏院	1935年12月11日	广平、海婴	仲夏夜之梦

资料来源：根据鲁迅：《鲁迅全集》16卷：日记，人民文学出版社2005年版，第427－584页整理。

由表3－4能看出鲁迅和亲友们1934年、1935年两年间到上海15家著名影院消费了60次，其中在融光大戏院11次，上海大戏院9次，新光大戏院7次，其他影院33次。和鲁迅一起看电影次数最多的是许广平和他三弟夫妇。也由此，可以看出鲁迅看电影的目的是和家人一起消遣。

2. 华东地区其他城市电影消费情况

（1）南京市电影消费情况。1927年6月国民政府颁布《南京特别市暂行条例》，确定南京为特别市。南京成为全国的军事中心和行政中心后，南京的中高收入群体随着国民政府军事、行政等机构的迁入以及文化教育事业等的发展，人数迅速增多，规模不断扩大，在一定程度上带动了电影消费需求。1927年南京城内有电影院3家，即百利大戏院、秀山公园游艺场、青年会①。1928年国

① 《影戏院总表》，第22页，见甘亚子、陈定：《民国十六年中华影业年鉴》第一集，中华影业年鉴1927年。

民政府正式迁都南京，1929 年南京城内电影院增加到 7 家①，1934 年增加到 13 家，即新都大戏院、首都大戏院、国民大戏院、世界大戏院、陶陶大戏院、明星大戏院、光华大戏院、南京大戏院、民业公司、城中大世界、中央电影分院、皇后大戏院、石头露天影戏院②。从电影院增加的趋势可以侧面看出，南京市民电影消费需求呈扩大趋势。

20 世纪 30 年代南京电影消费平民化、大众化发展趋势明显。由电影院的票价能看出，电影院以大众为目标市场：国民大戏院票价自三角至六角，世界大戏院票价自三角至四角，首都大戏院票价自三角至五角，南京大戏院、明星大戏院、京华大戏院票价自二角至三角③，由上所述可看出南京市电影院票价很少有超过一元的，而上海、北京、天津的高档电影院票价高的达到二三元。南京电影院装修豪华，设施先进，冬天有取暖装置，夏天有冷气，且票价较低。有一广州市民 1937 年谈到他在南京看电影的感受，认为南京电影院的设备优于广州，“南京之新都、首都等影院有冷气有暖气”，“我还记得去年在南京遇了天气炎热到不堪的时候，每日几乎例花数角钱去看影画（广州人称电影为影画或画片——引者注）藉以避暑”④。

（2）江苏的电影消费情况。江苏因距离上海近受其影响比较大，民国时期多数城市都建有电影院，如镇江建有南京大戏院、无锡建有电影院 4 所、苏州（民国时称吴县）有电影院 4 所，常熟、武进、松江、铜山也建有电影院⑤。

（3）浙江的电影消费情况。由电影院的数量和分布能看出浙江电影消费也呈增长趋势，1927 年杭州有电影 4 家，即大世界、西湖商场影戏园、杭州影戏院、青年会⑥。20 世纪 30 年代浙江省电影院增加到 15 家，其中，杭州 4 家，永嘉县有电影院 5 家，鄞县有电影院 2 家，绍兴、兰溪、余姚、吴兴各有电影院 1 家⑦。由杭州电影院票价也能看出以大众为目标群体：映中国片兼西片，有时

---

① 《娱乐场所之统计》，《首都市政公报》1929 年第 48 期，第 6 页。

② 中国电影协会：《中国电影年鉴 1934》（影印本），中国广播电视出版社 2008 年版，第 884 – 885 页。

③ 南京市政府秘书处编：《新南京》，南京出版传媒集团南京出版社 2013 年版，第 148 – 149 页。

④ 山石：《广州电影事业》，《社会科学》1937 年第 5 期，第 28 页。

⑤ 中国电影协会：《中国电影年鉴 1934》（影印本），中国广播电视出版社 2008 年版，第 888 – 889 页。

⑥ 《影戏院总表》，第 33 页，见甘亚子、陈定：《民国十六年中华影业年鉴》第一集，中华影业年鉴 1927 年版。

⑦ 中国电影协会：《中国电影年鉴 1934》（影印本），中国广播电视出版社 2008 年版，第 889 – 890 页。

映有声影片，座分两等：楼下边厅，价二角一分，正厅及花楼，价四角一分，场内售茶，每壶价小洋一角，每日开映三场，每逢星期上午十时优待学界加映一场，凭校证每位大洋二角一分①。

（4）山东和青岛的电影消费情况。山东省的电影院基本集中在省会济南，1914 年济南已有电影院 1 家即小广寒，票价“楼座每人一元，包厢每间四千，楼下每人一千，池座每人六百”；20 世纪 20 年代因上映影片是外国片子而济南能看懂的人不多，多家电影院成立后都因生意惨淡而关门，只有“小广寒”建立早，一家独大，“最低的票价尚须通用洋两元”②。20 世纪 30 年代因国产电影制片业逐渐发达，济南人看电影者逐渐增多，据 1936 年调研电影院增加到 6 家，有座位 2990 个③。

青岛 1891 年建置，曾先后被德国、日本侵占，1922 年青岛收回，归北洋政府直辖。1925 年张宗昌督鲁，擅自将青岛归山东省管辖。1929 年 4 月初，南京国民政府接收青岛，赵戴文建议将青岛设为特别市，理由是青岛的地理位置和自然条件优越，国际化、现代化程度高，工商业和对外贸易发达，4 月 20 日南京国民政府正式批准青岛为特别市。青岛居民收入较高，娱乐消费能力较强，看电影在 20 世纪二三十年代也逐渐发展是大众的重要娱乐方式。1930 年《大公报》描述了青岛居民电影消费逐渐兴起的过程，20 世纪 20 年代电影事业在上海、天津、广州等通商口岸城市已经十分繁荣，而青岛电影事业则并不甚发达，“其第一理由是山东的本地人对于这种艺术的鉴赏还够不到程度，虽有一部分江浙两省迁来的人但大多数是商人，自然没有多大的闲工夫去到那种娱乐场所，因此在全岛上所开设的只有三四家电影院”，而三四家中生意较好的是明星影戏院，“专映外国影片，而去看的人也以西洋人或日本人为多，现在国人往往说国产影片的坏话，说是如何浅薄，如何无价值，因此无形中便把外国的影片捧得如何如何的好，但在青岛则决不能这样说，大部分人总觉得外国影片是看不大懂的，所以这一家‘明星’除了少数的智识阶级之外，中国人去看的实在很少”，另一家则电影院即福禄寿，专映国产影片、生意比了明星影戏院要好一倍，“如红莲寺、空谷兰等国产有名影片到来时，一到开演时间往往挂出客满牌子，两年来这一家电影院所获利息的数目实可惊人，到现在已变为独霸岛上的

---

① 张光剑：《杭州市指南》，杭州市指南编辑社 1935 年版，第 362－363 页。

② 《济南电影业之沿革》，《大公报》1927 年 5 月 5 日。

③ 济南市政府秘书处：《济南市娱乐场所调查统计报告》，济南市政府秘书处编印 1936 年。

唯一娱乐场所了"①。20世纪30年代随着国产电影业的发展，居民娱乐消费观念的转变，青岛居民看电影者越来越多，1935年《青岛指南》记录有电影院5家：福禄寿大戏院、山东大戏院、明星大戏院、五福大戏院、福禄寿分院，各家影院实行循环演映，随时可以购票入座②。

（5）福建省城市的电影消费情况。厦门和福州都是第一批开放的通商口岸城市，也是福建省进出口贸易的重要城市，两市居民的娱乐消费能力和消费水平比国内一般城市要高得多。厦门1927年有电影园5家，即中华茶园、天仙茶园、青年会、鹭江戏院③。1926年9月至1927年1月初鲁迅在厦门大学任教，他在厦门期间也有少量的娱乐活动，活动形式主要为游览名胜和看电影。1926年9月9日游南普陀，12月11日游鼓浪屿④。鲁迅在厦门时看过几次电影：10月10日夜赴全校恳亲会听演奏及观电影；12月3日夜略看电影，为《新人之家庭》，劣极；12月10日夜，略观电影；12月24日夜，看电影⑤。鲁迅在日记中对在厦门5个多月看电影情况记录简略，但也能从中看出看电影已经成为厦门的重要娱乐形式。20世纪30的福州的戏园兼演电影，"戏价自四五角至元半，电影自二三角至一元"⑥。

就全国而言，华东地区是20世纪二三十年代中国电影消费需求增长最快和电影院最为集中的地区。以20世纪30年代初我国有声电影院的分布为例，半数以上有声电影院集中在华东地区。华纳公司1928年7月6日《纽约之光》的拍摄，标志着有声电影的诞生。有声电影诞生后，很快就传入中国，1931年中国16个城市已经建成有声电影院55所，其中上海22所，香港6所，天津4所，广州4所，北平3所，厦门3所，南京2所，汉口2所，澳门2所，苏州、无锡、杭州、青岛、汕头、大连、哈尔滨各1所⑦，即上海、厦门、南京、苏州、无锡、杭州、青岛华东地区7个城市已经建成有声电影31所，占全国有声电影院总数的56%。

（二）传统娱乐消费的繁荣

1. 上海传统娱乐消费的繁荣

观看戏剧演出是近代中国各地城市居民最为重要的娱乐活动方式。19世纪

---

① 《青岛之电影事业》，《大公报》1930年5月11日，第10版。

② 郑拔驾：《福州旅行指南》，商务印书馆1935年版，第五编游览纪要：第24页。

③ 《影戏院总表》，第35页，见甘亚子、陈定：《民国十六年中华影业年鉴》第一集，中华影业年鉴1927年版。

④ 鲁迅：《鲁迅全集》15卷，人民出版社2005年版，第639、649页。

⑤ 鲁迅：《鲁迅全集》15卷，人民出版社2005年版，第640、648、649、651页。

⑥ 郑拔驾：《福州旅行指南》，商务印书馆1935年版，第132页。

⑦ 《我国有声电影事业之调查》，《工商半月刊》1931年第3卷第17期，第29页

六七十年代上海为满足大众观看戏剧消费多元化需要，提供多种剧种的茶园、戏馆纷纷建立。20世纪初期为满足居民戏剧消费品质化需要，现代戏院、剧场在上海纷纷建造，而且出现了综合上演多种传统娱乐项目的娱乐超市——游艺场。20世纪二三十年代观剧、听曲、品茗等仍是上海居民的重要娱乐形式，居民消费的传统娱乐和服务的品种类和数量不断增加，这从上海提供传统娱乐活动的场所数量能得到侧面验证，1931上海有地方戏院20家，平戏院3家，票房29家，书场22家，话剧场2家①。此外，上海很多酒楼、茶楼、游艺场内都设有戏园、书场。一个游艺场就是一个传统娱乐产品和服务的大超市，以大世界为例，游艺项目有：京剧、新剧、南方歌剧（弹词）、滑稽戏、四明文戏、扬州戏、昆曲、电影、苏摊、申曲、锡曲、群花会唱、说书、跑冰场、弹子房15种，票价小洋二角②，即15种游艺类项目中除电影、跑冰场、弹子房外，其他全为传统娱乐活动项目。再如福安游艺场提供的游乐项目主要：京剧、绍兴戏、滑稽戏、新戏、苏摊、申曲、扬州戏、四明戏、说书、群花会唱、弹子房③，即11种娱乐项目中除电影、弹子房外，其他全部为传统娱乐活动项目。

上海还有各种流动的卖唱艺人表演，如“跑酒菜馆、旅馆的歌女们，全沪计之也有一二百人……到达酒菜馆房间时，瞧见客座有人在内聚饮或谈话，她即搴帘而入，不召自至，手持一白布折子，满列平剧剧名，嬲人点戏，每出二角。倘客不允，她必再三歪缠，必坚拒之才悻悻而去”④。

2. 华东地区其他城市传统娱乐消费的情况

（1）南京居民的传统娱乐消费情况。江苏就是中国富庶之地，1928年首都南迁后，大批达官显贵移居南京，在一定程度上带动了传统娱乐消费需求的扩展，截至1929年9月在南京市社会局登记的娱乐场所共计117所，其中室内娱乐场所提供传统娱乐活动的有：清唱19所，说书36处，京剧2处，新剧1处，联合游艺2处；露天娱乐场所：有说书11处，京剧2处，唱书14处，武术4处，提线戏2处，杂耍3处⑤。可见，除电影、弹子房为新式娱乐活动外，其余全为传统娱乐活动。总之，听书、看戏等娱乐形式是最受南京居民欢迎的娱乐活动。传统娱乐活动与电影等西式娱乐活动相比，不仅价位低，且在中国流传已久，形成了稳定的、忠诚的顾客群。此外，根据1933年言心哲对南京1350名

① 上海市地方协会编：《上海市统计》，上海商务印书馆1933年版，社会：第19页。
② 沈伯经、陈怀圃编：《上海市指南》，上海中华书局1934年版，第159页。
③ 沈伯经、陈怀圃编：《上海市指南》，上海中华书局1934年版，第159页。
④ 郁慕侠：《上海鳞爪》，上海书店出版社1998年版，第12页。
⑤ 《娱乐场所之统计》，《首都市政公报》1929年第48期，第6页。

人力车夫的“最喜爱”娱乐活动进行的调研，能得出排在第一位的是戏剧，“看戏”和“听戏”合计占被调研人数的 11.08%，第二位是“听书”，占被调研人数的 8.47%（表 3 -5）。

表 3 -5　1933 年南京市 1350 名人力车夫最喜欢的娱乐活动

娱乐种类	次数	百分比
听书	178	8.47
赌博	145	6.90
看戏	132	6.28
谈天	107	5.09
歌唱	102	4.85
听戏	101	4.80
玩乐器	86	4.09
喝茶	80	3.80
喝酒	73	3.47
下棋	66	3.14
阅书报	64	3.04
听清唱	63	2.10
国技	56	2.66
其他	79	3.76
无特别娱乐者	770	36.63
总计	2102*	99.08*

资料来源：“*”代表原数据合计有误，加以修正后的数据。言心哲：《南京市人力车夫生活的分析》，李文海主编：《民国时期社会调查丛编》城市（劳工）生活卷，福建教育出版社 2005 年版，第 1276 页。

由表 3 -5 还能看出，南京市以人力车夫为代表的劳工阶层娱乐消费偏好多元化特点。从内容上看，无论是听书、看戏、品茗，还是听清唱、看国技等都是中国传统的娱乐活动方式。

1933 年言心哲还对南京市 1350 名人力车夫闲暇时进行的娱乐活动进行了调研，调查结果见表 3 -6。由表 3 -6 能看出，茶馆是人力车夫们闲暇时除“在家外”的重要消遣场所，到茶馆消遣者人数最多，275 人，占被调研人数的 13.66%。南京的夫子庙类似北京的天桥和天津的“三不管”，是劳工阶层闲暇时的主要消遣场所，去这个地方的有165人，占被调研人数的8.2%。去说书处听书的80人，占被调研人数的3.97%。

表3-6 1933年南京市1350名人力车夫闲暇时的娱乐活动

娱乐场所	次数	百分比
在家	690	34.29
茶馆	275	13.66
街上	171	8.50
夫子庙	165	8.20
戚友家	132	6.56
邻舍	93	4.62
说书处	80	3.97
游戏场	73	3.63
公园	70	3.48
旷野	65	3.23
民众教育馆	60	2.98
朝天宫	69	3.42
其他	67	3.32
总计	2010*	99.86*

资料来源："*"代表原数据合计有误，加以修正后的数据。言心哲：《南京市人力车夫生活的分析》，李文海主编：《民国时期社会调查丛编》城市（劳工）生活卷，福建教育出版社2005年版，第1277页。

（2）江苏省城市居民的传统娱乐消费情况。镇江为通商口岸城市，书场听书是市民最主要的娱乐活动方式，据《镇江指南》记录："城内外有书场数十处，类多破桌断凳，污秽不堪，只陶家门一处略为修正，听者多中下流社会人物，其所说之书，大书以三国、水浒等为重，弦词以珍珠塔、双珠凤等为重。……听书费每人正价二十文，茶水二十文，手巾十文。此外，尚有露天书场一种，在黑桥、邹家巷、江边等处，所说者为大鼓者，狂吼乱叫，类多齐东野语，而其魔力则甚大，每日午后，蠢男俗女围坐而听者，每处总有数十人，较之通俗演讲时，有过之而无不及也。"①

苏州虽素有"擅声色之娱"，但因距离上海近，有钱人纷纷赴上海休闲娱乐，"故剧场歌馆寥若晨星"②。苏州居民的娱乐活动形式多样，其中书场听书

① 朱瑾如、童西洋：《镇江指南》，镇江指南社1922年版，第61页。
② 朱揖文：《苏州指南》，苏州文新印刷公司1929年版，附编：第26-27页。

是最受大众喜爱的娱乐活动，著名书场有吴苑、锦阁、茂园、胥园、云霖阁等，“清茗一壶，书签一支不过二百文”①，“书签”是指在书场可以根据自己的喜好选择剧目，即在当时苏州选一个剧目需要 200 文。

（3）浙江省城市居民的传统娱乐消费情况。以省会省市杭州为例，传统娱乐消费也得到一定发展。品茗和游西湖是杭州居民主要的娱乐活动。孙宝瑄每次回老家杭州（他为浙江杭州钱塘人）都游西湖和到茶楼品茗。英敛之、鲁迅、郁达夫等人到杭州都要游西湖、茶楼品茗。西湖每逢佳节，不仅外来游客众多，就连本市居民也倾城而出，如 2 月 19 日为天竺建观音会，杭州市民倾城皆往，吴郡士女亦相约偕来。4 月 8 日为佛家放生日，“士女游湖，争相买龟蛇放生”②。杭州茶闻名于世，“西湖之水，清且洁，龙井之茶，香且郁。每于公余星暇，遨游之余，登高一望，香茗一壶，亦足以畅舒幽情”③。杭州著名的茶社有湖滨的西园、湖山喜雨台，“内设榻椅可静静细谈，又有棋桌弹枱可奕可弹雅玩也”；仁和路的雅园与一乐天，“内设雅座，为一般商人集谈之处”；吴山路是龙泉茶店，“多系水工工头会集之所”；三廊庙的观海楼，临江而设可远望大海，近观怒潇，“每至秋潮时节万人争睹为快，此时售茶不以壶计价，以卖座为标准，每位约一元以上者”④。杭州茶楼的价目“西园、湖山喜雨台、雅园、一乐天、龙泉等以壶计，每壶大约小洋一角”⑤。可见，茶楼不仅是杭州的休闲娱乐场所，还是商人交流信息、聚会的场所。

因受西湖的影响，游艺场在杭州不发达“杭州因有天然胜景西湖之美，故一般人士之娱乐，多取于此，而游艺场之营业，自然不发达矣”⑥。杭州上演戏剧的场所不多，浙江大舞台是杭州影响比较大的现代剧院，是由西湖共舞台改建的，其因营业不佳，一度改放映电影，仍不甚发达，后又重整为戏台，“演平剧，时间分二时七时日夜两场，价约分四等日戏特等五角，头等三角六分，二等一角一分，三等一角一分，夜戏特等六角二分，头等四角一分，三等二角一分，三等一角六分，概以大洋计算，场内售茶每壶小洋一角”⑦。

（4）青岛市和山东城市居民的传统娱乐消费情况。青岛因工商业比较发达，

---

① 朱揖文：《苏州指南》，苏州文新印刷公司 1929 年版，附编：第 27 页。
② 张光剑：《杭州市指南》，杭州市指南编辑社 1935 年版，第 353－354 页。
③ 张光剑：《杭州市指南》，杭州市指南编辑社 1935 年版，第 244 页。
④ 张光剑：《杭州市指南》，杭州市指南编辑社 1935 年版，第 244－245 页。
⑤ 张光剑：《杭州市指南》，杭州市指南编辑社 1935 年版，第 244－245 页。
⑥ 张光剑：《杭州市指南》，杭州市指南编辑社 1935 年版，第 362 页。
⑦ 张光剑：《杭州市指南》，杭州市指南编辑社 1935 年版，第 364 页。

市民娱乐消费能力较强，1933 年《青岛指南》记录市内中外娱乐场所应有尽有，如“京戏院、影戏院、说书场、落子馆、跳舞厅、弹子房、跑马场、俱乐部、篮球会、足球会等皆有相关组织”；京戏院有大舞台和同乐茶园 2 家，其中大舞台座位价目“特等七角，头等四角，二等二角，包厢一元，军警半票，水果、干果每盘二角”；同乐茶园座位价目“日戏头等二角，二等一角。夜戏头等四角，二等二角。包厢全座四元，每位四角。水果、干果每盘一角”①；有落子馆 4 家，其中国民大戏院，演蹦蹦戏，每日分日、夜两场，“价目分五角、三角、一角三等，茶每壶一角，瓜子每碟五分；共和茶园有大鼓书、蹦蹦戏、京戏等，茶资每客二角，戏资随客赏给”；聚仙茶园有大鼓书、蹦蹦戏等，茶资每客二角；国民茶园有京剧、大鼓书等，茶资每客二角，戏价分二角、一角两等②。书场也是青岛市民的重要消闲场所，有说书场多家，即丁德树说书场、王教顺说书场、刘廷乐说书场、赵唐祥说书场、王兰芝说书场、苗心诚说书场、王尚元说书场。此外，如台镇东商业市场、威海路平民市场、莘县路东海楼、海泊路广兴里等处，也有书场，无一定价目，仅为“平民工余娱乐之需而已”③。

济南是山东省会，1936 年全市居民 43 万余，城内共有娱乐场所 42 家，其中戏园 7 家，书词茶社 26 家；戏园有座位共 4249 个，书词茶社有座位共 1804 个。以 1935 年营业看，只有 3 家书词茶社略有盈余，即盈利 453 元，亏损者 18 家，亏损金额 16864 元，无盈亏者 20 家④。济南娱乐场所多亏本，原因是多方面的，最主要原因是经济萧条，市民娱乐消费需求不足制约着娱乐业的发展。

（5）福建省城市居民的传统娱乐消费情况。茶馆品茗、戏园观剧、书场听曲也是厦门、福州居民的主要娱乐活动形式。厦门人口规模虽不大但因其工商业、进出口贸易发达，居民收入水平较高，娱乐消费能力较强，1928 年厦门居民仅有 154367 人⑤，但茶馆有 14 家，茶馆内多兼设汤房，间亦设菜部者，唯中等社会以下之人所涉足⑥，有戏院 8 家，戏价自四五角至元半⑦。

福州居民的娱乐消费活动形式中传统娱乐仍占重要地位。观剧也是福州市民的重要消遣方式，戏班有善传奇、新赛乐、旧赛乐、乐天然、三赛乐、新国

---

① 武康，魏镜：《青岛指南》，平原书店 1933 年版，第五编游览纪要：第 23 页。

② 武康，魏镜：《青岛指南》，平原书店 1933 年版，第五编游览纪要：第 25 页。

③ 武康，魏镜：《青岛指南》，平原书店 1933 年版，第五编游览纪要：第 25－26 页。

④ 济南市政府秘书处：《济南市娱乐场所调查统计报告》，济南市政府秘书处编印 1936 年版，第 1－2 页。

⑤ 苏警予等：《厦门指南》，新民书社 1931 年版，第十篇：第 58－59 页。

⑥ 苏警予等：《厦门指南》，新民书社 1931 年版，第七篇：第 10 页。

⑦ 苏警予等：《厦门指南》，新民书社 1931 年版，第七篇：第 16－17 页

风等，表演各种新剧，有戏园15个①。福州居民也喜爱听书，喜庆时多请讲说平话，“每讲一本约三个小时，价三元至六元不等”。有平话馆多家，平话馆“假较大之各涧殿，陈设桌椅，招待茶烟，每日午后特约平话员演讲俗称说书场。每人坐位价不过六十文左右”②。

（三）游乐场的兴起与发展

为满足城市居民休闲娱乐消费多元化、大众化需要，综合性大型娱乐场——游艺场（也称游乐场、游艺园）1909年在上海出现。1909年由黄楚九等人创办楼外楼开业，标志着中国第一家室内综合性游艺场诞生，其以电梯、哈哈镜、屋顶花园、滩簧、滑稽演出等项目吸引观众。“楼外楼”下面是当时上海著名的剧场——新新舞台，二者相得益彰，生意兴隆。楼外楼的成功使集吃、娱、购于一体的大型室内综合性游乐场，作为一种新型商业业态得以确立。综合性室内游乐场与张园等私家园林（即室外综合娱乐场）相比有两个方面的在出优势：一是能避免雨天等天气原因给消费者带来的不便，二是采取一票制，项目多，价格低廉，如乘坐电梯进场费为2角，如果走盘梯进场则为1角，即一两角钱可以在里面从早玩到晚。

因“楼外楼”地盘小，黄楚九等另外租了一块地建了一座大型游乐场——新世界，新世界的开业带动了上海乃至全国游乐场的大发展。新世界一楼娱乐场所为剧场（演电影和髦儿戏）、弹子房、滑冰场、跑驴场；二楼为小剧场（轮番上演上海本地滩簧、苏州滩簧、宁波滩簧、扬州说书、苏州评弹、宣卷等曲艺，还有时髦的口技、杂耍、文明戏、北方大鼓等）；三楼为屋顶花园，中西餐厅，还发行《新世界报》进行宣传和推广，1915年8月4日开幕，获得巨大成功，还带动了上海乃至全国室内综合性游乐场的大发展③。1915年到1917年上海还有天外天、绣云天、云外楼、花花世界、大世界5家游乐场开业。大世界场内百艺杂陈，自开业后剧场中一直座无虚席，每天售票1万多张④。

游艺场的消费主体为一般市民，这由胡适日记也能得到印证。1921年胡适和几位同事到上海进行招生，闲暇时先后到先施乐园（先施百货公司楼上的游乐场）和大世界游玩，8月22日日记中道，“我们与任光到先施公司的乐园上去一游，上游摩星塔，颇高，风景确不坏。明日当再来”；8月23日，“我与铁

① 郑拔驾：《福州旅行指南》，商务印书馆1935年版，第132－133页。
② 郑拔驾：《福州旅行指南》，商务印书馆1935年版，第133－134页。
③ 沈亮：《大世界：综合性文化娱乐场馆的经营之道》，上海书店出版社2011年版，第24－25页。
④ 沈亮：《大世界：综合性文化娱乐场馆的经营之道》，上海书店出版社2011年版，第3页。

如、觉卿同去游大世界。大世界游人至少有四五千人，确是我不曾想到的。昨日我到先施乐园，见里面看戏和看影戏的都是男女杂坐，不分贫富老少，短衣的人尤多（先施入门只须一角），我颇感动，曾对任光说，这真是平民的娱乐场！今晚见大世界的游人这样多，也有这种感想。这种游戏场确能供应一种平民的需要”①。

郁达夫也经常和朋友到游乐场消遣，如 1927 年 1 月，15 日和王映霞一起“至天韵楼（永安百货公司上面的游艺场）游，人多不得畅玩，遂出至四马路豫丰酒馆痛饮”；20 日夜“已经是十一点钟。我更走到大世界去听了两个钟头的戏”；21 日“去大世界听妓女唱戏”②。

大世界的商业模式在杭州、南京等城市得到推广，南京有游艺场 2 个，即城中大世界和民业公司，票价自一角至二角③。杭州大世界设在新市场仁和路，近湖滨，“内有平剧场、电影场、杭剧场、话剧场、绍剧场、合锦戏，共和厅群芳会唱，爱新社女子苏滩及戏法杂艺等，总门票每人小洋二角铜元十八枚”④。

（四）体育娱乐消费的发展

这一时期体育娱乐消费活动在华东地区主要城市也得到越来越多居民的喜爱，在跳舞、打弹子、游泳等方面都有体现。上海打弹子热出现于 19 世纪 80 年代，20 世纪 20 年代最为流行，之后热度有所下降但仍是上海居民的重要娱乐方式之一。1934 年《上海市指南》指出：“弹子房在上海渐近落伍，远不若十年前之狂热，现在游艺场、大旅馆中犹开弹子房以供游客旅客消遣，木弹每局洋一角，枱弹二角”。⑤ 南京市青年人也爱打弹子游戏，1931 年弹子房 9 所⑥。青岛市也有部分人以打弹子为乐，有台球房 7 个⑦。此外，华东地区主要城市的青年会内基本上都设有弹子房，如苏州青年会内有弹子间、篮球场⑧。

20 世纪二三十年代跳舞热在上海、青岛、南京等城市流行。到舞厅跳舞的，

---

① 曹伯言整理：《胡适日记全编 1919—1922)》第 3 卷，安徽教育出版社 2001 年版，第 443 - 445 页。

② 郁达夫：《村居日记》，见《郁达夫文集》第 9 卷：日记、书信，花城出版社 1984 年版，第 58、62、63 页。

③ 南京市政府秘书处编：《新南京》，南京出版传媒集团南京出版社 2013 年版，第 148 - 149 页。

④ 张光剑：《杭州市指南》，杭州市指南编辑社 1935 年，第 363 页。

⑤ 沈伯经、陈怀圃编：《上海市指南》，中华书局 1934 年版，第 161 页。

⑥ 《本市娱乐场所之统计》，《首都市政公报》1931 年第 78 期，第 4 页。

⑦ 郑拔驾：《福州旅行指南》，商务印书馆 1935 年版，第五编游览纪要：第 28 页。

⑧ 朱揖文：《苏州指南》，苏州文新印刷公司 1929 年版，正编第 37 页。

最初是租界外国人，但到20世纪20年代上海一些有钱华人包括贵夫人、小姐、官僚、富商纷纷进入舞厅跳舞，在跳舞热的带动下一般市民甚至老年人也有进入舞厅跳舞的。郁慕侠（1882—1966），上海青浦人，先后为《时事新报》《沪报》等报纸撰稿，他所著的《上海鳞爪》原来分上、下集、续编三册，由上海《沪报》馆分别于1933年10月及1935年6月出版，记述了20世纪20年代和30年代初上海社会经济变迁和市民的生活状况。1933年出版的《上海鳞爪》上册中记录："跳舞风尚盛于西欧，据说是男女交际上所必需，又为两性间结合的媒介，法国巴黎此风特盛。后来传至沪上，一般专学时髦的男女青年都趋之如鹜。五、六年前的各游戏场、各大旅馆，都另辟跳舞场，供给摩登青年的需要，更雇了中、西舞女以应市，欧式音乐以娱耳。……彼时此风最盛，每天晚上各舞场中莫不舞侣济济，宣告客满"。① 跳舞热中间曾经冷落过几年但不久又流行起来，《续上海鳞爪》记载："在八九年前跳舞潮流曾勃兴过一回，后来不知怎的，忽然衰落了。可是到了最近二三年间，跳舞潮流又风起浪涌，盛极一时，跳舞场的开设虽不及电影院之多，然也有三十多家。到舞场去的朋友，不但是摩登妇女、惨绿少年，而白发盈头、长袍马褂的老头儿也很多很多。最普通的代价，一块大洋可以跳三次，每次只费三角三分，就可和半裸的粉香扑鼻的、婀娜多姿的舞女搂抱接触了。喜欢跳舞的人，大家视为最便宜的娱乐消遣，但是一开香槟，吃些茶点，那就要耗去几块钱或几十块钱，更视为常事。靠此为生活的舞女，现在约略计算，已有两千多人。"② 上海的文人偶尔出入舞厅，1927年郁达夫和朋友也会到舞厅消费，如1月25日"访周氏夫妇不在，知道他们上南国社（舞厅名称——引者注）去了，就去南国社，喝了半夜的酒，看了半夜的跳舞"③。青岛舞厅以夏季跳舞者最多，不过终年设立"以供一般中西摩登青年之需要者，亦复不少"④。

音乐会在上海等地也很受时髦人士的欢迎，夏季一些公园经常组织音乐会并在报纸上大做宣传和推广，如1937年7月9日《大公报》："今晚（星期五）九时，如天气适宜工部局乐队在外滩公园举行铜乐演奏，节目共有舞蹈曲等八项，听众免费入场，惟欲租用特备之座椅者每人纳费二角。"⑤ 霄霓国乐会为研

---

① 郁慕侠：《上海鳞爪》，上海书店出版社1998年版，第21页。

② 郁慕侠：《上海鳞爪》，上海书店出版社1998年版，第137页。

③ 郁达夫：《村居日记》，见《郁达夫文集》第9卷：日记、书信，花城出版社1984年版，第66页。

④ 郑拔驾：《福州旅行指南》，商务印书馆1935年版，第五编游览纪要：第27－28页。

⑤ 《外滩公园音乐会》，《大公报》上海版，1937年7月9日，第15版。

究国乐的团体，得到钱永铭、李根源、吴经熊君夫人等的赞助，1937 年 5 月 17 日在上海兰心大戏院演出获得成功后，5 月 19 日举行第二次公演，票价分四元、二元两种，“听众有川、鄂、湘、皖远道而来者，为国乐界罕有之盛况”①。可见，票价高昂的高雅艺术消费也得到部分消费者的青睐。

上海、南京、杭州等城市游泳也很流行。上海的游泳池最早是公共租界工部局投资兴建的，消费者最初为外侨，后来越来越多的华人纷纷前往，游泳人数逐渐增加。表 3－7 是 1922—1934 年上海公共租界公共游泳池和露天游泳池的游泳人数一览表。

表 3－7　1922—1934 年上海公共租界工部局游泳池游泳人数

年份	公共游泳池	露天游泳池
1922	16297	2823
1923	12891	23490
1924	11181	35257
1925	14459	32718
1926	12637	39498
1927	90435	43716
1928	10172	43826
1929	15682	69755
1930	27652	90456
1931	—	84818
1932	—	24514
1933	—	121140
1934	—	105708

资料来源：《上海市年鉴 1935（3）》，《民国上海年鉴汇编》第 3 册，上海书店出版社 2013 年版，第 298 页。

由上表可以看出，公共租界公共游泳池 1922 年游泳人数为 16297 人，1930 年增加到 27652 人（自 1931 年起因公共游泳池设备不符合现代卫生法停止开放），8 年间到上海公共游泳池游泳人数增加了 11355 人，增长了 70%。1922 年露天游泳池的游泳人数为 2823 人，1933 年增加到 121140 人，11 年间露天游泳

① 《霄霆国乐会今晚再演奏》，《大公报》上海版，1937 年 5 月 19 日，第 15 版。

池游泳人数增加了 119860 人，增长了 42 倍。就两个游泳池游泳人数合计看，1922 年游泳人数 19120 人，1933 年增加到 121140 人，即 11 年间上海市到游泳池游泳人数增加了 102020 人，增长了 5 倍多。需要说明的是上海公共租界工部局建立游泳池是商业性的，是为了盈利而建设的。

20 世纪二三十年代随着社会教育运动的发展，公共体育场、游泳池被因被纳入社会教育机构而得到较快发展。如南京市的市立九龙桥游泳场，平均每日有五六百人，每年开放期由市政府拨发管理费用①，可见南京游泳池是由政府投资兴建的，票价低廉。

此外，观看赛马热清末时上海已经形成，民国时期一直是上海居民重要的娱乐消费方式。华东地区除上海有跑马场外，福州、青岛等城市也建有跑马场，如青岛跑马场每月赛马四次，均在星期日举行②。

三、华中地区城市娱乐消费的增长情况

华中地区位于黄河中下游、长江中游，水陆交通便利，文化资源厚重，自然资源丰富，是全国经济文化较为发达地区，清末该地区主要城市娱乐消费构成也开始由传统向现代嬗变。入民国后，主要城市居民娱乐消费结构、消费需求转型升级速度不断加快，电影等新式娱乐活动方式在整个地区兴起。

（一）电影消费需求显著增长

清末电影已在汉口出现，民国时期观看电影已经发展成为华中地区城市居民的重要娱乐方式，这从该区域城市电影院的数量和分布能侧面得到印证。汉口为华中地区工业、文化教育、金融等中心，随着工商业和城市化的发展、城市人口规模增加，电影消费需求显著增长。汉口租界 1896 年第一次上映美国电影，1907 年出现第一家电影院即“后花楼”影戏园③。1912 年法国商人在汉口法租界内开办一家专业影院——百代大戏院，1917 年俄国商人在法租界又开设维多利大戏院④，1926 年汉口已有电影院 6 家⑤。20 世纪 30 年代，汉口电影消费需求进一步扩展，带动电影放映业的发展。1933 年《武汉指南》指出“汉口今日电影可称发达，各家以营业竞争，片子既佳价目复廉。百代、长江影戏院

---

① 南京市政府秘书处编：《新南京》，南京出版社 2013 年版，第 62－62 页。
② 郑拔驾：《福州旅行指南》，商务印书馆 1935 年版，第五编游览纪要：第 29 页。
③ 何一民主编：《近代中国城市发展与社会变迁》，科学出版社 2004 年版，第 500 页。
④ 武汉书业公会编：《汉口指南》，武汉书业公会 1920 年印，第 118 页。
⑤ 汉口商业一览编辑部：《汉口商业一览》，1926 年，第 272－273 页。

则映国产片以示提倡”①。民国时期汉口每天电影院究竟有多少观众，缺乏统计数据，但从几家大电影院观众的数量能大致看出居民电影消费需求的发展趋势，1933 年大观电影院等 7 家电影院每日观众约有 2600 人②。当然，汉口每天看电影者要高于此数，因为当时游艺场以及一些大茶楼里都有电影放映场，还有一些简易电影放映棚，这些电影放映场所收费都比较低廉。20 世纪二三十年代华中地区电影消费热潮以汉口为中心，逐渐蔓延到该区域主要城市，由表 3－8 可以看出这一发展趋势。

表 3－8　1934 年华中地区的电影放映院一览表

省	放映院、座位数及城市
湖北	武昌：江江大戏院（1200 位） 汉口：世界大戏院（800 位）、光明影戏院（1200 位）、明星影戏院（1000 位）、百代影戏院（700 位）、中央电影院（1000 位）、维多亚影戏院（1000 位）、上海大戏院（1000 位）、中央电影院（德国人举办 7000 位） 沙市：世界影戏院（350 位）、环球影戏院（400 位） 宜昌：环球电影院（400 位）、环星电影院（450 位）、留园合记电影院（800 位） 随县：军民同乐电影院（2000 位） 电影放映院合计 15 家
湖南	长沙：中央公司有声电影院（1200 位）、东方电影院（600 位）、明星电影院（1000 位）、百合电影院（900 位）、维多利电影院（800 位）、美西司电影院（1000 位）、湘东电影院（800 位）、大吉祥电影院（700 位）、世界电影院（1000 位）、青年会电影院（1000 位） 湘潭：世界夜花园（2000 位）、中央大戏院（1500 位） 益阳：三民影戏院（500 位） 衡阳：衡州影戏院（800 位） 宝庆：潇湘电影院（400 位） 湘乡：人民大戏院（300 位） 电影放映院合计 16 家

① 周荣亚等编：《武汉指南》，新中华日报社 1933 年版，第八编食宿游览：第 19 页。

② 湖北省教育厅编审委员会：《民国二十二年湖北教育概况统计》，汉口新昌印书馆 1934 年版，第 58－59 页。

续表

省	放映院、座位数及城市
河南	开封：平安电影院（500位）、大陆电影院（800位）、明星电影院（800位） 郑县：亚洲电影院（400余位）、华光电影院（500位）、永安电影院（1800位）、中央大戏院（560位）、民众电影院（482位）、世界电影院（490位） 电影放映院合计9家

资料来源：《中国电影事业概况》，中国电影协会：《中国电影年鉴1934》（影印本），中国广播电视出版社2008年版，第891－892、898页。

由表3－8还能看出华中地区电影消费具有以下特征：

一是电影消费以汉口为中心在华中地区普遍发展起来。1934年华中地区有电影院40家，其中湖北省15家，分布在武昌、汉口、沙市、宜昌、随县；湖南省16家电影院分布在长沙、湘潭、益阳、衡阳、湘乡、宝庆；河南省9家电影院集中在开封、郑县（今郑州市），即该地区的电影院分布在3个省的13个城市。

二是大众化、平民化发展。汉口、开封等城市都有为平民开设的简易电影院。如1935年相国寺的中安社日光电影院，室内壁置一白色幕布外，便在室外安置一小小的放映机，“映机的反面置一小小的反光镜，正对着镜头，镜头对着室壁挖的一口透光的窟窿，除此之外，便是观众坐着看的几张矮凳耳”，只有老板和一个伙计，伙计在门口吆喝“一百钱看电影”，“直到喊够21人或10余人就将门掩上”，然后老板开始演放电影，每次约一刻钟①。

三是电影消费达到一定水平。汉口、长沙、开封、郑州等城市有多家电影院，汉口有电影院8家，有座位13700个，且设备先进，全为有声电影，说明华中地区主要城市电影消费已经达到一定水平。

（二）传统娱乐消费需求的发展

茶楼品茗听书、戏园观剧也是华中地区居民的重要休闲娱乐方式，其中以汉口最具有代表。经过清末民初几十年发展，20世纪二三十年代汉口地位更加重要，有“东方芝加哥”之美誉。汉口市民及来往的商旅娱乐消费能力、消费意愿都较强，《汉口小志》曾指出：“上下社会群耽于酒色游惰，故供此等娱乐所需之店铺日见繁盛，首饰店、茶酒楼、绸缎号其最著者也。”② 武汉人爱泡茶

① 张履谦：《相国寺民众娱乐调查》，《中国曲艺志·河南卷》编辑部编印1989年版，第236页。

② 徐焕斗：《汉口小志》，1915年，出版社不详，风俗志：第4页。

馆，1933 年有“大小茶楼达 1300 余家……每日自上午七时至下午十一时，每日不休，然多中下阶级之人”①。再如戏园茶园众多，也体现了汉口戏剧等传统娱乐消费的增长情况，1934 年 1 月至 1935 年 6 月登记注册的剧场共计 34 个，登记演出皮影戏的茶园 20 个②。

戏剧消费在河南省会——开封也呈现繁荣景象。1935 年开封城内有河南大舞台、明星大戏院、醒豫舞台、春华戏院、易俗学社，华光戏院、永安舞台、国民舞台、永乐舞台和同乐戏园等 10 家戏院，且每家戏院观众拥挤，据当时张履谦调研，“到每一个戏院中观剧时，令我们最不能忘记的便是那些站签的大众，他们静如止水一般地注视着台上的演员的表情和唱词，很少有喧闹的声音，这很可以看见民众对于娱乐的需要与爱好了”③。

汉口、开封等城市不仅有满足中高收入阶层的戏院、茶园，而且有满足一般市民尤其是社会底层的街头游艺表演。如汉口的汉正街、六渡桥等人群密集的商民聚居区，街头巷尾经常有江湖艺人、杂耍等演出。河南开封相国寺附近也是百戏杂陈，有梆子戏、京戏、清唱、坠子、说书、大鼓书、竹板快书、相声、唱道情，从业人数 200 多人④。街头巷尾的艺人表演很合大众的娱乐趣味，随时演出，大众只需花费几个小钱，甚至不用花钱就能观看戏剧等演出活动。

（三）游艺场的发展

游艺场是汉口平民的重要消闲场所，花费一二角钱购买一张门票便可在里面从早晨玩到夜晚。汉口的新市场兴建于 1917 年，是汉口第一家游艺场，场内的游艺项目以传统娱乐活动为主，即“有大舞台、小京班、坤班、电影戏、梅花大鼓、梨花大鼓、男女苏滩、女子文明新戏、双簧、幻术、哈哈亭、爱克司光、机器游戏、动物园、陈列所、喷水池、弹子房、中西餐室。每日上午十一时开门，下午十二时或一二时闭门。每客铜元念四枚，如购餐券者，每客五角，西餐券者每客一元。门票均在其内，不另收费”⑤。据调研，1933 年新市场每日接待游客 2500 人⑥。凌霄游艺园建在高大祥楼上，下层为魁华百货公司，中层

① 周荣亚等编：《武汉指南》，新中华日报社 1933 年版，第八编食宿游览：第 6 页。

② 汉口市政府秘书处：《汉口市政概况》（1934 年 1 月至 1935 年 6 月），第 111－115 页。

③ 张履谦：《相国寺民众娱乐调查》，《中国曲艺志·河南卷》编辑部编印 1989 年版，第 1 页。

④ 张履谦：《相国寺民众娱乐调查》，《中国曲艺志·河南卷》编辑部编印 1989 年版，第 265 页。

⑤ 武汉书业公会编：《汉口指南》，武汉书业公会 1920 年印，第 118 页。

⑥ 湖北省教育厅编审委员会：《民国二十二年湖北教育概况统计》，汉口新昌印书馆 1934 年版，第 59 页。

为璇宫饭店，最为上层为凌霄游艺园，“内设电影、京戏、汉剧、苏滩等，门票二角”①，据调研 1933 年日接待游客 1000 人②。

（四）赛马等西式娱乐在汉口的发展

汉口也是外侨比较集中的城市，在清末已建有赛马场。在西人观看赛马的刺激下，华人观看赛马的热情也被激发出来，每逢赛马日成千上万人前往观看。汉口跑马场计有三处，华商跑马场成立于光绪二十四年（1898）、西商跑马场成立于光绪三十二年（1906）、万国跑马场成立于民国十三年（1924）③。华商赛马场“每年分春秋二赛，又冬赛、上元赛，计四次。春、秋赛五日，冬赛四日，上元赛二日，每客门票五角，内中大马赛（即赌马之先后以买得头马者为赢）每次每票分三元、五元二种”，“香宾票每季一次，末日开彩，每张六元”④。洋商赛马场“专为洋商赛马之处，分春秋冬三季比赛，每季末日与华商合赛，所有开票一切办法办理，均与华商相同”⑤。有竹枝词描述赛马活动在汉口深受大众欢迎的盛况，“络绎香车去马场，春秋两赛竞华商。先鞭一著齐呼彩，赢得佳人为捧觞”⑥，即赛马中胜利者有女士以香槟酒向其庆贺。汉口华人赛马水平甚至超过西人，“分道扬镳各自由，此风原是创西欧。莫轻驰骤夸先进，合算华人胜一筹”⑦。据研究 20 世纪二三十年代汉口居民“对于跑马的兴趣近乎达到迷恋的程度，而参与赌博的人们比从事其他娱乐活动的人更投入、更歇斯底里”⑧。

此外，跳舞在汉口也很流行，1934 年登记的舞场主要有汉夫舞场、达尔门舞场、万国舞场、拍勒玛舞场、乐园舞场等⑨。

---

① 周荣亚等编：《武汉指南》，新中华日报社 1933 年版，第八编食宿游览：第 18 页。
② 湖北省教育厅编审委员会：《民国二十二年湖北教育概况统计》，汉口新昌印书馆 1934 年版，第 59 页。
③ 周荣亚等编：《武汉指南》，新中华日报社 1933 年版，第八编食宿游览：第 18 页。
④ 武汉书业公会编：《汉口指南》，武汉书业公会 1920 年印，第 118－119 页。
⑤ 武汉书业公会编：《汉口指南》，武汉书业公会 1920 年印，第 119 页。
⑥ 罗四峰：《汉口竹枝词》，雷梦水等编：《中华竹枝词》，北京古籍出版社 1996 年版，第 2659 页。
⑦ 罗四峰：《汉口竹枝词》，雷梦水等编：《中华竹枝词》，北京古籍出版社 1996 年版，第 2659 页。
⑧ 姚星、龙涛：《跑马场与近代汉口消闲娱乐方式的转变》，《江汉大学学报（社会科学版）》2009 年第 4 期，第 92 页。
⑨ 汉口市政府秘书处：《汉口市政概况》（1934 年 1 月至 1935 年 6 月），第 117 页。

四、华南地区城市娱乐消费的增长情况

华南地区是中国经济最发达、开放最早的地区之一，中心城市广州鸦片战争前是中国唯一的对外通商口岸城市。华南地区经过清末民初的发展，主要城市居民的娱乐消费需求显著增长。

（一）电影消费需求的增长

清末电影在广州等华南地区城市已经出现，20世纪二三十年代看电影也发展成为华南地区主要城市的重要娱乐消费方式。电影最早在华南地区的出现应始于20世纪初，一般认为始于1903年，即当时一位回乡娶亲的华侨用带回的电影放映机放映了几部风景片以酬谢亲友。广州人称电影为“影画戏”“电影戏”“画戏”。民国初期电影热在广州已经初步显现，有竹枝词感叹电影的奇妙，“画戏（即电影——引者注）喧传万目观，绘成杰阁与雕栏。人间富贵如春梦，都付当场幻影看”①。

广州市电影消费热潮从电影院的数量的增长趋势也大致能反映出来，1924年城内已有电影院6家，座位4200个，“每日下午及晚间各开演一次，座位分四等，票价自一角至五角”②。因华南地区城市居民看电影消费需求的不断增长，新建电影院的热潮在20世纪20年代以广州、香港为中心迅速兴起。1927年华南地区汕头、潮州、香港、九龙、广州、佛山、海口7个城市已经有电影院20家，其中香港9家，广州4家，九龙3家，其他城市4家，如表3－9所示。

表3－9　1927年华南地区城市电影院分布

城市	电影院名称
汕头	明星大戏院
潮州	民生戏院
香港	西园影画院、长乐影画院、香港大戏院、皇后大戏院、新世界大戏院、新比照影戏院、第一影画院、广智影画院、Eastern Theatre
九龙	九龙大戏院、美照影画院、景星戏园
广州	一新影画院、大新天台游艺场、先施天台游乐场、明珠影画院

① 雷梦水等编：《中华竹枝词》，北京古籍出版社1996年版，第3007页。
② 《广州电影事业》，《中外经济周刊》，1924年第81期，第36页。

续表

城市	电影院名称
佛山	升平影画院
海口	幻真影画戏院

资料来源：《影戏院总表》，第 35 - 43 页，见甘亚子、陈定：《民国十六年中华影业年鉴》第一集，中华影业年鉴 1927 年版。

20 世纪 30 年代有声电影在广州已经普及。1934 年《广州指南》记录，广州电影院增加到 10 家，即新国民画院、永汉画院、明星戏院、模范戏院、一新画院、南关戏院、明珠影戏院、中华影戏院、西堤影戏院，还有中国戏园和中山戏园。除此之外，广州各游乐场均加设电影放映场所，如大新公司、先施公司等天台游乐场均设电影放映场所①。《广州指南》中指出："年来（指 1933 年左右）电影事业，日趋改良。本市各电影院亦已多数改影声片，院中座位，有头二三等之分，票价自二毫至一元二元不等。若遇名片，则票价稍昂，每日放影二场：头场由正午十二时起，至下午二时止；二场由下午二时起，至四时止。夜亦放影两场：头场由夜间七时起至九时止；二场由九时起至十一时止。"② 广州居民电影消费能力比较强，据调研 1937 年广州常设电影院 20 间，上映的影片以国产片为主，"平均每日每间的看客不上 500 人，合计没有 1 万人"③。

20 世纪 30 年代广州居民观看电影者可以分为三类，一是"趣味较高的始终爱看西片，比较更有意思的文学作品改编的如'摩洛哥'，'忠节难全'，'城市之光'，'真十字军征东'，'仲夏夜之梦'，'摩登时代'，'自由万岁'等；较为次一点而有热情的观象，又爱看国产片，即所谓国产片名片，'渔光曲'，'狂流'，'桃李趣'，'新女性'便是他们的对象，意识较深而可称优秀工作的，'都市风光'图片，反而不能卖座"；二是知识较低群体"始终爱看那怪诞无稽的如'火烧红莲寺'，'女镖师'等"；三是还有的以娱乐为目的，"有戏便看"者④。

20 世纪 30 年代观看电影已经发展成为华南地区主要城市居民的重要娱乐形式，从电影院的分布也能得到印证。由表 3 - 10 能看出 1934 年广东省 15 个城市拥有 37 座（不包括香港）电影院，最大的电影院明珠影院可容纳 1500 名观众，

① 广州市政府编：《广州指南》，培英印务局 1934 年版，第 240 - 241 页。
② 广州市政府编：《广州指南》，培英印务局 1934 年版，第 240 页。
③ 山石：《广州电影事业》，《社会科学》1937 年第 5 期，第 26 页。
④ 山石：《广州电影事业》，《社会科学》1937 年第 5 期，第 27 - 28 页。

能容纳千人以上的电影院有9家，从侧面印证广东人对电影的热爱。广西也有7家电影院，分布在桂林等5个城市。

表3－10 1934年华南地区城市的电影院分布

省	城市电影名称及座位数
广东37	广州：一新大戏院、中华大戏院（1200位）、金声大戏院、新国民大戏院（1000位）、南关大戏院（900位）、明珠大戏院（1500位）、永汉大戏院、长寿大戏院、大德大戏院、模范大戏院、安华大戏院。 （2）中山：石岐泰东戏院（1200位）、中山电影院（870位） （3）台山：青年会（600位）、三民戏院（400位）、联华声片院（570位） （3）江门：新大陆影戏院（600位）、江门大戏院（100位） （4）海口：新戏院（800位）、幻真戏院（600位） （5）潮安：光华戏院（1000位） （6）梅县：梅县戏院（1000位） （7）钦县：光天映画院（800位） （8）鹤山：民化影戏公司（300位） （9）新会：江声影戏院（840位） （10）北海合浦：中山电影院（900位） （11）南海：新九江电影院（460位）、太平电影院（490位）、大世界（690位） （12）顺德：普庆影画戏院（400位） （13）澳门：娱乐（500位）、海镜（600位）、国华（800位）、域多利（628位） （14）汕头：中皇戏院（1124位）、升平（770位） （15）清平：清平（1200位）
广西8	桂林：明星大戏院（980位）、明珠电影戏院（750位） 梧州：永安电影院（805位）、中山电影院（770位） 柳州：柳州电影院（320位） 平乐：民乐电影院（750位） 邕宁：大南电影院（740位）、新明电影院（1200位）

资料来源：《中国电影事业概况》，中国电影协会：《中国电影年鉴1934》（影印本），中国广播电视出版社2008年版，第893－896页。

（二）华南地区传统娱乐消费的发展

广州人喜好饮茶闻名海内外，无论是社会上层还是下层都把茶楼作为休闲娱乐的主要场所，中高收入阶层在茶楼品茗、议论时政、品诗论道，劳工阶层在茶楼歇脚、交流信息、消遣娱乐。广州既有面向高收入群体的座位舒适、环境清雅、食品精美、装修豪华的高档茶楼，也有随处可见中低端茶楼、茶居。一些著名戏院就设在茶楼集中处，有些大茶楼内设有戏台，可以一边品茶一边听戏。有竹枝词形容广州居民在茶楼消遣娱乐情景，“米珠薪桂了无惊，妆饰奢华饮食精。绝似升平歌舞日，茶楼处处管弦声”①。1934 年《广州指南》中记录当时广州茶价最高者，“每位二毫或一毫半，次则一毫，再次三分六、二分四或分八、分二不等，家增女伶者，其价较昂。此间人士，每当公余散学，概就餐于此。数件一盅，既饱而退，盖利其方便也。间亦有休闲无事，到此消遣者。至于茶市之经营，上等为茶室，次则为茶楼，再次为炒粉馆”，著名的茶室茶楼有 32 家，如陆园茶室、新亦山茶室、山泉茶室、金华茶楼等②。

茶馆饮茶是广州劳工阶层的一大嗜好，“饮茶风尚，广州最盛，无论上午、下午、夜晚，俱有饮茶的习惯，劳工阶级恒有一日饮茶三次的”③。余启中 1933 年对广州 20 个行业，311 家，1957 人的生活消费情形进行调研，得出“茶食每人每月平均为 5.4 元”，“普通计大概每人每日约需小洋 2 角”④。岭南大学社会学系社会调查所 1940 年对广州 600 名人力车夫生活状况调查，得出“饮茶是人力车夫平常的重要消遣”⑤。

广州也有综合性娱乐场多家，1934 年《广州指南》中记录有游艺场 4 家，即大新公司天台游艺场、大新公司支店天台游艺场、先施公司天台游艺场、华公司天台游艺场中分粤剧、电影、幻术等，亦有兼演京剧、歌舞者，其座位有对号位及普通位二种，券价自二角至四、五角不等⑥。

鲁迅是 1927 年 1 月 20 日到中山大学报到，10 月 2 日离开，即在广州 9 个多月。为探讨 20 世纪 20 年代广州居民的休闲娱乐消费构成，课题组把鲁迅 1—3 月在广州休闲娱乐活动列举如下⑦：

一月：

20 日下午广平来访，并邀伏园赴荟芳园夜餐。夜观电影。

22 日同伏园、广平至别有春夜饭，又往陆园饮茗。夜观本校电影。

23 日午后梁匡平等邀至大观园饮茗，又同往世界语会出至宝光照相。夜同

---

① 雷梦水等编：《中华竹枝词》，北京古籍出版社 1996 年版，第 3009 页。

② 广州市政府编：《广州指南》，培英印务局 1934 年版，第 251 – 252 页。

③ 余启中：《广州工人家庭之研究》，李文海主编：《民国时期社会调查丛编》城市（劳工）生活卷，福建教育出版社 2005 年版，第 634 页。

④ 余启中：《广州工人家庭之研究》，李文海主编：《民国时期社会调查丛编》城市（劳工）生活卷，福建教育出版社 2005 年版，第 634 页。

⑤ 伍锐麟：《广州市六百人力车夫生活状况之调查》，岭南大学社会学系社会调查所 1940 年，第 24 页。

⑥ 广州市政府编：《广州指南》，培英印务局 1934 年版，第 241 页。

⑦ 《鲁迅全集》第 16 卷：日记，人民文学出版社 2005 年版，第 3 – 16 页。

伏园观电影《一朵蔷薇》。

24 日观电影。

26 日至东郊花园小坐。

27 日游海珠公园。

二月：

22 日同季市、广平至陆园饮茗。往公园。至大观茶店夜餐。

27 日午后同季市、广平、月平至福来居午餐，又往大新公司饮茗。

三月：

1 日夜同广平往陆园饮茗。

2 日夜同季市、广平至市饮茗。

6 日午同季市、月平、广平往国民餐店午餐。下午往中央公园。

7 日晚同谢玉生、廖立峨、季市、广平观电影。

11 日夜同季市、广平往陆园饮茗。

16 日往珠江冰店夜餐。夜至拱北楼饮茶。

18 日午后同季市、广平往陶陶居饮茗。下午阅书肆，购书。

20 日晚同季市、广平往国民餐店夜餐。赴国民电影院观电影。

21 日晚同季市、广平、月平往永汉电影院观《十诫》。

23 日晚观电影。

26 日夜同季市、广平往陆园饮茗。

由上述可见，鲁迅的娱乐消费构成主要由茶园品茗、游公园、看电影、酒楼品尝美食等构成，其中次数比较多就是茶楼品茗、电影院看电影，如 3 月与朋友到茶楼喝茶 6 次，其中陆园 3 次。从鲁迅群体的文化娱乐消费也能反映出民国时期广州文化娱乐消费需求中西杂糅趋向、居民偏爱品茗的特征。

五、西南地区城市娱乐消费增长情况

（一）茶室茶楼饮茗、观剧消费需求的增长

成都、重庆最受大众欢迎的休闲娱乐方式是茶园品茗、观剧。成都居民爱好喝茶也是远近闻名的，戏台全隶属茶园，对此竹枝词中也有描述，“梨园全部隶茶园，戏目天天列市垣”①。泡茶馆者众多，为安全起见，加强管理，如 1916 年成都地方政府发布茶园接待观众的最高定额，如“群仙茶园 400 人、悦来茶

① 《锦城竹枝词百咏》，雷梦水等编：《中华竹枝词》，北京古籍出版社 1996 年版，第 3289 页。

园 200 人、蜀新舞台 200 人、蜀舞台 150 人、可园 120 人、品香 120 人、万春茶园 100 人，即这 7 个茶园最多允许设 1290 个座位”①。一般来说，每个戏园每天至少上演两场，有的茶园甚至演出三场，但多数戏园漠视政府不能加座的规定，大量加座，据王笛研究，“万春茶园虽定额为 100，但 1920 年 6 月每天售票 500 多到 800 多张，其中 14 日至 16 日，日平均售票 607 张，6 月 19 日加上晚上的演出共售票 1076 张，6 月 21 日售票 1584 张。据 1933 年春熙大舞台、新又新大舞台、悦来茶园、俞园 4 个戏园的售票记录可知，每个戏园每天上下午各演 1 场，平均每场大约有 400 名观众，观众总数达 3200 人”②。据民国时期对成都人力车夫娱乐消费的调研，他们“共同的嗜好，即饮茶是也。因为茶馆是普通民众惟一的聚集处、休息处及娱乐处，所以车夫在未拉车时，多系在茶馆里饮茶”③。此外，杂耍场也是大众的娱乐场所，“戏开场庙左边，响未锣鼓闹喧天。一人一票休言贵，才去先生二百钱”④。

（二）新式娱乐消费在西南地区城市的发展

1912—1937 年看电影、打弹子等新式娱乐在重庆、成都等城市也得到发展。重庆市放映电影始于 1912 年，希腊人赫德希携带电影放映机在桂花街剧场放电影，1918 年修建了第一家电影院“涵虚电影场”，但因经费等原因仅开三个月就停办了。1920 年又先后开办了 2 家电影院，设备十分简陋，存在时间也不长，随着重庆行政地位的提高，到重庆的政军界、工商业界、文化界上层人士逐渐增多，为满足他们的娱乐消费需要，1925 年修建了第一家正规的、拥有较好设备的电影院即“环球电影院”⑤。1927 年重庆有电影院 4 家，即青年会、真光影戏院、德育社、环球电影院，成都有电影院 1 家，即环球电影院⑥。20 世纪 30 年代随着重庆、成都工商业等的发展，电影消费也呈增长趋势，1936 年夏云瑚集资在重庆创办了国泰大戏院，该院有座席 1400 余个，1937 年重庆电影院增加

① 王笛：《茶馆、戏园与通俗教育——晚清民国时期成都的娱乐与休闲政治》，《近代史研究》2009 年第 3 期，第 89 页。
② 王笛：《茶馆、戏园与通俗教育——晚清民国时期成都的娱乐与休闲政治》，《近代史研究》2009 年第 3 期，第 89 页。
③ 咏霓：《成都市的人力车夫》，李文海主编：《民国时期社会调查丛编》城市（劳工）生活卷，福建教育出版社 2005 年版，第 1191 页。
④《锦城竹枝词百咏》，雷梦水等编：《中华竹枝词》，北京古籍出版社 1996 年版，第 3277 页。
⑤ 隗瀛涛主编：《近代重庆城市史：1901—1949 年》，四川大学出版社 1991 年版，第 773 页。
⑥《影戏院总表》，第 16 - 17 页，见甘亚子、陈定：《民国十六年中华影业年鉴》第一集，中华影业年鉴 1927 年版。

到6个，即民众、唯一、国泰、新川（有冷气）、宝球、大新明①。

西南地区不仅重庆、成都出现了电影院，而且县城也出现了电影院，如1934年调研四川省“各县设有电影院者约60余处”②。云南昆明有电影院3个，即新光华影戏院，有座位460个；大中华影戏院有座位900个，逸乐影戏院有座位700个。贵州省有电影院2个，即新记明星电影院和金筑影剧院③。

此外，打弹子、打篮球、观看赛马等体育娱乐消费方式在西南地区也已经出现。如重庆有球房数个，如三益球房、娱园内有小高尔夫场（每轮取费二角）、打靶场、弹子房各一④。再如成都，在青羊场猪市设有赛马场，每到举办赛马活动时，市民也是趋之若鹜，“猪市前头赛马场，争夸紫骥与龙骧。寄言执辔司鞭者，定到临崖怕溜缰”⑤。

六、东北地区城市娱乐消费增长情况

东北地区以哈尔滨、奉天（今沈阳）、大连为中心，主要城市文化娱乐消费需求在清末民初也由传统向现代转型，居民西式娱乐消费呈现增长趋势，其变迁的特征、性质与其他地区城市相似，正如传教士麦高恩所说：“中国的城市千篇一律，只要看到其中一座城市，就可以明确地了解其他城市的模样了”⑥。

近代时期茶楼品茗、戏园观剧也是东北地区主要城市的基本娱乐活动方式。如长春自开埠以来，“戏园以外，茶饭庄、说书场、杂技场星罗棋布。每日前往游览者大有举袂成云、挥汗如雨，较两年前不啻有天壤之别”，“仅在奉天万泉河边即有东、西凝香榭等7个茶社，喝午茶成为市民的时尚”⑦。再如大连“旧有的庙会、戏园、茶园纷纷改良，如庙会除了保留原来的娱乐项目外，还常伴以奇珍异兽展览。戏园、茶园是本地百姓特别是普通下层百姓娱乐生活的重要

---

① 杨世才：《重庆指南》，重庆书店1937年版，第95－96页。

② 中国电影协会：《中国电影年鉴1934》（影印本），中国广播电视出版社2008年，第893页。

③ 中国电影协会：《中国电影年鉴1934》（影印本），中国广播电视出版社2008年，第893页。

④ 唐幼峰：《重庆履行指南》，重庆书店1933年，第12页。

⑤ 《锦城竹枝词百咏》，雷梦水等编：《中华竹枝词》，北京古籍出版社1996年版，第3273页。

⑥ ［英］约翰·麦高恩：《近代中国人的生活掠影》，李征、吕琴译，南京出版社2009年版，第98页。

⑦ 曲晓范：《近代东北城市的历史变迁》，东北师范大学出版社2001年版，第136页。

场所，主要为京戏、说书还有话剧等提供舞台。还有东北特有的秧歌也很盛行”①。此外，东北居民喜爱二人转等戏剧表演。

从娱乐流行时尚上看，东北城市与其他城市大同小异，如女子外出时“打阳伞，穿印度绸，穿高跟鞋，洒一身麝香水，又吃大餐，又学跳舞”②。20 世纪 20 年代电影消费热潮在东北地区城市也已经形成。1927 年外国人在哈尔滨已经设立电影院 12 家、在大连建筑电影院 4 家，国人在奉天设立电影院 2 家③。此外，其他新式娱乐在东北城市也已出现，据调研 1931 年“大连有 5 处高尔夫球场，13 家跳舞场，7 处射击场，撞球场 45 处”④。

近代中国文化娱乐消费需求模式由传统向现代转型是在半封建半殖民地程度不断加深的时代背景下发生的，消费需求变迁刻着时代印记，这在东北地区表现尤为突出。如大连，随着殖民程度的加深，人口规模的扩大，西式娱乐消费需求不断扩大。1898 年俄国租借大连后，决定在该处投资兴建港口，当时大连人口只有 8000 多人，列强基于对中国侵略的需要，非常重视对大连的建设，也因此大连人口迅速增加，1901 年人口增加到 25687 人，1903 年增加到 41260 人；日俄战争后，日本侵占大连，将其视为侵略中国的大本营，发展速度更快，到 1929 年人口增至 25.8 万人，1935 年市区人口已经发展到 37 万人⑤。日本侵略者等为了满足迁居在大连的本国居民休闲娱乐需要，建造公园、图书馆、运动场、剧场、电影院等文化娱乐设施，也影响着大连及东北地区城市娱乐消费模式的变迁。

七、西北地区城市娱乐消费增长情况

西北地区因交通不便、经济落后，城市规模较小，文化娱乐消费需求由传统向现代转型晚于、慢于其他地区城市。从娱乐消费构成上看，该区域城市居民的娱乐消费也是既有传统娱乐产品和服务，也有新式娱乐活动，不过是新式的较少。

---

① 荆蕙兰：《近代大连城市文化研究（1898—1945）》，东北师范大学，博士学位论文，2009 年，第 109 页。

② 曲晓范：《近代东北城市的历史变迁》，东北师范大学出版社 2001 年版，第 136 页。

③《影戏院总表》，第 3－7 页，见甘亚子、陈定：《民国十六年中华影业年鉴》第一集，中华影业年鉴 1927 年。

④ 荆蕙兰：《近代大连城市文化研究（1898—1945）》，东北师范大学，博士学位论文，2009 年，第 109 页。

⑤ 荆蕙兰：《近代大连城市文化研究（1898—1945）》，东北师范大学，博士学位论文，2009 年，第 100 页。

1924 年 7 月底鲁迅与李济之、蒋廷黻、孙伏园受邀到西安讲学，在日记中有他们在西安半个多月的休闲娱乐活动情况，为了解当时西安居民的娱乐消费活动提供了非常宝贵的资料。课题组为了探究 20 世纪 20 年代西安的娱乐消费活动形式，对鲁迅们在西安的休闲娱乐活动梳理如下①：

8 月 14 日午后抵临潼，游华清宫，并就温泉浴。下午抵西安，晚街市散步购物。

15 日游碑林，购拓片等。

16 日午后同李济之、蒋廷黻、孙伏园阅市。晚易俗社邀观剧，演《双锦衣》前本。

17 日同李、蒋、孙游荐福及大慈恩寺。夜观《双锦衣》后本。

18 日午后同李济之、孙伏园等阅市一周，又往公园饮茗。夜，往易俗社观演《大孝传》全本。

19 日午后阎甘园看画。

20 日逛街，购买拓片等。

26 日晚，易俗社观《人月圆》。

29 日游南院门市，购物。

31 日购买拓片等。

8 月 1 日阅古物肆，购小土偶等。

8 月 3 日省长设宴并演剧饯行。

由上所述可见，1924 年鲁迅与李济之、蒋廷黻、孙伏园在西安的娱乐活动主要为游览名胜、观剧、品茗，也可以由此推断出，20 世纪 20 年代茶馆品茗、戏园看戏是西安居民的基本娱乐活动方式。

因受地理位置、交通条件、工商业发展等因素的影响，电影等新式娱乐消费方式在西北地区出现较晚。以西安为例，1910 年 9 月 11 日首次出现放映电影，但是这次电影放映活动并未持续下去，直到 1921 年才再次出现了电影放映记录，即易俗东社剧场放映无声影片；1922 年东大街青年会露天场放映电影，影片是由上海、天津等地租赁来的，因机器均为上海等地淘汰的旧机器，经常发生故障，时映时停；1927 年广东、天津等地的一些流动无声电影放映队先后到西安放映电影，但总的来说在 20 世纪 30 年代前，西安“电影放映尚处于初

---

① 鲁迅：《鲁迅全集》15 卷：日记，人民出版社 2005 年版，第 520－524 页。

级阶段，没有形成规模、匮乏完善的电影院”①。西安最早的电影院应是 1930 年 5 月 30 日开业的先声电影院，但开业后仅 7 个月因机器设备出现问题暂停放映，后就再未复映。此后，又有几家电影院相继开业，1930 年秦光电影院开业，1931 年世界电影院开业，1932 年国民大戏院、民众电影院、阿房宫电影院开业，1934 年西京大戏院开业②。但据 1934 年《中国电影年鉴》记录，当时西安只有 1 家电影院，即陕西长安的阿房宫大戏院，有座位 224 个，其他几家影院应该存在时间都较短。

20 世纪 30 年代甘肃、宁夏也出现了电影院，如兰州建有新民电影院；宁夏建有吴光电影院。1934 年青海尚未出现电影院，新疆是否有电影院情况不详③。总之，西北地区城市与其他地区相比，文化娱乐消费需求模式由传统向现代转变不仅起步晚且变迁速度缓慢，娱乐消费需求水平较低。

第二节 1912—1937 年中国城市文化教育消费需求的扩大

文化娱乐消费是文化消费的重要组成部分，文化教育事业的改革与发展对其有深刻影响。20 世纪二三十年代不仅学校教育得到较大发展而且社会教育也得到较快发展，城市居民中接受新式教育者规模不断扩大，受过教育群体尤其受过高等教育群体是近代中国新兴中产阶级的主力，而新兴中产阶级又是推动近代中国文化教育消费需求模式由传统向现代转型升级的中坚力量。文化教育消费主要由居民（包括个人、家庭）文化教育消费和集团文化教育消费构成。集团文化教育消费是指企事业单位、政府机关、社会组织等对图书、报纸、期刊等文化教育用品的消费，特点是需求量大、有计划性地批量购买。居民文化教育消费主要是指个人或家庭对图书、报纸、期刊等文化教育用品的消费，特点是户数多、零星购买。课题组以图书消费、报刊消费为中心对 1912—1937 年中国城市文化教育消费增长情况进行研究。

---

① 杨卫平：《西方电影放映业态 1931—1945》，《北京电影学院学报》2010 年第 6 期，第 3、4 页。

② 杨卫平：《西方电影放映业态 1931—1945》，《北京电影学院学报》2010 年第 6 期，第 4 - 5 页。

③ 《中国电影事业概况》，中国电影协会：《中国电影年鉴 1934》（影印本），中国广播电视出版社 2008 年版，第 884 - 899 页。

一、图书消费需求显著增长

读书不仅可以增加知识，而且可以消遣娱乐。图书消费根据目的可划分为教育型图书消费和消遣型图书消费，两种类型图书消费间既有区别又有联系，但难以划分界限。对于不对消费群体，购买图书的目的和作用有很大差异，如对于小说家而言，购买小说是教育发展型图书消费，而对于一般人来说购买小说属于消遣型图书消费。课题组从需求和供给两个维度相互佐证，对这一时期中国城市图书消费的增长情况进行考察。

（一）居民图书消费需求明显增长

人才和劳动力是推动城市化、工业化、文化教育等事业的发展首要条件。清末民初随着城市化、工业化、现代文化教育等事业的发展迫切需要受过现代教育的人才和劳动力的支撑和保障，一方面倒逼我国加快现代文化教育事业的发展，另一方面也给受过现代教育群体提供了更多就业岗位和就业机会。鲁迅1902年到日本留学，1909年回国，先后担任浙江两级师范学堂教员、绍兴中学堂教员兼监学、绍兴师范学校校长等职。1912年鲁迅受教育总长蔡元培的邀请到教育部工作，历任教育部社会教育司第一科科长、教育部佥事等职。

鲁迅在北京期间最主要的消遣娱乐方式是逛琉璃厂的各种书店，且多数情况下是与教育部同事许铭伯、许寿裳、钱稻孙等一起的，他们的图书消费能在一定程度上反映当时中国高级知识分子图书消费的基本结构和变化趋势。课题组以鲁迅为中心考察民国时期高级知识分子群体的图书消费情况。鲁迅酷爱读书，更以购书为乐，他日记中有1912—1936年购买图书的名称、价格和地点等详细记录，且1912—1933年二十多年的日记后面都附有他一年所购图书的汇总，课题组将鲁迅的图书经费汇总并编制如下。

表3－11　鲁迅1912—1933年购买图书的支出情况

年	支出（元）	年	支出（元）
1912	164	1918	488
1913	310	1919	248
1914	178	1920	52
1915	433	1921	137
1916	497	1923	149
1917	363	1924	99

续表

年	支出（元）	年	支出（元）
1925	159	1930	2405
1926	400	1931	1447
1927	308	1932	693
1928	595	1933	878
1929	886	1927	308

注：1919 年鲁迅倾囊并举借外债在北京购房，1922 年日记不全。

资料来源：根据《鲁迅全集》第 15 卷、第 16 卷，人民文学出版社 2005 年版整理。

由表 3－11 以及课题组对鲁迅 1912—1936 年二十多年间购书情况的研究，能揭示出以鲁迅为代表的高级知识分子图书消费具有以下特征：

一是图书消费在年收入中占比较高。收入是消费的基础，图书消费支出在高级知识分子总收入中占比较高。由表 3－11 能看出鲁迅每年图书消费大多数年份在 300 元至 500 元之间，在他工资收入中占较高。以 1913 年为例，鲁迅全年工资收入 2812 元（其中一月薪金为 220 元，十一月、十二月每月的薪金为 216 元，二月至十月每月的薪金为 240 元），他购买图书共花费 330 元，约占其年收入的 11%，且购买的外文图书还不包括在内，“起孟及乔峰所买英文图书尚不在内，另外还订阅有报纸不再内”①。如果加上购买的外文图书，鲁迅一年购买图书消费支出超过年收入的 11%。再如 1918 年鲁迅月薪为 300 元②，年总收入约为 3600 元，图书消费支出 488 元，即约占其全年总收入的 14%。需要说明的是 1920—1924 年间鲁迅购书数量明显减少，主要是因为 1919 年他在北京购买了八道湾的房子，因买房欠有外债，他日记中有多处向朋友借钱的记录。鲁迅到上海后，除有教育部每月 300 元薪水外，尚有丰厚的稿酬，因收入高，想买什么书他就购买什么书，图书消费数量显著增长，1930 年图书消费支出高达 2405 元。

二是逛书店是重要休闲消遣方式。鲁迅和朋友们在星期休息、节假日等闲暇时间，逛书店、购书是重要消遣方式。课题组对鲁迅 1912 年和 1917 年日记中星期日的活动进行梳理并制表 3－12（他有时星期日不休息，有时不外出）。由表 3－12 能看出，琉璃厂是鲁迅和好友的重要消遣场所，琉璃厂位于北京和平

① 鲁迅：《鲁迅全集》第 15 卷：日记，人民文学出版社 2005 年版，第 90－98 页。

② 鲁迅：《鲁迅全集》第 15 卷：日记，人民文学出版社 2005 年版，第 325 页。

门外，是北京书店最为集中的区域。民国时期《最新北京指南》中记录："平市（即北平——引者注）书店有新旧之分，前外琉璃厂为一大荟萃地点"，并列出了77家书店的名称、地址、电话①，其中55家大的书店还安装有电话，琉璃厂不仅是北京书店最为集中的街市，也是全国书店最为集中的街市之一，到北京出差的知识分子一般都要到琉璃厂一逛。

表3－12　鲁迅1912年、1917年星期休息的休闲娱乐活动

年	时间、场所与活动
1912	5月：12日星期休息。下午与季茀、诗荃、协和至琉璃厂，历观古书藉。26日星期休息。下午同季市、诗荃至观音寺青云阁啜茗，又游琉璃厂书肆。 6月：2日星期休息。午后铭伯、季市、诗荃同游万生园。16日星期休息。青云阁购物后赴琉璃厂购书。 7月：14日星期休息。下午与铭伯、季市饮于广和居。28日休息。与稻孙、季茀、莘士饭于广和居。饭后赴吴兴馆，夜，饭于便宜坊。 8月：25日休息。午后同钱稻孙往琉璃厂，又赴什刹海饮茗。 9月：1日星期休息，下午青云阁购物，琉璃厂购书。8日休息，上午与季市往琉璃厂购书。15日星期休息，上午青云阁购物，又至琉璃厂购书。29日星期休息，下午钱稻孙来，同游劝工陈列所一周，即就所中澄乐园饮茗。 10月：6日星期休息，同稻孙、季市至骡马市小古董店。10日国庆休息，上午同许铭伯等至琉璃厂观共和纪念会。20日星期休息，琉璃厂购书。 11月：3日星期休息，午后青云阁购物。17日星期日午后琉璃厂购书。
1917	7月：22日星期休息，午后同二弟往中央公园。29日星期休息，与二弟游琉璃厂，到广和居吃饭，然后又游琉璃厂。 8月：5日星期休息，午前与二弟游琉璃厂，中午青云阁饮茗。18日星期休息，游琉璃厂。 10月：7日星期休息，上午与二弟游故宫殿，并观文华殿所列书画，复游公园饮茗。14日星期休息，午后琉璃厂购墓志一枚十二元。 11月：4日午后琉璃厂购书画。10日休假，琉璃厂购书书画等。18日与二弟等先到青莲阁玉壶春饮茗，后游琉璃厂。25日星期休息，同二弟游琉璃厂。 12月：16日星期休息，下午游琉璃厂。23日星期休息，与二弟游琉璃厂，午在青云阁食。30日星期休息，青莲阁富晋书庄买书，然后琉璃厂购书画。

资料来源：根据鲁迅：《鲁迅全集》第15卷：日记，人民文学出版社2005年版，第1－36、289－305页整理。

三是图书消费构成多元化。鲁迅不仅购买古籍而且大量购买英文、日文等原著。鲁迅购买图书具有阶段性特点，在北京期间购买的图书以古籍为主，他

① 田蕴瑾：《最新北京指南》，自强书局1938年版，第七编：第9－14页。

曾自嘲："京师视古籍为骨董，唯大力者能致之耳。今人处世不必读书，而我辈复无购书之力，尚复月掷二十余金，收拾破书数册以自怡说，亦可笑叹人也。"① 以逛书店购书为消遣者不只有鲁迅，常与他一起逛书店的钱稻孙、许寿裳、许铭伯等也以逛书店为乐。有时鲁迅与朋友们还争购同一本书，如鲁迅1912年10月1日日记中记："前与稻孙往琉璃厂，见小字本《艺文类聚》一部，稻孙争购去，今忽愿归我，因原价九圆受之"②。鲁迅在北京期间也购买了一些西学图书和日文图书，购买的途径主要是通过国外书店代购，他常委托相模屋（日本东京一家卖旧书的书店，鲁迅在日本留学时常去购书，归国后常委托其代购图书）、丸善（日本东京的一家大书店，可以代购欧美书刊，鲁迅也时常委托其代购图书）等书店。鲁迅日记中多处有给上述两个书店邮寄书款的记录，如1912年11月21日，"寄相模屋信并日银50元，附季市（即许寿裳——引者注）书款10元"，1913年3月27日"寄相模书店信并银45元，又代季市寄15元"③。

上海是近代中国图书出版和销售的中心，1927年10月鲁迅移居上海后购书更为方便，他在上海期间购买图书的支出远高于在北京时期，由表3－11能够看出特征。在上海期间，鲁迅闲暇时仍以逛书店为乐，只不过是"内山书店"替代了在北京期间的"琉璃厂"。内山书店是日本人内山完造开办的，主要销售日文书籍，鲁迅有时一周能去内山书店四五次，也因此与内山夫妇成为挚友。表3－13是课题组对鲁迅1930年1—6月半年间购书情况进行梳理，以便深入了解他在上海期间的图书消费情况。

表3－13 1930年1—6月鲁迅购书基本情况

月	购书及其价格
一月	四日内山书店买文艺类书8.2元。六日内山书店杂志部买书4本。九日汇徐诗荃40马克买书。十七日内山书店买书8元。二十五日内山书店购买文学及哲学书10.4元，买英文一本12元。二十七日购版画8.4元。
二月	四日内山书店买书4种6.6元。五日从商务印书馆买英文书2本12.6元。十五日内山书店购书0.6元。二十七日内山书店购书5.8元。

① 鲁迅：《鲁迅全集》第15卷：日记，人民文学出版社2005年版，第41页。
② 鲁迅：《鲁迅全集》第15卷：日记，人民文学出版社2005年版，第23页。
③ 鲁迅：《鲁迅全集》第15卷：日记，人民文学出版社2005年版，第31、55页。

续表

月	购书及其价格
三月	内山书店：二日买书1.5元；三日购书1.1元；五日购书3本6.4元；十一日2本4.6元；十五日1本2.4元；十七日6本6.4元；二十六日2本6.5元；三十一日3.7元。
四月	三日商务印书馆买书5.6元。七日内山书店买书6元。二十四日内山书店购书3种11元。二十六日内山书店买书1.8元。二十七日托商务印书馆购买德文书432.2元到。二十八日购英文书6元。三十日收诗荃所寄木刻画163马克，约合中币20元，购书籍68元。
五月	内山书店：二日买书1本2.5元；七日2册14.4元；十一日6本3.4元，十四日2本4.2元；十七日1本3.2元；十九日7本19.2元；二十三日5种10.7元；三十日购书4本11元；三十一日购书3种7元。 二日朋友代购书7元。十日汇诗荃书款300马克。十三日汇季志仁书款1000法郎，合中币121元。买书1本1.2元。
六月	内山书店购书：二日2本4.4元；三日1本1.8元；四日4本12元；六日1本3元；十三日1本10元；十六日1本6元；二十九日2本5.6元。 十日汇诗荃买书300马克，合中币260元

资料来源：根据鲁迅：《鲁迅全集》第16卷：日记，人民文学出版社2005年版，第177－202页整理。

由上表能看出鲁迅图书消费构成多元化特征。鲁迅经常到内山书店购书，而内山书店主要销售日文书籍，说明他购买的日文书较多，这与他在日本留过学的教育背景有关。这一时期鲁迅喜欢版画，不惜重金从海外购买了一批版画及其相关书籍，如4月30日“收诗荃所寄木刻画163马克，约合中币20元”。由上表还能看出鲁迅的图书消费能力非常强，一个月就能购买数百元的图书。需要说明的是，民国时期能像鲁迅一样大量购书者是少数，但能反映这一群体的图书消费多元化特征。

（二）集团图书消费的增加

民国时期集团图书消费的主体包括各种图书馆（包括图书室、阅报所）、政府机关、文化机关、企业等。因政府对社会教育事业的重视，不断健全相关法律制度，且在教育支出预算中专设图书预算，使公立图书馆有较为稳定的采购图书经费。20世纪30年代我国已构建起从中央到地方县市“金字塔式”图书馆体系，居于顶端的是2个国家图书馆，再下面是42个省市立图书馆及大学图书馆，塔基是县市立图书馆、中小学图书馆、专门图书馆等。1935年全国共有图书馆4032所，其中学校图书馆1963所，民众图书馆1255所，机关图书馆173所，私立图书馆20所，流通图书馆37所，专门图书馆11所①。各类图书馆每年都要购买一定数量的图书，集团图书消费呈增长趋势，这一点从图书馆的全年经费数额变化也能反映出来。据1919年教育部调查全国图书馆经费共计82836元，1922年据沈祖荣调查全国图书馆经费合计约215000元，1924年全国图书馆经费已经增加到305296元；1927年在百万之数②，1930年全国图书馆经费为1258589元，1932年为1283685元，1933年为1284282元，即都在120万元以上③，即1919年至1933年十余年时间，图书馆的经费增加了十四五倍。

集团图书消费的增长，从图书馆藏书量也能反映出来，1927年全国图书馆合计藏书约3192250册④，1933年仅专科以上80所高等学校图书馆藏书就达4493616册⑤，即1933年仅高校图书馆藏书就是1927年全国图书馆藏书总量的1.4倍。

商务印书馆、中华书局等现代出版企业都建有图书馆并对社会开放，这些私立图书馆每年专设购书经费，如东方图书馆经常费和添购书籍费，"每年约六七万元，全部仍由商务印书馆担负"⑥。20世纪30年代不仅商务印书馆、中华书局等文化出版企业重视图书馆建设以方便员工闲暇阅读和查阅资料，一般大中型企业也会拿出一定经费购买图书供员工阅读。如塘沽的久大精盐工厂就设有工人图书馆，据林颂河1927年对86位住厂工人调研，其中能识字看报占47人，"略读一二年书的，居多买几小唱本，自己哼哼几句。程度稍高的，便看点坊间流行的木版小说，特别班的工人，便有探索到史地、常识自然现象的"，这也说明识字者中有一些人也偶尔购买喜爱的图书，为满足工人看书需要"厂方为工人们买了不少这类书籍"⑦。

---

① 严文郁考证：抗战前我国有省市（五个特别市）立图书馆42所；几乎每个县市（普通市）政府所在地均设有图书馆；大学都设有图书馆；1936年建成中学图书馆1963所。

② 金敏甫：《中国现代图书馆概况三续》，《图书馆周刊》，1928年第1卷第4期，第11页。

③ 赵冕：《社会教育行政》，商务印书馆1938年版，第226页。

④ 谢灼华主编：《中国图书和图书馆史》，武汉大学出版社2005年版，第344页。

⑤ 《申报年鉴1936》第三册，上海书店出版社2012年版，第321页。

⑥ 王云五：《商务印书馆与新教育年谱》，江西教育出版社2008年版，第585页。

⑦ 林颂河：《塘沽工人调查》，李文海主编：《民国时期社会调查丛编》城市（劳工）生活卷，福建教育出版社2005年版，第834－835页。

二、报刊消费需求显著增长

看报是受过一定教育市民的重要消遣方式。随着新式学堂的广泛创建，市民文化素质得到一定程度提高，闲暇时间读书看报者增多。民国时期我国看报的主体是城市居民尤其是大城市居民，在市民看报消费需求增长的带动下，一批报纸销售量可观。报纸消费的增长从报纸销售量也能体现出来，以天津为例，据1931年统计共有大小报纸31种，其中《大公报》《益世报》《庸报》和《商报》4种报纸日发行量超过2万份，7种报纸的日发行量超过1万份，18种报纸日发行量4000份以上，31种报纸日发行量超过29万份，其中售往外地的10万多份，在本市内销的报纸18.7万余份①。以当时天津具有阅读报纸能力的人口计算，“每日平均2.5人拥有一份报纸”②。天津的报纸中以《大公报》销量增长最快，1926年4月23日发行量为6000多份，广告收入1000元③，1930年12月30日发行量增加到30000份，广告收入增加到8000元或9000元④。也就是4年间《大公报》发行量增加了4倍，广告收入增加了八九倍。

上海是近代中国图书和新闻出版中心，国内影响比较大的报纸多集中在上海，表3-14是1936年上海各报的发行量，也能从侧面体现全国报纸消费需求呈增长趋势。因为上海发行的报纸大量外销到其他城市，如《申报》本埠销售量占40%、外埠占60%，《时事新报》本埠占20%、外埠占到80%。

表3-14 上海1936年各报每日平均销量表

报名	每日均销数（份）	本埠销数（%）	外埠销数（%）
申报	150000	40	60
新闻报	148139	54.75	45.25
时报	80000	55	45
时事新报	50000	20	80
中华日报	35000	35	65
民报	16000	54	46
上海商报	12500	80	20

① 罗澎伟主编：《近代天津城市史》，中国社会科学出版社1993年版，第610-611页。

② 罗澎伟主编：《近代天津城市史》，中国社会科学出版社1993年版，第611页。

③ 《大公报》1926年4月23日，第1版。

④ 《大公报》1930年12月30日，第1版。

续表

报名	每日均销数（份）	本埠销数（%）	外埠销数（%）
立报	105000	60	40
大公报	42000	30	70
大晚报	40000	80	20
新闻夜报	18632	75	25
大美晚报	37000	60	40
社会晚报	25000	80	20
华美晚报*	8000*	—	—
广东报	5000	—	—
儿童晨报	19000	75	25
儿童日报	12000	25	75
字林报	10600	83	17
上海泰晤士报	6000*	—	–
大陆版	4840*	—	—
大美晚报	7250*	—	–
法文上海日报	2000*	—	—
东亚老合报	1500*	—	–
上海柴拉报	6000*	—	—
新罗沃日报	5000*	—	–
新实验报	2000*	—	—

注加“*”为志。

资料来源：《上海市年鉴 1937（4）》，《民国上海年鉴汇编》第 12 册，上海书店出版社 2013 年版，第 162－163 页。

由上表还能看出上海出版发行的 26 种报纸，日发行量和销售量最大的是《申报》，日发行量 150000 份，其次是《新闻报》，日发行量 148139 份，再次为《时报》，日发行量 80000 份。26 种报纸日销售量合计 823461 份。需要说明的是，“九一八”事变后华北地区局势紧张，1936 年《大公报》在上海设立分馆，总部仍在天津，同年其在上海的日发行量就达 42000 份，30% 在上海内销，70%应销往华东、华南等距离上海较近城市。

报刊消费也由两大部分构成，一是居民报纸消费，即个人或家庭购买或订阅的报纸消费支出；二是集团报纸消费，主要是图书馆、阅报处、企业、政府机关等购买报纸的消费支出。各地图书馆基本上都设有阅报室，订购多种报纸和杂志。茶社、阅报社、民众教育馆等也是报纸的重要消费群体，如1916年北京公立第一宣讲阅报所，订购的报纸有：《京话新报》月二吊；《京话实报》一吊五百；《北京公益报》一吊三百；《爱国报》一吊五百；《京华报》三吊；《北京画报》一吊五百；《大公报》四角五仙；《星期画报》一吊六百，以上八种皆半价。《上海时报》温锡楷送；《中外实报》王树堂送；《外交报》全年四元五角；《北京日报》每月六角；《顺天时报》四吊；《津报》六吊；《中外日报》全年邮费四元。以上各报除捐送不计报价，节赏每月用洋贰元钱，二十六吊，贰百文，合月报费共用洋二十二元一角，钱四十六吊，贰百文。月捐用完不敷银，经理人筹备（《北洋官报》《北洋法政官报》《商务官报》《北京五日报》《北京女报》《天津商报》为捐送的）①。

政府机关及一些企业每年也会购买一批图书和数种报纸供内部职工阅读。茶楼、酒店等为了招徕顾客一般也要订阅一两份报纸，如天津著名茶楼玉壶春，“购置新闻纸二份，任人阅览焉”②。

连环画、画报等出版物也深受大众喜爱。民国时期主要城市都有专门出售或租赁连环画、画报、小说等的小书摊，如天津新老“三不管”有多处小书摊，“书的取材大半都取自七侠五义一类的书，如同薛仁贵出世、七剑十八侠、西游记、封神榜、黄天霸出世等，多至百余种，普通几个铜子便可买一本但是因为太多了，并且如三国志全集非一般贫民所能办到，便有一般小贩，利用这个机会全部买了，合订起来出赁，两个铜子便可看一本，像这样的小贩有六七处之多，而处处围满了观众，书中画着连续的图画，旁附简单的说明，书眉上更有较详细的说明，不识字的可以看画，识字少的可以看简单的说明，再深一点的，可以看书眉上的小说，的确办法很好，所以一般民众、儿童非常嗜读”③。再如上海随处可见摆设在墙壁上的小书摊，“他们发售的各种小书，都属于《十八摸》《卖橄榄》《孟姜女寻夫》《花名宝卷》《致富全书》《房中术》等一类，还有各色连环画。小书上的鲁鱼亥豕，连环画之印刷恶劣，在在不堪寓目，且字句之中也都鄙俚肤浅，似通非通。然而一天到晚，很有主顾前去交易。不过小

① 刘晓云主编：《近代北京社会教育史料汇编》，河北科学技术出版社2011年版，第10页。

② 抱真：《续京浦游记》，《大公报》1925年10月20日，第6版。

③ 《郭庄子民众娱乐场：千奇百怪的新新三不管》，《大公报》1930年2月10日，第9版。

书摊上的主顾，大都属于一知半解之辈为多数，程度高一些的民众却少见得很。它们的小书除出售外，还可以向它租看，像现在的小说流通社一样”①。

此外，各种娱乐类小报、画报的消费量也呈增长趋势。以上海“四大金刚”为代表的一批小报，深得市民喜爱。所谓“四大金刚”是指《晶报》《金刚报》《福尔摩斯》《罗宾汉》。《晶报》1919 年创刊，原为《神州日报》的附刊，因刊载一批旧文坛才子撰写的连载、笔记等小说深受读者欢迎，异军突起，销量达 5 万多份②。1929 年《福尔摩斯》为日报，每日销 20000 份，《晶报》为三日报，每期销售 30000 份③。除小报外，还有以休闲类杂志也深受大众喜爱，如 1929 年《小说月报》每期印数达 17000 份④。画报消费热从 1926 年《良友》画报的销售量能看体现出来，一两年内画报约销 4 万余册⑤。

三、文化教育消费水平提升分析

1933—1934 年社会教育专家蒋成坤、吴福元对我国成人阅读兴趣与习惯进行调查研究，尤其是蒋成坤借鉴美国对成人阅读兴趣与习惯的研究方法，将民众分甲乙两大群体，“甲”群体是指包括一般大学生、学校文化机关的工作人员以及从新式学校毕业的成人，即大学生群体；“乙”群体是指以一般农友、工友、学徒、军警以及一般民众学校毕业学生或由旧式私塾出身的成人，即一般具有阅读能力的民众。甲种问卷印制 800 余份，分寄国内各地著名大学、学院及著名的学术文化机关，由他们转发给高年级的学生及一般工作人员填答，收回 230 余份，经甄别有效问卷 201 份，被调查人员来自 18 个机构，基本上把当时国内著名的大学和学术文化机关都包含在内。乙问卷发出 1700 余份，分寄国内各地重要图书馆、民众教育馆、农民教育馆及民众学校等，由他们分给日常来馆的读者或民众学校的学生填答，收回 490 余份，有效问卷 376 份，寄回乙问卷机关共有 30 处，问卷地域包括江苏、浙江、河北、河南、山东、山西、湖北、湖南、江西、浙江、河北、云南、福建、广东、广西、甘肃等 16 个省⑥。

---

① 郁慕侠：《上海鳞爪》，上海书店出版社 1998 年版，第 103 页。
② 方汉奇主编：《中国新闻事业通史》第二卷，中国人民大学出版社 1996 年版，第 195 页。
③ 上海市地方协会：《上海市统计》，上海商务印书馆 1933 年版，文化事业 - 10 页。
④ 上海市地方协会：《上海市统计》，上海商务印书馆 1933 年版，文化事业 - 13 页。
⑤ 方汉奇主编：《中国新闻事业通史》第二卷，中国人民大学出版社 1996 年版，第 248 页。
⑥ 蒋成坤：《成人阅读兴趣与习惯研究》，《教育与民众》1934 年第 5 卷第 10 期，第 1791 页。

课题组认为蒋成坤所作的调查报告是一份质量很高的报告，问卷制定比较合理且调研范围广，调研对象涵盖面全，能在一定程度上反映20世纪30年代我国成年人的阅读书籍、报纸、杂志的基本情况，也能从中能大致揭示出当时我国成人阅读的书籍、报纸、杂志的结构以及消费水平。

（一）阅读书籍、报纸、期刊的动机分析

阅读动机受读者的教育程度、偏好等多种因素影响，同时书籍、报纸、杂志阅读的动机也能在一定程度体现读者的书籍、报纸、杂志消费需求内容和需求变化趋势。

1. 成人阅读书籍的动机

由蒋成坤的调研报告能得出20世纪30年代中国城市成人阅读书籍的动机以“很有兴趣”项为最多，共计188人；其次为“自己需要”“文章很好”。两大群体阅读图书的动机有一定差异，大学生群体阅读图书的动机主要为“自己有需要”“很有兴趣”“研究参考”，而乙群体以“增进知识”“很有兴趣”为多，一般民众群体有21人是为“消遣”而读书的（表3-15）。

表3-15　20世纪30年代成人阅读书籍的动机

种类 / 动机	甲		乙		合计
性别	男	女	男	女	
自己需要	98	35	20	3	156
增进知识	2	—	74	9	85
帮助修养	—	—	12	1	13
帮助学业	23	7	7	3	40
研究参考	60	21	10	—	91
很有兴趣	90	36	55	3	184
文章很好	75	34	—	—	109
懂得潮流	—	—	7	1	8
教员指定	39	18	1	—	58
著者有名	54	22	—	—	76
出版很新	26	19	—	—	45

续表

动机 \ 种类 / 性别	甲		乙		合计
	男	女	男	女	
明白世事	—	—	13	9	22
消遣	1	—	19	2	22
其他	1	—	45	4	50

资料来源：蒋成坤：《成人阅读兴趣与习惯之调查及研究》，《教育与民众》1934年第5卷第10期，第1811页。

根据调查报告还能得出，成人平常最喜欢阅读的书籍，以小说类为最多，“无论是大学生或一般民众，都有同样的趋势”①。大学生群体阅读的图书数量以“教育、社会、小品、诗歌、政治、经济、游记及传记等依次递减”，一般民众所喜爱书籍的种类情况为：“史地、政治、经济、数理、常识、侠义小说、国语及教育等依次递减”②。

2. 成人阅读报纸的动机

报纸是人们了解社会、人际关系变化的重要渠道。据蒋成坤调研得出：一是性别影响民国时期成人阅读报纸的数量和种类的重要因素。大学生群体，天天看报的男性占被调研总人数的58.2%，女性占25.37%。一般民众群体，天天看报的男性占被调研总数的60.90%，女性占8.77%，即两大群体中，男性看报的占比都远高于女性。二是受教育程度的影响。大学生群体天天看报的占被调研人数的83.57%，一般民众群体天天看报的占到被调研总数的69.67%③，可以看出受过高等教育者看报的占比高出一般民众十几个百分点。三是一般民众阅报率远低于美国。当时柏孙司（Parsons）随机对美国两三个职业成人阅报情况进行调研，结果每百人中读报者占97.1%④。由上所述可以看出我国无论是受过高等教育群体和还一般能识字阅读群体，读报率都远低于美国。

① 蒋成坤：《成人阅读兴趣与习惯之调查及研究》，《教育与民众》1934年第5卷第10期，第1817页。

② 蒋成坤：《成人阅读兴趣与习惯之调查及研究》，《教育与民众》1934年第5卷第10期，第1817页。

③ 蒋成坤：《成人阅读兴趣与习惯之调查及研究》，《教育与民众》1934年第5卷第10期，第1798页。

④ 吴福元：《成人阅读兴趣与习惯研究》，《山东民众教育月刊》1935年第6卷第7期，第113页。

就阅读内容来看，报纸消费内容多元化。蒋成坤通过对“日常喜爱的报纸”调研，大学生群体所答出报纸 90 种以上，一般民众体阅读的报纸在 160 种以上。

成人最喜阅读的报纸排名第一的是《申报》，占被调研总人数的 48%；其次为《大公报》，占被调研总人数的 47%；第三名为上海发行的《新闻报》，占被调研人数的 28%；第四名为上海的《时事新报》，占被调研人数的 20%；第五名为上海的《时报》，占被调研人数的 14%，还有北平的《世界日报》、上海的《晨报》等。一般民众所爱看报纸除《申报》《新闻报》《大公报》《时报》当时影响比较大的几种报纸外，是小报①。

就阅读动机来看，577 名被调研者中“欲知时事或长见闻”人数最多，323 人，即占被调研人数的 56%；其次是“欲增知识或求进步”，170 人，占被调研人数的 29%；第三是“对于新闻有兴趣”，128 人，占被调研人数的 22%；第四是“一种习惯”，101 人，占被调研人数 18%；其中明确说读报是“消遣”的，占调研人数的 6%（表 3－16）。

表 3－16　20 世纪 30 年代成人阅读报纸的动机

类别 人数 动机	甲		乙		合计
	男	女	男	女	
欲知时事或长见闻	120	50	125	28	323
欲增知识或求进步	72	26	65	7	170
可以增加常识	—	—	16	2	18
对于新闻有兴趣	91	37			128
欲知世界大势	—	—	53	1	54
要想认识社会	—	—	45	2	47
因为业务上需要	—	—	12	—	12
搜集各种资料	15	1	—	—	16
看广告	23	5	—	—	28
消遣	17	7	10	2	36

① 蒋成坤：《成人阅读兴趣与习惯之调查及研究》，《教育与民众》1934 年第 5 卷第 10 期，第 1800 页。

续表

类别 动机 \ 人数	甲		乙		合计
	男	女	男	女	
一种习惯	69	29	3	—	101
其他	11	—	18	—	29

资料来源：蒋成坤：《成人阅读兴趣与习惯之调查及研究》，《教育与民众》1934 年第 5 卷第 10 期，第 1802 页。

受过高等教育者、大学生群体最喜欢的报纸栏目依次为：国内新闻、国际新闻、社评、教育、战事、本省、本地、副刊、画报、匪乱、体育、医药、电影、离婚、强奸、暗杀、法律、商业、绑票、其他。无论是大学生还是一般民众最注意的是国内新闻①。

3. 成人阅读杂志的动机

杂志是近代文化消费中一种重要产品，因其具有门类多、篇幅短、内容常常变换等特点，能满足社会上各种各样读者发展需要和消遣娱乐需要，因此阅读杂志者也很普遍。各界成人阅读杂志的动机，最普遍的是欲增加自己的知识或追求进步，至于为了事业上的需要或嗜好等阅读杂志者不多。有阅读杂志嗜好或持欣赏态度的是少数（表 3 – 17），民众普遍阅读的杂志要算“论著和文学、小说”②。

表 3 – 17　20 世纪 30 年代成人阅读期刊的动机

类别 动机 \ 人数	甲		乙		合计
	男	女	男	女	
欲增知识或求进步	106	36	107	21	270
欲明世事或长见闻	112	40	35	7	194
可以增广常识	–	–	10	2	12
嗜好或感觉兴趣	29	20	7	–	56

① 蒋成坤：《成人阅读兴趣与习惯之调查及研究》，《教育与民众》1934 年第 5 卷第 10 期，第 1803 – 1804 页。

② 吴福元：《成人阅读兴趣与习惯研究》，《山东民众教育月刊》1935 年第 6 卷第 7 期，第 132 页。

续表

类别＼人数＼动机	甲		乙		合计
	男	女	男	女	
因为事业上需要	–	–	31	6	37
因为研究或参考	74	17	8	–	99
由此认识社会	–	–	21	–	21
可以帮助修养	–	–	3	–	3
欣赏	52	28	–	–	80*
消遣	18	10	17	–	45
一种习惯	25	5	–	–	30
其他	1	1	16	1	19

资料来源："*"代表原数据合计有误，加以修正后的数据。蒋成坤：《成人阅读兴趣与习惯之调查及研究》，《教育与民众》1934 年第 5 卷第 10 期，第 1811 页。

由调研报告还能看出 20 世纪 30 年代成人阅读杂志内容也呈多元化发展趋势。在 577 份问卷中，"成人所喜阅之杂志"，大学生群体答出的期刊种类 140 种以上，一般民众阅读的杂志共计 130 种以上。其中阅读人数最多的杂志是商务印书馆发行的《东方杂志》，303 人，占被调研人数的 53%；其次是《中华教育界》，87 人；再次是《文学月刊》77 人，《生活周刊》67 人，《现代月刊》60 人，《新中华》60 人，《论语》51 人，《教育杂志》51 人，《国闻周报》47 人，《时事月报》46 人，《申报月刊》与《学生杂志》分别都为 39 人，《妇女杂志》37 人，《文艺月刊》28 人，《小说月报》26 人，《良友》25 人，《少年杂志》23 人，《独立评论》20 人等①。

大学生最爱的杂志项目依次是专著、短篇小说、小品文、讽刺画、国际问题、杂感随笔、插图、游记、古诗、长篇小说等②。成人阅读杂志的多元化特点，也在一定程度上能反映他们杂志消费需求的多元化发展趋势。

（二）读者阅读的书籍、报纸、期刊来源

书籍、报纸、期刊的来源能在一定程度上体现个人或家庭书报消费和集团

① 蒋成坤：《成人阅读兴趣与习惯之调查及研究》，《教育与民众》1934 年第 5 卷第 10 期，第 1809 页。

② 蒋成坤：《成人阅读兴趣与习惯之调查及研究》，《教育与民众》1934 年第 5 卷第 10 期，第 1812 页。

书报消费的发展趋势。成人阅读出版物的来源主要渠道有“自己购买”“借别人”“图书馆”或“阅报处”等。由蒋成坤、吴福元的调研得出：20 世纪 30 年代初我国成人阅读的书籍、报纸、杂志最主要来源于公共阅报处（包括图书馆），其次是个人购买（表 3－18），即近一半来自图书馆或阅报处等。以阅读的书籍看，向公共图书馆借的 312 人，购买的 236 人，向人借的 128 人；阅读的报纸来源于公共阅报处的 197 人，自己订购的 62 人，向人借的 29 人；阅读的报纸来源，向公共图书馆借的 166 人，自己买的 57 人，向人借的 49 人。

表 3－18　20 世纪 30 年代民众阅读出版物的来源

来源	报纸	书籍	杂志
自己买的	62	236	57
自己订的	17	—	11
向人借的	29	128	49
公共阅报处（图书馆）的	197	312	166
无定	31	57	33
其他	11	30	6

资料来源：吴福元：《成人阅读兴趣与习惯研究》，《山东民众教育月刊》1935 年第 6 卷第 7 期，第 130、134、132 页。

由上表还可以看出，集团图书消费、公共图书消费在大众阅读水平提升中发挥了重要作用，即大众阅读的书籍、报纸、杂志数量最多的是向公共图书馆、公共阅报处借的，自己购买的位居第二，由此可见，公共文化消费在 20 世纪 30 年代我国图书消费大众化发展中的作用已经比较明显。同时也可看成大众书籍、报纸、杂志的消费多元化发展趋势，被调研群体阅读的图书、报纸、杂志种类多，购买的书籍、报纸、杂志种类比较多。

（三）中高收入家庭文化教育消费分析——南京 110 个学生家庭调查

1932 年 12 月至 1933 年初南京国立中央大学实验学校对小学部学生家庭经济、父母受教育状况、社会心理、娱乐活动等 9 个方面进行问卷调查，调查 671 人，收回问卷 604 人，选择其中 110 份问卷进行分析。因为该小学为国立中央大学的附属小学，学生的父母来自学界和公务员家庭居多，即父母公务员占 39.09%，学界占 24.55%①；且父母的受教育程度高，父母受过国内高等教育

① 国立中央大学教务系：《国立中央大学实验学校小学部 110 个学生的调查》，国立中央大学出版委员会 1933 年 8 月，第 22 页。

的占57.27%，父母受过外高等教育的占22%，也因此这些学生绝大多数为中高收入家庭，家庭月收入低于50元的仅有3家，月收入在200~800元的有59个家庭①，可见该学校的学生家庭以中高收入阶级为主体。110个家庭中，图书充足的29家，占26.36%；略有图书的75家，占68.18%；没有图书的4家，不详的2家②，即95%以上家庭都有图书。110个家庭中，订阅报纸的98家，共订阅了210种，即89%的家庭订阅有报纸，有的家庭订阅多份报纸，其中订阅《申报》28家，《时事新报》23家，《大公报》20家、《新民报》21家、《民生报》18家，《新闻报》15家、《儿童晨报》3家③。有78家订阅杂志166种，即71%家庭订阅有杂志，其中订阅《小朋友》33家，《儿童世界》10家、《东方杂志》9家、《儿童杂志》9家、《儿童画报》8家等④，可见订阅的杂志以儿童阅读为主，也可以看出这些家庭非常重视子女教育。110个学生，在家常阅读的书，学校教材的最多，其次是《小朋友》《儿童世界》、小说等⑤。从中央大学实验学校小学生家庭的图书、报纸、杂志的消费能看出，20世纪30年代初期南京中高收入家庭文化教育消费水平已经很可观。

第三节　1912—1937年中国城市公共文化消费的发展

公共文化消费是公共消费的重要组成部分，一个国家、一个地区在发展过程中不仅要满足人们的物质需要还要满足人们的精神文化需要，保证人们享受基本的精神文化成果，而低收入群体因受收入等因素的影响无力满足精神文化需要，这就需要政府和社会组织增加对公共文化产品和公共文化服务的供给，让社会大众廉价或免费享受人类基本的精神文化成果。入民国后，为“补学校教育之不逮”，提高大众的文化素质和引导民众形成健康的文化娱乐方式，在政

① 国立中央大学教务系：《国立中央大学实验学校小学部110个学生的调查》，国立中央大学出版委员会1933年8月，第26－27页。

② 国立中央大学教务系：《国立中央大学实验学校小学部110个学生的调查》，国立中央大学出版委员会1933年8月，第34－35页。

③ 国立中央大学教务系：《国立中央大学实验学校小学部110个学生的调查》，国立中央大学出版委员会1933年8月，第35页。

④ 国立中央大学教务系：《国立中央大学实验学校小学部110个学生的调查》，国立中央大学出版委员会1933年8月，第36－37页。

⑤ 国立中央大学教务系：《国立中央大学实验学校小学部110个学生的调查》，国立中央大学出版委员会1933年8月，第38页。

府推动下社会教育运动不断深入，政府、企事业单位、社会团体越来越重视在公共文化服务方面的投入和供给，20 世纪二三十年代公园、图书馆、民众教育馆、公共体育场等公共文化服务设施在大中城市普遍建成，甚至一些小城市也建造上述设施。课题组以公园、民众教育馆、公共体育事业、电影教育和广播教育为中心，对 1912—1937 年二十多年间中国城市公共文化消费的基本情况及其产生的社会经济效应进行考察。

一、近代中国社会教育运动及实施机关

社会教育是学校教育的重要补充，不仅在开启民智、促进民众思想观念和转变价值观念方面具有重要作用，而且在改变民风民俗、扭转大众不良消费习惯方面发挥着重要作用。所谓社会教育是指在学制系统外，以政府推动为主导，私人和民间团体为辅助，为提高失学民众以及全体国民的文化素养，利用和设置各种文化教育机构与设施，所进行的一种有目的、有计划、有组织的教育活动①。近代时期我国的社会教育运动始于 19 世纪末，维新派等为“救亡图存”而力倡维新，清政府也为拯救摇摇欲坠的封建统治，锐意变革，积极推进种种“新政”，但在清末各种改革的都受制于“民智之不足”，“开启民智”得到朝野上下的一致认同，在此背景下社会教育得到了社会各界前所未有的重视。清末天津、北京等城市宣讲所、简易识字学堂等社会教育机关应运而生，1912 年南京临时政府教育部成立后立即增设了社会教育司，其职掌包括管理文艺、音乐、戏剧表演，美术馆、展览会，动植物学教育、动植物园管理及其管理人员的培训，博物馆、图书馆、大众展览、体育场所、文娱设施的建设与管理等。

社会教育司成立后，对社会教育的性质以及如何推广、实施进一步明确，据档案资料记录，当时把具有社会教育性质的事物、机关分为两大类：一类为具有社会教育效力的娱乐活动，“凡社会上以歌词、口辩、技术、音乐、学理、教义等博多数人之娱乐活动，动多数人之观感”，而社会教育的活动包括“宣讲、新旧演剧、说书、唱文词、双簧、陶情小曲、宗教家讲演、学理涉说，如藉光学、电学等种种涉近之试验而佐以输常识，祛迷信，音乐、图画、其他技术，以上所举或以口译，或以风歌，或以技术，或口语风歌技术，并用旧时习惯演剧、说书、双簧等事皆能导人为恶，兹政善而利用之则均能引人于善，具有教育之效力，而收效且在学校教育之上”，这些社会教育事物“应由政府直接

① 王雷：《中国近代社会教育史》，人民教育出版社 2003 年版，第 8 页。

筹办"①；另一类为具有社会教育文化娱乐设施、产品，"凡社会上之建筑物、陈列品、印刷品，能资多数人之展览，集合机关辅导社会之进步"，此类社会教育的机关一般有"报馆、阅书馆、补习学校、简易学校、剧场、说书场、活动影戏馆、美术馆、博物馆、动物园、植物园、博览会、共进会、纪念馆、公园、运动场、体育会、其他游戏场。以上所举皆可资多数人民之观感，而为直接传布社会教育之机关"②。可见，社会教育的机关和进行社会教育的载体为各种文化娱乐产品、服务设施以及相关管理机构。

关于社会教育与民众休闲娱乐的关系，1928 年时任教育部普通教育司司长的朱经农等指出：国民学校"应当指示学生在休闲时间到有益于身心的娱乐场所，如民众教育馆、体育场、图书馆、阅报社、动植物园、博物馆及公园等处，或到电影院看有意义的电影"③。由上所述可以看出民国时期指导民众形成正当的娱乐观念和消费方式是国民学校教育的基本使命之一，朱经农还指出"正当娱乐可以安慰民众的身心，反之则影响甚大，因为娱乐本身带有感化性，能够左右风化，比方烟赌，足以破家荡产，伤风败俗。若是讲书、唱词即有价值的剧本，很足以感动人心"④。朱经农等人提出民众休闲教育指导的范围，按照性质可分为四大类：一是教育性的，如音乐、拳术、游泳；二是有时间的，如迎神赛会、唱麒麟词、竞渡、庙会；三是有职业性的，如唱戏、说书、卖小调、玩把戏；四是文学性的，如山歌、民间故事等⑤。

综上所述可以看出，民国时期视博物馆、美术馆、公共体育场、公共娱乐场、电影场、公园等文化产品和公共文化服务为推行社会教育的基本载体和实施机关，也就是文化娱乐产品不仅可满足社会大众的休闲娱乐需要，且是实施社会教育的重要机关。民国时期编辑出版的《申报年鉴》等年鉴，在对社会教育实施机关进行统计时，一般两为大类：一类是学校式的社会教育机关，诸如各种补习学校、民众学校、职业学校、特殊学校以及识字班等；一类是一般式社会教育机关，诸如图书馆、博物馆、美术馆、公共体育场、公共娱乐场、电

① 《社会教育之性质及提倡设施意见》1912－1－2，12－31 档案号：J004－001－00035，北京档案馆藏，刘晓云主编：《近代北京社会教育史料汇编》，河北科学技术出版社 2011 年版，第 19 页。

② 《社会教育之性质及提倡设施意见》1912－1－2，档案号：J004－001－00035，北京档案馆藏，刘晓云主编：《近代北京社会教育史料汇编》，河北科学技术出版社 2011 年版，第 20 页。

③ 朱经农、沈百英主编：《国民学校休闲教育》，商务印书馆 1928 年版，第 54 页。

④ 朱经农、沈百英主编：《国民学校休闲教育》，商务印书馆 1928 年版，第 78－79 页。

⑤ 朱经农、沈百英主编：《国民学校休闲教育》，商务印书馆 1928 年版，第 80－82 页。

影场、公园、民众茶园以及各种文化团体等。上述两类机关，尤其是后者对公共文化水平的提升、转变大众文化娱乐消费方式和消费观念发挥了积极作用。

民国时期社会教育的重要倡导者和推动者马宗荣先生，对识字运动、民众学校、演讲厅、演讲会、讲习会、图书馆、阅报所、揭示处、博物馆、动物园、植物园、展览会、函授学校、无线电教育（即播音教育）、人事指导所、民众读物编审会、国民教化运动、盲人聋哑教育院、成人教育院、劳工教育院、感化院、童子军、青年团、修养团、民众体育场、保健院、托儿所、儿童游乐园、林间学校、夏令健康营、职业补习学校、博览会、合作社、生活改善会、音乐厅、演戏、电影、民众娱乐场、民众茶园、公园、民众教育馆等近五十种社会教育实施机关的功能进行逐一进行分析和界定①。课题组仅列举与民众休闲娱乐关系最为密切的几种社会教育实施机关进行介绍：

博物馆“是归集能说明自然现象及人类业绩的物品而保存之，以供学术的研钻，且使民众得由最简单的方法，自由体验的教育机关”，职能有三：一要成为保存一国及人类的艺术文化的殿堂；二要成为伟大的学术研究所；三要使其成为社会全民的教育场及娱乐场②。

动物园“是归集活的动物而饲育之，以供民众研究之所，园内饲育有多数活的动物及剥制标本与有关图书”，其任务也有三：一是有益于人们知识的增进；二是将绝减的动物得以保护繁殖；三是供民众休乐③。

植物园“是求植物学上的知识进步发达与普及起见，归集栽培多数植物之所，园内培养育成多数生存的植物，且储有干燥的标本及有关的图书”，其功能不仅有利于农林学与药物学等学科的研究，有利于在植物园举行研究，而且能保存将绝种的植物，备作民众休乐之所④。

音乐厅“是以演奏音乐，以供民众的鉴赏与休乐的建筑物，其任务直接对于情的教育上有绝大的关系，间接对于德的教育上，也有不少的影响”⑤。

电影是“现代民众最风靡的娱乐”，影片的好坏对民众教化的影响甚大，在社会教育上的价值甚大。

民众茶园是利用茶园设施“以提倡正当娱乐，改善正良风俗，增进民众知识之所，因为我国旧日的茶馆，为一切民众唯一憩息之所。但求一设备布置寓

---

① 马宗荣：《社会教育纲要》，商务印书馆 1947 年版，第 90－115 页。
② 马宗荣：《社会教育纲要》，商务印书馆 1947 年版，第 97 页。
③ 马宗荣：《社会教育纲要》，商务印书馆 1947 年版，第 99 页。
④ 马宗荣：《社会教育纲要》，商务印书馆 1947 年版，第 99 页。
⑤ 马宗荣：《社会教育纲要》，商务印书馆 1947 年版，第 110 页。

有教育意义，足以熏陶民众心性者”①。

公园的基本职能不仅是有助于民众的休乐、民众的保健、民众知识的启发，而且“若园地宽广颇有益于民众的保安，变时且可作国防上的用”，又可作为“都市或农村的修饰品”②。

二、公共文化消费的发展及其效应分析

民国时期社会教育经费主要来自各级政府的财政支出，也有部分来自社会捐赠或筹措，从性质上讲，属于公共文化消费，受益的对象是社会大众，也因此说，随着社会教育运动的深入开展，公共文化消费显著增长，而公共文化消费在优化城市居民的文化娱乐结构、提升娱乐水平，转变文化娱乐消费观念方面发挥了积极作用。课题组以公园、民族教育馆、电影教育、公共体育事业为中心对1912—1937年中国公共文化消费的发展及其产生的社会经济效应进行分析。

（一）公园在民众文化娱乐中发挥重要作用

1. 公园的兴起与发展概述

公园即“是为公众而设施的花园”③，是伴随着工业化和城市化的发展而出现的。世界上最早的公园出现在英国。随着工业化、城市化的发展，伦敦等城市人口规模不断增加，人与自然关系渐趋恶化，为改善城市的生态环境、缓解人与自然间的紧张关系，为一般市民提供休闲娱乐的公共空间，公园随之出现。英国最早的公园是将皇室或贵族的私家园林对社会开放，如海德公园。公园在中国最早出现于上海、天津、汉口等城市的租界中，这些城市的公园最初是为满足居住在这些城市的外侨消遣娱乐需要建造的，但华人也可进入游玩，如《津门杂记》中记载的“外国花园”即公园，“园于庚辰岁构于海大道之西地，广百数亩，路径曲折，遍栽花木，小桥流水，绿树浓荫，规模略具。每当夕阳欲下，西人挈眷携童徘徊期间为消遣之地，而华人散步亦概不禁阻”④。上海最早的公园建在租界内，华人也可自由进去游玩，如公共租界黄浦滩（即外白渡桥堍）公园、虹口公园和梵王渡公园（又称兆丰花园）初建时“吾华人本可不费分文，随意进出，与西人享有同等的权利。后来因有少数不守规则份子发生

---

① 马宗荣：《社会教育纲要》，商务印书馆1947年版，第111页。

② 马宗荣：《社会教育纲要》，商务印书馆1947年版，第112页。

③ 马宗荣：《社会教育纲要》，商务印书馆1947年版，第112页。

④ （清）张焘：《津门杂记》，光绪十年（1884）刻本，卷下：外国花园。

作践举动，就此不准华人进园，更竖立一牌，大书‘华人与犬不准出入’八字。于是吾华人进园，只好望门兴叹……嗣后西人自己想想也说不过去，另外在里白渡桥堍辟一小小园林，专为华人游览之所。不过这座园林地方很狭小，布置又简单”①。

中国公园的建造始于清末“新政”期间，1905 年 7 月 21 日《大公报》刊载《中国京城宜创造公园说》一文，历数建造公园的必要性，大意为：公园制度我国自古有之，但美备于泰西各国，“公园者可以骋怀娱目，联合社会之同群，呼吸新鲜之空气，入其中者即油然生爱国之心，显然获卫生之益，是以三代盛时视此为必不可少之建筑物，迄乎战国而后中国遂无公园”，“伦敦、巴黎、华盛顿、彼得堡诸处公园不可屈指数矣，夫人之终日劳其筋骨，役其心志，以从事于谋衣谋食之途，必有一休息游衍之时，亦必有一休息游衍之所，此西人礼拜之举，所以不能废而公园之制，所以不可无也”，因此中国“皇城帝都之内则万不可不造公园，……无公园以疏泄之，则不适于卫生而疾病易起……不设公园其何以造福于臣民而媲美于各国哉”②。端方、戴鸿慈等奉旨出国考察归国后上奏《各国导民善法四端请次第举行折》，折中指出“出洋考察政治所至之国，除美、德、奥、俄、义五国外，游历则有丹马（丹麦——引者注）、瑞典、那威、荷兰等国，道路所经则有日、英、法、比、瑞士等国，每至都会繁盛之区，必有优游休息之地”，他们将图书馆、博物院、万牲园（即动物园）、公园四事看作西方导民的善法，“公园各国城市、村镇亦皆无不有之”，恳请清廷先就京师次第筹办，为天下倡③。此后，现代公园理念在中国广泛传播，1907 年北京、天津、保定等城市建造了我国第一批现代意义上的公园，即农工商部决定在原三贝子花园旧址建造农事试验场，保定将莲池书院改造为莲池公园④。民国时期公园是集社会教育、休闲娱乐等功能于一体的综合公共文化机关，在全国各级城市广为兴建。

2. 公园成为城市的重要公共文化空间

20 世纪二三十年代随着社会教育运动在全国的深入开展，公园在中国逐渐普及，不仅发展成为北京、上海、天津、广州、汉口等大中城市实施社会教育的重要机关，而且成为本市居民的公共文化空间。

---

① 郁慕侠：《上海鳞爪》，上海书店出版社 1998 年版，第 6 页。

② 《中国京城宜创造公园说》，《大公报》1905 年 7 月 21 日，第 1 版。

③ 《端午帅奏陈各国导民善法四端请次第举行折》，《秦报》1907 年第 37 期第 4 册，第 533－534 页。

④ 《保定改莲池为公园》，《大公报》1907 年 7 月 24 日。

（1）北京公园建设情况及其效果。北京建造的第一个公园即1907年农工商部在原三贝子花园旧址上修建的农事试验场，内设动物园（也称万生园、万牲园），是我国第一家动物园，于同年7月9日作为农事试验场的一部分率先售票开放。万生园开放后，广受北京市民的欢迎，清末民初一批名人如严复、英敛之、孙宝瑄、鲁迅等不仅自己时常到该园游玩，也是接待外地到北京的亲戚、朋友的重要打卡地，如恬园即1907年7月22日孙宝瑄就与朋友驾车前往游玩，“游万生园，即农工商部所设置农业试验场也。熊象狮虎猿兕鹿羊，种种皆备；鸟类尤繁，大者如鸵鸟，其次则鹤鹭鹅雉鹦鹉，极小则翡翠芙蓉沈香，彩色陆离，鸣跃可爱，游人甚繁。迤东苇棚，可以品尝”①；8月19日孙宝瑄“妻母皆往万生园游”。1908年农业试验场竣工，拟于5月1日售票开放，在售票开放前孙宝瑄阖家前往游玩，“雨老（试验场为孙宝瑄朋友沈雨人主持修造——引者注）已预使人治具款接。日中，余随母即澜、川两妹等同往，在西直门外，旧为三贝子园，周十五里，已荒废，新造楼宇，并开渠通舟。……万生园移于场之东南……场之东北有屋临河，盖售加非（即咖啡——引者注）供游客者。自五月一日始，即售券，纵人入观矣”②。同年5月26日雨过天晴，清游最佳，孙宝瑄又和朋友蒋树人乘车到农业试验场游玩，“场门宏峻，已售券，入者每人铜饼八枚。进观动物院，亦须购券，价如之。兕虎猿鹿之类，皆标其名，且书其产地与性质，其种万千”，场内游船需要另购票，“购船券泛小舟行，荷叶田田”③。1908年6月27日孙宝瑄与朋友再次游农业试验场，先是遇到妹夫稼霖，后又遇到母亲和妹妹也来游玩，“与二我游农事试验场，在园中午食。会稼霖亦踵至。食毕，遂同游各地，酌茗闲谈。俄母、妹亦往”④。农业试验场是清末民国时期北京的重要休闲娱乐场所，也是北京居民接待来自外地嘉宾的重要场所。如1908年8月商务印书馆负责人张元济到北京出差，孙宝瑄在8月11日日记中记载邀请菊生（即张元济）、树人等六君游农事试验场，“入场，先观动物园，……男女游客甚多”⑤。民国初期农事试验场“开放时间从早晨9：00到晚上10：00，门票价格，成人每人16个铜板，儿童每人8个铜板。平时每天游客约200人，星期天可达到400人。茶室可以租用，作为聚会或野餐的地方，每天租

---

① 孙宝瑄：《忘山庐日记》，上海古籍出版社1983年版，第1066－1067页。

② 孙宝瑄：《忘山庐日记》，上海古籍出版社1983年版，第1188页。

③ 孙宝瑄：《忘山庐日记》，上海古籍出版社1983年版，第1205页。

④ 孙宝瑄：《忘山庐日记》，上海古籍出版社1983年版，第1232页。

⑤ 孙宝瑄：《忘山庐日记》，上海古籍出版社1983年版，第1237页。

金为 1.2～1.5 元，80 分到 1 元可以租半天”①。鲁迅 1912 年 5 月到北京后，在万生园游玩数次，如 5 月 19 日“与恂士游万生园”，6 月 2 日与“铭伯、季市、诗荃同游万生园”。万生园也是鲁迅在周末携家人游玩的重要场所，如 1919 年 10 月 19 日周末休息，鲁迅偕二弟一家乘马车同游农事试验场。1920 年 4 月 25 日，星期休息，午后同母亲、二弟等游三贝子园（即农事试验场）②。

中央公园是在皇家园林社稷坛的基础上建造的，1913 年北洋政府接管社稷坛后，内务部提出开放皇家园林等名胜，以求“与民同乐”，开始积极筹措资金将其辟为公园，1914 年开放，很快发展成为大众休闲娱乐中心。至 1919 年北京已经建成三个公园，即中央公园、先农坛、农业试验场。

（2）天津和保定公园建设情况及其效果。1907 年天津公园和保定的莲池公园建成对外开放。《大公报》为庆祝天津公园成立载文称：“津门为九河之汇，本系水陆通衢，开埠后士商云集，繁盛几颉颃沪上，所缺憾者独少名园胜地，为人士游目驶怀之所，大吏忧之，于是有建设公家花园之举甚盛事也。园在锦衣卫桥之北，地基开朗嚣尘远绝。”③ 1907 年 7 月 15 日河北省莲池公园开放，“星期六只准妇女游览，不准男子入内游者。进门购票每张售铜子二枚，在该处饮茶者每座售铜子五枚，藉该处宴客者每桌价洋两元，外加灯烛费一元”④。之后，天津公园（1928 年改名为中山公园）和莲池公园发展成为河北的重要公共文化空间和休闲娱乐中心。

（3）上海公园建设情况及效果。清末外侨在公共租界和法租界建造的公园不对华人开放，这一时期张园、愚园等一批私家园林借鉴外国公园经营模式进行商业化运作，发展成为上海市民和到沪商旅的重要消遣娱乐场所。外侨在公共租界和法租界建造的公园在华人的强烈呼吁下，1928 年始对上海居民开放。20 世纪 30 年代上海有公园 12 个（表 3－19）。

---

① ［美］西德尼·D. 甘博：《北京的社会调查》，陈愉秉、袁佳等译，中国书店 2010 年版，第 248 页。

② 鲁迅：《鲁迅全集》第 15 卷：日记，人民文学出版社 2005 年版，第 381、401 页。

③ 《祝天津公园之成立》，《大公报》1907 年 4 月 26 日，第 2 版。

④ 《保定改莲池为公园》，《大公报》1907 年 7 月 24 日，第 3 版。

表 3－19　1930 年代初上海市公园、花园及儿童花园一览表

区别	园名	全年游客人数
法租界	顾家宅公园	—
上海市	文庙公园	—
	半淞公园	—
公共租界	梵王渡公园及动物园	610256 人
	虹口公园	768536 人
	外滩公园	661370 人
	汇山公园	490039 人
	昆山公园	
	舟山公园	
	愚园路儿童花园	
	南洋路儿童花园	
	苏州路儿童花园	

注：非公开性质之花园未列入。
资料来源：《申报年鉴 1933》第三册，上海书店出版社 2012 年版，第 230 页。

由上表可以统计出来，20 世纪 30 年代初年仅上海公共租界梵王渡公园及动物园、虹口公园、外滩公园、汇山公园、昆山公园、舟山公园、愚园路儿童花园、南洋路儿童花园、苏州路儿童花园 9 家公园约接待游客 2530201 人，说明公园已经发展成为大众休闲娱乐空间。

（4）其他城市公园的建设情况。一个城市公园的数量、建设水平是与该城市人口规模、经济发展水平密切相关。一般情况下，经济越发达的城市越重视公共文化设施建设，公园的设施越先进、数量越多，公园占地面积越大。广州，20 世纪 30 年代已建成 9 家公园，即中央公园、粤秀公园、东山公园、仲凯公园、河南公园、白云公园、海珠公园、净慧公园、永汉公园，其公园建设水平较高，如广州的中央公园，古木参天，可和北京的中央公园相媲美①，有竹枝词描述："社坛抚署互传名，南北公园试品评。古柏参天千百干，粤京凭藉逊燕京"②。广州公园内有众多游戏设施，"十里红尘拂面扬，行人休息各徜徉。园

① 广州市政府编：《广州指南》，培英印务局 1934 年版，第 185 页。
② 胡子晋：《广州竹枝词》，雷梦水等编：《中华竹枝词》，北京古籍出版社 1996 年版，第 2903 页。

中运动多游戏，不见当年演武场”①，这首竹枝词描绘的是广州市第二公园的情形，该公园是建在从前的东校场旧址上的。

为了纪念中国民主革命的伟大先行者孙中山先生，1928 年全国主要城市纷纷把本市规模最大、游客多的公园改名为中山公园，如北京的中央公园更名为“中山公园”，天津公园也改名为“天津中山公园”，或把新建公园命名为“中山公园”。厦门市建成公园 3 处，其中中山公园规模最大，建筑费百余万元，公园南部有图书馆、运动场、音乐厅、琵琶洲、留芳阁等，公园北部有博物院、动物场、陈列所②。重庆中山公园内有中山像、民众图书馆、阅报社、球场、休息室、篮球场、网球场、儿童游戏场③。山西中山公园内设有民众学校、篮球、网球、国术操、练滑冰等社会教育场所，攀杠、秋千并民众茶社，冰淇淋馆等，东西南三面，广设说书场，北有国货陈列馆④。总之，20 世纪 30 年代主要城市的中山公园不仅是实施社会教育的重要机关，而且是大众的公共文化空间。

（二）民众教育馆与公共文化消费水平的提升

民众教育馆是民国时期实施社会教育的中心机关，“是模仿外国的公社改良而成，为实施综合社会教育的社教机关，他所实施的教育的目标，有语文教育、科学教育、公民教育、品格教育、团体训练、保健教育、职业教育、家事教育、艺术教育、休乐教育；他的教育对象有男女的幼儿、儿童、少年、青年、成人和老年”，1935 年颁布的《民众教育规程》规定其基本设置包括“阅览部、讲演部、健康部、生计部、游艺部、陈列部、教育部、出版部八部”⑤。各地民众教育馆根据需要设置管理机构，有的少于 8 个，也有的多于 8 个。

民国时期建立的民众教育馆大多设在主要城市内的繁华地段，省立民众教育馆多数建造在省会城市的大公园内或景区附近，在推动社会教育运动深入发展过程中发挥了重要作用。1929 年全国共建成民众教育馆 386 个⑥，1933 年增加到 1249 个⑦。课题组以湖北省立民众教育馆、山东省立民众教育馆、浙江省立民众教育馆、河北省立民众教育馆为中心，对 1912—1937 年主要城市民众教育馆的建设情况及其在转变城市居民文化娱乐观念、提高大众公共文化娱乐水

---

① 陶小士：《续羊城竹枝词》，雷梦水等编：《中华竹枝词》，北京古籍出版社 1996 年版，第 3011 页。

② 苏警予等：《厦门指南》，新民书社 1931 年版，第七篇：第 15 页。

③ 杨世才：《重庆指南》，重庆书店 1937 版，第 98－99 页。

④ 山西民社编：《太原指南》，北平民社 1936 年版，第 150 页。

⑤ 马宗荣：《社会教育纲要》，商务印书馆 1947 年版，第 113 页。

⑥《申报年鉴 1933》第三册，上海书店出版社 2012 年版，第 150－151 页。

⑦ 马宗荣：《社会教育纲要》，商务印书馆 1947 年版，第 154－157 页。

平中发挥的作用进行考察。

1. 湖北省立实验民众教育馆与现代文化观念的传播

湖北省立民众实验教育馆的前身是设立在武昌的湖北省立图书馆，在该馆旧址基础上成立湖北省立模范演讲所，后又在演讲所基础上成立了民众教育馆，即1932年成立的湖北省立实验民众教育馆。民众教育馆内设立有康乐部，该部成立的目的和宗旨是“训练民众利用休闲时间，做有益身心，健康身心，发展身心的娱乐，而达到改良民众生活”①。可见，引导居民形成健康的、有益身心的娱乐消费模式和消费观念，提高民众的生活质量是康乐部的重要使命。康乐部设有民众茶园，“宗旨在提倡正当娱乐，增进民众知识，陶冶民众性情，俾民众于工作之余，得一适当恢复精神的场所”，凡来饮茶民众，还可听讲演讲、看书、阅报、把玩各种乐器（月琴、胡琵琶、笛、笙、箫、留声机）及各种棋子（象棋、军棋、围棋）；定价“每壶八十文”；标语为“民众茶园是民众的快活林”，“民众茶园是民众的俱乐部”，“民众们想求精神上的安慰请到民众茶园”，“民众茶园是价廉物美有益卫生的茶园”②。音乐室设在民众茶园的大门内，每日来馆游览的民众非常拥挤，乐器除留声机外，“民众只需签名，即得把玩”。其中把玩乐器人数最多的是风琴，1932年2月至6月有881人，其次是箫，有253人，如表3-20所示。

表3-20　湖北省立实验民众教育馆1932年本部把玩乐器人数

月 把玩人数 乐器名称	二月	三月	四月	五月	六月	合计
箫	82	21	66	27	57	253
笛	46	9	38	11	25	129
京胡	35	12	20	18	29	114
二胡	23	8	13	10	19	73
月琴	4	2	2	3	5	16

① 湖北省立实验民众教育馆编辑委员会：《湖北省立实验民众教育馆》，汉口武汉印书馆出版社，出版时间不详，第94页。

② 湖北省立实验民众教育馆编辑委员会：《湖北省立实验民众教育馆》，汉口武汉印书馆出版社，第117页。

续表

把玩人数 乐器名称 \ 月	二月	三月	四月	五月	六月	合计
琵琶	1	–	–	–	–	1
风琴	275	75	184	104	243	881

资料来源：湖北省立实验民众教育馆编辑委员会：《湖北省立实验民众教育馆》，汉口武汉印书馆出版社，出版时间不详，第 97 页。

民众茶园的弈棋效果也比较显著，对培养民众健康的娱乐观念也起到了一定促进作用。1932 年 2—6 月到民众茶园下围棋者合计 796 人、下象棋者最多，五个月合计 3730 人；玩军旗者合计 444 人，如表 3－21 所示。

表 3－21 湖北省立实验民众教育馆 1932 年本部弈棋人数

弈模人数 月别 \ 类别	围棋	象棋	军棋
二月	216	920	120
三月	112	464	56
四月	184	848	142
五月	86	530	42
六月	198	968	84
合计	796	3730	444

资料来源：湖北省立实验民众教育馆编辑委员会：《湖北省立实验民众教育馆》，汉口武汉印书馆出版社，出版时间不详，第 97－98 页。

从到民众茶园休闲娱乐者的职业构成看，来自各个职业群体。1932 年 2—6 月到湖北省立实验民众教育馆内的民众茶园休闲娱乐者，以工人人数最多，4 个月到民众茶园消遣的工人合计 13961 人；其次是农民，4 个月合计 8773 人，然后是商人、军人、学生、政府工作人员等。从月份看，二月到民众茶园游览的人数最多，共计 20325 人，三月、五月因停业数日，人数相对较少。从性别看，到民众茶园喝茶、弹琴下棋者以男性为主，也有少数女性（表 3－22）。

表 3－22 1932 湖北省立民众茶园听讲民众职业、性别

职别 类别 月份	职业							
	农	工	商	学	军	政	警	其他
二	2708	3852	1441	926	1065	558	208	9565
三	1544	1461	1048	344	622	398	154	4952
四	1630	3166	1895	416	975	376	182	8623
五	1672	1264	1116	220	463	384	134	5741
六	1218	4218	1342	389	877	572	173	9652

注：3 月 6—22 日停工。五月因教潮关系 15—20 日停工。

资料来源：根据湖北省立实验民众教育馆编辑委员会：《湖北省立实验民众教育馆》，汉口武汉印书馆出版社，出版时间不详，第 139 页。

2. 山东省立民众教育馆与现代文化娱乐消费观念的传播

山东省立民众教育馆与湖北情况相似，都对健康娱乐消费理念的传播发挥了积极作用。山东省立民众教育馆成立于 1929 年 8 月，共设 8 处分馆，其中 6 处在济南城内、2 处在历城（1987 年改为济南市历城区）。山东省立民众教育馆的固定设施包括五部分：

一是陈列馆，包括革命纪念馆、国耻纪念馆、动物标本陈列馆、植物矿物标本陈列馆、国货广告样品陈列馆、本省产品陈列馆、卫生馆、中国经济地位统计馆、艺术馆、儿童玩具陈列馆。革命纪念馆内，有先烈遗像、遗墨、挂图等 600 余件；国耻纪念馆内，有历次外交失败史略等各种图片 360 余张；动物标本陈列馆内，陈列动物标本 34 类，457 种，挂图 48 幅；植物矿物标本陈列馆，计有植物标本 749 种，矿物标本 236 种，挂图 50 余幅；国货广告样品陈列馆，陈列品共计 4300 余件；本省产品陈列馆，产品由各县出席会员带来，共计 190 余种，360 件；艺术馆内陈列古代艺术，民众艺术及现代专家作品总计大小 300 余件，大半系由作家及收藏家捐赠或借陈；儿童玩具陈列馆，内有国产玩具 1800 余件，成立目的在于提出经济坚牢及有教育价值之儿童玩具，尤重在抵制日本玩具之销售①。

二是阅览所，包括图书馆、阅报所、府东大街阅报所、趵突泉阅报所、儿

① 山东省立民众教育馆：《山东省立民众教育馆设施概览》，山东省立民众教育馆 1933 年第三次增订版，第 9－11 页。

童读书所。图书馆有书 18625 册，以文学及社会科学书籍占多数，“阅览人数学界最多，政界次之。借阅之书籍以文学类最多”。阅报所内有平、津、京、沪及本省重要报纸 18 种，“阅览人以学界为多，商界次之”；府东大街阅报所内有报纸 6 份，“因地址街要，每日阅报人数颇多，商界为最，学界次之”；儿童读书所内有儿童读物 3000 余册，卫生常识挂图 30 余种，并设管理员指导阅读，“儿童阅览杂志类者居多，文学类者次之”①。可见，阅报所在培养大众阅读习惯和提高民众文化素养方面发挥了重要作用。

三是娱乐场所，包括民众影戏院、民众茶园、民众俱乐部、儿童俱乐部。到民众游戏院看电影人数为最多，该影院成立于 1930 年 11 月，“每晚演一场，每逢星期六及星期日加演日场，票价每张一角，每 5 日更换新影片一次，因为国产片含有教育价值者无多，而外国影片又为一般观众所不欢迎，为增加教育效率计，乃于每场开演前，举行半小时左右的化妆讲演一幕，并加映时事新闻，表演音乐、幻术、书词等，颇受观众欢迎，每晚观众平均 400 余人”，1932 年电影票收入总计 12665 元②，即观众在 126650 人以上。民众俱乐部内设有乐器 9 种，棋类 12 种，及乒乓球等球类，“以此部最为热闹，平均每日有一百余人参加”③。由上所述可看出，山东省立民众教育馆内设的娱乐场馆在培养济南市大众娱乐消费理念、优化居民娱乐结构和提升民众文化素养方面发挥了积极作用。

四是讲演所包括馆内讲演厅、府东讲演所、趵突泉讲演所。民众教育馆内演讲厅可容 500 余人，每日午后开演 2 小时，其项目“分普通讲演、化妆讲演、科学讲演、留声机讲演等，听众甚形踊跃。自成立以来，除阴雨外，无日不座为之满。厅中并装置无线电收音机一架”。府东讲演所，成立民国初年，“地址街要，场内可容 300 余人，每晚讲演 1 小时。听众以商人居多，其中颇有在该所继续听讲至 10 年以上，已养成听讲习惯者”④。由上所述可看出，山东省立民众教育馆所设的演讲所在传播文化，培养民众健康文化观念方面也发挥了重要作用。

需要说明的山东省立民众教育馆在巡回讲演方面也取得显著成绩，每年到

---

① 山东省立民众教育馆：《山东省立民众教育馆设施概览》，山东省立民众教育馆 1933 年第三次增订版，第 11－12 页。

② 山东省立民众教育馆：《山东省立民众教育馆设施概览》，山东省立民众教育馆 1933 年第三次增订版，第 9、12－13 页。

③ 山东省立民众教育馆：《山东省立民众教育馆设施概览》，山东省立民众教育馆 1933 年第三次增订版，第 13 页。

④ 山东省立民众教育馆：《山东省立民众教育馆设施概览》，山东省立民众教育馆 1933 年第三次增订版，第 13 页。

各县巡回演讲两次，“工作除讲演说书外兼演电影”等，平均每处工作约四天，“听众每场多者两万余人”①。

五是健身场所，包括民众体育场、儿童游戏场、民众医院、小公园②。民众体育场，有篮球、队球场各一个。儿童游戏场内，设有滑梯、木马、秋千、压板、肋木、铁环等。小公园设在民众教育馆内，“栽植花木多种，有荷池、小溪、假山等，每日民众自由入园游憩者极多”③。由上所述可以看出，公园已发展成为大众休憩娱乐的重要场所。

山东民众教育馆在举办游艺活动、宣传健康消费理念方面也发挥了积极作用，如1931年8月23日民众教育馆举办第二周年游艺大会，会期两天，“游艺内容有旧剧、新剧国术、魔术、鼓词等项，到会民众每场达1200余人，会场为满”④。1931年秋季各地洪水为患，山东民众教育馆为赈济灾民，曾于10月举行赈灾游艺会，“表演各种游艺，内容有新剧、鼓词、魔术及化装讲演等项，每人票价贰角，共收一百五十三元四角”。此后，山东省立民众教育馆还举办慰劳上海御侮将士游艺会、援助抗日将士游艺会等活动，且都取得了一定成绩。游艺会不仅筹集了善款，而且“指导民众作正当娱乐”⑤。为援助抗日将士，1933年元旦举行游艺会三天，“馆本部暨祝甸实验区各搭戏台一座，表演各种游艺，项目为化装讲演、鼓词、幻术、武术、音乐等，入场民众不收票，设有自由捐款箱，捐得二百六十八元六角四分”⑥。

值得一提的是山东民众教育馆创办的杂志，销量可观，在推动社会教育发展、传播健康文化消费观念方面也发挥了积极作用。山东民众教育馆出版的定期期刊有：《民众教育月刊》《民众教育周刊》《民众周刊》《注意山东农民报》；不定期的图书《民教设施丛书》《通俗讲演丛书》《国耻小丛书》《社会常识丛书》《民众文艺丛书》《山东风土丛书》《民教课本》等。有些还能获利，《民众

---

① 山东省立民众教育馆：《山东省立民众教育馆设施概览》，山东省立民众教育馆1933年第三次增订版，第36－37页。

② 山东省立民众教育馆：《山东省立民众教育馆设施概览》，山东省立民众教育馆1933年第三次增订版，第9－14页。

③ 山东省立民众教育馆：《山东省立民众教育馆设施概览》，山东省立民众教育馆1933年第三次增订版，第14页。

④ 山东省立民众教育馆：《山东省立民众教育馆设施概览》，山东省立民众教育馆1933年第三次增订版，第42页。

⑤ 山东省立民众教育馆：《山东省立民众教育馆设施概览》，山东省立民众教育馆1933年第三次增订版，第42－43页。

⑥ 山东省立民众教育馆：《山东省立民众教育馆设施概览》，山东省立民众教育馆1933年第三次增订版，第43页。

周刊》，每期销数达12000份，主要读者为各县小学教员①。

3. 其他省民众教育馆与现代文化观念的传播

河北省也非常重视社会教育事业，如河北省立实验城市民众教育馆，有职员18人，组织分阅览部、教导部、康乐部、生计部、事务部、出版委员会，全年经费14504元；有房舍大小63间，分配作讲演厅、民众茶馆、游艺室、阅览室、阅报处及办公室、宿舍之用，设备方面有中文图书3500余种，西文图书60余种，中文杂志250余种，平津沪等地报纸约20余种。演讲、游艺方面，有留声机、中国乐器等设备。康乐方面，有运动场，设有足球、网球以及儿童成年各种运动器械②。再如省立保定民众教育馆，组织计分阅览、讲演、游艺、健康、出版、教学6部，职员17人，全年经费12670元，有图书馆46000余册，杂志20余种，日报24种，中西乐器20余种，运动器具有网球、篮球、足球、砂囊等③。河北省还有县民众教育馆105处，多设在文庙、孔庙、城隍庙等处，每年经费合计177345元，馆员487人④。

浙江省有省立民众教育馆3所：省立杭州民众教育馆、省立嘉兴民众教育馆、省立宁波民众教育馆。省立杭州民众教育馆的设施主要有：运动场两个，阅览室一所，展览室两个，茶社一个，合作社一个，中山纪念台一台，表演台一台，教室三个，会客室一个，诊疗室两个，储藏室两间，办公室三间，音乐室一间，寝室三个，图书11395册，运动器械166件，童子军用具11件，娱乐用品20种，仪器标本105种等⑤。省立宁波民众教育馆主要设备有：无线电收音台一座，民众讲台二个，教台九个，水产陈列室一所，运动场二个，阅览室二所，图书1116册，报纸12种，运动器具24件等⑥。浙江省还创建了众多县市民众教育馆，1934年有县市民众教育馆125个⑦。经费比较充足的是省立民众教育馆，如1933年浙江省立杭州市民众教育馆有经费15946元，最少者景宁

---

① 山东省立民众教育馆：《山东省立民众教育馆设施概览》，山东省立民众教育馆1933年第三次增订版，第20页。

② 曲直生、林宗礼：《河北省社会教育概况》，河北省民众教育馆，出版时间不详，第6–7页。

③ 曲直生、林宗礼：《河北省社会教育概况》，河北省民众教育馆，出版时间不详，第10–11页。

④ 曲直生、林宗礼：《河北省社会教育概况》，河北省民众教育馆，出版时间不详，第17–27页。

⑤ 浙江省教育厅第三科：《浙江省社会教育概况》，杭州长兴印刷公司1936年版，第3页。

⑥ 浙江省教育厅第三科：《浙江省社会教育概况》，杭州长兴印刷公司1936年版，第4页。

⑦ 浙江省教育厅第三科：《浙江省社会教育概况》，杭州长兴印刷公司1936年版，第15页。

县经费仅有518元；1934年省立杭州民众教育馆经费增加到17228元，而景宁县减少至406元①。

浙江省按照教育部等制定各种审查法令，如制定《浙江省审查民众娱乐暂行规程》，“以戏剧、影片、说书为限”②。戏剧、说书凡有下列情形之一者“予以纠正、或禁之”，“一违反党义，提倡邪说者；二迹近煽惑，有妨治安者；三提倡封建思想者；四提倡迷信者；五迹近诲盗中，引导作恶者；六描摹淫亵，诱惑青年者；七情状惨酷，有伤人道者；八侮辱个人或团体之情事者；九其他有害于观众之身心者”③。浙江省各种民众娱乐事业审核的基本原则：“能引起观众美感”，并合于下列标准之一“应予加以奖励”，即“一、唤起民族精神者，二、提倡民治思想者，三、灌输科学知识者，四、其他有益于观众之身心者”④。娱乐审查对抵制淫秽等不健康娱乐进入市场起到了一定遏制作用。

（三）电影教育和广播教育的兴起

电影教育和广播教育的作用在民国时期已经得到各界的认同，“广播有人誉之为空中大学”，电影被视为“活动黑板”⑤。20世纪30年代教育部在社会教育实施机关中加入了电影教育（即早期的电化教育）和广播教育（当时也称无线电教育），这对民众正当、健康娱乐消费理念的培养以及刺激新式娱乐消费需求都发挥了一定作用。

1. 广播教育的兴起

1935年教育部鉴于无线电广播为推广文明之利器，为启迪民众知识，辅助学校教育，积极推广广播教育，并采取了一些行之有效的措施，如推广收音机装置、训练技术人员、订立播音节目等，还给予贫困地区一定补贴，如通令各省市教育厅局转饬所属中等学校及民众教育馆分期装设收音机，但是“凡贫瘠及边远省份，其所需费用由教育部全部承担，其他经济困难的省市则减免一半

---

① 浙江省教育厅第三科：《浙江省社会教育概况》，杭州长兴印刷公司1936年版，第9、15页。

② 浙江省教育厅第三科：《浙江省社会教育概况》，杭州长兴印刷公司1936年版，第44页。

③ 浙江省教育厅第三科：《浙江省社会教育概况》，杭州长兴印刷公司1936年版，第45页。

④ 浙江省教育厅第三科：《浙江省社会教育概况》，杭州长兴印刷公司1936年版，第45页。

⑤ 福建省立民众教育馆：《福建省立民众教育处电影教育实施概况》，出版时间和出版社不详，第1页。

的费用"①。

广播教育也取得了一定成效，据"中央广播事业管理处"的调查，至1936年全国共建广播电台86座，主要分布在省会城市、通商口岸城市以及几个民众教育实验区，尤其集中在长江三角洲地区，该区域有电台55座，其中数量最多的城市是上海，有电台36座，其次是无锡，有电台6座，然后是天津，有电台5座②。至1935年，各省市中等学校及民众教育馆共装设无线电收音机1785架，其中，南京17架，上海58架，北平53架，天津32架，青岛14架，威海卫4架，江苏210架，浙江122架，安徽151架，湖南113架，山东196架，福建142架等，边远省份很少，如宁夏仅7架，辽宁、吉林、黑龙江、热河未填统计表，青海、西康、蒙古、西藏未有报告③。由上所述可以看出装设无线电收音机数量以江苏省最多，然后是山东、安徽、福建、浙江；从几个特别市看，以上海、北京数量为多。广播教育的兴起不仅传播了新的教育思想、健康文化娱乐消费观念，而且带动了收音机等产业的发展，还在转变大众休闲娱乐消费需求和提升民众娱乐水平方面发挥了积极作用。

2. 电影教育的兴起

电影不仅一种娱乐产品而且是实施社会教育的重要工具，如1932年任上海市教育局长兼社会局局长的潘公展对电影教育功能高度评价，"电影从娱乐的工具进展为教育的工具，这不但是科学的一种新的光彩，而简直是整个社会文化的一种伟大的建设的力量"④。1932年陈立夫与朱家骅等文化教育界名流创立了中国第一个电化教育组织——中国教育电影协会。马宗荣对电影教育的功能给予较为全面的概括："电影是现代民众最风靡的娱乐，其原因有三：第一电影的内容丰富，举凡古今的事物。中外的实景实况，均可以于电影中见之，即表演的影片，其情景也较戏剧为逼真；第二所需观览的时间较少；第三较之其他娱乐所化费经济，因风靡之故，观览者之数既众，影片的良否，影响于民众教化者甚大。又可利用他来介绍自然风景、生物生态、时事以及关于政治、经济、社会等文化并科学知识，故在社会教育上的价值甚大，社会教育实施机关，应编制优良影片，设法取缔不良影片。"⑤ 20世纪二三十年代电影被视为社会教育

① 赵冕：《社会教育行政》，商务印书馆1938年版，第134页。

② 赵冕：《社会教育行政》，商务印书馆1938年版，第126－131页。

③ 赵冕：《社会教育行政》，商务印书馆1938年版，第134－136页。

④ 潘公展：《实施电影教育的途径》，中国电影协会：《中国电影年鉴1934》（影印本），中国广播电视出版社2008年版，第103页。

⑤ 马宗荣：《社会教育纲要》，商务印书馆1947年版，第111页。

的重要机关被大力推广。1928年作为社会教育实施机关的电影院有40家，1930年增加到224家①，且有相对稳定的经费，政府和社会组织在电影场的投入1930年增加到2655730元（表3-23），也就是3年间作为社会教育机关的电影院增加了184个，经费增加了2627649元，即电影院数量增加了近4倍多，经费增加了54倍多。

表3-23 1928—1930年全国作为社会教育实施机关的电影院数和经费

年	电影院数	经费（元）
1928	40	28081
1930	224	2655730

资料来源：马宗荣：《社会教育纲要》，商务印书馆1947年版，第156、160页。

在教育部的积极推动下，电影教育在浙江、福建、上海等省市取得了一定成效，尤其这些省市的电影放映队在各县市巡回放映，受到当地民众热烈欢迎，在传播健康文化娱乐观念，提高居民文化娱乐水平中发挥的作用尤为突出。

浙江省成立有两个电影巡回演出队，其中1934年5月成立了电影巡回第一队，1935年5月成立电影巡回第二队，“分别至各县市巡回放映教育影片，二年来行迹所及，几遍全省”②。浙江电影巡回放映队，开办费985元，全年经费12000元，设备有发电机两具，移动发电机一具，放映机两具，变压机2具等，影片48卷，其中“健康类九种九卷，植物类五种五卷，动物类八种七卷，物理类三种三卷，劳作类四种四卷，化学类七种七卷，滑稽类八种十三卷”③。浙江电影巡回队1935年在本省49个县巡回放映，放映611次，参观人数1270642人，占各县人数的8%④。

福建省也非常重视电影教育，成立电影巡回放映队，划拨专项经费，他们倡导电影教育应肩负四大使命：“（一）鼓励民族精神，（二）发扬固有文化，（三）灌输科学知识，（四）培养生产知能”⑤。福建省划分为四个教育电影放映

① 马宗荣：《社会教育纲要》，商务印书馆1947年版，第156页。

② 浙江省教育厅第三科：《浙江省社会教育概况》，杭州长兴印刷公司1936年版，第51页。

③ 浙江省教育厅第三科：《浙江省社会教育概况》，杭州长兴印刷公司1936年版，第51-52页。

④ 浙江省教育厅第三科：《浙江省社会教育概况》，杭州长兴印刷公司1936年版，第55页。

⑤ 福建省立民众教育馆：《福建省立民众教育处电影教育实施概况》，出版时间和出版社不详，第1-2页。

区，“每区设以教育电影巡回队，按期巡回施教，以谋教育电影之深入与普通”；在省会福州“设立教育电影场一所外，并按照省会警察区，巡回施教”①。福建省电影施教方式分为定位施教与巡回施教，定位施教，即“除在省立民众教育处施教厅及南台区办事处以及郭宅公民训练试办区定时施教外，并借城内友声大戏院、南台青年会、县立儿童教育馆作为定位施教场所”②。福建民众对于电影教育表现非常热情和积极参与，深受大众欢迎，自 1936 年 10 月至 1937 年 4 月定位施教 178 次，受教人数 145710 人③。巡回施教，即放映队携带设备和影片到各区巡回放映电影，1936 年 8 月至 1937 年 4 月巡回施教 130 次，受教人数 153130 人④。可见，电影教育使福建更多居民有机会接触电影这一新兴娱乐活动形式。

上海市电影教育也取得了显著成绩，中国教育电影协会上海分会组织电影放映队分区域放映教育电影，如在大学、中学、小学巡回演映，1934 年上海参与巡映电影的学校合计 1026 所，1936 年增加到 1031 所，观影人数 1934 年共计 578590 人，1936 年增加到 635887 人，如表 3－24 所示。

表 3－24　1934—1936 中国教育电影协会上海分会巡映情况

年度	巡映学校数	观映人数
1934 年	1026	578590
1935 年	1002	434657
1936 年	1031	635887

资料来源：《上海市年鉴 1937（4）》，《民国上海年鉴汇编》第 12 册，上海书店出版社 2013 年版，第 283 页。

从中国教育电影协会上海分会巡映学校看，各级学校基本都参与到电影教育运动中，1936 年巡演学校数合计 1031 所，其中大学 27 所，中学 172 所，小学 805 所，其他类学校 27 所；巡影次数，大学 27 次，中学 185 次，小学 968 次，其他类学校 102 次，合计巡映 1282 次；观影人数，大学 18170 人，中学

① 福建省立民众教育馆：《福建省立民众教育处电影教育实施概况》，出版时间和出版社不详，第 2－4 页。

② 福建省立民众教育馆：《福建省立民众教育处电影教育实施概况》，出版时间和出版社不详，第 4 页。

③ 福建省立民众教育馆：《福建省立民众教育处电影教育实施概况》，出版时间和出版社不详，第 6 页。

④ 福建省立民众教育馆：《福建省立民众教育处电影教育实施概况》，出版时间和出版社不详，第 8 页。

79892 人，小学 487790 人，其他类学校 50035 人，合计观影 635887 人，如表 3－25 所示。

表 3－25 1936 年中国教育电影协会上海分会巡映学校和次数

	大学	中学	小学	其他	总计
校数	27	172	805	27	1031
映演次数	27	185	968	102	1282
观演人数	18170	79892	487790	50035	635887

资料来源：《上海市年鉴 1937（4）》，《民国上海年鉴汇编》第 12 册，上海书店出版社 2013 年版，第 282 页。

中国教育电影协会上海分会在各级学校巡回放映电影时，绝大多数学校是免费的，只有少数学校需要征收费用，1936 年大学中有 2 所学校收费，每个学生平均征收 1 元；中学中只有 3 所学校费用，平均每个学生征收费用 0.5 元；小学中只有 17 所学校征收费用，每个学生平均征收 0.2 元（由表 3－26 可以计算出），另外可以推测出，其他学校看电影的费用应该来自上海市市政府拨款。

表 3－26 1936 年上海电影教育费征收情况统计

级别	校数	学生数	金额（元）
大学	2	404	404.00
中学	3	433	216.50
小学	17	1191	238.20
总计	22	2028	858.70

资料来源：《上海市年鉴 1937（4）》，《民国上海年鉴汇编》第 12 册，上海书店出版社 2013 年版，第 283 页。

由山东省、福建省、上海市的电影教育可以看出，20 世纪 30 年代全国各省市积极推动的电影教育运动，使部分没有机会接触电影的中低收入者有机会看电影，不仅开阔了他们的视野，增长了他们的见识，而且传播了现代娱乐消费观念，在转变社会大众文化娱乐观念、提升娱乐水平方面发挥了积极作用。

（四）公共体育事业的发展及成效

体育是一种体现人类活力、充满竞争意识的文化娱乐活动形式。体育运动具有多种功能，对于个人而言，不仅能强身健体、休闲娱乐而且能提高人际交往能力、增强人的意志品质；对社会而言，体育运动不仅具有经济、文化功能而且具有教育、政治等功能。现代社会把体育运动视为人们的基本权利，且公共体育对提高国家体育运动水平、振奋民族精神、增强民族凝聚力、塑造国家形象、提高民众的身体素质等都具有重大价值。随着城市化的发展，大众体育需求不断增加，20 世纪 20 年代各个城市的体育设施基本上是私人投资的，是以盈利为目的，且价格比较高，对于中低收入阶层来说是没有闲钱用于体育娱乐消费的。20 世纪 20 年代我国公共体育场被作为社会教育的重要机关大力倡导，政府在公共体育场建设方面不断增加投入，在一定程度上推动了我国公共体育事业的发展。从全国体育场的数量看，1928 年全国有公共体育场共计 247 个，1933 年增到 1731 个，即公共体育场 5 年间增加了 1484 个，增长了 5 倍。从全国体育场的经费看，1928 年公共体育场的经费为 220100 元，1933 年增加到 461897 元（表 3－27），即 5 年内增加了 241797 元，增长了 1.1 倍。需要说明的是公共体育场的经费主要来自政府拨款，如 20 世纪 30 年代中国的公共体育场的经费 92.64% 属公立①。

表 3－27　1928—1933 年全国公共体育场数量和经费

年	体育场数	经费（元）
1928	247	220100
1929	1139	257264
1930	1400	297403
1931	1302	302443
1932	1278	109365
1933	1731	461897

资料来源：马宗荣：《社会教育纲要》，商务印书馆 1947 年版，第 157、160 页。

民众体育场在民国时期也是实施社会教育的重要机关，其定位和设施“是为民众而设的适于运动竞技及休养之用的场所。场内设备有田径赛场、各种球赛场、器械体操场、游泳池、国术馆、跑马场、游戏场、儿童游戏场等”②。

民众教育馆和公园都建有球场等运动设施，不仅丰富了市民的文化娱乐生活，而且促进了城市文化娱乐消费方式的现代转变，也在一定程度上提升了健康娱乐水平。

民众体育场的建设对于普及现代体育知识，传播健康娱乐理念方面发挥了

① 教育部社会教育司：《中华民国十九年度全国社会教育概况》，南京京华印书馆 1934 年版，第 17 页。

② 马宗荣：《社会教育纲要》，商务印书馆 1947 年版，第 106 页。

重要作用。以上海为例，1935 年上海每日到 11 个市立公共体育场运动的人数 4867 人，市立公共体育场职工总人数 52 人。运动场的有些项目是要适当收费的，1935 年收入 47912 元，政府岁支出 54512 元，运动场的资产数为 1160003 元（表 3－28）。

表 3－28　1935 年上海市立公共体育场发展概况

名称	职员数	每日平均运动人数	岁入经费数	岁出经费数	资产数
第一公共体育场	6	2400	9552	9552	28875
第一简易公共体育场	2	405	360	360	—
第二简易公共体育场	3	36	360	360	—
第三简易公共体育场	2	552	360	360	250
第四简易公共体育场	2	497	360	360	580
第五简易公共体育场	2	467	360	360	5500
第六简易公共体育场	3	60	480	480	2904
第七简易公共体育场	2	150	360	360	500
第八简易公共体育场	2	150	360	360	320
第九简易公共体育场	2	150	360	360	—
上海市体育场	26	—	35000	41600	1121074
总计	52	4867	47912	54512	1160003

资料来源：《上海市年鉴 1937（4）》，《民国上海年鉴汇编》第 12 册，上海书店出版社 2013 年版，第 201－202 页。

到运动场运动的不仅有男性也有女性，且都呈增长趋势，如表 3－29 所示。以上海为例，11 个运动场内 1933 年 7 月至 1934 年 6 月运动的男性 699327 人，到 1935 年 7 月至 1936 年 6 月增加到 847502 人，即 2 年间增长了 148175 人，增幅为 21%。10 个运动场内 1933 年 7 月至 1934 年 6 月运动的妇孺 517465 人，到 1935 年 7 月至 1936 年 6 月增加到 865707 人，2 年间增长了 348242 人，增幅为 67%。传统体育如国术也得到发展，1933 年 7 月至 1934 年 6 月到国术部学习和运动 40052 人，到 1935 年 7 月至 1936 年 6 月增加到 118317 人，增加了 1147275 人，增长了 28.7 倍。

表 3-29　1933—1935 年上海市立公共体育场运动人数

年份	男子部人数	妇孺部人数	国术部人数
1933 年 7 月至 1934 年 6 月	699327	517465	40042
1934 年 7 月至 1935 年 6 月	723412	617369	66235
1935 年 7 月至 1936 年 6 月	847502	865707	118317

资料来源：《上海市年鉴 1937（4）》，《民国上海年鉴汇编》第 12 册，上海书店出版社 2013 年版，第 199 页。

体育活动参与人数以上海人数为最多、项目最齐全，其他城市虽也有体育场设施，但场馆没有上海先进，球场等设施不齐全，上海能代表当时全国公共体育事业的发展趋势。如 1934 年河北省有省立体育场 1 所，经常经费 4656 元，职员 3 人，县体育场 69 个，每场平均经费 13579 元①；69 个县市体育场，设备约值 38343 元，经费 9370 元②。再如浙江省的公共体育场，建设宗旨“以推进国民体育事业，研求运动技术”，可分省立、县立、市立（包括区、乡、镇立、私立）③。浙江省立体育场设备有：田径赛场一个，足球场一个，篮球场三个，棒球场一个，排球场一个，网球场五个，器械场一个，游泳池一座；1928 年有县立民众体育场 57 所④。

需要说明的是这一时期的一些大中型企业，为提高职工的文化素养，形成团队精神等，为本单位职工提供有娱乐设施和场所，作为员工的福利。如塘沽的久大精盐制造工厂为职工提供的休闲娱乐产品和服务，“分户内游戏、户外运动、新年走会、夏令会，新剧五项，皆由管理员指导工友办理。……所有各种娱乐的费用，实报实销，全由公司开支”⑤。久大精盐厂的户内游戏，专有游艺室一间，设在工人图书馆隔壁，“每晚 7 时至 9 时半开放，供工人作各种游戏。室中备有乒乓球、象棋、跳棋、围棋、陆海军棋、七巧板、益智板七种，其中跳棋、象棋最受欢迎。夏天墙上装有大电扇，冬天室中生火”⑥。久大精盐制造工厂户外运动分为器械类、球类两种，器械有秋千、单杠、浪桥、石墩 4 种，

① 曲直生、林宗礼：《河北省社会教育概况》，河北省民众教育馆，第 3 页。

② 曲直生、林宗礼：《河北省社会教育概况》，河北省民众教育馆，第 32－36 页。

③ 浙江省教育厅第三科：《浙江省社会教育概况》，杭州长兴印刷公司 1936 年，第 21 页。

④ 浙江省教育厅第三科：《浙江省社会教育概况》，杭州长兴印刷公司 1936 年，第 22 页。

⑤ 林颂河：《塘沽工人调查》，李文海主编：《民国时期社会调查丛编》城市（劳工）生活卷，福建教育出版社 2005 年版，第 810 页。

⑥ 林颂河：《塘沽工人调查》，李文海主编：《民国时期社会调查丛编》城市（劳工）生活卷，福建教育出版社 2005 年版，第 811 页。

工人下班后可以随意玩耍。球类本有足球、篮球、网球三项，踢足球的工人，大半是年轻的有技能工人，尤以工读班的特别班学生为多。新年走会是久大精盐制造工厂工人最重要最普遍的娱乐主要有：龙灯会、狮子会、高跷会、低秧歌会、旱船会、小车会六种①。

第四节　1912—1937 年中国城市文化娱乐消费需求变迁的基本特征

通过对 1912—1937 年中国城市文化娱乐消费需求状况的深入考察，能看出这一时期我国城市文化娱乐消费需求与 1911 年前相比出现了一些新的特征：

一是现代娱乐消费方式得到普遍发展。经过 19 世纪末 20 世纪初中国传统文化娱乐活动与西式文化娱乐消费活动几十年的碰撞与融合，至 20 世纪 30 年代现代文化娱乐消费需求模式在大城市基本实现了由传统向现代升级，具体表现为：电影院看电影、弹子房打弹子，公园、植物园、动物园游玩，以及图书馆读书看报等健康文化娱乐活动在这些城市得到广泛认同，相应的基础设施的供给不断增加，健康型文化娱乐产品的参与者、消费者人数也不断增多。

二是文化娱乐产品和服务的需求和供给体系由传统向现代升级。民国时期尤其 20 世纪 30 年代上海、天津、汉口、广州等主要通商口岸城市人口超过百万，文化娱乐消费需求总量大，消费内容多样化、需求层次多元化为基本特征。各个阶层、各地人群等都可根据各自的收入水平、兴趣偏好等选择适合自己的文化娱乐产品和服务。在文化娱乐消费需求变迁的引导下，文化娱乐产品的生产和供给体系也由传统模式向现代转型。从娱乐产品的种类看，种类不断增加且不断衍生出新的产品；从娱乐场所的设施看，有适应各个社会阶层、各种收入群体、来自不同区域居民的文化娱乐品和服务，且根据消费需求不断创造出新的娱乐产品和服务，如游戏场、屋顶花园等都是中西文化娱乐活动融合的产物。

三是公共文化消费显著增长。这一时期随着社会教育运动的深入开展，政府不断增加在公共文化方面的投入，使公园、民众茶园、民众体育场、植物园、动物园、博物馆、剧场、电影院、民众图书馆等公共文化机构在全国主要城市

① 林颂河：《塘沽工人调查》，李文海主编：《民国时期社会调查丛编》城市（劳工）生活卷，福建教育出版社 2005 年版，第 811 页。

得以普及，并且电影、图书等通过巡回形式向县乡发展，使社会大众能以低廉的价格或免费享受公共文化产品，不仅提高了社会大众的文化娱乐水平，而且加快了我国城市文化消费模式由传统向现代升级的进程。

四是文化娱乐流行时尚变化速度加快。消费时尚不仅体现消费者的兴趣与偏好，而且体现着消费者的价值观念和审美情趣、消费心理等。消费时尚是指消费者在消费活动中体现出的对某种产品或服务的跟随、模仿。娱乐消费时尚变迁是与经济发展水平、文化产业等发展相适应的。鸦片战争前我国城市娱乐消费模式变化非常缓慢，自上海等城市开埠通商后，城市娱乐消费流行时尚变化速度不断加快。清末京剧热潮出现后，新剧热涌现，然后是电影热、游艺场热、跳舞热等渐次出现。新的娱乐消费热潮不断出现，对文化娱乐业变迁产生巨大影响，新的文化娱乐产品和服务也不断被创造出来。20 世纪 20 年代游戏场、电影等新式娱乐逐渐发展成为新的消费增长点，对传统文化娱乐消费市场造成巨大冲击，如民初风靡全国的京剧在 20 世纪 30 年代已走向衰微，正如 1934 年《上海市指南》说："电影发达以来，京戏颇受打击，不似从前之能号召观众。"① 再如上海的茶馆行业生意也大不如从前，郁慕侠曾说："从前南京路、福州路、广东路三块地方的大茶馆很多，并且有广式、苏式、本地式等种种的分别。到了现在，昔称最多地方的茶馆，早已关的关、歇的歇，目今所存者已无多了。"② 综合性游戏场的出现对张园等私家园林造成重创，如曾经名噪一时的张园，1919 年被出售改建为商品房③。向来登不上大雅之堂的杂耍类游艺演出，随着劳工阶层队伍的壮大得到快速发展，20 世纪 30 年代杂耍类游艺演出的社会地位"已和舞台剧、电影剧隐然有鼎足而立之势"④。娱乐流行时尚变化速度的加快，热潮消退速度也不断加快，如郁慕侠说："上海滩上每逢产生一种新事业，只消时髦些、发达些，就会有人跟着学步，如潮水一般的蜂涌起来。"⑤

---

① 沈伯经：《上海市指南》，上海中华书局 1934 年版，第 163－164 页。

② 郁慕侠：《上海鳞爪》，上海书店出版社 1998 年版，第 58 页。

③ 高福进：《洋娱乐的流入：近代上海的文化娱乐业》，上海人民出版社 2003 年版，第 168 页。

④ 郁慕侠：《上海鳞爪》，上海书店出版社 1998 年版，第 89 页。

⑤ 郁慕侠：《上海鳞爪》，上海书店出版社 1998 年版，第 46 页。

第四章

近代中国城市文化娱乐消费需求变迁的经济影响

消费与生产相互影响、相互制约，互为发展动力，文化生产与文化消费领域也不例外。一方面文化生产是文化消费需求变迁的前提和基础，人类的各种消费资料都是由生产部门提供的，文化娱乐消费领域的资料主要是靠文化生产部门供给的；另一方面文化消费需求变迁是文化产业转型升级的主要驱动力，文化消费是文化产品服务价值的最终实现。一种新文化消费需求的出现往往带动一个或一群相关产业的兴起。文化娱乐消费是文化消费的重要组成部分，近代中国城市文化娱乐消费需求模式由传统向现代转型升级，对中国现代文化产业、公共文化消费与现代文化事业的兴起与发展等都产生了深远影响。课题组以传统娱乐活动产业化、现代文化产业的兴起与发展为中心，对近代中国城市文化娱乐消费需求变迁产生的经济影响进行探讨。

第一节　促进传统娱乐活动产业化发展

观剧、品茗、听书是中国传统娱乐消费的基本形式，1861—1937 年七十多年间，在工业化、现代文化教育事业、城市化发展诸因素的影响和带动下，中国城市居民消费的传统娱乐产品的数量和种类不断增加，且朝日常化、大众化、多元化方向发展。近代时期中国主要城市的传统娱乐活动，在居民消费需求扩展和内容变革的驱动下，逐渐走向产业化、近代化发展之路。中国传统文化娱乐活动种类丰富，课题组选择各地居民普遍喜爱的娱乐活动即茶园观剧、书场听书等消费需求变迁对相关产业发展产生的影响进行研究。

一、推进戏剧产业化发展

看戏是中国最古老、深受社会各阶层、各地城市居民喜爱的娱乐活动形式。因受消费需求不足等因素的约束，1860 年前除北京、天津、汉口等少数城市外，多数城市尚未建有固定的营业性戏剧演出场所，如鸦片战争前中国唯一的通商口岸城市、华南地区最为重要的城市——广州，“素无剧场，道光时江南人史某始创庆春园”①。1860 年前中国多数城市戏剧演出为流动性演出，这种戏剧演出形式分两大类型，一是专场演出。即有钱人为庆贺生日等出资邀请戏班子搭台表演，街坊近邻纷纷前往观看；二是流动性商业表演。戏班子往往在重大节日或农闲时期，在庙前或街头空地搭台演出任人观看，表演中间或结束时向观众索要演出费用。这种流动性商业戏剧演出形式，没有稳定的演出场所，艺员也没有稳定的收入且社会地位低下，有人称他们为“艺丐”。20 世纪 30 年代这种戏剧演出形式在中国各地仍然普遍存在，如北京北城区平民商场内的小戏，“观众围绕其场，争相一观为快，场之四周，皆摆有粗木板凳，坐板凳之人即为捧场者，皆不在乎几大枚之掷地，围观者每至打钱时，则一哄而散”②。

戏剧演出产业化是指为满足城市居民日常观看戏剧演出需要，固定的、专业性戏剧演出场所在城市内普遍出现且数量不断增多，艺员的收入和社会地位显著提升，逐渐形成一种产业的过程。近代中国城市戏剧产业化肇始于 19 世纪六七十年代上海、天津、北京等几个大城市，20 世纪初戏剧产业化发展进程不断加快，20 世纪二三十年代各地城市戏剧产业得到不同程度的发展，以主要通商口岸城市、几大都市和省会城市戏剧产业化为显著。在戏剧消费需求扩大和变革的驱动下，戏剧演艺业逐渐发展成为近代中国城市文化产业的重要组成部分，不仅为艺员提供了较为稳定的就业机会，提高了他们的经济收入和社会地位，而且带动了戏剧演艺业及其相关产业的发展。

（一）促进戏剧演出场所专业化发展

戏园（多地也称茶园）是现代戏院出现前我国城市居民观看戏剧演出的主要场所，它是将看戏和品茗有机结合在一起的一种娱乐场所，即将戏剧演出的舞台同观众饮茶的席位放在同一个建筑物内，观众围绕八仙桌相对而坐，边喝茶边看戏的一种休闲娱乐场所。这种娱乐场所鸦片战争前在北京、天津、南京、汉口等城市已得到一定发展，但其兴盛繁荣是在清末民初。据研究茶园的形成有两条基本路径，一是从茶馆中衍生出来的，如成都；二是从戏园衍生出来的，如北京③。中国是茶的故乡，各个城市、各个阶层都有嗜茶者，营业性茶馆、

---

① 徐珂：《清稗类钞》（第 11 册），中华书局 1986 年版，第 5048 页。

② 田蕴瑾：《最新北京指南》，自强书局 1938 年版，第一编：第 11 页。

③ 王笛认为成都最早的茶园是从茶馆中衍生的，北京的茶园是从戏园衍生出来的（王笛：《茶馆、戏园与通俗教育：晚清民国时期成都的娱乐与休闲政治》，《近代史研究》2009 年第 3 期，第 78 页）。

茶楼在各地城市都是必不可少的娱乐场所。一些茶馆为招徕顾客，邀请戏剧表演艺人到茶馆内演出，这类茶馆往往被称为“茶园”。鸦片战争前汉口、天津等城市的竹枝词都有对此类茶园的描述，如汉口“无数茶坊列市阛，早晨开店夜深关。粗茶莫怪人争嗑，半是丝弦半局班”①。“市阛”指街市，“人争嗑”指“众人竞相发出笑声”，“丝弦”指女唱，“局班”指“屠户、菜佣聚集而唱曰局班”，代指茶馆内唱戏者水平低。从竹枝词的描述能反映出当时汉口茶楼生意兴隆。再如天津的茶馆，“清凉茶肆沦汤初，座上盲翁将法如”②。北京的戏园，为招徕观众，纷纷提供茶水服务，有竹枝词描述北京的“戏园”，“携来绝好雨前茶，苦水烹煎味过茶”③。

19 世纪六七十年代上海、天津等城市茶园得到较快发展，这时的茶园与戏园已没多大区别，有竹枝词说“新式茶堂陈百戏，令人迷惘夜归迟”④。19 世纪 60 年代上海为满足市民戏剧消费日常化、大众化、多元化需求，提供各种剧种演出的茶园纷纷涌现。三雅园是上海出现的第一家营业性戏园，创建于 19 世纪 50 年代，该园是由城内富户居室改建的，戏台建在大厅，池子放置红木桌椅，上演当时流行的昆剧。此后，相继出现一些专演昆曲的茶园。同时期，京剧已在北京、天津等城市流行。罗逸卿于同治六年（1867）率先在上海租界内建成了一座仿京式戏园即满庭芳茶园。为招徕观众，罗逸卿邀请天津一批京剧名角到园演出，这是京班艺人首次南下，“沪人初见，趋之若狂”，并此举引发了京剧戏园在上海兴建的热潮，租界内戏园骤然增加，据黄懋材记录（1867 年他在上海）：“夷场大小戏园，共有三十余所，或男串，或女串，或男女合串。文班则聚美轩、三雅园最著，武班则丹桂轩、满庭芳为盛。”⑤

第二次鸦片战争后，随着上海经济、文化教育事业等的发展，各省市的农民、知识分子、学子、商人等基于谋生、投资、避难、求学等目的纷纷移居上海，他们到上海后，生活方式和娱乐消费仍然偏爱家乡的方式和习俗。戏剧具有鲜明的地方特色，不同区域居民喜爱的戏剧种类有别。为迎合来自全国各地居民戏剧消费需求，提供各种各样地方戏剧演出的茶园在上海应运而生。成书

① （清）叶调元著，徐明庭、马昌松校注：《汉口竹枝词校注》，湖北人民出版社 1982 年版，第 27 页。

② 雷梦水等编：《中华竹枝词》，北京古籍出版社 1996 年版，第 449 页。

③ 何耳：《燕台竹枝词》，《清代北京竹枝词（十三种）》，北京古籍出版社 1982 年版，第 102 页。

④ 刘豁公：《上海竹枝词》，雕龙出版社 1925 年版，第 60 页。

⑤ 曹聚仁：《上海春秋》，上海人民出版社 1996 年版，第 11 页。

于19世纪七八十年代的《沪游杂记》中记录上海茶园，有演京剧的，有演昆剧的，也有上演帽儿戏、花鼓戏的，即“文班唱昆曲皆姑苏大章、大雅两班所演，始于同治二年（1863）。自徽班登场而文班减色，京班出而徽班皆唱二黄。迩来京班以丹桂茶园、金桂轩为最，……其次富春茶园，脚色有大小，天仙茶园京、徽合演。此外丹凤园、同乐园亦以徽调间京腔。尚有帽儿戏、花鼓戏，早奉查禁。至广东戏音调仅分男女，无生旦净丑之别，所演小说居多，刀斧悉画五彩。两次来沪，看客无多，停止数年。丙子（1876）七月复来，瑶仙玉班在石路北丰乐园旧基开演，改为庆乐园。十月间仍归大雅班开演昆戏矣”①。

19世纪末20世纪初在戏剧消费日常化、大众化发展的带动下，以及戏剧消费需求不断增长的刺激下，茶园在上海、天津、北京等城市不断涌现。以上海为例，据研究从1867年满庭芳茶园开业到1917年贵仙茶园歇业，先后兴建京戏茶园总共达百余家②。20世纪20年代上海戏剧演出业进一步发展，当时上海全市究竟有多少家戏剧演出场所，没有人进行过精准地调查和统计，但从戏园营业执照的数量能侧面体现出来。1928年在公共租界工部局申请营业执照的外国戏园、中国戏园合计801家。20世纪30年代戏剧产业虽遭遇电影消费热、跳舞热等的冲击，但上海看戏人数仍然不少，在公共租界工部局申请营业执照的戏园并未减少，和20世纪20年代相比反而增加了，如表4-1所示。

表4-1　1928—1934年上海戏园执照申请数一览表

年	中国戏园	外国戏园	合计
1928	497	304	801
1929	575	319	894
1930	669	356	1025
1931	599	382	981
1932	578	350	928
1933	587	395	982
1934	558	400	958

资料来源：上海公共租界工部局：《公共租界工部局年报》，1930年，第339页；上海公共租界工部局：《公共租界工部局年报》，1933年，第581页；上海公共租界工部局：《公共租界工部局年报》，1934年，第597页；上海公共租界工部局：《公共租界工部局年报》，1936年，第683页。

① （清）葛元煦：《沪游杂记》，上海书店出版社2009年版，第131页。

② 姚旭峰：《梨园海上花》，上海人民出版社2003年版，第10页。

由上表可以看出，1930 年在上海公共租界工部局申请营业执照的中国戏园和外国戏园总数达到 1025 个，比 1928 年增加了 224 个。1931 年至 1934 年在公共租界申请营业执照的戏园，保持在 950 个左右水平。从 20 世纪二三十年代上海外国戏园、中国戏园营业执照数量还可看出，上海戏剧消费需求量非常可观，戏剧演艺业在消费需求的刺激下已发展成为上海文化产业的重要组成部分。从上海居民消费的戏剧种类看，不仅有各种各样提供本土戏剧演出的戏园而且外国戏园在居民消费需求增长地刺激下也大量出现。

消费需求与文化产业二者是相互促进、相互影响，互为发展动力关系。清末民初天津茶园在居民戏剧消费增长的驱动下也呈现一片繁荣景象，19 世纪 70 年代已形成了“四大名园”，《津门杂记》记载：“一名庆芳园在东城外袜子胡同，一名金声园在城内鼓楼北，一名协盛园在北门外侯家后首，一名袭胜园在北大门外。”① 光绪年间天津茶园发展到十几家，除四大名园外，还有天桂、天仙、天福、福仙、升平、下天仙、中华、绘芳、天升、大观等茶园，有的茶园开始使用电灯照明，极大改善了观众看戏的照明条件，也增强了戏剧舞台的演出效果②，同时也在一定程度上推动了天津居民戏剧消费需求的增长。

北京居民喜爱看戏，由孙宝瑄日记能看出他和朋友们常去观看演出的戏园就有多家。20 世纪初期华北地区受战争、天灾等因素的影响，百业皆疲，十室九空，但北京城内“到处戏园人坐满，首都端的未全穷”③。据调研 1919 年“城里有 22 个正式的剧院或剧场、8 个搭建起来的戏棚（这些戏棚是用木制框架和草席制成的），还有大约 9 个餐馆、地方会馆和寺庙，这些地方上演的戏剧是定期的。实际上，所有行会、地方会馆和商会都有供演出的舞台，但仅仅在行会集会时才派上用场。剧院剧场几乎都在南城，6 个戏棚设在位于前门和天坛之间的天桥”④。20 世纪 30 年代北京梨园界人才辈出，现代大戏院有 10 家，即：吉祥戏院、开明戏院、中和戏院、第一舞台、庆乐戏院、庆德楼、三庆园、华乐戏院、广兴园、哈尔飞戏院⑤。广州、汉口、成都、重庆、南京、青岛、济南、福州、厦门等城市的茶园、戏馆也在市民看戏消费需求增长的带动下朝产业化、近代化方向发展。

---

① （清）张焘：《津门杂记》，光绪十年（1884）刻本，卷下戏园。

② 周利成、周雅男编：《天津老戏园》，天津人民出版社 2005 年版，第 7 页。

③ 雷梦水等编：《中华竹枝词》，北京古籍出版社 1996 年版，第 420 页。

④ ［美］西德尼·D. 甘博：《北京的社会调查》，陈愉秉、袁佳等译，中国书店 2010 年版，第 232 页。

⑤ 田蕴瑾：《最新北京指南》，自强书局 1938 年版，第六编：第 1－2 页。

近代中国城市居民观看戏剧演出的场所除茶园、戏馆外，城隍庙的戏台、各地会馆的戏楼、游艺场、公园也都提供戏剧演出活动。中国各地城市基本上都建有城隍庙，戏台是各地城隍庙的基本设施。城隍庙内的戏剧演出不是经常性的，只有在举办庙会时才提供演出活动。如天津，“四月庙会最火。初六、初八日天津府、县城隍庙赛会（天津城隍庙分为府、县两庙，右为府城隍庙，左为县城隍庙，两庙并列，相连在一起），自朔日起至初十日，香火纷繁。……两庙戏台纯用灯嵌，晚间请有十番会同人，在县庙戏台上奏古乐数曲，随有昆曲相倡和，皆旧家读书人也。府庙后楼罩棚亦有戏台一座，于正会之次日，有祝寿会戏演一天，为神祝寿”①。

此外，会馆内的戏楼也是近代中国城市居民观看戏剧演出的场所之一。会馆是“以省别或以府别或以县别之组织，其最初目的原为同邑旅外人士集会饮宴之所”②。孙宝瑄是浙江钱塘人，他和哥哥时常参加同乡宴乐活动，全浙馆是浙江同乡聚会的主要地点。孙宝瑄日记中多次提到到全浙馆、湖广馆看戏，如1904年二月：初一“与大哥偕方甘士往湖广馆观剧”；十八日至全浙馆，“林莲孙寿其母，称觞演剧，宾友杂沓”；十九日“湖广馆观剧”；二十四日“诣全浙馆团拜，观剧”③。各种同乡会馆19世纪末20世纪初在商业比较发达的城市大量存在，尤其以上海、天津、北京等大城市数量为多，戏台或戏楼是会馆、公所的基本设施。20世纪30年代上海有会馆公所32个④。20世纪30年代天津有戏台、戏楼31家⑤，其中会馆戏楼8个，江西会馆戏楼建于咸丰二年（1852），“由旅津江西籍商人所建。楼内设戏台，台下为散座，楼上三面包厢，为酬神及同乡聚会演出用”⑥。江苏会馆戏楼建于光绪二十年（1894），由旅津江苏籍商人所建，“楼内设戏台，台下为散座，楼上三面包厢，为同乡聚会及戏班演出用”；广东会馆戏楼建于光绪三十三年（1907），音响效果极好，容700余观众⑦。

（二）推动戏剧演出场所的改革与创新

清末民初上海、北京、天津、汉口、广州等大城市随着中高收入群体规模

---

① （清）张焘：《津门杂记》，光绪十年（1884）刻本，卷中四月庙会。
② 沈伯经，陈怀圃编：《上海市指南》，中华书局1934年版，第363页。
③ 孙宝瑄：《忘山庐日记》，上海古籍出版社1983年版，第38页、44－45页。
④ 沈伯经，陈怀圃编：《上海市指南》，中华书局1934年版，第363－364页。
⑤ 周利成、周雅男编：《天津老戏园》，天津人民出版社2005年版，第230－235页。
⑥ 周利成、周雅男编：《天津老戏园》，天津人民出版社2005年版，第231页。
⑦ 周利成、周雅男编：《天津老戏园》，天津人民出版社2005年版，第232－233页。

的不断壮大，对戏剧演出的环境、戏剧产品的品质要求不断提高，即戏剧消费需求朝品质化、个性化方向发展，同时大城市内茶园、戏园林立，茶园、戏园间竞争程度不断加剧，有些戏园立足戏剧消费需求的变化，对传统戏剧演出从剧目到舞台的式样、座位的布局和舒适度等积极进行改良，推进传统戏剧演出场所向现代戏院升级。

传统茶园、戏园的舞台设计是三面凸出式的，“无论是宫廷中的舞台，民间城镇里茶园的舞台或者是乡间庙会演戏的草台子，都是这个样式”①。传统茶园、戏园，观众是围着八仙桌相对而坐的，桌子、椅子基本上是放在同一平面上，看戏时多数座位的观众需要侧脸，长时间侧脸脖子会很不舒服，而且有些位置的观众根本看不到演员的表演，也因此看戏也常被称为“听戏”。民国初年美国《纽约时报》描述中国戏园内部观众看戏的情景，“通常情况下，华人戏院都不大。戏台下，是一排排简陋的长条板凳。晚上10点钟时，已经黑压压地挤满了观众。他们大多穿着绿色的褂子，头戴小圆帽，头顶系着发辫，从背后看过去，像是集合了一个团队的士兵。戏院有两三个包厢，高得快到天花板了。有一些衣饰考究、装扮精致的女士坐在里面，他们的头发抹着头油，光鉴照人。高耸的发髻上还别着华丽的金钗。包厢里的观众总是很安静地坐在那里，专心看戏。她们从不鼓掌，只是时时露出微笑，看到滑稽处也会开心大笑，跟其他美国的观众别无二致。场内所有观众的目光都汇聚到戏台上。戏台本身其实相当简易，台子上方只挂一盏煤气灯在上面提供照明。戏台两侧都拉着幕布，演员由这里进出场。戏台两侧设有一些凳子，留给特别客人、当晚不出场演员、演员亲友或身份尊贵的中国客人。戏台上方有一个镂金雕花的小阳台，下方是乐池。台下有些中式桌椅，上面铺着色彩艳丽的织锦，仅此而已。戏台上没有布景，演员与观众隔得很近，时常混杂在一起”②。上面描述可以说是清末民初中国各地茶园、戏园的基本写照，有钱有身份地位者及其家眷在包厢内看戏，池座为一般人看戏的地方。

传统茶园狭小的舞台和有限的观众坐席，难以满足戏剧消费需求多元化、大众化、品质化发展的需要，而当时上海、天津等租界内西人的剧院座位多且舒适、干净卫生，为中国传统的茶园改良提供了借鉴。率先对中国传统茶园进行改良的是上海的新舞台。新舞台是光绪三十二年（1906）由商人姚伯欣等联

① 周利成、周雅男编：《天津老戏园》，天津人民出版社2005年版，第2页。

② 郑曦原编：《共和国十年：〈纽约时报〉民初观察记（1911—1921）社会篇：美国人眼中的民国初年〈纽约时报〉版的中国近代史》，当代中国出版社2011年版，第343页。

合京剧界名角夏月恒、夏月润、潘月樵等人集资建造的，不仅对剧目进行改良，且在舞台设计上借鉴了外国剧院的式样，“台系椭圆式，一切装置纯从欧化”①，舞台底下安装有机械旋转装置，观众的坐席改为排座，呈前低后高倾斜状布局。清光绪三十四年（1908）十月初二新舞台开业，得到社会各界高度赞誉。新舞台的成功引发了中国戏剧演出场所由茶园向现代戏院升级的热潮。根据1910年《上海指南》记载，一两年间上海新式戏院增加到十余家，即新舞台、大舞台、凤舞台（女班）、歌舞场、春、迎贵、重庆（粤班）、新天仙（女班）、群仙（女班）、鸣盛（粤女班），并指出“上海戏园始尚昆腔，近则专尚京调及秦腔，兼有改良新剧。自前年十六铺创设新舞台后，继起者则有大舞台、新剧场诸家。之数家剧场全部构造皆仿欧制，戏台可旋转，每出必布景，形式上俱已改良”，“戏价除新舞台、大舞台、新剧场外，各家俱无定，或二三角或六七角。日戏常廉于夜戏，夜戏楼上（包厢）视正厅略加一二角，果品四碟四角，特泡之茶每壶一角，手巾钱各家皆有定价”②。现代戏院、剧场座位与传统的茶园相比，数量大增，不仅能满足当时戏剧消费的品质化、大众化需求，而且能实现规模经济，1910年建成的文明大舞台有座位2800余个③，永安公司楼上的新天蟾舞台有座位3917个④。天津大舞台建造于1915年，“能容纳近5000多名观众，取消了茶座和一些旧茶园的设施，设置了包厢、散座，坐席分楼上楼下，楼上是三层包厢，多达80余间，每层包厢前都有专为‘三行’设置的行人走道，楼下池座和两廊设6排长板凳，前后约30余排，一边边廊专设女坐席”⑤。20世纪二三十年代现代戏院在主要城市获得大发展，据统计天津1937年前兴建的戏园有64家，其中现代戏院50家⑥。

现代戏院的票价要比茶园高出不少，但传统茶园仍有市场，民国时期茶园、城隍庙戏台、会馆戏楼与现代戏院一直是并存的。表4－2是课题组根据民国时期济南、青岛、福州、重庆、汉口、广州等城市指南中记录的戏园、戏院编制而成，由表能看出20世纪二三十年代主要城市戏剧产业都得到一定程度的发展。

---

① 郁慕侠：《上海鳞爪》（民国史料笔记丛刊），上海书店出版社1998年版，第32页。
② 商务印书馆编译所编纂：《上海指南》，商务印书馆1910年版，卷五：丁戏园·中国式戏园。
③ 沈亮：《大世界：综合性文化娱乐场馆的经营之道》，上海书店出版社2011年版，第56页。
④ 《上海京剧志》编辑部：《上海京剧志》，上海文化出版社1999年版，第314页。
⑤ 周利成，周雅男编：《天津老戏园》，天津人民出版社2005年版，第8页。
⑥ 周利成，周雅男编：《天津老戏园》，天津人民出版社2005年版，第214－229页。

表4-2 20世纪20、30年代主要城市戏园（戏院）数量

城市	时间	戏院、戏园	数量
广州	1934	太平戏院、海珠戏院、乐善戏院、河南戏院、宝华戏院	5
重庆	1937	又新、章华、大华（演川戏），一园、心声（京戏、川戏不定），国民（演话剧），得胜大舞台（演京戏）	7
南京	1931	京剧6所，新剧3所，清音16所	25
福州	1928	大新舞台、新华舞台、乐舞台、文艺剧场、友声戏院、南华戏院、启明戏院、大光明、大罗天、游艺园、中央戏园、中华戏院、青年会、广星戏院、陶陶居	15
成都	1929	旧剧院七八所	7~8
济南	1936	山东富速成社茶园、天庆茶园、庆升茶园、北洋茶园、中华茶园、东兴茶园、明玉戏园	7
厦门	1931	思明戏院、中华戏院、青年会影戏场、中山公园影戏园、延平戏院、屿光戏院、鹭江戏院、达东旅社剧场	8
青岛	1933	京戏院有大舞台和同乐茶园2家；落子馆4家：国民大戏院、共和茶园、聚仙茶园、国民茶园	10

资料来源：田蕴瑾：《最新北京指南》，自强书局1938年版，第六编：第1-2页；广州市政府编：《广州指南》，培英印务局1934年版，第239页；杨世才：《重庆指南》，重庆书店1937版，第95页；《本市娱乐场所之统计》，《首都市政公报》1931年第78期，第4页；郑拔驾：《福州旅行指南》，商务印书馆1935年版，第132-133页；曹亚伯：《游川日记》，上海中国旅行社1929年，第29页；济南市政府秘书处：《济南市娱乐场所调查统计报告》，济南市政府秘书处编印1936年版，第2页；苏警予等：《厦门指南》，新民书社1931年版，第七篇：第16-17页；武康、魏镜：《青岛指南》，平原书店1933年版，第五编游览纪要：第23-25页。

由表4-2能看出20世纪二三十年代主要城市戏剧产业化发展进程非常不均衡，装修豪华的现代戏院主要集中在北京、天津、广州、汉口、青岛、福州等工商业、文化教育事业比较发达的城市，反映着这些城市居民随着收入水平的提高，娱乐消费能力增强，戏剧消费的品质化发展趋势；同时还能看出传统茶园在资本主义工业不发达的城市仍是居民观看戏剧表演的主要场所，如成都、济南等城市居民看戏的场所仍然主要是茶园。

（三）推动政府和社会组织对茶园、剧场的投入和供给

民国时期社会各界广泛认识到演剧、说书等娱乐产品和服务如果运用得当能起到教育作用，“新旧演剧、说书、唱文词、双簧、陶情小曲……兹政善而利用之则均能引人于善，具有教育之效力，而收效且在学校教育之上”①。马宗荣先生对戏剧功能的评价比较全面，“演戏从主观的方面说，是一种艺术，从客观的方面说，是一种美育，可以使人娱乐，有时且含有德知教育的意义。故在社会教育上是有价值。至不良的神权迷信戏、导诲盗戏、封建思想反动戏，诱惑民众亦甚，社会教育实施机关，当负编审剧本导演并设法取缔之责”②，即戏剧本身是一种娱乐品，如果善加利用能发挥学校教育达不到的效果。茶园、剧场是实施社会教育的重要机关，建设的宗旨是提倡正当娱乐，改良民风民俗。国民政府迁都南京后，在社会教育运动深入开展的影响下，教育部饬令各地广建民众茶园，“园内设有通俗演讲部、民众问字处、书报阅览部、民众游戏部等施设或令茶园照样模仿改良，以成为民众的休乐教育机关，给与民众正当的娱乐，普通的常识，以期改进其生活”③。各级政府积极推动民众茶园、剧场的发展，20 世纪 20 年代末 30 年代初，民众茶园快速发展，1928 年全国共有民众茶园 97 个，总经费为 8458 元；至 1930 年民众茶园增加到 1810 个，总经费增加到 12794 元；1933 年民众茶园数量增至 3567 个，总经费也增至 268501 元，即 5 年间，民众茶园增加了 3470 个，增加了 36 倍；经费增加了 260043 元，增加了 31 倍（表 4－3）。民众茶园的数量和投入经费增长迅速，也在一定程度上反映了政府和社会组织、民间资本等对茶园的休闲娱乐功能、教育功能的重视。

表 4－3　1928—1933 年全国民众茶园数量和经费

年	茶园数	经费（元）
1928	97	8458
1929	2419	244676
1930	1810	12794
1931	2121	199561

① 《社会教育之性质及提倡设施意见》1912－1－2，12－31 档案号：J004－001－00035，北京档案馆藏，刘晓云主编：《近代北京社会教育史料汇编》，河北科学技术出版社 2011 年版，第 19 页。

② 马宗荣：《社会教育纲要》，商务印书馆 1947 年版，第 110 页。

③ 马宗荣：《社会教育纲要》，商务印书馆 1947 年版，第 111－112 页。

续表

年	茶园数	经费（元）
1932	1659	137381
1933	3567	268501

资料来源：马宗荣：《社会教育纲要》，商务印书馆1947年版，第156、160页。

政府和社会组织积极增加戏剧演出场所的投入和供给，剧场的数量和经费也呈增长趋势。1928年作为社会教育机关的剧场共有36个，经费33486元，1931年剧场增加到675个，经费1639991元（表4-4）。即1928—1931年3年间剧场增加了639个，增长了近18倍；剧场的经费增加了1606505元，增加了48倍。

表4-4　1928—1933年全国作为社会教育机关的剧场数量和经费

年	剧场数	经费（元）
1928	36	33486
1929	313	571589
1930	461	1877992
1931	675	1639991

资料来源：马宗荣：《社会教育纲要》，商务印书馆1947年版，第156、159页。

需要说明的是20世纪30年代民众茶园、剧场多数属于政府与民间资本合作型，政府给予一定补贴。如1930年全国各地的民众茶园公立的占17.96%，私立的占82.04%①。

（四）引导戏剧产业多元化发展

戏剧消费具有鲜明的区域文化特色且形成了众多地方剧种。近代时期不仅京剧产业化得到发展，而且其他剧种如粤剧、川剧、楚剧等剧种产业化都得到不同程度的发展。如汉口戏园、茶楼，根据居民戏剧消费流行时尚的变化不断调整剧种，除提供湖北人喜爱的地方剧种演出的汉班外，也上演京剧和文明戏。表4-5为1920《汉口指南》中刊载的汉口戏园共8家，其中演出的剧种有汉班、京班、坤班（京剧女子戏班，演员全是女性）和文明戏。

① 教育部社会教育司：《中华民国十九年度全国社会教育概况》，南京京华印书馆1934年版，第17页。

表 4 – 5　1920 年汉口主要戏园及演出剧种

馆名	剧种	地址
满春茶园	汉班	六渡桥上首
长乐茶园	汉班	三新街
大舞台	京班	大智门
新民茶园	坤班	大智门
丹桂舞台	坤班	六渡桥
怡园	坤班	一码头
立大舞台	文明戏班	华景街
小舞台	文明戏班	法租界康登花园内

资料来源：武汉书业公会编：《汉口指南》，武汉书业公会 1920 年印，第 117 – 118 页。

20 世纪 30 年代汉口流行楚剧，相应剧场增多，1934 年 1 月至 1935 年 6 月登记注册的剧场 34 个，其中演出楚剧的 23 个①。

其他城市也一样，立足本市居民消费偏好提供戏剧产品和服务，如重庆戏园以演川剧为主。1933 年重庆有戏园 7 家，又新、章华、大华演川戏，一园、心声演出京戏、川戏不定，国民演话剧及跳舞，得胜大舞台演京戏②。

（五）带动戏剧演艺相关产业的发展

戏剧演艺业具有广泛的带动作用，可以带动相关行业的发展。首先，在戏剧演艺业发展的推动下，戏具制造和租赁业逐渐发展起来，如上海戏具的制造业随着戏剧产业化发展，从早期作坊发展为工厂，20 世纪 30 年代制造戏具的工厂多至七八十家，师傅们设计、制作出各种行头、盔帽、刀枪把子、靴鞋、绒球、须结、点翠、头面等戏具③。上海专门出租戏箱、布景、道具、灯具的机构也在戏剧消费需求的扩大和戏剧产业化发展的带动下兴起和发展起来，20 世纪二三十年代增至二三十家④。

其次，戏剧演艺业的发展还带动培养、培训戏剧人才行业的发展。如京剧热带动票房、京剧行会团体、京剧业余爱好者等组织机构在北京、上海等城市

① 汉口市政府秘书处：《汉口市政概况》（1934 年 1 月至 1935 年 6 月），第 111 – 115 页。
② 杨世才：《重庆指南》，重庆书店 1937 版，第 95 页。
③ 《上海京剧志》编辑部：《上海京剧志》，上海文化出版社 1999 年版，第 59 页。
④ 《上海京剧志》编辑部：《上海京剧志》，上海文化出版社 1999 年版，第 59 页。

的兴起，如20世纪二三十年代上海有票房百余家①。

再次，戏剧消费需求的扩大和演艺业的发展还带动戏剧报刊业的兴起和发展。如在京剧消费热的刺激下，京剧类报刊兴起和发展起来，从1897年李伯元创办《游戏报》开始，此后与京剧演出及其相关报刊约有55种②；有些期刊销售量可观，如刘豁公主编的《戏剧月刊》“特约撰稿者二百四十余人，爱读本刊者一万三千余户”③。

此外，戏剧消费需求的扩大和戏剧演艺业的发展还增加了各类戏剧艺员等的就业机会，并提高了他们的经济收入和社会地位。如济南市1936年有戏园7家，有职工150人，艺员305人④，即平均每家戏园约为65人提供就业机会。中国古代戏剧演艺业属于下九流职业，艺员社会地位低下，但清末民初随着戏剧产业化的发展，艺员社会地位和经济收入大为提升，艺员纷纷起艺名，有竹枝词记录“日见梨园声价增，呼名一改旧时称”⑤。

二、推动茶楼书场业发展

饮茶是中国传统社会各个阶层的重要消遣方式，因各地城市居民的收入水平、文化素养有差异，对饮茶的环境以及茶叶、茶具等要求不同，形成不同的饮茶模式，有钱有闲的士绅、名人雅士等群体饮茶目的不在解渴而是在品茶，追求的是一种精神享受，他们对茶叶的种类、烹茶的用水、盛茶的器皿等都极为讲究。此外，城市居民有把饮茶作为嗜好，闲暇时品茗消遣的；商人把茶馆品茗作为商务谈判的媒介；也有人把茶楼品茗作为交流商业信息和结交朋友、加强朋友间联系平台的。但是鸦片战争后，随着城市工商业发展和市民娱乐消费观念的变化，商人等经常到茶馆喝茶，他们到茶楼喝茶的目的已不是为品茗、消遣，主要是为了交流信息、结交朋友等，即为满足社交需要、商业需要。有些茶馆为招徕顾客，在供给高质量的茶产品及服务的同时，增加戏剧演出、相声、大鼓、评书等游艺项目，不仅方便了消费者而且也能增加茶馆的收入，这类茶馆亦称为“书场”“书社”“茶社”“茶居”。也因此，营业性茶楼可分为两

① 《上海京剧志》编辑部：《上海京剧志》，上海文化出版社1999年版，第58页。

② 根据《上海京剧志》编辑部：《上海京剧志》，上海文化出版社1999年版，第372－377页整理所得。

③ 《上海晓报》1923年4月2日，第4版。

④ 济南市政府秘书处：《济南市娱乐场所调查统计报告》，济南市政府秘书处编印1936年。

⑤ 《续羊城竹枝词》，雷梦水等编：《中华竹枝词》，北京古籍出版社1996年版，第295页。

类：即清茶馆、提供曲艺表演等服务的茶楼。

近代主要城市在居民饮茶消费需求增长的推动下，茶楼业得到大发展，也是传统娱乐活动产业化的典型代表。茶馆在近代中国各地城市随处可见，既有面对高收入群体的座位舒适、环境清雅、装修豪华、茶具讲究、茶香四溢的高档茶楼，也有满足人力车夫等劳工群体休闲娱乐的茶馆。广州、汉口、成都等城市居民特别喜爱到茶馆饮茶，也因此这些城市茶楼业比较发达。广州人爱到茶馆喝茶推动茶楼业的发展，且在其他生意皆疲时唯独茶馆生意独好，“百行生意近俱淡，惟有茶林独拥挤。不爱茶新爱茶旧，座中佳客真品题”①。《广州指南》记载，广州著名的茶室、茶楼就有32家，如陆园茶室、新亦山茶室、山泉茶室、金华茶楼等②。武汉在居民饮茶之风带动下，茶楼行业非常繁荣，1933年《武汉指南》中说，武汉茶楼虽不若广州考究，但有大小茶楼达1300余家③。曹亚伯1929年到成都考察，日记中记录“茶馆最多，整洁广阔，茶甚精致，种类亦多，普通喜毛尖，老人喜沱茶及云南普洱”④。民国时期成都多种生意都非常萧条，但茶馆生意极好，“萧条市井上灯初，取次停门顾客疏。生意数他茶馆好，满堂人听说评书”⑤。

随着城市人口规模的扩大，中低收入群体对传统曲艺消费需求的增长带动了书场茶社的繁荣。以上海为例，1928年申请茶楼执照者7372个，申请书场执照者3224个，即使20世纪30年代书场业务有所下滑，但总量仍然不少，1936年上海申请茶楼执照的仍有2088个，申请书场执照的有708个。表4-6是1928—1936年上海茶楼和书场执照申请数一览表，能在一定程度上反映饮茶、曲艺消费需求增长对茶楼、书场等行业发展的促进作用。

表4-6　1928—1936年上海茶楼、书场执照申请数一览表

年份	茶楼	书场
1928	7372	3224
1929	7206	8767
1930	3573	4240

① 雷梦水等编：《中华竹枝词》，北京古籍出版社1996年版，第3006页。

② 广州市政府编：《广州指南》，培英印务局1934年，第251-252页。

③ 周荣亚等编：《武汉指南》，新中华日报社1933年版，第八编食宿游览，第6页。

④ 曹亚伯：《游川日记》，上海中国旅行社编辑发行1929年，第49-50页。

⑤ 《锦城竹枝词百咏》，雷梦水等编：《中华竹枝词》，北京古籍出版社1996年版，第3280页。

续表

年份	茶楼	书场
1931	2373	—
1932	2327	—
1933	2269	—
1934	2158	558
1935	2173	587
1936	2088	708

资料来源：上海公共租界工部局：《公共租界工部局年报》，1930 年，第 339 页；上海公共租界工部局：《公共租界工部局年报》，1933 年第 581 页；上海公共租界工部局：《公共租界工部局年报》，1934 年第 597 页；上海公共租界工部局：《公共租界工部局年报》，1936 年，第 683 页；上海公共租界工部局：《公共租界工部局年报》，1937 年，第 711 页。

汉口 1934 年 1 月至 1935 年 6 月登记注册的茶社（包括茶园、茶楼）40 个①。1935 年北京有坤书社 15 家，即宴新茶社、春山茶社、德昌茶社、兴隆茶社、桃园、玉壶春、爽心园、二友轩、合意轩、德意轩、天华园、德昌楼、舫兴茶社、民生茶社、露香园②。

此外，在劳工阶层听书需求的促进下，各地城市的露天书场、流动性书场也得到一定发展。如北京的公园、闹市都有流动说书摊，“说书人在公园或街上说书的时候，他们总在故事情节发展到最高潮的时候停下来，直到收了钱才肯继续讲下去”③。再如镇江除城内有不下数十处书场外，“尚有露天书场一种，在黑桥、邹家巷、江边等处，所说者为大鼓者，狂吼乱叫，类多齐东野语，而其魔力则甚大，每日午后，蠢男俗女围坐而听者，每处总有数十人”④。再如太原，除有固定的室内书场外，还有流动性露天书场，“最多者夏日在东海子、西海子，冬季则以大中楼上及柳巷百货商场、开化市东夹道等地，通常备有茶水及干果等”⑤。此外，书场、茶楼业的繁荣，还带动了茶叶的销售、茶具的生产等相关产业的发展，并带动了就业，如济南 1936 年有书词、茶社 26 家，其中有

① 汉口市政府秘书处：《汉口市政概况》（1934 年 1 月至 1935 年 6 月），第 111－117 页。

② 田蕴瑾：《最新北京指南》，自强书局 1938 年版，第六编：第 6－7 页。

③ ［美］西德尼·D. 甘博：《北京的社会调查》，陈愉秉、袁佳等译，中国书店 2010 年版，第 236 页。

④ 朱瑾如，童西洋：《镇江指南》，镇江指南社 1922 年版，第 61 页。

⑤ 山西民社编：《太原指南》，北平民社 1936 年版，第 153 页。

职工 82 人，有艺员 238 人①。

总之，近代中国主要城市在居民对茶园观剧、茶楼饮茶、书场听书等传统娱乐消费需求增长的带动下，戏剧演出、茶楼书场行业逐渐朝产业化发展。

此外，游戏场等综合性娱乐场所的形成也与传统娱乐消费需求增长、多元化发展密切相关。传统娱乐活动种类繁多，为了满足大众对传统娱乐消费多元化、大众化需求，综合性游乐场应运而生，如游艺场内演出的游艺项目多数为传统娱乐项目（在第三章已经阐述）。

第二节　推动现代文化产业的兴起与发展

看电影、打弹子、观赛马、公园游乐等娱乐消费需求的扩展，不仅推动了近代中国城市文化娱乐消费需求模式由传统向现代转型，且对电影产业、体育产业、现代出版业等现代文化产业的发展产生了巨大促进作用。

一、推动电影产业的兴起与发展

20 世纪二三十年代看电影已经发展成为中国城市居民娱乐生活的重要组成部分，看电影热潮在全国主要城市普遍出现。在城市电影消费需求不断扩展的驱使下，20 世纪二三十年代电影产业在大中城市迅速发展起来。

（一）促进电影放映业的发展

1. 最早的电影院

电影消费热潮清末民初在上海、天津、北京、汉口等大城市已经出现，民国初年“全中国对较好电影的需求是极为强烈的”②。在专业性电影院出现前，主要城市放映电影一般是假借或租赁戏馆、茶园、公园等娱乐场所的场地。上海自 1896 年在徐园第一村放映电影后，就时常有电影商人携带电影放映机、影片在茶园、茶楼、公园等娱乐场所放映。电影因新颖的形式很快赢得了上海等地观众的认同，如孙宝瑄 1897 年 5 月在张园看了电影，对电影的奇妙感叹不已，在日记中写道：“诣味莼园览电光影戏，观者如蚁聚。俄，群灯熄，白布间

① 济南市政府秘书处：《济南市娱乐场所调查统计报告》，济南市政府秘书处编印 1936 年。

② （美国）西德尼·D·甘博：《北京的社会调查》，陈愉秉、袁佳等译，中国书店 2010 年版，第 246 页。

映车马人物，变动如生，极奇。能作水腾烟起，使人忘其为幻影。”① 天津电影放映最早也主要在茶园、戏院内，如1903年“华辉电光活动影戏”租赁玉顺茶园放映电影，“准于闰五月初二日即礼拜五起，在鼓楼北玉顺茶园开演至初五夜止。此影戏新由美国寄到，……较之之前在津城演过者大不相同，其中如庚子之大沽水战图、非律宾之美日交战以及各种戏术诸图，令人笑乐惊奇，观玩不释，诚近第一奇观也。……头等客座七角，二等客座四角”②。由上所述可推断出天津之前多次有人携电影放映机到津埠放映电影。这次电影放映非常成功，观众趋之若鹜，原计划放映三个晚上，后来又加演了三个晚上，“兹因每晚看戏人多，十分挤乱，二等座位不敷。今特改章：自今晚起，一例定价小洋五角，不分头二等座位，包厢四元，小孩减半”③。清末电影为新奇娱乐活动，一旦有放映活动，天津中上流社会朋友们间常常相互邀约，这次玉顺园放映电影活动英敛之夫妇邀请了《日日新闻》负责人方药雨夫妇同往观看。英敛之在日记中写道：闰五月初六，偕内人邀方药雨及其夫人品昇楼饭，饭后同看美国活动影戏，内容“皆精妙入神，其运转活动情形，与真人无异，洵堪叹诧”④。1906年3月2日天仙茶园放映电影，英敛之又邀请朋友们观看，“晚同内人、顾太太、蔡太太、志贞、环子、申格赴天仙看日本孤儿院电影”⑤。也时常有其他朋友邀请英敛之夫妇看电影，如1904年7月17日温子经邀请看电影⑥。

关于中国最早的专业电影放映院出现的时间，颇有争议。民国时期谷剑尘认为中国最早的电影院应是1904年左右在上海四马路青莲阁底下的一间房子，“舶来影片输入中国时间在清光绪三十年（1904）左右。第一个电影院是上海四马路青莲阁底下。那时的青莲阁在福建路东面，上面是茶馆，下面是娱乐场和商场，所谓输入中国第一次舶来影片，便在底下一间房子作为演映场所。携带影片来华映演的是西班牙人雷摩斯，一张白布代替了银幕，一架破旧的放映机作为工具，就在那里雇用中国人，用洋鼓洋号，大吹大擂，并且时常拈开门帘，

① 孙宝瑄：《忘山庐日记》，上海古籍出版社1983年版，第102页。

② 《华辉电光活动影戏》，《大公报》1903年6月25日，第1版。

③ 《华辉电光活动影戏减价续演三晚》，《大公报》1903年7月1日，第1版。

④ 方豪编录：《英敛之先生日记遗稿》，沈云龙主编近代中国史料丛刊续编第三辑第22册，台北文海出版社1984版，第671－672页。

⑤ 方豪编录：《英敛之先生日记遗稿》，沈云龙主编近代中国史料丛刊续编第三辑第23册，台北文海出版社1984年版，第1023页。

⑥ 方豪编录：《英敛之先生日记遗稿》，沈云龙主编近代中国史料丛刊续编第三辑第22册，台北文海出版社1984年版，第875页。

现出里面的白幕，想引诱过路人进内观看”①。当前不少学者认为中国第一家电影院是1908年西班牙商人雷玛斯（即雷摩斯）建的“虹口活动影戏院”，即“1908年，西班牙商人安东尼奥·雷玛斯在上海虹口地区租赁了乍浦路海宁路口的溜冰场，用铁皮搭建了一座有250个座位的简陋房子，取名虹口活动影戏园，这便是沪上第一家专门电影院，也是中国第一家正式影院，人称‘铁皮屋’，当时的地址门牌是乍浦路112号。1908年12月22日开幕，首映西片《龙巢》，票价为楼座四角，头等三角，二等二角”②。还有一种说法是中国1907年天津法租界内的权仙电戏园，其标志是1907年1月位于法租界的“权仙茶园”改名“权仙电戏园”，专门放映电影，这从《大公报》的报道能得到印证。1906年12月初，权仙茶园放映电影，每三天更换一次影片，广告用名为“法租界权仙茶园”，自1907年1月8日起，其在《大公报》刊登的广告时已经由“法租界权仙茶园”改为“法租界权仙电戏园”，如“本园在津开演一月有余，蒙仕宦贵客旺顾观者无不称奇，今由外洋运到各样新式影片每天早晚开演”③。总之，清末我国专业放映电影的场所——电影院是在电影消费需求的刺激和引领下诞生的。

2. 20世纪20年代电影放映业的发展

20世纪20年代观看电影已成为上海、天津、北京、汉口等城市居民的娱乐时尚，专业性的放映电影的场所——电影院在大中城市普遍出现。据民国时期程树仁等调研，1927年我国29个城市已建成149家电影院，其中电影院数量最多的城市是上海，38家，然后是北京14家，哈尔滨12家，汉口11家，天津10家，香港9家，如表4－7所示。

表4－7　1927年全国电影院分布

城市	电影院数量	城市	电影院数量
哈尔滨	12	南京	3
奉天	2	无锡	1
大连	4	苏州	4
张家口	2	上海	38

① 谷剑尘《中国电影发达史》，中国电影协会：《中国电影年鉴1934》（影印本），中国广播电视出版社2008年，第323－324页。

② 胡霁荣：《中国早期电影史1896—1937》，上海人民出版社2010年版，第17页。

③《法租界权仙电戏园》，《大公报》1907年1月8日，第4版。

续表

城市	电影院数量	城市	电影院数量
北京	14	杭州	4
天津	10	福州	1
青岛	6	厦门	4
济南	2	汕头	1
重庆	4	潮州	2
成都	1	香港	9
武昌	1	九龙	3
汉口	11	广州	4
芜湖	1	佛山	1
长沙	2	海口	1
南通	1		

资料来源：《影戏院总表》，第1－43页，见甘亚子、陈定：《民国十六年中华影业年鉴》第一集，中华影业年鉴1927年版。

3. 20世纪30年代电影放映业的繁荣

20世纪30年代电影消费热潮在全国各地城市普遍形成，不仅通商口岸城市、省会城市等大中城市掀起兴建电影院的热潮，而且一些经济比较发达地区的工业城市、交通枢纽城市等也出现了电影院。据美国商务局调查，1930年中国24个城市建有电影院233座，座位共138914个①。其中，电影院数量最多的城市是上海，53座；其次是哈尔滨与其附近，26座；再然后是广州、汉口、香港、厦门、长沙、大连、天津、青岛等租借地和通商口岸城电影院在10座以上，如表4－8所示。

表4－8　1930年中国城市电影院数目、座位容量表

城市	戏院数目	座位容量
上海	53	37110
厦门	12	6750
广州	17	14300

① 《上海市年鉴1935（3）》，《民国上海年鉴汇编》第3册，上海书店出版社2013年版，第306页。

续表

城市	戏院数目	座位容量
烟台	4	3750
大连	10	8654
福州	9	6400
汉口	15	7450
长沙	11	—
重庆	1	—
成都	1	—
宜昌	1	—
哈尔滨与其附近	26	12110
香港	13	8350
沈阳	8	1410
安东	4	1350
南京	4	2000
镇江	1	300
杭州	3	1400
苏州	4	1000
汕头	3	2500
天津	10	8820
北平	8	6100
济南	7	3800
青岛	8	5160
合计	233	138914

资料来源：《上海市年鉴 1935（3）》，《民国上海年鉴汇编》第 3 册，上海书店出版社 2013 年版，第 306 页。

另据《中国电影年鉴 1934》中所列，1934 年我国 100 多个城市①已经建成电影院约 297 座（表 4－9），甚至不少小城市也建有电影院。

① 对《中国电影年鉴 1934》中注明电影院所在城市进行统计，合计为 72 个城市，但是年鉴中阐释四川省电影院时说“各县设有电影院者约 60 余处”，因此课题组认为电影院应散布在 100 多个城市。

表4－9　1934年中国各省市电影院数目

省市	市	戏院数目	省	市	戏院数目
南京市		13	安徽省	芜湖	4
上海市		36	湖南	长沙	10
青岛市		5		湘潭	2
北平市		10		益阳	1
威海市		2		衡阳	1
江苏	镇江	1		宝庆	1
	无锡	3		湘乡	1
	吴县	5	江西	南昌	2
	常熟	1		九江	1
	武进	1	湖北	武昌	1
	松江	1		汉口	8
	江都	1		沙市	2
	铜山	1		宜昌	3
浙江	杭州	4		随县	1
	永嘉	5		昆明	3
	绍兴	1		贵阳	2
	鄞县	2		广州	11
	兰溪	1		中山	2
	余姚	1		台山	3
	吴兴	1	云南	江门	2
福建	闽侯	4	贵州	海口	2
	清江	1	广东	潮安	1
	建瓯	1		梅县	1
四川	成都	5		钦县	1
	重庆	2		鹤山	1
	各县	60余		新会	1
广西	桂林	2		北海合浦	1
	梧州	2		南海	3
	柳州	1		顺德	1
	平乐	1		澳门	4
	邕宁	2		汕头	2
山东	济南	3		清平	1
	福山	1	河南	开封	3
河北	天津	23		郑县	6
	唐山	1	山西	晋阳	1

续表

省市	市	戏院数目	省	市	戏院数目
陕西	长安	1	甘肃	兰州	1
察哈尔	—	1	青海、西康、热河、绥远尚未建立电影院，辽宁、吉林、黑龙江、外蒙古、新疆、西藏情况不祥。		

资料来源：根据中国电影协会：《中国电影年鉴1934》，中国广播电视出版社2008年版，第884－899页表编制。

由上面3个表可以看出，20世纪二三十年代在电影消费热的刺激和带动下，我国掀起一个兴建电影院的热潮：一是电影院的数量迅速增加。1927年全国主要城市有电影院149家，1930年增加到233家，1934年前增加的约297家，即7年间，我国电影院数量差不多快翻了一番。二是电影院分布的范围逐渐扩大。1927年全国29个城市建有电影院，1934年电影院已经出现在100多个城市，说明电影院在中国主要城市已基本普及。三是电影院分布不均衡。民国时期我国的电影院主要集中在几个中心口岸城市、中东部省会城市和几个特别市。遥遥领先的城市是上海，1927年上海有电影院38家，1930年增加到53家；然后是哈尔滨、广州、天津、汉口、香港、长沙等城市，而广大西部地区电影院稀少。

4. 推动电影放映行业多元化发展

20世纪二三十年代主要城市立足本地居民的消费需求以及居民消费水平、消费能力、兴趣和偏好等纷纷兴建贴近本地市场需求的电影院，电影放映产业发展呈现出差异化和多元化发展趋势。电影院市场根据目标市场的收入细分市场，有为满足高收入群体的放映第一轮（也称首轮、头轮）电影的豪华电影院，也有满足人力车夫等劳工群体的露天放映场。

第一轮电影院的观众主要为西人、买办、资本家等不在乎价格群体，这类电影院装修豪华，座位舒适，服务周到，卫生干净，放映机、音响等效果好，当然票价也昂贵，有的影院一张票二三元，甚至有的影院一张票高达四五元。但数量最多的电影院是面向大众的中低端影院，即放映三轮以下影片的影院，这些电影院的票价一般在两角到四角之间。

20世纪20年代末30年代初随着上海、天津等大城市居民娱乐消费升级以及电影院竞争的加剧，掀起一个翻修和新建电影院的热潮，20世纪30年代达到顶峰，其标志是1933年6月14日开业的大光明影戏院。翻修的上海大光明影戏院是由著名建筑师捷克邬达克设计，装修极尽奢华之能事，内装置有空调，沙发座椅1961个，宽大的休息厅3处，还"有五彩缤纷艳丽夺目的喷水池三座；耸立在顶层的方形灯塔高达16米，夜间灯火通明时远在数里外均一望可见；放映设备、舞台设施均为一流的；场内场外全部铺设纯羊毛地摊"①。就全国而言，20世纪30年代电影院基本上发展成为所在城市的地标性建筑，观众怀着巨大的热情涌入到电影院，"以至《电通画报》将这些影院的照片放在地图上，并高调地将其称作'每日百万人消纳之所'"，"大多数豪华影院放映的是首轮好莱坞影片；那些放映国产影片的往往是不那么豪华的二轮影院"②。

放映第一轮影片的高端电影院最多的城市是上海，由表4-10能看出1936—1937年在上海的38家电影院中，6家影院专门放映第一轮影片，2家电影院放映第一和第二轮影片，2家电影院专门放映第二轮影片，其他28家影院放映第三轮以下影片。

表4-10　1936—1937年上海电影院一览表

名称	西名	开幕时间	座位数	映片别	轮次
大光明	Grand	1933年6月14日	1986	外片	第一
南京	Nanking	1930年3月25日	1450	外片	第一
国泰	Cathay	1932年1月1日	1000	外片	第一
大上海	Metropol	1933年12月6日	1650	外片	第一
卡尔登	Carlton	1923年2月9日	909	中片 外片	第一 第二
融光	Ritz	1932年11月2日	1900	外片	第三
丽都	Rialto	1935年2月3日	1018	外片	第二
光陆	Capitol	1928年2月25日	1000	外片	第二
上海	Isis	1932年11月5日	1203	外片	第一、二
巴黎	Paris	1930年1月5日	687	外片	第三以下
九星	Kiu Sing	1929年10月17日	674	外片	第三以下
百老汇	Broadway	1930年9月25日	668	外片	第三以下
威利	Willie's	1931年7月	600	外片	第三以下

① 《上海电影史料》编辑组编：《上海电影史料》（一），上海市电影局史志办公室1992年版，第209页。

② （美）张英进主编：《民国时期上海电影与城市文化》，苏涛译，北京大学出版社2011年版，第84页。

续表

名称	西名	开幕时间	座位数	映片别	轮次
浙江	Chekiang	—	763	外片	第三以下
辣斐	Lafayette	1934 年	900	外片	第三以下
虹口	Hongkew	1908 年	800	外片	第三以下
明珠	Pearl	1931 年 11 月 1 日	730	外片	第三以下
黄金	Crystal Palace	1930 年 1 月 30 日	1800	外片	第三以下
金城	Lyric	1934 年 2 月 1 日	1786	中片	第一
新光	Strand	1930 年 11 月 21 日	1186	中片	第一
中央	Palace	1925 年 4 月 24 日	1177	中片	第二
光华	Kwong Wha	1930 年 1 月 30 日	840	中片	第三
明星	Star	1930 年 9 月 29 日	890	中片	第三以下
西海	Western	1932 年 9 月 9 日	1690	中片	第三以下
东南	Tung Nan	1929 年 2 月 10 日	830	中片	第三以下
东海	Easrern	1929 年 1 月 30 日	946	中片	第三以下
新中央	Victoria	1926 年	645	中片	第三以下
山西	Shanse	1930 年 1 月 29 日	1100	中片	第三以下
华德	Ward	1933 年 1 月	888	中片	第三以下
恩派亚	Empire	—	667	中片	第三以下
荣金	Venus	1933 年 1 月 26 日	850	中片	第三以下
蓬莱	Boon Lay	1930 年 1 月 18 日	768	中片	第三以下
共和	Republic	1935 年	—	中片	第三以下
卡德	Carter	1921 年 10 月	986	中片	第三以下
万国	China	—	668	中片	第三以下
天堂	—	—	886	中片	第三以下
世界	Universal	1934 年 10 月 6 日	—	中片	第三以下
亚蒙	Omon	1937 年 2 月 5 日	—	苏俄片	第二

资料来源：《上海市年鉴 1937（4）》，《民国上海年鉴汇编》第 12 册，上海书店出版社 2013 年版，第 278 – 280 页。

天津是近代中国北方中高收入群体比较集中的城市，居民娱乐消费能力强，

20世纪30年代有3家专门放映头轮影片的高端电影院，“平安电影院、光陆电影院、大光明影戏院主要放映头轮，每个座位价格均在一元之上，可称为完全贵族式之娱乐场”①。平安电影院成立于1922年，“欧式风格，座位1000多个，是20世纪20年代天津最讲究的豪华影院，票价昂贵，楼上长期卖2元，‘平昔看客，多属西人’，它每逢周日、二、四换新片，而说明书全是英文”②。光陆电影院是由白俄商人库拉也夫投资兴建的，1931年2月1日开幕，“不仅规模大，音响效果好，而且它虽分楼上、楼下，但是实际上座位由前到后，成坡状上升，楼上不过是略高一阶，这使整个影院无视角死角，更无前排遮挡之碍”③。蛱蝶电影院最初有中国人韦耀卿建立，后卖给泰莱悌，改名大光明影戏院，“不仅雇有印度门卫，场内售冰淇淋的男孩一律著西式礼服，影片放映时无人起立出入，场内极为安静，与华界的吵闹声完全两样”④。各地城市根据市民收入水平提供电影产品和服务，如天津“三不管”杂耍场内的电影放映棚中放映的影片多是老旧片子，价位极为低廉。

5. 促进电影院企业集团的出现

随着城市居民观看电影消费热潮的发展，电影放映作为一种产业逐渐兴起并发展起来，有些电影院是国内企业投资兴建的，有些是外国资本兴建的，还有一些电影院为中外合资兴建的，并且出现了拥有多家电影院的电影企业集团，由表4-11、表4-12大致可以看出这一特征。1927年中国民族资本投资经营的电影院公司共计11家，其中规模最大的是上海的中央影戏公司，其下辖电影院6家；其次北京的中国影戏公司，所辖电影院4家，如表4-11所示。电影院公司集中在上海、北京、天津三个城市，其中以上海数量为最多。

表4-11　1927年国人所经营影戏院之公司

城市	影院戏名称	所辖影院
上海	三阳公司	百星大戏院
上海	上海怡怡公司	北京大戏院
上海	中央影戏公司	中央、新中央、恩派亚、万国、卡德、新爱伦
北京	中国影戏公司	大观楼、中天、京兆通俗、明星

① 《津市娱乐方兴未艾》，《大公报》1935年3月24日，第15版。

② 尚克强：《九国租界与近代天津》，天津教育出版社2008年版，第132-133页。

③ 尚克强：《九国租界与近代天津》，天津教育出版社2008年版，第133页。

④ 尚克强：《九国租界与近代天津》，天津教育出版社2008年版，第133页。

续表

城市	影院戏名称	所辖影院
天津	明星影戏院公司	明星影戏院
上海	东华大戏院跳舞场	东华大戏院
北京、天津	真光电影剧场	真光电影剧场（北京）、后宫（天津）
上海	扬子戏院公司	扬子戏院
上海	扬子电影公司	
天津	新新剧社有限公司	天津：新新、天升
上海	奥迪安公司	奥迪安大戏院

资料来源：《国人所经营影戏院之公司》，第1－5页，见甘亚子、陈定：《民国十六年中华影业年鉴》第一集，中华影业年鉴1927年版。

近代上海、香港经营电影放映的企业主要为外国资本，其中成立最早的是雷玛斯（也有的翻译为雷摩斯）游艺公司。20世纪初西班牙人雷玛斯携带一架破旧的放映机和一些影片在上海人口密集的娱乐场所，用一张白布代替了银幕，并雇用中国人用洋鼓洋号大吹大擂招徕观众，当时他主要在张园、愚园、青莲阁放映电影，尤其是青莲阁是比较稳定的放映地点，因为“内地人士到了上海，不到青莲阁算是件羞耻的事情，加之中国人为好奇心所动，也很愿意挖出几个铜元去见识见识外洋新到的活动影片，虽然是时间只有十五分钟，片子大多破碎不全，看的人已经很满意”①。因生意兴隆雷玛斯大赚一笔，1908年建立了虹口活动影戏院，之后30年间，他陆续在上海建筑了万国、维多利亚、夏令配克、恩派亚、卡德和汉口的九重6家电影院，他拥有“动产不动产总计不下百万。当他回国之前，除‘虹口’继续营业外，其余六院，悉赁于中央公司，年得赁金6万”②。

雷摩斯的成功使欧美电影界“知道有人在亚洲发现了新大陆，便源源不断地把各种影片运到中国来，中国人的金钱也滔滔不绝的流到外国去”③。到1927年外国人在中国经营电影放映产业的企业增加到5家（表4－12），他们经营电

① 谷剑尘《中国电影发达史》，中国电影协会：《中国电影年鉴1934》（影印本），中国广播电视出版社2008年，第323页。

② 谷剑尘《中国电影发达史》，中国电影协会：《中国电影年鉴1934》（影印本），中国广播电视出版社2008年，第323－324页。

③ 谷剑尘《中国电影发达史》，中国电影协会：《中国电影年鉴1934》（影印本），中国广播电视出版社2008年版，第323－324页。

影院一般资本雄厚，装修豪华，放映第一、第二轮电影。

表4－12　1927年外人所经营影戏院之公司

影院戏名称	所辖影院
雷玛斯游艺公司	上海：夏令配克、维多利亚、恩派亚、卡德、万国、虹口
平安电影公司	光明社（天津）、平安（北京）、卡尔登（上海）
明达公司	香港：皇后、新世界、香港第一、新比照、长乐 九龙：九龙、景星 广州：明珠、一心 上海：上海、金星 澳门：域多利
Hertzberg Enterprise	上海：爱普庐、夏令配克、圣乔治
阿列克谢耶夫及敦沃铁罗公司	哈尔滨：Modern，Palace，Orient，Decadance，Ves Mir，Vulcan

资料来源：《外人所经营影戏院之公司》，第1－3页，见甘亚子、陈定：《民国十六年中华影业年鉴》第一集，中华影业年鉴1927年版。

电影院一旦开业就需要一批管理和服务人员，从事打扫、售票、验票、放映等工作。20世纪30年代上海平均每家电影院有职工约40人①。1936年济南市6家电影院有职工143人②，即济南市平均每家电影院约有职工24人。如果采取折中办法，即全国平均每家电影院需要32名职工，那么1934年全国有297家电影院，就吸纳了近万人就业。

一般情况下，电影院附近饭店、茶楼、商店等林立，电影消费热潮不仅推动了电影放映行业的发展，而且也对城市餐饮业、商业等的繁荣起到一定促进作用。

（二）促进电影制片业的兴起与发展

电影消费需求的增长还促进了我国电影制片业的兴起与发展。我国早期电影院放映的影片全部来自欧美国家，全为默片，字幕主要是英文，而国内能听懂英语和看懂英语者甚少，因此难以激发起大众看电影的热情，但为国产电影制片产业的兴起以及外国电影公司根据中国消费者需求拍摄影片产业的兴起提供了发展机遇。

---

① 楼嘉军：《上海城市娱乐研究》，华东师范大学，博士学位论文，2004年，第221页。

② 济南市政府秘书处：《济南市娱乐场所调查统计报告》，济南市政府秘书处编印1936年。

中国第一家自行摄制影片的公司是1913年张石川、郑正秋等成立的新民公司，但因公司非常稚嫩，效果较差，存在时间非常短，“至于表演方面，确实是无理取闹的，再加女子由男演员扮演，本已扭捏作态，又复化妆恶劣，不知色彩和胶片的关系，仍以胭脂染颊，变成两个窟窿。虽然那个时代所盛行的美国侦探长片，也不见得怎样高明，但两相比较，显见彼优于此。无怪乎不久便消声灭迹了。自此以后，自制影片运动中绝了数年”①。1917年商务印书馆在摄影部的基础上创建电影部，将出版业与制片业结合起来，20世纪10年代，中国有5家电影制品厂从事电影制片生产，到20世纪20年代随着电影消费热的发展，电影制片业迅猛发展。据程树仁研究“民十（1921）以来，影片公司之组织，有如春笋之怒发，诚极一时之盛，然其中忽起忽落，时开时闭，记不胜记”②，至1927年中国人投资兴办的影片制造公司共计177家，其中上海最为集中，有电影制片公司140家，如表4－13所示。

表4－13 1927年国人所经营影片公司分布

城市	影片公司名称
北京	教育影剧公司、福禄寿影片公司
天津	北方影片公司、新月影片公司、新星影片公司、渤海影片公司
镇江	三山影片公司
无锡	华东第一影片公司

① 谷剑尘：《中国电影发达史》，中国电影协会：《中国电影年鉴1934》（影印本），中国广播电视出版社2008年版，第327页。

② 程树仁：《国人所经营之影片公司》，第1－28页，见甘亚子、陈定：《民国十六年中华影业年鉴》第一集，中华影业年鉴1927年版。

续表

城市	影片公司名称
上海	一天影片公司、三友电影制造公司、三友影片公司、三星影片公司、上海影戏公司、大北影片公司、大同影片公司、大亚影片公司、大亚洲影戏公司、大陆影片公司、大厦影片公司、大中国影片公司、大中华影片公司、大中华百合影片公司、大观影画公司、大华影片公司、大成影片公司、大东亚制造影画公司、天一影片公司、天汉影片公司、太平洋影片公司、太极影片公司、月光影片公司、文英影戏社、孔雀电影公司、友联影片公司、中德影片公司、中南影片公司、中华电影公司、中华第一影片公司、中国第一电影公司、中国影片制造公司、中国画片公司、中国影片公司、中国兄弟电影公司、中国影戏研究社、中美影片公司、五友影片合作社、公平影片公司、兄弟电影公司、世界自制中国影片公司、世界影片公司、民新影片公司、民生影片公司、百合影片公司、合众影片公司、合群影片制造公司、好友影片公司、同朋影片公司、至诚影片公司、匡时影片公司、交通影片公司、光明影片公司、同济影片公司、亚洲影片公司、改造电影公司、快活林影片公司、明星影片公司、明月影片公司、明华影片公司、长城画片公司、金鹰影片公司、东方影片公司、东方第一影片公司、非非影片公司、青年影片公司、芳草影片公司、玫瑰影片公司、知本影片公司、坤范电影公司、春风影片公司、美美影片公司、美华电影公司、星期影片公司、星星影片公司、洋洋影片公司、南华影片公司、南国电影剧社、南洋华侨影片公司、南星影片公司、飞麟电影制片公司、哈哈影戏公司、神州影片公司、泰山影片公司、海峰影片公司、振华影片公司、商务印书馆影片部、国光影片公司、国华影片公司、晨钟影片公司、晨星影片制造公司、乾坤影片公司、朗华影片公司、昆仑影片公司、紫薇电影公司、华一影片公司、华北影片公司、华南影戏公司、华新电影公司、华光影片公司、华国影片公司、华东第一影片公司、华洋活动广告画片公司、华剧影片公司、普育电影公司、菩萨电影公司、博爱影片公司、扬子影片公司、开心影片公司、晶晶电影社、黄帝影片公司、复旦影片公司、新中华电影公司、新大陆影片公司、新少年影片公司、新华影片公司、新新电影公司、新人影片公司、新星制片公司、新上海影片公司、新亚影片公司、新民影片公司、爱美电影公司、群星影片公司、群心影片公司、银星影片公司、凤凰影片公司、沪江影片公司、远东电影公司、精美制片公司、凤仪影片公司、震旦影片公司、影剧协社、模范电影公司、震亚电影公司、导社影片公司、环球影片公司、环球影戏公司、醒华影片公司、联合影片公司、宝塔影片公司、麒麟影片公司
杭州	心明影片公司、杭州第一影片公司、明明影片公司
成都	社育电影公司
汉口	心佛影片公司、光华影片公司、朗华影片分公司、新新摄制影片公司
厦门	联源影片公司
汕头	光华影片公司

续表

城市	影片公司名称
广州	天南影画公司、民镜画片公司、民新制造影画片公司、光亚画片公司、东亚影画公司、第一民族画片公司、广州画片公司、钻石活动画片公司
香港	大汉影业公司、四匙影画公司、民新制造影画片公司、世界画片公司、国仪画片公司、震旦影片公司
九龙	满堂红银幕公司
美国	中华电影公司、大东亚制造影画公司、中华益智影画公司、长城画片公司

资料来源：程树仁：《国人所经营之影片公司》，第1－28页，见甘亚子、陈定：《民国十六年中华影业年鉴》第一集，中华影业年鉴1927年版。

日、英、美、葡等外国商人立足中国居民观看电影需求的特征，拍摄了一批贴近中国居民需要和偏好的影片，至1927年这些国家商人在上海、天津建立影片制造公司11家，其中10家设在上海，1家设在天津①。

20世纪20年代中国民族资本投资创办的影片公司也不少，一批影片还获得很大成功，如《阎瑞生》，长十本，该部影片改编于一出轰动一时的文明戏，即1920年6月在一家洋行工作的花花公子阎瑞生为还赌债，引诱一妓女与其至乡下，下毒后将害死后带着她的珠宝逃到上海，后来阎瑞生在一个外省火车站被逮，被捕押回上海后立即处死。这部影片1921年7月1日在上海夏令配克影院首演获得满场效果，“日票房收益达1300块银元以上，一周的收益达4000元以上，创下了国产影片前所未有的纪录”②。

广州电影制片业在20世纪20年代也得到一定发展，开启其先河者是被誉为“香港电影之父”的黎民伟兄弟创建的民新制片公司。黎民伟看到电影不仅具有娱乐性、商业性功能且具有劝善惩恶、移风易俗、辅助教育等功能，1924年1月与黎海山、黎北海三兄弟创办民新影片公司，“该公司摄制的第一部影片《胭脂》，黎民伟扮演男主角，妻子林楚楚出任女主角。影片首映于翌年春节香港新世界戏院，极为轰动。随后在广州及内地城市放映，也受到观众的欢迎，因而获利颇丰”③。

---

① 《外国人经营之影片公司》，第1－3页，见亚子、陈定：《民国十六年中华影业年鉴》第一集，中华影业年鉴1927年版。

② ［美］张英进主编：《民国时期上海电影与城市文化》，苏涛译，北京大学出版社2011年版，第44页。

③ 何大进主编：《近代广州城市与社会》，天津古籍出版社2009年版，第131页。

受崇洋消费风气以及我国电影制片业本身稚嫩等因素的影响，多数公司存在时间很短，但也有一些公司取得一定成绩，如明星影片公司。明星影片公司是1922年由张石川、郑正秋等人发起成立的，1926—1936年10间有3年亏蚀，其余7年均有获利（表4－14），1926年支出155001.92元，总收入212396.91元，盈余57394.99元。

表4－14　1926—1937年明星影片公司营业统计

年份	收入（元）	支出（元）	盈余（元）	亏蚀（元）
1926	212396.91	155001.92	57394.99	—
1927	245930.33	264958.74	—	19028.42
1928	431144.62	383751.03	41393.58	—
1929	356562.58	331056.79	25393.58	—
1930	551810.97	526305.03	25505.93	—
1931	708357.37	688370.54	19986.83	—
1932	559313.57	606634.29	—	47320.62
1933	829149.74	914837.13	—	85687.39
1934	687817.58	680809.77	7027.81	—
1935	727097.60	669553.45	57544.15	—

赵冕：《社会教育行政》，商务印书馆1938年版，第113页。

需要说明的是中国电影制片业在艰难发展中也取得一定成绩，并且逐渐得到国人的认同，越来越多的观众喜爱看国产电影，这从电影院放映的影片也能体现出来。由表4－10能看出在1936—1937年上海38家电影院中，有19家电影院专门上映“中片”，另外，大上海电影院上演“外片”兼上映第一轮“中片”，即在上海这一国际化程度比较高的城市，电影院放映的影片国产片已占据半壁江山，而其他城市电影院放映的影片以“中片”居多，如广州，“可算外国片的大敌，也可说是国片的介绍所”①。

电影制片业的发展又带动了相关产业的发展，如带动了摄制影片和放映影片机器进口业务的发展、演员保险、服饰制造、底片销售、广告等业务的发展。1927年经营影业用品的公司就有20家，如百代公司，在上海、天津、香港设立有分店，“专售所有一切摄制影戏、演映影戏之机器，并代客摄制影戏及经理欧

① 山石：《广州电影事业》，《社会科学》1937年第5期，第26页。

美各国影片”；联德洋行，公司设在上海九江路，“专售底片、正片”；华安合群保寿公司，“特别欢迎各影片公司演员保寿”；永庆号西服庄，“专代男女明星精制洋装、礼服、大衣”，孔雀电影公司“专售摄影机及美国新拍拉斯 Sinplex 影片机器并经理美国第一国家影片公司出品”，大东书局印刷所“专代各影片公司精印各种特刊专号”，柯达公司“专售 Eastman 底片、正片”，礼和洋行“专售 Lignose 底片正片”①。

电影制片业的发展需要机器设备等，其发展又带动了电影机器制造业的发展。1933 年我国有电影机器制造公司 8 家，即上海有声影片公司、亨生公司、和合公司、电通股份有限公司、石盘兄弟有声机器制造公司、电声公司、光明电影机器厂、中华无线电研究社有声电影部②。电影制片业的发展还带动就业发展，据当时调研 20 世纪二三十年代上海电影制片高峰时，从业人员近 2000 人③。

（三）推动电影相关产业的发展

电影消费热潮不仅推动了电影放映产业、影片制造业等产业的发展，而且带动了影片租赁、相关产品进口贸易等业务的发展。

1. 推动了影片租赁业的发展

影片租赁业是指专门从事将影片租赁给各种电影放映场，然后从中收取租金的机构。1927 年购买国内演映权的公司就有 40 多家④，经营洋片业务的公司 43 家，其中安东 1 家，哈尔滨 2 家，大连 4 家，北京 1 家，天津 6 家，上海 21 家，香港 7 家，广州 1 家⑤。他们购买演映权后可以租赁，也可以在自家开设的电影院放映。20 世纪 30 年代电影消费热潮在全国兴起，各地经营影片租赁的公司众多，如厦门有专售影片店 8 家，即福建影片营业公司、金星影片营业公司、振华影片营业公司、海维影片营业公司、华南影片营业公司、闽光影片营业公司、振铎影片营业公司、明明影片营业公司⑥。影片租赁店的业务主要是将影

---

① 《经营影业用品之公司》，第 1－7 页，见亚子、陈定：《民国十六年中华影业年鉴》第一集，中华影业年鉴 1927 年版。

② 《中国电影事业概况》，中国电影协会：《中国电影年鉴 1934》（影印本），中国广播电视出版社 2008 年版，第 899－901 页。

③ 吴贻弓：《上海电影志》，上海社会科学院出版社 1999 年版，第 147 页。

④ 《购买国内演映权者》，第 1－7 页，见甘亚子、陈定：《民国十六年中华影业年鉴》第一集，中华影业年鉴 1927 年版。

⑤ 《经理洋片之公司》，第 1－13 页，见甘亚子、陈定：《民国十六年中华影业年鉴》第一集，中华影业年鉴 1927 年版。

⑥ 苏警予等：《厦门指南》，新民书社 1931 年版，第八篇：第 21 页。

片租与各电影院等电影放映场所。

2. 带动影片等进口贸易的发展

因为我国电影院放映的影片以及使用的机器基本上都是从国外进口的。电影消费需求的发展，不仅促进了影片的进口，而且促进电影相关器材等的进口，即“以观影为业余娱乐，既已成为市民之经常习惯，外片输入日众，而美片居其首位。因此，发行影片之公司乃林立”①。1933 年全国共有影片贸易公司 26 个：英商东方百代有限公司、孔雀电影公司、华纳第一国家影片公司、米高梅影片公司、联利影片公司、德国明星影片公司、欧罗巴影片公司、罗乐影戏片公司、中国影片贸易公司、英商驻华红印影片公司、环球影片公司、克雷高公司、斯文洋行、浪白影片公司、英国影片公司、英商驻华美国影片公司、金城影片公司、美国派拉蒙影片公司、美商奥迪安公司、惠和影片公司、狐狸影片公司、万国影片公司、中国自由影片公司、联邦影片公司、明信影片公司、德商天利洋行②。除联邦影片公司地址不详，其余 25 家全设在上海。

电影消费需求的扩展还带动了摄制影片和放映影片机器进口业务的发展，1933 年上海已经建有 9 家专门从事电影机器材料进口贸易业务的公司，即柯达公司、英商东方百代公司、西电公司、祥和洋行光电部、科学事务公司、孔雀电影公司、矮克发公司、强生有声彩色制片公司、亚洲电气公司③，这些公司主要从事电影放映机、各种摄影用底片、一切电器材料工程等进口贸易。

影片和摄影机等进口数量已经达到一定规模，如 1933 年 7 月 1 日至 1934 年 6 月 30 日我国进口的影片长片共 431 部，其中美国 353 部、占 81.9%，英国 54 部、占 12.5%，德国 12 部、占 2.8%，法国 9 部、占 2.1%，俄国 3 部、占 0.7%；输入短片共 775 部，其中美国 644 部、占 83.1%，英国 50 部、占 6.5%，德国 15 部、占 1.9%，法国 66 部、占 8.5%④。

20 世纪 30 年代有人评价电影消费需求促进了进口贸易发展，“电影是一种新的艺术，渐成为一种新的实业了。在中国一切科学的设施，均属落后，民众的娱乐，除了舶来的影片以外，没有足供娱乐的工具，所以每年送给外国的金

① 《上海市年鉴 1937（4）》，《民国上海年鉴汇编》第 12 册，上海书店出版社 2013 年版，第 277 页。

② 《外国电影业在华状况》，中国电影协会：《中国电影年鉴 1934》（影印本），中国广播电视出版社 2008 年版，第 955－956 页。

③ 《外国电影业在华状况》，中国电影协会：《中国电影年鉴 1934》（影印本），中国广播电视出版社 2008 年版，第 957 页。

④ 《外国电影业在华状况》，中国电影协会：《中国电影年鉴 1934》（影印本），中国广播电视出版社 2008 年版，第 957－958 页。

元，至少在二千万左右”①。

3. 促进了电影类报纸和杂志的出版与发行

电影类报刊的发展与电影产业的发展二者是互为动力，相互促进关系，一方面电影产业的发展需要报纸、杂志的宣传和推广，另一方面电影产业的发展也带动了电影类报纸和杂志的出版与发行。20 世纪 20 年代电影出版物除专门研究、宣传电影的报纸和杂志外，一般的报纸、杂志都设有电影专栏或专号。1927 年我国的电影出版物主要有：年鉴有《中华影业年鉴》；月报有《电影杂志》《电影》《银星杂志》《银光》《影戏杂志》；半月刊有《银幕评论》《影戏世界》《影戏》《戏剧电影》，周报有《电影周报》《银幕周刊》《银灯》《影戏春秋》《影戏周刊》；三日刊有《国民电影半周刊》《电影画报》《电影》《影戏半周刊》；专号特刊 16 种，如《小说世界银幕特刊》《紫罗兰电影号》《杨耐梅画报》《大中国特刊》等②。

1921—1949 年我国先后出版的电影杂志共计 206 种（包括电影月刊、周刊、专号），其中规模最大的是良友公司 1934 年出版了《良友》电影专号，并推出电影刊物《银星》③。此外，电影消费需求的扩大还促进广告、电影教育等事业的发展。

二、促进体育产业的兴起

人们通过打弹子、网球、篮球以及游泳等体育活动既能锻炼身体，又能培养竞争精神等，还能达到休闲娱乐效果，这些运动 20 世纪二三十年代在上海、北京、南京、广州等大城市已发展成为部分居民休闲娱乐生活中不可缺少的一部分，也在一定程度上促进了我国体育产业的兴起。

打弹子（即西式台球、保龄球）热潮 19 世纪八九十年代在上海已经出现，1892 年《申报》有描述：“围棋、象戏亦足消闲而独以打弹为娱乐。”④ 19 世纪 90 年代上海的大茶楼、西餐厅、大饭店、大酒楼等娱乐场内基本都设有弹子房。20 世纪初期打弹子热在全国主要城市普遍出现，这些弹子房或称球社、球房是

---

① 郭有守：《二十二年国产电影》，中国电影协会：《中国电影年鉴 1934》（影印本），中国广播电视出版社 2008 年版，第 185 页。

② 《影业出版物》，第 1－18 页，见甘亚子、陈定：《民国十六年中华影业年鉴》第一集，中华影业年鉴 1927 年版。

③ 张英进主编：《民国时期上海电影与城市文化》，苏涛译，北京大学出版社 2011 年版，第 85 页。

④ 《中国宜仿造洋货议》，《申报》1892 年 1 月 18 日，第 1 版。

以盈利为目的。表 4－15 是课题组根据民国时期主要城市指南中与球社、球场记录进行梳理后编制而成的。

表 4－15　20 世纪 30 年代主要城市的球社或球场一览表

城市	时间	球社或球场	数量
北平	1935	中央、中华、华丽、会贤、新亚、大彰、民生、声固、公记、怡园、体康、育英、玉壶春球社	13
武汉	1933	大华、青年会、公余、亦社、黄鹤楼	5
南京	1931	弹子房 9 所	9
重庆	1933	球房 3 个	3
青岛	1933	台球房 7 个	7
厦门	1931	通俗教育社球厅、青年会球厅、公余撞球场、娱乐撞球场、进发球棚、厦门球棚、海兰球棚、南星乐园球场	8
天津	1922	天津球房、集贤球房、群贤球房、体育球房、会贤球房	5

资料来源：田蕴瑾：《最新北京指南》，自强书局 1938 年版，第六编：第 4－5 页；周荣亚等编：《武汉指南》，新中华日报社 1933 年版，第八编食宿游览：第 19 页；《本市娱乐场所之统计》，《首都市政公报》1931 年版，第 78 期，第 4 页；唐幼峰：《重庆履行指南》，重庆书店 1933 年版，第 12 页；武康、魏镜：《青岛指南》，平原书店 1933 年版，第五编游览纪要：第 28 页；苏警予等：《厦门指南》，新民书社 1931 年版，第七篇：第 17 页；古筱孙：《天津指南》，新华书局 1922 年版，卷下第 33 页。

由表 4－15 能看出 20 世纪二三十年代球社已发展成为一种产业，在大城市普遍兴起。

球社在民国时期属于利润比较高的行业之一，1919 年北京“最大的台球厅每天每张球桌可以收入 20 元；其他台球厅每张球桌也可赚到 10 元；而那些只有三四个台球桌的台球厅，每天每张球桌可以赚 3～4 元。最受欢迎的台球厅是北京东安市场的会仙和南城的中兴”①；有三个台球厅设有保龄球场，“保龄球场也同样吸引了大批的顾客光顾，同时也有大量围观的人。按规定，每一局收费 10 分钱”②。青岛有台球房 7 个，“主要日商经营，多数定价每盘四角”③。

篮球、网球爱好者增多也促进了相关产业的发展。如重庆随着体育娱乐消

① ［美］西德尼·D. 甘博：《北京的社会调查》，陈愉秉、袁佳等译，中国书店 2010 年版，第 244 页。

② ［美］西德尼·D. 甘博：《北京的社会调查》，陈愉秉、袁佳等译，中国书店 2010 年版，第 245 页。

③ 武康，魏镜：《青岛指南》，平原书店 1933 年版，第五编游览纪要：第 28 页。

费的增长，球社、篮球场等体育产业得到初步发展，如娱园内有小高尔夫场（每轮取费二角）、打靶场、弹子房各一，青年会内弹子房，每小时会员一角，非会员二角。篮球、网球，会员一角，非会员四角，球及球拍自带①。

20世纪30年代游泳在上海、南京、杭州等城市流行，当时游泳馆也是盈利比较高的行业。如上海公共租界内的游泳池，"门票每日大洋四角，惟星期六、星期日及工部局休假日为五角"②，1933年露天游泳池的游泳人数为121140人③。如果以每张票平均五角计算，1933年上海公共租界露天游泳池的营业额约为605700元。

三、推动以公园为中心文化娱乐业的发展

（一）促进以公园为中心文化娱乐业发展

游园在清末已发展成为上海、天津、汉口等城市居民的重要休闲娱乐空间。张园等一批私家园林借鉴西方公园的发展理念，修建多种娱乐设施，园内有弹子房、剧场、书场、中西餐厅、照相馆等。1910年上海有10家园林为市民和来往商旅提供休闲娱乐服务，愚园等私家园林收门票，张园不收门票但娱乐产品和服务要收费，如表4－16所示。

表4－16 1910年上海园林及其娱乐设施、价格

名称	主要娱乐设施及其价格
张园	擅木林之胜，中有广厦曰安垲第，在楼上可望见黄浦。西南有楼曰海天胜，设有中国品物陈列所，入览费五分。其旁有光华照相馆，东南为弹子房。入门不取游资。茶资每碗二角。果品每碟一角。
愚园	球场、弹子房、鹿柴虎棚、唐花室。游资每人一角。茶资每碗二角。果品每碟一角兼售点心。
西园	设有剧场等。游资一角二分，茶资在内
徐园	游资一角。茶资每碗二角。

① 唐幼峰：《重庆履行指南》，重庆书店1933年版，第12页。

② 《上海市年鉴1935（3）》，《民国上海年鉴汇编》第3册，上海书店出版社2013年版，第297页。

③ 《上海市年鉴1935（3）》，《民国上海年鉴汇编》第3册，上海书店出版社2013年版，第298页。

续表

名称	主要娱乐设施及其价格
东园及西园	邑庙有东西二园，东园又称内园，以假山著名。只有节日始开，任人入内游览。西园内店铺林立，江湖卖技者流亦多麕集于此，午后游人如织，已成一大市矣
华人公园	有茅亭、长椅等
西人公园	中央为音乐亭及喷水池。夏夜则有乐队奏乐。华人不得入内
新公园	地极为广阔，杂时花木，又有球场，夏时西人喜傲游于此
儿童公园	专为儿童而设，华人不得入内
龙华桃花	三月寺有香市，兼之桃花盛开，士女倾巷出游，颇极一时之盛
赛花	二、三月间邑庙豫园有兰花会，秋时徐园有菊花会、正月间有梅花会。入览费每人一元

资料来源：商务印书馆编译所编纂：《上海指南》，商务印书馆1910年版，卷五：丙园林。

中国人非常渴望有不收费或收费低廉的公家园林供大众休闲娱乐，清末民初上海的外侨所建公园是不允许华人进入游玩的，后来在华人等的抗议下于1928年始对中国人开放，“经吾国人及纳税会董事等力争，工部局始允一律开放。惟预防作践和补助起见，不论中西游客，每人概取游资铜元十枚，长券每人一元（可得游览一年之利益）。后来不知怎样，每人铜元十枚之游资涨至小洋两角了，而长券仍旧一元，并不增价”①。1929年上海公共租界兆丰、虹口、外滩3家公园共接待游客总人数1548188人；1930年接待游客总人数增加到1667099人；1931年接待游客总人数进一步增加到2041162人②。可见，公园在大众休闲娱乐中的地位。

20世纪30年代公园还发展成为上海等城市居民的重要运动场所，如上海虹口公园内设置有足球场、曲棍球场、篮球场、排球场、网球场、高尔夫球场等，每年到公园运动人数逐年增多。1933年到虹口公园运动的人数为55090人，1934年增加到62590人，1935年达到84831人，1935年与1933年相比增加了29741人，增长了54%（表4-17）。其他公园运动人数也都有不同程度的增长。

① 郁慕侠：《上海鳞爪》，上海书店出版社1998年版，第162页。
② 上海市地方协会：《上海市统计》，上海商务印书馆1933年版，社会：第20页。

表 4-17　上海公园运动场参加运动人数统计表

项目	1933 年运动人数	1934 年运动人数	1935 年		1936 年	
			比赛次数	运动人数	比赛次数	运动人数
虹口公园						
足球	4290	7918	441	9702	—	—
曲棍球	1298	3278	118	2770	—	1701
棒球	1342	473	正式赛 32 练习赛 19	正式赛 821 练习赛 669	—	—
篮球	1404	1162	—	1736	—	384
排球	3298	3058	—	3594	—	—
草地地球	7064	7888	—	7382	—	8767
草地网球	17526	22880	—	17008	—	10440
硬地网球	6852	5665	—	5904	—	5633
高尔夫球	11016	9768	—	8740	—	9963
径赛	—	—	—	25269	—	19007
越野跑	—	—	—	1236	—	—
总计人数	55090	62590	—	84831	—	—
汇山公园						
草地地球	2970	2762	—	5420	—	2870
草地网球	5286	6725	—	2694	—	4858
总计人数	8256	9487	—	8114	—	7728
胶州路公园						
足球	—	—	54	1207	—	3989
曲棍球	—	—	39	753	—	1195
总计人数	—	—		1960	—	5184

资料来源：《上海市年鉴 1937（4）》，《民国上海年鉴汇编》第 12 册，上海书店出版社 2013 年版，第 202-203 页。

再如北京的中央公园建成后很快就发展成为大众的公共休闲娱乐中心，1914 年底为庆祝新年，公园增加了不少娱乐项目，《大公报》刊登了游览简章并介绍公园新年的活动及规则：

音乐：园内西南隅旧有打牲亭座略加修葺，设军乐队于内，随时演奏。

此外，尚有游民习艺所，幼童清音队在园内前殿分班演乐以助游人余兴。

电影园：自一月一日起每日午后七时起至晚十时开演电影，三日逐日换片，售票入览。

焰火：自一月一日至二日每晚十时于园内燃放焰火，任人观览。

开放时间：本公园自一月一日至三日，每日早十时售票晚十一时闭门。四日以后游览时间另行规定。

游至天安门西社稷坛门外下车，车马不得入内。

游人进门前要先至售票处购券，再行依照路线入园游览。

游览券每张售小洋一角。

公园以内古树森列务宜爱护不得攀折。园内道路均有指示牌，宜按路线出入以重秩序①。

中央公园是作为全国模范公园建设的，“北京市政公所对于中央公园之经营，极力研究渐次进行，闻其经营之方针，一面种种设备务期完善，以供都人之游玩，壮首都之观瞻；一面对于该园之一切规模极力研究，以为全国公园之模范”②。中央公园是民国时期北京著名的休闲娱乐中心，“尽管门票每张10分，但是每逢夏季，每天仍然有四五千人到公园去。冬天，游人减少到一二百人。在节日或有特殊的集会时就免费开放，这时来公园的人数常常超过万人”③。鲁迅时常到中央公园品茗游览，如1920年4月19日午后游中央公园，20日午后游中央公园；5月11日晚同二弟至中央公园饮茗④。还有部分人天天到中央公园，如刘成志。课题组通过对刘成志1925—1927年日记进行研究，他除生病以及特殊情况外基本上天天到中央公园运动、游玩。如1925年5月刘成志偕家人到中央公园游玩了30次（本月只有5月7日未去，这日偕妻儿赴崇效寺看牡丹）。刘成志家庭和朋友们在公园的主要活动，有时与朋友在公园内的健行会击球，有时在园内茶楼品茗，有时在园内餐厅品尝美食或宴客，有时还在园内观看画展，如1925年5月4日“偕内子游中央公园，在春明馆啜茗吃早点，偕五婶等亲友游中央公园，在来今雨轩啜茗，牡丹盛开，并在水榭晚

① 《北京中央公园新年开放》，《大公报》1914年12月31日，第5版。

② 《北京中央公园经费之进行》，《大公报》1915年3月26日，第5版。

③ ［美］西德尼·D. 甘博：《北京的社会调查》，陈愉秉、袁佳等译，中国书店2010年版，第247页。

④ 《鲁迅全集》第15卷：日记，人民文学出版社2005年版，第401－402页。

餐”①。九日、十二日携孩子游中央公园，“参观乙丑国画展览会”；十七日在中央公园陈列馆参观；二十四日偕内子两儿游中央公园，芍药盛开②。在中央公园运动，参观展览、赏花、品茗、品尝美食、宴请亲友，既时尚又健康，中央公园北京中高收入阶层的重要休闲空间。据刘成志的女儿刘咸思回忆，他父亲1923 年 6 月大病后“每晨六时起床，早餐后，到中央公园散步，有时由母亲、大中和我分别陪同，或全家一同，或父亲独自一人而去”③。

天津中山公园内建有游艺场，“中山公园除电影外，并有大规模之游艺场，凡新剧、杂耍等无不应有尽有，其题名为小世界，河北万庆茶园为平民娱乐场之一，每日唱演蹦蹦及梆子等戏，附近平民往观者日有五百余人”④。

河北保定公园内，建有“游戏场、咖啡馆、大餐室、球房、饭庄、茶肆、秋千架、赛跑场等”，“门票售铜元三十四枚”；莲池公园“门票铜元两枚，内容有教育博物院、图书馆、阅报室等”⑤。

济南商埠公园，“南有西菜馆曰海国春，东面偏南有船式屋一处，中设茶座，有茶棚一，再往东以铁丝网为运动场，旁为弹子房和咖啡馆。商埠之地日渐发达，寻芳行乐，消夏品茗亦为圣地，至夏秋间，男女游者尤众，入览券每人收铜元三枚”⑥。

全国各地城市的公园布局和设施基本相同，如成都的少城公园，公园内的基本设施与上海、天津、北京等城市相似，内有动物园、佛学社位于西，国技院位于东，茶舍数家，通俗教育馆内附设有图书馆，陈列室有古物，门口为一极大的公共体育场⑦。总之，民国时期公园已经发展成为各地城市的重要休闲娱乐中心，还带动了茶馆、剧场、体育娱乐等在公园内及其附近的发展。

（二）促进政府和社会组织增加公园建设的投入

公园是伴随着近代工业化和城市化的发展而出现的。中国公园的建设始于清末“新政”期间，民国时期公园被视为社会教育的重要机关在全国各地城市

---

① 《新民堂日记》（1925 年至 1926 年上），沈云龙主编：《近代中国史料丛刊续编》第 35 辑，文海出版社 1976 年版，第 2273 页。

② 《新民堂日记》（1925 年至 1926 年上），沈云龙主编：《近代中国史料丛刊续编》第 35 辑，文海出版社 1976 年版，第 2272－2295 页。

③ 刘咸思：《写在父亲日记的后面》，根据《新民堂日记》（1925 年至 1926 年上），沈云龙主编：《近代中国史料丛刊续编》第 35 辑，文海出版社 1976 年版。

④ 《娱乐场》，《大公报》1930 年 5 月 6 日，第 6 版。

⑤ 里乘：《及时行乐：保定之娱乐场所》，《大公报》1923 年 1 月 7 日，第 11 版。

⑥ 叶春墀：《济南指南》，大东日报社 1914 年版，第 123－124 页。

⑦ 曹亚伯：《游川日记》，上海中国旅行社 1929 年印，第 47－48 页。

普遍建造。20 世纪二三十年代我国公园内不仅发展成为休闲娱乐中心，还是社会教育的中心，各地公园内普遍建设有公共图书馆、民众教育馆、讲演厅、陈列馆、博物馆、阅报室、棋艺室、纪念碑、动物园、公共运动场等。20 世纪二三十年代公园数量迅速增加，据统计 1928 年全国有公园 92 座，1929 年增加到 399 座，1930 年 425 座，1931 年 484 座，1932 增加到 500 座，至 1933 年增至 816 座①，即 6 年间增加了 724 座，增长了近 8 倍。从经费看，1928 年政府和社会组织投资于公园的经费为 284832 元，1929 年增加到 436343 元，1932 年达到 456319 元，如表 4－18 所示。

表 4－18　1928—1933 年全国公园数量和经费

年	公园数	经费（元）
1928	92	284832
1929	399	436343
1930	425	371088
1931	484	314549
1932	500	456319
1933	816	351773

资料来源：马宗荣：《社会教育纲要》，商务印书馆 1947 年版，第 156、160 页。

四、推进现代出版业的发展

近代中国城市文化教育消费需求的扩展是现代出版业兴起和发展的根本动力。课题组对书籍、报纸、杂志消费需求变迁对现代出版业的兴起与发展产生的影响进行研究。

通过孙宝瑄、英敛之、鲁迅等知识分子文化教育消费的考察，能看出读小说、看报纸、逛书店是他们日常的重要消遣方式。近代教育事业的发展，使受教育群体规模不断壮大，各类知识分子和学生对图书、报纸、杂志消费品种和数量的不断增加是推动中国现代出版业兴起与发展的根本动力。

关于近代时期中国究竟创办了多少家出版机构，缺乏相关统计资料，因此只能从上海等几个出版中心城市的图书出版情况来侧面验证。以上海为例，在各阶层读书看报等需求的带动下，发展成为中国南方最大的图书、报纸、期刊

① 马宗荣：《社会教育纲要》，商务印书馆 1947 年版，第 154－157 页。

的出版和发行中心，1935 年上海市教育局调查全市共有出版机构 260 家①，并形成了五大龙头出版企业，即商务印书馆、中华书局、世界书局、开明书店、大东书局。

1937 年商务印书馆负责人王云五受中国文化协会的请托，“撰写一篇近 10 年来中国出版业的发展”文章，他费了九牛二虎之力也没有找到系统的统计数据，感叹道“中国的出版统计，无论公私机关至今没有做过功夫”，但他找到了商务印书馆、中华书局、世界书局 3 家出版机构每年出版图书册数等资料，他通过计算 1934—1936 年这三家出版机构出版图书的册数在全国所占的比重，然后倒推出 1927—1933 年全国图书出版的册数，如表 4 - 19 所示。

表 4 - 19　1927—1936 年三大出版企业和全国图书出版册数

年	商务印书馆	中华书局	世界书局	全国
1927	842	159	322	2035
1928	854	356	359	2414
1929	1040	541	483	3175
1930	957	527	339	2806
1931	787	440	354	2432
1932	61	608	317	1517
1933	1430	262	571	2481
1934	2793	482	511	6197
1935	4293	1068	391	9223
1936	4938	1548	231	9438

资料来源：根据王云五：《十年来的中国出版事业》，王云五：《商务印书馆与新教育年谱》，江西教育出版社 2008 年版，第 671 - 673 页相关数据编。

通过上表能看出 1927—1936 年 10 年间，我国图书总册数由 2035 册增加到 9438 册，即增加了 7403 册，增长了 3.6 倍。在图书出版总册数中，排在第一的是总论；第二是社会科学，因“教育图书、小学校教科书和儿童读物都括入其中”所以其排第二；第三种是文学，“因文学除供研究外尚可备消遣，故无论在哪一个国家，文学书都占重要地位”②。从王云五的研究可看出随着教育事业的

① 王建明等：《中国近代出版史稿》，南开大学出版社 2011 年版，第 205 页。

② 王云五：《十年来的中国出版事业》，王云五：《商务印书馆与新教育年谱》，江西教育出版社 2008 年版，第 675 页。

发展，受教育人数增多，读文学类图书作为消遣方式的人非常多，是推动图书出版业发展不可忽视的因素。

看报需求的扩大推动了我国报业的发展和繁荣。据统计1926年全国报纸数量628家，1931年488家，1932年867家，1934年821家，1935年1000家，1936年1049家，1937年1077家①，即十余年间我国报纸种类增加了449种，增长了72%。

1929年南京国民政府颁布《日报登记办法》，根据此办法，至1931年5月前我国登记的报纸总共518家，内314家为日报，163家为通讯社（东三省、热察新桂青宁等未曾举办登记外）②。1931年影响比较的日报社有30多家，如表4－20所示。

表4－20　1931年上海各报每日平均销量表

	报名	每日发行	发行地址
日出四大张以上发行数在10万份以上者	申报	150000	上海
	新闻报	150000	上海
日出三大张以上发行数在5万份以上者	时事新报	50000	上海
日出两大张以上发行数在1万份以上者	大公报	35000	天津
	时报	35000	上海
	益世报	35000	天津
	午报	25000	天津
	公评报	20000	广州
	民国日报（已停）	20000	上海
	国华报	16000	广州
	广州民国日报	15000	广州
	庸报	15000	天津
	大中华报	12000	广州
	广州七十二行商报	10000	广州

① 方汉奇主编：《中国新闻事业通史》第二卷，中国人民大学出版社1996年版，第413－414页。

② 《申报年鉴1933》第三册，上海书店出版社2012年版，第176页。

续表

	报名	每日发行	发行地址
日出两大张以上发行数在 5000 份以上者	益世报	9000	天津
	中国晚报	9000	上海
	新报	9000	天津
	商业日报	8700	北平
	世界日报	8500	北平
	北平全民报	8000	北平
	京报	7300	北平
	北平晨报	7000	北平
	华北新闻	7000	天津
	现象报	7000	广州
	武汉日报	7000	汉口
	汉口中西报	7000	汉口
	越华报	7000	广州
	华北日报	6000	北平
	共和报	5000	广州
	杭州民国日报	5000	杭州
	河南民报	5000	开封

注：《晨报》《民报》《大晚报》《中华日报》未统计在内。
资料来源：《申报年鉴 1933》第三册，上海书店出版社 2012 年版，第 176－177 页。

由上表能看出，《申报》《新闻报》影响很大，日出四大张以上，每日发行 150000 份；日出二大张发行量在 1 万～5 万份以上有 11 种，日出一大张发行量在 5000～9999 份的日报有 17 种。

五、促进书报零售业和邮政业的发展

文化娱乐消费需求的增长不仅带动了书刊零售业的发展，而且促进邮政业的发展和繁荣。商务印书馆、中华书局等大出版企业是集出版、发行、销售等于一体的，在全国主要城市设有众多分支机构。中小出版企业一般是委托书店或商务印书馆等大的出版业及分支机构代为销售，如不少近代出版的图书著作版权页上署有“商务印书馆代为销售”“中华书局代为销售”等字样，如广州市政府编的《广州指南》版权页，刊印有代售处“民智书局（上海及各埠）、商务印书馆（上海及各埠）”①，当然也有依赖于各个城市的小书摊、书店、文具店等代为销售。也因此，图书和报纸、期刊消费需求的增长也带动了书报零售业发展。表4－21是课题组根据主要城市指南中所列书店、书店、书局、印刷所汇总、编制而成。

表4－21　20世纪二三十年代主要城市书店、书局、印刷所

城市	时间	书店或书局	印刷所
北平	1935	77	33
广州	1934	8	27
武汉	1933	—	—
南京	1931	—	—
成都	1929	—	—
重庆	1929	10－11	—
福州	1928	4	—
厦门	1931	22	33
青岛	1933	14	29

资料来源：田蕴瑾：《最新北京指南》自强书局1938年版，第七编：第1－14页；广州市政府编：《广州指南》，培英印务社1934年版，第405－480页；周荣亚等编：《武汉指南》，新中华日报社1933年版，第十二编杂录：第1－2页；曹亚伯著：《游川日记》，第29、49－50页；苏警予等：《厦门指南》，新民书社1931年版，第五篇、第八篇；武康、魏镜：《青岛指南》，平原书店1933年版，第四编社会纪要：第56－63页。

由上表能看出：城市居民图书、报纸、杂志消费需求的增长不仅带动了现代出版业的发展，而且带动了书店等零售商业的发展。据当时统计1936年天津市规模较大的书局、书店有24家②，“法租界中心商业区的泰康商场、劝业商场、天祥市场先后开设书店40余家”③。在文化教育消费需求增长的影响下，上海形成了一条文化街，即福州路（俗称“四马路”）中段一带，因这里书店集中，中华书局、世界书局，大东书局、广益书局等大型出版企业均在附近，“什么斋和什么阁等古董书店。它的数量总有几十家之多，这一段短短地方有了

① 《广州指南》的编纂者和发行者都为广州市政府，由培英印务局1934年承印，由民智书局和商务印书馆代售。

② 罗澍伟主编：《近代天津城市史》，中国社会科学出版社1993年版，第615页

③ 罗澍伟主编：《近代天津城市史》，中国社会科学出版社1993年版，第616页。

几十家书店”，“这许多书店当中，有专售教科书和译著书籍的，有专售新文化书籍和定期杂志的，也有专售新旧小说的，更有出售类似诲淫派小说和连环图画的，形形色色，可谓集其大成”①。

再如北京，形成著名的文化市场——琉璃厂，是鲁迅等人以及到北京出差的知识分子流连忘返的地方。有竹枝词描述其繁荣：“画舫书林列市齐，游人到此眼都迷”②。

近代中国图书、报纸、杂志出版的中心，南方为上海，北方是北京、天津。内地广大城市出版业一般不发达，也因此不少出版机构自清末就开展了代为其他地方读者邮寄图书、报纸、杂志业务。在文化教育消费需求不断扩大的带动下，邮寄新闻纸及印刷物在近代邮政业务中位居第一位，1918 年上海邮区收寄邮件中数量排在第一的是“新闻纸及印刷物”，达 2600 万件，第二是普通信函 2400 万件，然后是明细片 700 万件，挂号件 150 万片，就地投送件 600 万件，包裹 410 万件③。1921 年全国通过邮局递送的报纸和印刷品为 91130940 件④，1929 年仅上海市的 11 种日报邮寄量就快赶上 1921 年全国的报纸和印刷品邮递件数，11 家报纸每版印数为 616000 份，每期通过邮递寄到消费者手中的内埠（即上海市内）邮递数为 9223 个，外埠（即上海市外）232104 个⑤。日报是天天出版，以一年出版 360 期计算，以一个邮件内有 1 份报纸（如果是邮寄给报纸零售商应不止 1 份），一年约有 86877720 份。

图书消费需求的增长还间接带动洋纸、印刷机器设备等进口业务的发展。以洋纸进口为例，出版业的发展又带动了洋纸等进口贸易的发展，如表 4－22 所示。

表 4－22　1903—1929 年洋纸进口价值一览表

年份	进口价值（海关两）	年份	进口价值（海关两）
1903	2648437	1917	6249293
1904	2549032	1918	7243564
1905	2985492	1919	10212652
1906	4063413	1920	14159186

① 郁慕侠：《上海鳞爪》（民国史料笔记丛刊），上海书店出版社 1998 年版，第 135 页。
② 雷梦水等编：《中华竹枝词》，北京古籍出版社 1996 年版，第 1981 页。
③ 《民国七年之邮政成绩》，《中国银行通信录》1919 年第 48 期，第 17 页。
④ 何一民主编：《近代中国城市发展与社会变迁》，科学出版社 2004 年版，第 485 页。
⑤ 上海市地方协会：《上海市统计》，上海商务印书馆 1933 年版，文化事业：第 10 页。

续表

年份	进口价值（海关两）	年份	进口价值（海关两）
1907	3275368	1921	15311872
1908	3636928	1922	13689258
1909	3878145	1923	16626519
1910	5486764	1924	20108678
1911	5605755	1925	19080977
1912	4303712	1926	27668692
1913	7169255	1927	25416384
1914	6470768	1928	29048 825
1915	6335045	1929	24245715
1916	9528637		

资料来源：李泽彰：《三十五年来中国之出版业》，载庄俞，贺圣鼐：《最近三十五之中国教育》，商务印书馆 1930 年版，第 265、269－270 页。

从洋纸的输入价值来看，1903 年为 2648437 海关两，1905 年废科举兴学堂后，教科书等图书消费需求迅猛增长，1911 年洋纸进口增加至 5605755 海关两，即 1911 年和 1903 年相比增加了 1 倍多。入民国后，尤其是 1916 年后，学校教育的发展以及新文化运动、图书馆运动、社会教育运动、整理国故运动等革新运动相继开展，出版业进入繁荣发展阶段，洋纸进口值急剧增加，1928 年洋纸进口值比 1912 年增加了 24745113 海关两，增长了近 6 倍。

第三节　产生的其他经济影响

文化娱乐消费需求变迁对社会经济发展产生影响非常广泛，除对现代文化产业等产生巨大推动作用外，还对旅社、餐饮服务、广告等产业的发展和变革也产生了一定促进作用。

一、促进商娱结合商业新业态的兴起与发展

文化娱乐消费多元化，娱乐与餐饮、社交一体化是近代中国城市居民娱乐消费需求的基本特征，在这一需求的引导下集吃、娱、购于一体的大型综合娱乐场所兴起，其标志是 1909 年上海第一家市内综合游乐场“楼外楼”开业。因

“楼外楼”地盘太小，黄楚九等另租一块地兴建了一座大型的游乐场新世界，1915年8月4日开幕，它的成功带动了上海乃至全国室内综合性游乐场的大发展。随后，大城市的百货公司纷纷增设游乐场业务，先施公司是中国第一个把百货公司与游乐场成功结合起来的商业集团。1917年11月20日，上海最大的百货公司——先施公司开幕，因顾客太多，为限制客流，工作人员要求进入先施公司内要购买两角一张的门票，如果购物可抵二角现金使用。先施乐园最初开放时不售门票，是服务于公司促销的，游客凭购物小票满2元可换先施乐园门票1张，其提供的游艺项目与其他游乐场相同，不同的是设置在百货公司的屋顶上，每当盛夏屋顶花园开放，既凉爽又能欣赏上海市的夜景。1918年先施乐园作为游乐场开放，门票一角，因利润丰厚，之后业务和场地多次扩张，至1927年乐园内设有：安大剧场、繁华剧场、南书场、北书场、杂耍处五个剧场，共有座位2619个①。

1918年永安百货公司成立，公司屋顶上的“绮云阁”是上海最高处，公司利用这一优势，设立天韵楼游乐场，吸引众多市民前往观看，每日可售一二千张门票，星期日及工厂假日可卖到二千多张，过年过节可卖到三千多张②；1918年天韵楼的门票等收入为大洋21450元，到1931年增加到535320元③。

1926年新新公司投资352万元在先施公司旁边开业，1936年大新公司投资600万元，都附有屋顶游乐场。上海四大百货公司集吃喝玩乐购于一体的商业模式，不仅拓展了文化娱乐消费空间，且有利于满足消费者多元化文化娱乐消费需求，还改变了传统的商业、娱乐业各行其是的发展格局，形成了寓商于乐，寓乐于商新业态。这种商业模式很快在天津、汉口、广州、北京等城市得以推广。如天津劝业场、天祥商场、中原商场楼上都设有游艺场，商场与游乐场相得益彰。劝业场是由法国著名设计师设计，高星桥等人投资兴建的，1928年12月12日开业，以“八大天”闻名，即天华景戏院、天宫电影院、天乐戏院、天会轩杂耍馆、天露茶社、天纬台球房和天外天夜花园。最初只有天宫影院和天纬球房由劝业场自主经营，其余6个出租，其中“天华景戏院月租金900元，天会轩月租350元，天乐月租300元”；天华景戏院有1100多个座位，舞台为大

① 沈亮：《大世界：综合性文化娱乐场馆的经营之道》，上海书店出版社2011年版，第63页。

② 上海社科院经济研究所：《上海永安公司的产生、发展和改造》，上海人民出版社1981年版，第61页。

③ 上海社科院经济研究所：《上海永安公司的产生、发展和改造》，上海人民出版社1981年版，第61页。

转台；天宫影院有700多个座位，“装修上极尽富丽堂皇之能事，下铺地毯，上装霓虹灯，新式的放映机，茶房身着西装”；天纬台球社是当时天津最大的台球社，有陪客人打球的女招待；天露茶社共有300多个座位营业一直很好；天会轩是一个小型剧场，以演文明戏为主；天乐戏院是天津第一家专演评戏的中型戏院；天外天是利用六楼屋顶和七楼平台修建成屋顶花园，设有露天电影、杂耍园子、京剧等演出场地①。上述娱乐场每晚售座，“以天华景为最佳，天乐次之，天会轩殿之，于一切开支外则无不获利也”②。广州市的四个百货公司楼上都设有游戏场，即大新公司天台游艺场、大新公司支店天台游艺场、先施公司天台游艺场、安华公司天台游艺场③。

二、促进旅社、餐饮服务等产业的发展与变革

“娱乐+宴饮+社交”模式也在一定程度促进了城市旅社、餐饮服务等产业的发展与变革。为招徕顾客、增加收入，茶楼（茶馆）、酒吧、咖啡馆、酒店、旅馆等往往附设多种娱乐项目，如大茶楼设有各类剧种、书场等，大旅社、酒店设有弹子房、舞厅、书场等。

以上海为例，在消费需求的带动下，旅馆业非常繁荣，上等旅馆资本雄厚，设备先进，附设有电梯、电话等实施，内部设施多仿西式，装修富丽堂皇，屋顶有花园、附设有跳舞厅、戏剧、书场、浴室、理发室、大礼堂等应有尽有，以满足“不差钱”顾客的多元化消费需求。1934年上海各类旅寓总数达2300余家，约可区分为六大类：“①欧西酒店、都城、华懋、礼查、密采里、香港上海饭店等属之。②东洋旅馆、丰阳、胜田等属之。③上中级旅馆：东亚、亚东、新新、一品香、辽东、大中华、爵禄、新世界、南京、扬子、中央、东方、惠中、神州、中南、沧州、大上海、大江南、大沪、中国、安东等属之。④南北洋及长江客帮寄寓者：亚洲、春江第一、秦安、广泰来等属之。⑤家庭式之公寓有：上海、大同、大华、京都、花旗、金陵、华安、华懋、新平、北京、大益等数十家。⑥鸽舍式小栈房。”④ 前三类是上海部分追求及时享乐群体的重要休闲消遣场所，如上海《上海鳞爪》中记录：“现在新兴起的大旅社与大饭店，他们唯一的主顾，并不是专靠外埠来的旅客，反依赖本埠的一班写意朋友为他

① 周利成、周雅男编：《天津老戏园》，天津人民出版社2005年版，第14－16页。
② 《大公报》1929年1月13日，第10版。
③ 广州市政府编：《广州指南》，培英印务局1934年版，第241页。
④ 《时事大观1934》（上），《民国上海年鉴汇编》，第16册，上海书店出版社2013年版，第313页。

们主要的主顾。因写意朋友为娱乐消遣起见，常常呼朋引类，往大旅社去开房间，赌赌输赢，叫叫堂唱，吸吸鸦片，喝喝美酒，无忧无虑，何等写意！更有偕同心爱人以旅社权作楚阳台者，也很多很多。房金虽贵，耗费虽巨，他们决不吝惜，只要求身体上的舒服和快活罢了。大旅社的设备冠冕堂皇，清洁美丽。物质上的布置又很周到，每间有电话可以秘密与人接谈，夏天有电扇，冬天有水汀，洗浴洗脸又有冷热龙头，上下更有电梯，大便有欧式坐桶，小便有新式尿池，其他如赌的、嫖的、吸的、喝的、食的、舞的、顽的，也靡不一应俱全，听凭写意朋友随意选择。"①

多元化娱乐消费需求还带动了大酒店、大饭店的发展和新业务的增加。20世纪20年代初，上海新式大旅社，只有"三东一品"，即大东、东亚、远东、一品香。20世纪20年代末30年代初，因大旅馆、大酒店利润丰厚，新建的大旅馆、大饭店在上海纷纷涌现，因为"自忖欲发大财，非此不可。但是说也奇怪，每开一家大旅社，只消先行交易，还未择吉开张，而男女来宾已蜂拥而至，数百个大小房间都预定一空，生意之发达实出意料之外"②。以大东旅社为例，其1918年开业的，"大东开幕后头一两年，不过六十几个房间；到1920年商场大楼第二期工程完工后，扩充为一百四十多间，1929年又扩充为一百五十多间。房金，小房间定价四元，加收一成正式'小帐'，旅客还须另外给'小费'，住一天要六元；大房间定价都在七元以上，连'小帐''小费'需要十元：最大的定价十五元，连'小帐''小费'需要二十元。在大东旅社内，附设大东酒楼、弹子房和酒吧间，供旅客吃喝玩乐。大东酒楼既有中菜，又有西菜，每天有菜单分送各房间，旅客点的菜，可送到房内，也可到酒楼去吃。"③ 其中，弹子房是"专供旅社旅客玩的，也收费。模仿'汇中'等外商旅社，同时也准备招待外国旅客，因此附设酒吧间"，"来酒吧间吃酒的，主要是外国轮船上的水手之类，营业并不差"；随着上海舞厅事业的兴起，1928年公司一部分高级职员集资，在大东旅社内租了一部分楼面，开办大东舞厅，一面供旅社旅客娱乐，一面对外营业。大东旅社从开业起"有十四、五年时间营业一直很稳定，1920年房间数量增加后，每年营业达五、六十万元"④。

---

① 郁慕侠：《上海鳞爪》，上海书店出版社1998年版，第34页。

② 郁慕侠：《上海鳞爪》，上海书店出版社1998年版，第35页。

③ 上海社会科学院经济研究所编：《上海永安公司的产生、发展和改造》，上海人民出版社1981年版，第56－57页。

④ 上海社会科学院经济研究所编：《上海永安公司的产生、发展和改造》，上海人民出版社1981年版，第57页。

上海的情况具有代表性，其他城市的旅馆业和酒店业虽没有上海发达，但基本发展趋势与上海相似。如天津，英敛之和朋友在娱乐活动前或娱乐活动后都伴随宴会活动，文化娱乐消费需求的发展也在一定程度上促进大饭店等产业的发展，据不完全统计20世纪30年代，天津旅馆基本上都提供中西两餐以及娱乐活动，“旅馆宽宏设备完，食堂雅静附西餐”①。英敛之日记中记录他和朋友们消费的饭店、餐馆就有20多家。

汉口的酒楼可分北平、江宁、徽州、广东、湖南、四川、本省等帮，其中京都帮著名的有杏花楼等10家，浙宁帮著名的12家，广东帮著名的有冠生园等12家，江苏帮有东燕楼等18家，徽州帮有太和楼等12家，本帮有老大兴等12家，汉帮有景阳春等4家，川帮有4家，天津帮有林记等16家，湖南帮有34家②。汉口西餐业在休闲娱乐消费需求的带动下已经具有一定发展规模，如西菜馆有26家，即一江春、一品香、又一村、大华饭店、大西洋饭店、大和食堂、大中央、太平洋、中西饭店、杏花楼、陶陶旅社、普海春、万年楼、福宫饭店、德明饭店、扬子江饭店、四五六、海天春、发利饭店、青年会、万国旅社、东方旅社、璇宫饭店、海军青年会、大中华、东记③。

北京东城区的最著名戏院吉祥园因生意兴隆，也带动了附近餐饮业等行业的繁荣，“饭馆之中，以东来顺为最著，此馆为清真馆，菜蔬既洁，做法亦佳，价格复极低廉，故吉祥戏院散戏后，楼上楼下几无隙地”④。

三、产生的其他经济影响

文化娱乐消费需求变迁和增长对经济发展产生的积极影响还有很多，主要的有以下几点：

一是促进税收的增加。在文化娱乐消费需求增长的带动下，文化娱乐业成为城市的重要税源之一。以上海为例，娱乐场所的税收逐渐增长，1932年弹子房、华人寄宿舍、华人总会、菜馆、未列名娱乐场所、旅社及酒店、中国戏馆书场、茶楼、电影院音乐厅、华人酒店等的杂项、执照捐税收入为460802元，之后逐年增长（表4－23），1934年增加到539202元，1935年为534470元，1936年增加到530070元，即1936年和1932年相比，4年间增加了83582元，

---

① 雷梦水等编：《中华竹枝词》，北京古籍出版社1996年版，第515页。

② 周荣亚等编：《武汉指南》，新中华日报社1933年版，食宿游览：第2－5页。

③ 周荣亚等编：《武汉指南》，新中华日报社1933年版，食宿游览：第1－2页。

④ 田蕴瑾：《最新北京指南》，自强书局1938年版，第一编：第15页。

增长了21%。

表4－23　1932—1936年上海公共租界各种执照捐收入比较表　　单位：元

执照类别 \ 年别		1932年	1933年	1934年	1935年	1936年
房屋	弹子房	968	1199	1117	1315	1157
	华人寄宿舍	33179	33912	36475	37538	36617
	华人总会	4668	5930	7035	6927	6081
	菜馆	71413	85007	100096	100234	94992
	末列名娱乐场所	22428	23057	25704	27917	32819
	旅社及酒店	87133	99049	110070	109367	113221
	妓院	55294	61084	57200	50740	40980
	中国戏馆书场	17315	16825	17257	19549	17017
	茶楼	22277	21834	21566	21340	22005
	电影院音乐厅	36834	43606	49164	47797	56498
	华人酒店	91492	93401	92010	89166	84881
	杂项	17801	20154	21510	22580	23802
合计		460802	505058	539202	534470	530070

资料来源：《上海市年鉴1937（4）》，《民国上海年鉴汇编》第12册，上海书店出版社2013年版，第363－364页。

文化娱乐业、餐饮业是城市第三产业的重要组成部分，不仅能提供大批就业岗位，而且是城市的重要税源。由表4－23可以看出，上海娱乐业的税收是市财政的重要收入之一。北京、天津等情况也是一样，如北京每家电影院都“必须有警察厅颁发的许可证，而且每个月要缴纳60元的税款和30元的治安服务费”①。

二是促进广告业的发展。随着文化娱乐业的兴起与发展，行业竞争加剧，戏园、酒楼、电影院等娱乐场所为扩大影响力，采取各种各样的营销手段，其中在报纸上登广告是最常见的手段。文化娱乐消费的扩大不仅促进了大众传播

① ［美］西德尼·D. 甘博：《北京的社会调查》，陈愉秉、袁佳等译，中国书店2010年版，第246页。

媒介业的兴起和繁荣，而且促进了广告行业的发展，如1931年厦门有书社（即广告社）22家①，1935年北平有广告社13家②，20世纪30年代初上海有广告公司约二三十家③。

三是促进了市内交通业的发展。文化娱乐消费需求的扩展还在一定程度上促进市内交通的繁荣，英敛之、孙宝瑄、鲁迅等和朋友参加娱乐活动以及宴会一般都采用代步工具，他们采用的交通工具主要有马车、人力车、电车、汽车等。休闲娱乐业与交通、餐饮业发展相互促进。

四、不健康文化娱乐消费的消极影响

吸鸦片、嫖妓、赌博在近代中国城市被大众视为正当娱乐消费方式，推动黄赌毒等不健康娱乐产业的泛滥，对社会危害极大。这种现象在各个城市都存在，以上海、天津尤为突出。

一是促进了娼妓业的发展。王韬、孙宝瑄及其朋友们视色情活动为正当娱乐方式，并经常和三五好友一起到娼妓家喝花酒，清末孙宝瑄就曾说："上海一区，盖以声色嬉娱为世界者也"④。20世纪30年代郁慕侠曾说："海上娼妓，更属遍地皆是。又有公娼、私娼之别，公娼者，包括长三、幺二、雉妓、咸肉庄、烟妓等一切，都纳有捐税，公开卖性，肆无忌惮；私娼包括明星、淌白、碰和台、半开门等一切，即不纳捐税之谓。至全沪公、私娼之总数，未尝加以精密调查，无法为之统计，然约略计算，当在十万人以上"⑤。近代天津的"三不管"、鸟市、谦德庄、旧城以西的"鬼市"等娱乐区，妓院、土娼随处可见，1922年《天津指南》中指出，有明娼即隶属"某堂"明码标价的公开妓院众多，"种优者茶资铜元一吊，劣者五百，凡三等妓院门首均书有某堂字样，计全埠千余家，妓女约四千人。惟十中八九有梅毒，邀者不可不慎。茶客一吊者，例开铜元七十枚，五百者开四十枚"，还有众多暗娼，即"半掩门"⑥。再如汉口，"妓馆林立"⑦。

二是促进了赌博业的繁荣。赌博风气浓厚，各种各样的赌场在中国各个城

---

① 苏警予等：《厦门指南》，新民书社1931年版，第八篇：第74页。
② 田蕴瑾：《最新北京指南》，自强书局1938年版，第七编：第7－8页。
③ 沈伯经，陈怀圃编：《上海市指南》，中华书局1934年版，第360页。
④ 孙宝瑄：《忘山庐日记》：上海古籍出版社1983年版，第381页。
⑤ 郁慕侠：《上海鳞爪》，上海书店出版社1998年版，第17－18页。
⑥ 古学谦：《天津指南》，新华书局1922年，卷下第33页。
⑦ 武汉书业公会编：《汉口指南》，武汉书业公会1920年印，第120页。

市普遍存在，郁慕侠曾说：“试观全沪三百余万人口中，除小孩童稚外，至少限度约有半数嗜赌，赌之浸淫于社会，广矣深矣！大赌窑中呼卢喝雉，一掷数万金、数千元姑不具论外，商家居户亦视麻雀、挖花为唯一之消遣”①。如上海的丝织厂工人调研赌博的占40%②。需要说明的是黄赌毒消费很难调研，因此真实的数据应该更高。

麻雀、挖花、扑克已成为上海等城市公开的娱乐品；牌九、摇滩、轮盘、花会等为各地秘密的赌博。新式赌博形式还不断涌现，赛马、赛狗、回力球等原本属于体育娱乐项目，但在近代中国演化为赌博行为，如上海“赛马期间买香槟票之赌博，为数尤可惊人”，赛狗“比赛方法一如赛马”，“其弊害之大，尤甚于各种赌博”③。上海、天津、汉口等赛马活动热持续高涨与其发展成为一种新型赌博形式密不可分，如上海赛马热，“江湾赛马共称扬，始信华人力亦强。岁岁赛跑同中彩，敢云我国逊他方”④。再如天津，“早辟西商跑马场，春秋今又赛华商。性如彩票人争购，绿女红男举国狂”⑤。20世纪二三十年代上海居民“除掉大烟瘾、吗啡瘾、麻雀瘾、跳舞瘾、回力球瘾、花会瘾等等以外，又多了一种狗瘾了”⑥。其他城市赌场也随处皆是，如南京市，“人力车夫因限于社会环境及经济能力，缺乏相当娱乐生活，其普通所从事如赌博、狎妓之类不仅不能增益其身体，反有碍于健康，形成贫穷、犯罪等社会病态”⑦。

三是鸦片泛滥。鸦片烟虽然迭经政府机关、地方团体一再严禁，但各地城市贩鸦片者众多，如上海“私运、私贩、私吸三项，竟随地皆有，无时无之。因此已戒者复思吸食，未吸者相率成瘾。一班青年男女竟视为正当的消遣、唯一的娱乐，短榻横陈，快乐逍遥”⑧。

全国主要城市的劳工群体多有不良嗜好，如成都，据调研1933年全市有人力车夫12000人以上，在对338名人力车夫调研“嗜鸦片者有165人，占总数

---

① 郁慕侠：《上海鳞爪》，上海书店出版社1998年版，第17页。
② 朱邦兴等编：《上海产业与上海职工》，上海人民出版社1984年版，第142页。
③ 沈伯经，陈怀圃编：《上海市指南》，中华书局1934年版，第162页。
④ 朱谦甫：《海上光复竹枝词》，见《海上光复竹枝词》，上海民国第一图书局1913年，第31页。
⑤ 冯文洵：《丙寅天津竹枝词》，雷梦水等编：《中华竹枝词》，北京古籍出版社1996年版，第495页。
⑥ 郁慕侠：《上海鳞爪》，上海书店出版社1998年版，第196页。
⑦ 言心哲：《南京市人力车夫生活的分析》，李文海主编：《民国时期社会调查丛编》城市（劳工）生活卷，福建教育出版社2005年版，第1276页。
⑧ 郁慕侠：《上海鳞爪》，上海书店出版社1998年版，第17页。

42%"，一日的收入主要的便是烟费之支付，平均一人一天的烟费支付，平均一人一天的烟钱为一角，而以读书以消遣的只有一人，尚不及1%①。

此外，黄赌毒等娱乐消费需求的旺盛还带动戏园、电影院等娱乐业低俗化、媚俗化发展，以及专门刊登淫秽内容的小报、图书等出版业的发展。天津、上海等租界的戏园、电影院为迎合部分消费者的低级趣味，常演淫荡过甚的戏剧和电影。《大公报》报道天津的电影院多上演香艳电影："最近的电影（不论是舶来片或国产片）所印在你脑筋的印象是什么，同时再向社会各方面去搜寻一下，电影所给与社会的究竟是什么这个思索和寻求的结果，怕会大多数是不异议吧，'肉感''香艳''秽史''香艳''浪漫''夜总会''淫窟''风月宝鉴'这一类的广告，没有一天的不登载着皇皇大字的……时银幕前有这许多仰着头颅心中在跳动的观众的，而往往在片子的未了，写上几句老调、说什么挽救颓风、给青年人以当头棒喝等以自饰其过，以掩检查员之服使得不开口，吾以为与其说制片者是迎合社会的肉欲的心里，不若肯定的说制片者是在努力制造淫欲的社会来推销他们淫欲的作品，满足他们淫欲的需求啊"②。

再如天津平安、光明、河北电影院上演香艳片，《大公报》曾刊文："为影界有史以来唯一五彩恐布香艳巨片，本市平安、光明两院曾先后因开演此片而造成营业盛况，近日来大胡同河北电影院复因放映此片，而突破入秋以来各娱乐场之上座纪录，连日场场客满，盛况如此，诚不多见。"③ 香艳片本不该在电影院公开上演，但"今则再而三，三而四，演之不已，岂非怪，或曰默片近来产量大减，有片荒之苦，而片成本极轻，观众又常拘低级趣味之心理，以观赏之往往上座极挤"④。

民国时期黄色小报众多，黄色小报"系指刊载色情、凶手、犯罪等新闻以取悦于读者的一类小报"，20世纪二三十年代这类小报多达180种，"大量刊登谈论吃喝嫖赌经营和两性生活的文章，迎合读者的低级趣味需要"⑤。可见在不健康娱乐消费需求的引领下，使不健康娱乐产品大量涌现，对社会经济发展带来巨大危害。

---

① 咏冀：《成都市的人力车夫》，李文海主编：《民国时期社会调查丛编》城市（劳工）生活卷，福建教育出版社2005年版，第1190－1191页。

② 《谈谈电影（续）》，《大公报》1930年5月4日，第10版。

③ 《河北影院近日盛况》，《大公报》1935年9月3日。

④ 《天津杂话》，《大公报》1932年12月8日，第11版。

⑤ 方汉奇主编：《中国新闻事业通史》第二卷，中国人民大学出版社1996年版，第197—198页。

五、推动政府加强对文化产业、文化事业的监管

文化娱乐消费属于高层次的精神文化消费支出，有些商家为了迎合部分消费者的低俗娱乐趣味，提供艳俗、低俗产品和服务。如《大公报》曾刊文阐明加强监管的必要性："电影事业一天发达一天了，电影院真赚钱呵，电影院是摩登青年的唯一娱乐场所啊。电影事业该站在领导或暗示社会向上的地位的。一张影片的对象是全社会，至少是大部分的社会群众，换言之也就是一张影片的好坏，该向整个的社会利益而估量其价值，社会因影戏而发生的好或不良的影响，电影该直接负其责任的。所以电影和一般的书局的教科书同样要受审查。"①

为推动正当、健康娱乐的发展，20 世纪 30 年代成立了电影检查委员会。电影影片检查原则为："不论中外均以电影检查法及检查标准为依据，对外国进口片尤为严密，如稍有违背检查片者，均予禁演，或加以修剪后准演，即浪漫及富于肉感等不适于我国淳原风尚之影片均严予取缔，至国产影片之检查更须注意其作品内容，及艺术上之结构，总之诱掖和导，以扶植国产影片之发达为主旨，如有不当之处即由本会不悼烦恼，予以修剪，或发还原公司自行改制，决不姑息宽纵也。"② 自 1931 年 6 月 22 日至 1933 年 6 月 30 日，电影检查委员会准演国产影片共 618 部③，禁演国产影片 60 部④，准演外国影片 4968 部⑤。1932 年准演长片国产片 119 部，外国 562 部；短片国产片 26 部，外国影片 859 部，中外合计准演 1566 部⑥。通过检查减少了不健康影片的上演，而且由审查通过的国产片也能看出在消费需求的带动下，我国电影制片业在艰难中发展起来。

戏剧消费需求的增长和戏剧演出场所的增加也推动了各地政府加强对戏剧演出场所的监管。如天津市政府颁布了《审查管理娱乐场所案》，加强对市区娱

① 《谈谈电影》，《大公报》1930 年 5 月 3 日，第 10 版。
② 《电影检查委员会检查影片情形》，中国电影协会：《中国电影年鉴 1934》（影印本），中国广播电视出版社 2008 年，第 593 页。
③ 《电影检查委员会检查影片情形》，中国电影协会：《中国电影年鉴 1934》（影印本），中国广播电视出版社 2008 年，第 593－614 页。
④ 《电影检查委员会检查影片情形》，中国电影协会：《中国电影年鉴 1934》（影印本），中国广播电视出版社 2008 年，第 615－618 页。
⑤ 《电影检查委员会检查影片情形》，中国电影协会：《中国电影年鉴 1934》（影印本），中国广播电视出版社 2008 年，第 619－877 页。
⑥ 《申报年鉴 1933》第三册，上海书店出版社 2012 年版，第 194 页。

乐场的管理，“除电影检查外，将戏剧、歌曲、评书等民众娱乐艺术包括在内。由社会局起草管理娱乐场所规则，凡戏院、歌楼、坤书馆、杂耍场以及武术团、球房等百戏杂技均在管理之列，禁止演员陪客，禁止观客入后台，禁止赌博性质之营业”①。

1930 年浙江成立民众娱乐审查委员会，主要审查剧、影片、说书。自 1932 年 8 月至 1934 年 2 月共广播审定戏剧目 54 次，总共审查戏剧 1067 种，准许表演者平剧 398 种，话剧 294 种，杭剧 32，绍剧 61 种，其他剧种 45 种，合计 790 种。修正后准演者的平剧 83 种，话剧 35 种，杭剧 20 种，绍剧 11 种，其他剧种 37 种，合计 186 种。禁止准演者的平剧 35 种，话剧 36 种，杭剧 13 种，绍剧 7 种，合计 91 种②。此外，对说书书本进行了审查，准予演唱者 6 种，修正后准演唱者 49 种，禁止演唱者 6 种，共 61 种③。

---

① 《审查管理娱乐场所案》，《大公报》1929 年 11 月 16 日，第 12 版。

② 浙江省教育厅第三科：《浙江省社会教育概况》，杭州长兴印刷公司 1936 年版，第 45－50 页。

③ 浙江省教育厅第三科：《浙江省社会教育概况》，杭州长兴印刷公司 1936 年版，第 50 页。

第五章

近代中国城市文化娱乐消费需求变迁的动力机制与历史思考

一般情况下，受收入水平等条件的约束，居民消费需要的满足是从低级向高级发展的，只有低一级需要得到满足后才有可能开始追求满足高一级需要。文化娱乐消费是人们为满足消遣、娱乐、发展等较高级消费需要，其需求变迁不仅受工业化和城市化、居民收入水平的制约，而且受文化教育事业、文化产业等事业的发展等多种因素的影响。近代中国城市文化娱乐消费需求变迁是内外力量共同作用的结果：外部力量主要是指外侨的示范和引领作用，西方列强基于对华经济文化侵略目的在通商口城市的租界内和租借地修筑道路、建设工厂、兴办学校以及建造公园、电影院、现代剧院、运动场等设施，外侨的消费活动对近代中国城市消费需求模式变迁产生一定影响；内部力量主要指近代中国资本主义工业化、城市化、现代文化教育事业等发展以及城市人口结构变化、居民收入水平提高等因素的驱动，但主要力量是内部力量。推动近代中国城市文化娱乐消费需求变迁的力量发展是非常不均衡、不充分的，不同区域、不同发展水平城市间文化娱乐消费需求变迁的深度与广度不同。总体上看，近代中国城市文化消费需求变迁具有共同特征和共同变迁趋向，且对当前我国扩大文化消费需求、推进文化产业高质量发展具有镜鉴作用。

第一节　近代中国城市文化娱乐消费需求变迁的动力分析

驱动 1861—1937 年中国城市文化娱乐消费需求模式发生变迁的动力非常复杂，既有内部力量的驱动也有外部因素的刺激，既受工业化、城市化发展的影响也受文化教育领域变革的促进，既有物质层面的原因也有精神层面的因素，具有消费者个体原因也有政府政策、制度等变革方面的社会环境因素。课题组着重研究工业化与城市化、城市人口规模和构成变化、居民收入水平、文化教育事业发展、消费观念转变等因素对近代中国城市文化娱乐消费需求变迁的推动作用。

一、工业化与城市化发展的驱动

现代城市文化娱乐消费模式是建立在现代城市和工业文明发展基础之上的，是与资本主义工商业发展、现代城市的兴起与发展相适应的。近代中国城市文化消费需求的变化是随着我国工业化、城市化的发展和演变同步的。工业化和城市化的兴起和发展是推动近代中国城市文化娱乐消费需求变迁的根本动力。

（一）工业化与城市化的关系

所谓工业化有广义和狭义之分，广义是指“包括制造业、农业、商业、运输业之革命”，狭义上的工业化是指“制造业之革命”①。课题组采用狭义上的工业化，即指一个国家或地区工业（特别是制造业）或第二产业产值在国民生产总值中的占比、工业就业人数在该国家或地区总就业人数中的占比不断提升的过程。

所谓城市化是指一个国家或地区随着生产力发展水平的提高、科学技术的进步、工业和服务业等产业的发展，由以农业为主的乡村型社会转向以工业和服务业为主的城市型社会的过程，其主要表现为农村劳动力通过从事第二、第三产业移居到城市，城市人口数量在全国总人口数量中的占比不断提升、城市占地面积不断扩大及其对周边地区经济文化变迁的辐射、带动作用不断增强的过程。

国内外发展实践表明：城市化与工业化发展之间是相互促进、相互制约关系，一方面城市化是推动工业化发展的重要力量，因城市拥有方便工业发展的多种有利条件。对此，恩格斯曾说：“城市愈大，搬到里面来就愈有利，因为这里有铁路，有运河，有公路；可以挑选的熟练工人愈来愈多；由于建筑业中和机器制造业中的竞争，在这种一切都方便的地方开办新的企业，比起不仅建筑材料和机器要预先从其他地方运来，而且建筑工人和工厂工人也要预先从其他地方运来的比较遥远的地方，花费比较少的钱就行了；这里有顾客云集的市场和交易所，这里跟原料市场和成品销售市场有直接的联系。这就决定了大工业城市惊人迅速地成长。”② 在城市化发展过程中，需要不断兴建和优化生产性服

---

① 工商部工商访问局编：《中国工业化之程度及其影响》，工商部工商访问局1930年版，第1页。

② 《马克思恩格斯全集》第二卷，人民出版社1957年版，第301页。

务设施，如道路、交通、水电等基础设施，又因共享基础设施能在一定程度上降低工业企业的生产成本，有利于吸收外来资本促进工业化的发展；同时随着城市化的发展，商品消费市场、劳动力市场等工业化发展的基础也不断发展壮大，也有利于工业企业的发展，因此说，城市化是工业化发展的重要动力。另一方面，工业化的发展又是推动城市化发展的根本力量，现代工业的发展不仅为城市的发展提供较为优越的生活条件、大量就业岗位，而且吸引着资本、劳动力、产业、生产资料供给等都向城市集聚，这些集聚又是推动城市化发展的基础和条件。

（二）近代中国工业化的兴起与发展

鸦片战争前，自给自足的自然经济在中国占统治地位，当时所谓的“工业”主要是指家庭手工业、个体手工业以及官府手工业，使用机器动力的现代工业仍处于萌芽状态。两次鸦片战争中国的败北，迫使中国以半封建半殖民的屈辱身份走上资本主义工业化发展道路的。近代中国资本主义工业化发展肇始于洋务运动期间，发展于甲午中日战争之后，繁荣于第一次世界大战期间。近代中国资本主义工业按照资本的来源划分，大体可分为官僚资本主义工业、外资资本主义工业、民族资本主义工业。洋务运动时期兴办的官僚资本主义工业是清政府为维护、巩固封建统治，在具有改良思想的洋务派官僚主持和推动下，从国外引进机器设备、生产技术兴办的。1862—1895 年洋务派高举“自强”“求富”旗帜，积极创办军事工业和民用工业，他们创办的军事工业共 19 家，资本 5000 多万两，雇用 1 万多工人①，创办民用工业和交通运输业 26 家，工人 25500 ~ 29500 人②。洋务派创办的军用企业和民用企业只有设在上海、汉口、福州、天津等通商口岸城市的几家规模较大、存在时间较长，多数企业存在的时间非常短，规模也非常小，成效甚微。

洋务运动期间民族资本主义工业也开始兴起，中日甲午战争后，清政府为维护和挽救封建统治，陆续颁发了一系列奖励实业发展的法律法规和改革措施，加之受“实业救国”思潮等多种因素的影响，中国资本主义工业尤其是民族资本主义工业发展速度加快。据统计 1872—1894 年 22 年间，我国民族资本创办的机器工厂共计 72 家，其中商办 53 家，官商合办 19 家；1895—1913 年，不足 20

① 许涤新、吴承明：《中国资本主义发展史》（第二卷），中国社会科学出版社 2007 年版，第 259 - 260 页。

② 许涤新、吴承明：《中国资本主义发展史》（第二卷），中国社会科学出版社 2007 年版，第 290 - 291 页表 3 - 11。

年，民族资本创办的工业增加到549家，其中商办463家，官商合办86家①。1914年第一次世界大战爆发，战争期间我国民族资本主义工业获得良好发展机遇，特别是轻工业发展迅猛，因此人们常把第一次世界大战时期视为近代中国民族资本主义工业发展的“黄金时期”。从1913—1920年民族资本主义工厂新增1061个，“资本额新增16979.6万元，平均每年新建工厂151.6个，投资额2425.7万元”②。

关于近代中国究竟创办了多少家机器工业，很难得到准确数据，但可以肯定的是第一次世界大战后我国工业是在曲折中发展的，表5-1是1913—1933年中国雇用30名以上工人的工厂数，能看出我国工业化发展速度不断加快，重要表现就是工厂数量不断增多。

表5-1　1913—1933年中国雇用30名以上工人的工厂数

年份	工厂数
1913	279
1920	808
1925	1457
1929	2532
1933	3450

资料来源：郑友揆：《中国的对外贸易与工业发展》，上海社会科学院出版社1984年版，第37页。

由表5-1能看出20年间，我国雇用30名工人以上的工厂增加了3171家，也就是说平均一年增加了158.6家资本主义工业。资源能源、劳动力是现代工业发展的必要条件，近代中国资本主义工业的发展需要大量廉价劳动力和资源能源、原材料。工业化的发展势必带动城市人口规模的扩大和商业贸易、交通运输等事业的发展，进而还带动就业，加快城市化的发展进程。

无论官僚资本主义工业、外资资本主义工业还是民族资本主义工业，在厂址选择上主要集中在上海、天津、汉口、青岛、大连等通商口岸城市及其周边地区，如从民族资本主义工业的地域分布看，“大部分集中在上海、广州和通商

① 范西成，陆保珍：《中国近代工业发展史1840—1927年》，陕西人民出版社1991年版，第196页。

② 范西成，陆保珍：《中国近代工业发展史1840—1927年》，陕西人民出版社1991年版，第203页。

口岸附近。这种状况反映了民族资本主义近代工业从产生时期起，就深深打上了半殖民地社会性质的印记”①。

在近代资本主义工业发展的促进下，我国城市的产业工人规模不断发展壮大，并逐渐发展成为推动城市社会经济变迁的重要力量之一。1930 年工商部对九个省区 28 个城市的工人生活程度及工业生产情况进行了系统调查（原定对全国进行调研，但因河南、山西、河北、热河、察哈尔、绥远受战争影响未进行调查，蒙古、青海、新疆、宁夏、西康、西藏各区因路途遥远也未调查），如表 5－2所示。由工商部调查结果可以看出，随着工业化的发展，我国不仅近代工业企业的数量增加，而且从业人数逐年增多，1930 年仅九个省区 28 个城市的产业工人就超过百万，即达到 1204317 人。

表 5－2　1930 年九省区 28 个城市产业工人统计一览表

省	市	各市工人人数	工人总数	占全国的百分比
江苏	上海	362894	562400	48.1
	苏州	58813		
	无锡	70688		
	武进	16219		
	镇江	9033		
	江都	1669		
	南通	12627		
	宜兴	12570		
	南京	17887		
浙江	杭州	16171	27728	2.4
	嘉兴	7080		
	宁波	4477		
安徽	安庆	5243	28756	2.5
	芜湖	15835		
	蚌埠	7678		

① 范西成，陆保珍：《中国近代工业发展史 1840—1927 年》，陕西人民出版社 1991 年版，第 117 页。

续表

省	市	各市工人人数	工人总数	占全国的百分比
江西	九江	2113	8995	0.8
	南昌	6882		
湖北	汉口	169892	173828*	14.9
	大冶	3936		
山东	青岛	26428	26428	2.3
广东	广州	239365	319078*	27.3
	顺德	54449		
	佛山	7855		
	潮安	10538		
	汕头	6871		
广西	梧州	2331	2331	0.2
福建	福州	16032	20799	1.5
	厦门	4767		
合计			1170343*	100

资料来源："*"代表原数据合计有误，加以修订后的数据。《申报年鉴 1933》第三册，上海书店出版社 2012 年版，第 2－4 页。

由表 5－2 还能看出 20 世纪二三十年代我国已经形成上海、广州、汉口等几个工业中心城市，上海产业工人数已经达到 362894 人，广州的产业工人数也达到 239365 人，汉口有产业工人 169892 人。还能看出近代工业在各个省区分布是非常不均衡的，9 个省区工业数量最多，产业工人规模最大是江苏省区（上海、南京已经被辟为的特别市，但这次统计仍将其放在江苏省），即 9 个市有产业工人 562400 人，然后是广东省，5 个市有产业工人 319078 人。

产业工人的收入水平、生产方式和生活方式、价值观念、消费理念与自然经济条件下的农民、手工业者相比是完全不同的。产业工人是经过工业文明洗礼的，与在自给自足自然经济环境下形成的农民、手工业者的消费模式存在明显差别。工业化发展比较快的省区，城市文化娱乐消费增长明显，这在第三章课题组对电影院的分布研究就反映出这一趋势和特征，1931 年半数以上的有声电影院分布在工业比较发达的华东地区。

产业工人最大的群体是纺织业工人，因为纺织业是近代中国工业发展的重点，还形成了上海、青岛、武汉、天津、无锡、南通六大棉纺织业基地①。如上海 1932 年纺织工人总数达到 130647 人，占木材制造业、家具制造业、冶炼工业等 16 类产业工人总数 212000 人（见表 5－3）的 61.6%，工厂数占工人总数的 29.9%。

表 5－3　1932 年上海各业工厂及工人数统计表

业别	工厂数	男工	女工	童工	工人合计
木材制造业	17	466	10	27	503
家具制造业	16	1132	—	141	1273
冶炼工业	35	542	20	262	824
机器及金属制品业	327	6761	685	3283	10729
交通用具业	20	2175	—	209	2384
土石制造业	39	1751	243	626	2620
动力工业	5	1029	—	—	1029
化学工业	90	4034	2183	664	6881
纺织工业	565	27768	88425	14454	130647
服饰品工业	252	6646	12854	969	20469
橡革工业	35	1538	43	162	1743
饮食烟草业	178	9957	10607	491	2055
造纸印刷业	147	5329	738	1474	7541
饰物仪器业	37	547	122	192	861
其他工业	124	2054	938	447	3439
总计	1887	71727	116868	23401	192998

资料来源：《申报年鉴 1933》第三册，上海书店出版社 2012 年版，第 220－221 页。

纺织业工人在各类产业工人中规模最大不仅在上海有体现，在其他城市也或多或少有所体现，如天津。天津是近代中国北方的重要工业中心，1932 年染织工业、化学工业、机械工业、饮食品工业等合计有 2164 家，职工总人数 47519 人，其中染织工业有 850 家，职工 34264 人（见表 5－4），即占 7 类产业工人总数的 72.1%，工厂占各类产业工厂总数的 38.9%。

① 严中平：《中国近代经济史统计资料选辑》，科学出版社 1955 年版，第 107 页。

表5-4 1932年天津市各业工厂及工人数

类别	工厂数	职工数
染织工业	850	34264
机械工业	623	3972
化学工业	269	5086
饮食品工业	31	2020
印刷工业	26	410
其他工业	347	1526
杂种工业	18	241
合计	2164	47519

资料来源：《申报年鉴1933》第三册，上海书店出版社2012年版，第262页。

民国时期北京工业也得到较快发展，据调查1924年纺织、机械、化学、饮食品等工厂总计52家，各业工人合计6714人；1926年工厂数增加58家，各业工人7885人；1929年工厂数145家，各业工人7045人①。

在工业化发展不断加快的驱动下，以上海为代表的一批现代城市崛起，1933年上海、天津等12个工业比较发达的城市工厂数达9679个，工人数达到461693人，如表5-5所示。

表5-5 1933年上海等12个城市的工业

城市	工厂数		工人数	
	数量（个）	百分比	数量（个）	百分比
上海	3485	36	245948	53
天津	1224	13	34769	8
青岛	140	1	9457	2
北京	1171	12	17928	4
南京	687	7	9853	2
汉口	497	5	24992	5
广州	1104	11	32131	7
重庆	415	4	12938	3

① 《申报年鉴1933》第三册，上海书店出版社2012年版，第283页。

续表

城市	厂数		工人数	
	数量（个）	百分比	数量（个）	百分比
西安	100	1	1505	- -
福州	366	4	3853	1
汕头	175	2	4555	1
无锡	315	3	63764	14
合计	9679	100	461693	100

不包括外资工厂。

资料来源：根据严中平等编：《中国近代经济史统计资料选辑》，中国社会科学出版社2012年版，第79页整理。

由上表能看出，12个城市中，除西安和重庆位于西部、汉口在华中地区外，其他都集中在东部地区。西安100家企业，有工人1505人，平均每家工厂雇佣工人15名，说明工厂规模都很小。整个西安市的工人总数还不及上海市一家企业的工人数，如申新九厂1938年有工人5200名，日商的裕丰纱厂有工人5000名①。也正因为西部资本主义工业发展滞后，民国时期西部地区除重庆、成都外，在抗日战前爆发前，城市人口规模都不大，文化娱乐消费水平与东部同级别城市相比要低得多。20世纪30年代我国城市工业得到进一步发展，产业工人数量也不断增加，1936—1937年全国产业工人总数为350万人，其中上海占60万人②。城市工业化的发展，能提供更多的就业岗位，即工业化是产业工人队伍壮大的根本动力，而产业工人又是推动城市文化娱乐消费变迁的重要力量。

需要说明的是，近代中国各个城市有多少家企业和多少工人，缺乏权威的、全面的、系统的统计，更没有统一的统计标准，因此不同文献数据差别很大。如表5-5即严中平等研究得出1933年上海等12个城市工业工人合计461693人，其中上海245948人，这一数据明显低于1930年工商部的调研数据（表5-2），即1930年上海产业工人已经有362894人，江苏省区9个市有产业工人562400人。尽管有差异，但还是能反映上海是近代中国最大的工业城市，我国城市化已经得到初步发展。

（三）近代中国城市化的发展

城市的规模及其人口的数量、居民职业构成、居民籍贯构成、收入水平高

① 朱邦兴等编：《上海产业与上海职工》，上海人民出版社1984年版，第35页。

② 朱邦兴等编：《上海产业与上海职工》，上海人民出版社1984年版，第1页。

低都影响城市文化娱乐消费结构、消费总量、消费需求的变化。在资本主义工业发展等因素的刺激下，近代中国城市化在19世纪末20世纪初兴起并逐渐发展起来，因为“城市化是近代工业化的直接产物，是近代城市在工业革命后迅速发展的必然结果”①。

中国古代城市是建立在自给自足的小农经济基础之上的，城市的文化娱乐消费方式与乡村差别不大，如马克思所说“古典古代城市是以土地财产和农业为基础的城市；亚细亚的历史是城市和乡村无差别的统一”②。两次鸦片战争后，西方列强以上海、天津、汉口等城市的租界为大本营基于经济、文化侵略需要，通过开展的一系列经济文化活动把西方的工业生产方式、文化娱乐消费理念等传入中国。19世纪末20世纪初随着中国工业发展速度的不断加快，城市规模不断扩大，城市人口数量不断增加，我国城市化发展速度呈现加快发展趋势。

首先，城镇数量及城镇人口数量增加，城镇人口在全国总人口中占比提升。清代中国城镇是按行政等级划分的，即首都、省、府州、县四个等级，据统计1843年前我国人口在2000人以上的城镇共计1653个，其中以县为单位的1191个，府州为单位的358个，以省级为单位的26个，人口总计2072万，占全国总人口的5.1%。1893年2000人以上的城镇增加到1779个，人口增加到2351万，占全国总人口的6%③。入民国后，我国城市化发展速度加快，1918年中国人口规模在10万以上城市达到50个，人口合计16866537人④，人口规模在25000人以上城镇共计338个，人口总计30846637人，约占全国人口的7.29%⑤。1918年城镇的统计标准为25000人，1843年施坚雅的统计标准为2000人，如果以2000人标准统计，1918年是我国城镇人口数量将更大，在全国总人数的占比将更高。20世纪30年代后随着工商业、文化教育事业等发展，城镇人口规模进一步增加，城镇人口在全国总人口中的占比进一步提升，“1949年城市人口9441万，城镇化水平为17.4%”⑥。

其次，大中城市数量增多。随着工业化和城市化的发展，我国大中城市数

---

① 王章辉，孙娴：《工业社会的勃兴》，人民出版社1995年版，第275页。

② 《马克思恩格斯全集》第46卷上，人民出版社1965年版，第480页。

③ 何一民主编：《近代中国城市发展与社会变迁》，科学出版社2004年版，第3页；［美］施坚雅主编：《中华帝国晚期的城市》，叶光庭等译，中华书局2000年版，第264页。

④ 侯杨方：《中国人口史》第6卷，复旦大学出版社2001年版，第478页。

⑤ 侯杨方：《中国人口史》第6卷，复旦大学出版社2001年版，第479、482页。

⑥ 苏雪串：《中国的城市化与二元经济转化》，首都经济贸易大学出版社2005年版，第85页。

量增多。1918年人口在20万以上的城市27个，50万人口以上的10个，超过百万的大城市2个即上海和广州，广州160万人，上海150万人①。这些数据表明我国已经形成了一批大城市。

现代城市的发展必然带动城市的基础设施、文化教育、卫生医疗等的现代转变，为文化娱乐消费需求模式由传统向现代转型升级奠定了基础。首先市民队伍的扩大，为满足市民服务的基础设施、生活设施等相继兴建和完善，即市民队伍的扩大带动了城市交通、医疗卫生、文化教育等事业的发展，促进城市现代工商业、文化产业等的发展。美国著名学者刘易斯·芒福德曾经指出："人类文明的每一轮更新换代，都密切联系着城市作为文明孵化器和载体的周期性兴衰历史。城市，是人类赖以生存和发展的重要介质。城市不仅仅是居住生息、工作、购物的地方，它更是文化容器，更是新文明的孕育所。"② 其次，城市化的发展还逐渐改变着城市居民的消费习惯、消费方式和消费观念，如茶园、书场、剧场、电影院、博物馆、球场、图书馆等文化娱乐场所，产生于城市、繁荣于城市，电灯、自来水、马路、电车等公共设施也兴起于城市、发展于城市。

总之，随着城市化和工业化的发展，传统城市文化娱乐消费模式生存的经济基础和文化基础都发生了巨大变革。马克思曾说城市"财产的集中达到极点，在这里，美好的旧时代的习俗和关系已被消灭干净"③，也因此与现代工业、现代城市发展相适应的文化娱乐消费模式逐渐形成。

二、城市居民构成变化的促进

城市居民的籍贯、从事职业结构也是影响文化娱乐消费方式、消费结构和消费观念变迁的重要因素。籍贯构成、职业构成多元化是近代中国城市文化娱乐消费需求结构、消费内容多元化的基础。

（一）城市居民籍贯结构多元化的影响

大规模移民涌入上海等通商口岸城市，使这些城市居民籍贯结构发生了巨大变化。清末民初上海、天津、汉口等城市随着工商业、文化教育等事业的发展，大批的农民、手工业者、学生、商人、知识分子等基于谋生、求学、投资等目的，从四面八方汇聚而来，他们的到来对这些城市文化娱乐消费需求变迁

① 侯杨方：《中国人口史》第6卷，复旦大学出版社2001年版，第479页。

② ［美］刘易斯·芒福德：《城市发展史：起源、演变和前景》，宋俊岭、倪文彦译，中国建筑工业出版社2005年版，（序言）第14页。

③《马克思恩格斯全集》第二卷，人民出版社1957年版，第301页。

产生了深刻影响。就城市居民籍贯构成看，上海、天津等城市开埠前居民主要来自本市周边地区，来自外省市人口极少，但到20世纪30年代外省市人口规模不断扩大。以1936年上海居民的籍贯构成为例，居民籍贯包括江苏等28个省和上海市、南京市、北京市、青岛市，总计2145317人。如果以籍贯来与省份看，人数最多的省份是江苏，868903人，占人口总数的40.50%；第二是上海市，513810人，占人口总数的23.95%；第三是浙江省，412583人，占人口总数的19.23%，然后是安徽、广东、山东、河北、南京市等，如表5－6所示。

表5－6　1936年上海市居民籍贯统计

省市	人数（人）	百分比（%）
江苏	868903	40.5
安徽	94576	4.41
浙江	412583	19.23
福建	12348	0.57
江西	10900	0.5
湖北	34782	1.62
湖南	15882	0.74
广东	57127	2.71
广西	452	0.02
云南	222	0.01
贵州	157	0.01
四川	2775	0.13
甘肃	36	0
陕西	218	0.01
河南	9875	0.46
河北	33310	1.55
山东	35165	1.63
山西	416	0.02
辽宁	592	0.03
吉林	71	0

续表

省市	人数（人）	百分比（%）
黑龙江	34	0
绥远	6	0
察哈尔	4	0
新疆	3	0
青海	1	0
蒙古	2	0
西藏	1	0
热河	8	0
上海市	513810	23.95
南京市	33407	1.55
青岛市	529	0.02
北京市	7123	0.33
总计	2145318	100.00

资料来源：《上海市年鉴》1937（1），《民国上海年鉴汇编》第9册，上海书店出版社2013年版，第136页。

由表5－6还能看出20世纪30年代上海市民来自全国各个省市，即便是偏远的新疆、青海、蒙古、西藏等地区也有人移居上海。

中国地域广阔，不同省份、不同地区居民的饮食文化、娱乐活动内容和方式存在明显差异。众多来自外省市居民往往把家乡的娱乐文化、饮食习惯和方式等带到居住地城市。为满足来自不同省市居民的文化娱乐消费需要，上海等城市各种各样的休闲娱乐产品、餐饮服务业应运而生。以戏剧为例，来自全国各地的移民将各自家乡的戏剧文化带入定居地城市，在一定程度上促进了居住地城市戏剧消费多元化发展。据研究近代时期中国"乡土戏剧和外乡戏剧是随着本地商人或农民集团性移居都市传入近代城市的"①。1934年《上海市指南》中记录大世界、大千世界、新世界、小世界、福安游艺场、永安天韵楼6家游艺场提供的戏剧表演种类主要有：京剧、新剧、南方歌剧（弹词）、四明文戏、扬州戏、昆曲、苏摊、申曲、锡曲、滑稽戏、绍兴戏等十多种，其中，四明文

① 傅才武：《近代化进程中的汉口文化娱乐业（1861—1949）》，湖北教育出版社2005年版，第66页。

戏、扬州戏、昆曲、苏摊是基本上每家游艺场都提供的，这与上海居民中来自江苏、浙江两省人数最多有密切关系。据1938年对永安天韵楼绍兴戏场顾客的娱乐消费偏好调研，调查员问一个四十多岁的中年妇女，“到这里来是随意看看呢还是认定一个场子的？”这位中年妇女回答说：“除了这里以外，什么地方都不去，因为我是绍兴人，其余的戏都听不懂，虽然居住上海多年。”① 这个案例在中国具有代表性，我国有所谓“十里不同风，百里不同俗，千里不同情”之说。受语言、娱乐消费习惯等因素的影响，不少来自外省市的居民虽然在上海居住多年但仍然保持着家乡的饮食消费方式、娱乐消费习惯、人际交往习俗。

根据言心哲1933年对南京市1350名人力车夫籍贯的调研，87.89%人力车夫为江苏人，安徽省的占5.04%，山东的4.06%，其他还有河南、河北、浙江、湖北等省人②。南京市娱乐场所提供的演出项目以各地民众喜闻乐见的产品和服务为主，1931年除露天娱乐场所外，有娱乐场111所，其中京剧6所，新剧3所，电影10所，清音16所，大鼓3所，说书60所，杂耍2所③。

如果城市居民籍贯来源比较单一，该城市供给的剧种类往往较少。如广州市居民中以广东人为主体，余启中1933年对广州311个工人家庭的籍贯进行调研，除两家为广西籍外，309皆是广东籍④，也因此广州戏院上演的剧种基本为粤剧，1934年《广州指南》中记载“广州市戏院，均演粤剧”⑤。再如成都市居民多数来自四川省，茶园上演的主要是川戏，有人引进当时在北京、上海等城市非常流行的京剧但效果不佳，有竹枝词描述当时的状况，“连年演戏是川班，底事今年要赋闲？拉个京班来垫背，戏都还好少人看”⑥。由此可以看出籍贯对传统娱乐活动尤其是戏剧消费产生的影响巨大。总之，上海等城市人口籍贯多元化是推动这些城市文化娱乐消费需求多元化发展的基础，五方杂处的人口结构孕育出多元化的文化娱乐消费需求模式。

（二）市民职业构成多元化的促进

职业也是影响文化娱乐消费者行为选择的重要因素，不同的职业对受教育

---

① 金武周：《上海租界游戏场调查》，沪东公社印行1938年版，第5页。

② 言心哲：《南京市人力车夫生活的分析》，李文海主编：《民国时期社会调查丛编》城市（劳工）生活卷，第1240页。

③ 《本市娱乐场所之统计》，《首都市政公报》1931年第78期，第4页。

④ 余启中：《广州工人家庭之研究》，李文海主编：《民国时期社会调查丛编》城市（劳工）生活卷，福建教育出版社2005年版，第596页。

⑤ 广州市政府编：《广州指南》，培英印务社1934年版，第239页。

⑥ 《锦城竹枝词百咏》，雷梦水等编：《中华竹枝词》，北京古籍出版社1996年版，第3277页。

程度、专业技能等要求不同，也因此职业反映一个人的教育程度、专业素养等。同时，职业又影响一个人的社会地位、经济收入等，而社会地位、收入水平又是影响文化娱乐消费结构、消费偏好等的关键因素。清末民初我国城市居民尤其是大城市居民的职业结构发生了巨大变化。1860 年前中国城市常住居民主要是由公职人员和一般市民构成，而一般市民主要从事手工业、农业，即从职业上看我国传统城市居民的职业主要包括三种，即从事行政、农业、手工业。中国近代人口职业分类，“因职业分类之无统一标准，所得结果，多不便比较，惟就前述局部调查之结果，略窥其趋势”①，即在近代时期我国“关于城市居民职业”没有统一的分类标准，也没有人进行过专门的统计和分析，不过一些政府部门因工作需要进行过一些相关分类和统计，能大体上反映民国时期我国城市居民职业的变迁情况。虽然在于近代都市人口职业统计只有主要城市的个别年份的数据，不足以代表全国城市情况，但还是能够大体反映当时中国城市居民职业的变迁趋向。

自 19 世纪 60 年代起上海、天津、汉口等城市随着工业、交通运输事业、金融业、教育事业、餐饮业、娱乐业等发展，职业种类逐渐增多，且还不断派生出新的行业、新的职业。据《上海市年鉴》统计，20 世纪 30 年代上海的职业分为：农、工、商、学、政、党、军、交通、工程师、律师、会计师、新闻记者、医士、警察、劳工、家庭服务、学徒、储工（即银钱业职工）、杂业、无业等 21 类，其中，杂业包括理发、镶牙等人员，无业包括残疾人、囚犯及无正当职业者，如表 5－7 所示。

表 5－7　上海市居民职业构成统计表（1930—1936 年）

职业	1930 年		1932 年		1934 年		1936 年	
	人数	%	人数	%	人数	%	人数	%
农	164421	9.72	168240	10.71	188170	9.88	173648	8.09
工	323273	19.1	325615	20.74	417255	21.79	460906	21.48
商	174809	10.33	149222	9.5	175176	9.15	789932	36.82
学	73387	4.34	54303	3.46	75567	3.94	79684	3.72
党	1845	0.11	323	0.02	271	0.01	486	0.02
政	4700	0.28	4473	0.28	5838	0.31	6352	0.29

① 国民政府主计处统计局编：《中国人口问题之统计分析》，正中书局 1946 年版，第 42 页。

续表

职业	1930年		1932年		1934年		1936年	
	人数	%	人数	%	人数	%	人数	%
军	759	0.04	280	0.02	368	0.02	563	0.03
交通	21560	1.27	18842	1.2	21420	1.12	30766	1.43
新闻记者	83	0	57	0	55	0	68	0
工程师	219	0.01	127	0.01	167	0.01	211	0.01
律师	173	0.01	131	0.01	136	0.01	212	0.01
会计师	48	0	29	0	41	0	53	0
医士	1553	0.09	1393	0.09	1570	0.08	1925	0.09
士兵	1451	0.09	1448	0.09	2025	0.11	2850	0.13
警察	4629	0.27	6780	0.43	6514	0.34	6317	0.29
劳工	93671	5.54	110382	7.03	148019	7.73	157539	7.35
家庭服务	339824	20.08	318135	20.25	389936	20.36	480275	22.39
学徒	67814	4.01	42237	2.69	48767	2.55	54752	2.55
储工	50856	3.01	50249	3.2	66441	3.47	76502	3.57
杂业	59054	3.49	62100	3.95	70825	3.7	74894	3.49
无业	308206	18.21	256723	16.34	296133	15.47	347382	16.16
总计	1692335	100	1571089	100	1968694	100	2745317	100

注：不包括外国人；农业包括农圃森林、花果、畜牧、渔樵等；交通包括舟、车、邮、电之员工属之；劳工包括人力车、肩夫工人等；杂业包括理发、镶牙等人员；无业包括残疾人、囚犯及无正当职业者。

资料来源：《上海市年鉴1937（1）》，《民国上海年鉴汇编》第9册，上海书店出版社2013年版，第137－138页，百分比是课题组计算得出的。

由表5－7能看出20世纪30年代上海华界内居民职业构成中，工、商两业人口约占45%；家庭服务业、交通运输业、杂业等约占35%；无业占15%～18%；农业占10%左右；机关文教事业单位职工、自由职业者约占5%。农业占比较低，工商业达到45%，说明当时上海工业化程度比较高，“通常经济自给之国家，农工并重，其职业中农工（包括矿）各占30%～35%，商人约占20%，自由职业人口约占15%～20%，家庭服务约占5%，凡工商业不发达之国家，农业人口百分数较高"①。

不同职业群体的生活消费支出构成、文化娱乐消费水平差别很大，这从杂项支出结构能反映出来。为考察不同职业群体的消费水平和生活消费质量，1926年底1927年初陶孟和对北京人力车夫等48户劳工家庭的生活消费情况进行为期6个月的调研，这些家庭代表"北平近乎贫乏之工人阶级"；同时对12户小学教员家庭生活情况进行调研，小学教师的生活水平和消费能力"实足代表北平一部分之下户及大部分之中户家庭"②。课题组对上述两个群体的杂项消费支出构成（表5-8）进行比较，以揭示出两大群体文化娱乐消费水平和模式间的差异。

表5-8　1926年北平劳工阶层杂项费用支出构成　　　　单位：元

职业	用具	交通	医药	卫生	妆饰	嗜好	娱乐	交际	捐助	教育	杂费	合计
劳工	0.45	0.03	0.05	0.1	0.09	0.96	0.01	0.3	0.03	0.02	1.12	3.16
教员	0.89	1.15	0.88	0.64	0.51	1.26	0.92	2.71	0.05	1.23	2.13	12.37

注：教员家庭的邮政费用并入杂费，劳工"用具"项教员为"家具"。

资料来源：陶孟和：《北平生活费之分析》，李文海主编：《民国时期社会调查丛编》城市（劳工）生活卷，第21、52页。

由表5-8能看出，小学教员群体的杂项支出比人力车夫等劳工群体高出9.21元，即高出了近3倍。根据恩格尔定律，杂项支出水平愈高说明生活质量和消费水平愈高，消费水平愈高的家庭，文化娱乐消费水平也愈高。小学教员家庭一个月平均娱乐消费支出为0.92元，虽然不高却是劳工家庭望尘莫及的，人力车夫群体半年的平均娱乐消费仅有0.01元。需要说明的是，文化娱乐消费不仅与收入有关，而且与从事职业等密切相关，娱乐消费、教育消费是教师、医师、新闻出版工作者、律师等专业人士生活消费的重要内容。教育消费在小学教员群体的杂项支出中排在第四位。劳工家庭用于教育方面的费用几乎可以忽略不计，而他们在嗜好方面的支出远高于教育消费，在杂项费用中约占30%。民国时期中国城市的广大劳工阶层多数来自城市周边农村破产的农民、手工业者，受过教育者甚少，他们往往把饮酒、吸烟甚至赌嫖、吸食鸦片作为消遣娱乐方式，这与李景汉对北京劳工阶层生活调查结果基本一致。李景汉1924年对

① 国民政府主计处统计局编：《中国人口问题之统计分析》，正中书局1946年版，第42页。

② 陶孟和：《北平生活费之分析》，李文海主编：《民国时期社会调查丛编》城市（劳工）生活卷，福建教育出版社2005年版，第7页。

北京200处车厂车夫的生活消费情况进行调研，在5089名车夫中，“吸烟的占车夫总人数的77%，喝酒占车夫总数的44%”①。城市劳工阶层受收入、职业、所处群体等因素的影响，在空闲时候普遍以饮酒、赌博等为消遣方式。如上海，20世纪30年代上海社会局采取抽样调查法，对304名人力车夫生活状况进行调研，得出人力车夫“以饮酒、喝茶、吸纸烟为多，惟一娱乐，即系聚赌为戏”②。上海的人力车消费特点具有代表性，即使工厂工人，很多人具有不良嗜好，如据调研上海丝织厂工人中抽卷烟的占50%，参与赌博的占40%③。

人们从事的职业不同，文化娱乐消费模式也往往有别。教师、医生、律师、新闻记者、编辑等专业人士、自由职业者，多数受过高等教育，其中不少还是在国外受过高等教育，他们为专业人才，经济收入、社会地位往往比较高，就收入而言，多数属于中高收入群体。受过高等教育群体的消费需求模式往往具有以下特征：比较重视文化娱乐消费，对发展性消费、子女教育消费一般比较重视，是高雅型文化娱乐品的主要消费人群。相反，如果一个城市居民的主体为小商小贩、人力车夫等群体，专业人士极少，这些城市高雅型文化娱乐品往往缺乏消费市场，而俚俗文化则有一定市场。劳工阶层多数没有受过教育，具有阅读能力者占比很低，他们从事的职业多数为脏累差工作，如人力车夫、码头夫、清洁工等，还往往为日工资制，干一天活有一天收入，受经济收入、文化教育程度等因素的影响，他们的文化娱乐消费支出水平极低、消费层次也低。

工人与城市苦力的文化娱乐消费模式也有很大差异，因为在现代企业工作的工人一般要接受现代企业制度、企业文化、经营理念的洗礼，在生活方式和消费结构方面与未受过教育、未受过现代工业文明洗礼的人力车夫等劳工群体相比，有明显差别。

近代的各类学校、新闻出版机构、金融机关、现代工商业主要集中在上海、天津、北京、南京等几个大都市，也因此这些城市居民中专业人士数量多、规模大，产业工人的人数也多、规模也比较庞大，这是推动这些城市高雅型娱乐消费需求增长的重要因素。南京、北京两个国家行政、教育、政治、军事等中心，天津、青岛为中国北方两个重要的工业、进出口贸易、金融等中心城市，从表5－9能看出20世纪30年代我国主要城市居民的职业分类和构成情况。

---

① 李景汉：《北京人力车夫现在的调查》，李文海主编：《民国时期社会调查丛编》城市（劳工）生活卷，福建教育出版社2005年版，第1162页。

② 上海市社会局：《上海市人力车夫生活状况调查报告书》，李文海主编：《民国时期社会调查丛编》城市（劳工）生活卷，福建教育出版社2005年版，第1222页。

③ 朱邦兴等编：《上海产业与上海职工》，上海人民出版社1984年版，第142页。

表5－9　20世纪30年代南京、北平、天津、青岛居民职业构成　　单位：千人

类别	南京（1930年）	北平（1936年）	天津（1936年）	青岛（1936年）
总计	554	1171	1030	520
农业	8	80	6	121
矿业	—	1	1	2
工业	66	99	114	59
商业	71	149	153	45
交通运输业	24	31	58	17
公务	39	20	18	7
自由职业	11	74	14	8
人事服务	42	71	73	51
无业	293	646	593	210

资料来源：国民政府主计处统计局编：《中国人口问题之统计分析》，正中书局1946年版，第42页。

从表5－9还可以看出，北平和天津人口规模超过百万，南京和青岛人口数量为50多万。从居民从事职业构成看：无业人数最多，这里的无业者主要包括学生、残疾人等无正当职业者；然后是商业、工业、人事服务（应指家政服务）、公务、交通运输、自由职业、农业。从居民职业构成也能看出，四个城市现代文明程度都比较高，因为从事农业者人数少；从事工业、商业者人数多，从事公务、自由职业达到一定规模，这两大群体多数属于中产阶级，是推动文化娱乐消费需求模式由传统向现代转型升级的中坚力量，可以看出这四个城市文化娱乐消费水平、居民文化娱乐消费层次相比与中西部城市、一般省会省市相比要高得到多。

市民职业构成中教师、医师、新闻出版工作者、律师等专业人士少的城市，一般情况文化娱乐消费需求层次不高。以汉口为例，来考察城市居民职业构成对城市文化娱乐消费需求变化趋向的影响，表5－10是1914年居民职业的构成状况。

表5－10　1914年汉口居民职业构成

职业	人数	职业	人数	职业	人数	职业	人数
政界	135	律师	20	美术	737	土泥工	1914
军界	196	馆幕	60	地理星卜	177	窑工	44

续表

职业	人数	职业	人数	职业	人数	职业	人数
警界	224	司事	572	术士	47	各实业工人	2221
法界	97	矿师	28	教士	101	小贸	9464
学界	2025	储士	571	机匠	640	小艺	4625
报界	122	医士	401	金工	1801	船业	251
绅界	293	种植	704	木工	3507	洋伙	749
商界	30990	畜牧	57	石工	384	渔业	588
水手	324	挑水夫	820	道士	195	乞丐	494
划夫	1479	佣工	9256	僧侣	220	公差	487
车夫	2157	使役	500	苦力	3671	优伶	109
轿夫	671	厨役	3203	废疾	98	无业	4579
码头夫	7914						

徐焕斗：《汉口小志》，1915 年，出版社不详，户口志第 3－4 页。

由上表还能看出，1914 年汉口居民从事职业人数最多的是商界 30990 人，然后是小贸 9464 人，码头夫 7914 人，无业者 4579 人，小艺 4625 人，各实业工人仅 2221 人；政界、军界、警界、法界、学界、报界、绅界、律师、馆幕、司事、矿师、储士（金融业从业者）、医士、教士合计 5579 人，即当时汉口居民的主体是由小贸、小艺、码头夫、车夫等劳工群体构成，受过高等教育的自由职业群体、专门人士数量小，实业工人人数规模也比较小。另据 1929 年汉口市政当局调查统计，汉口市产业工人 18106 人，码头夫 18599 人，车夫 18100 人①。从两组调研数据能看出，汉口居民的主体是由工商业者、店员、各种劳工、产业工人、各种手工业者及其家属构成。车夫、码头夫等苦力群体多数为文盲，多数人收入水平、文化水平都较低，他们文化娱乐消费支出几乎可以忽略不计，即使有少量娱乐消费支出也偏爱俚俗文化娱乐活动，以及赌博等不健康活动方式。汉口居民的职业构成影响着汉口文化娱乐消费市场的发展，即高雅型娱乐市场缺乏有欣赏能力的消费群体支撑，俚俗文化娱乐活动则拥有较为广阔的市场。据傅才武先生研究，汉口“市民阶层中知识阶层人数严重不足，

① 《汉口市国人工厂工人的三大统计》，转引自傅才武：《近代化进程中的汉口文化娱乐业（1861—1949）》，湖北教育出版社 2005 年版，第 74 页。

文化结构比例失衡，这就给汉口城市文化的发展带来诸多不利因素”①，社会成员文化素质普遍较低，“使汉口的大众娱乐业向‘俚俗化’方向发展”②。

汉口居民职业构成影响城市文化娱乐消费市场和消费需求趋势在近代中国城市中具有代表性，当时中国多数城市都具有和汉口类似情况，且很多城市工业化发展程度远低于汉口，知识阶层人数远少于汉口，文化娱乐消费需求水平远低于汉口。

三、城市居民收入水平提升的推动

收入是文化娱乐消费需求模式变迁和扩大的基础，在工业化、城市化、现代文化教育等事业的发展带动和影响下，近代中国大中城市居民的收入水平或多或少有所提升。文化娱乐消费品属于非生活必需品，一般情况下只有居民的收入水平显著提升时才有可能增加在文化娱乐消费方面的支出。近代中国通商口岸城市、省会省市、工业城市居民收入水平的提升是推动这些城市文化娱乐消费需求变迁的重要动力。

（一）近代中国城市收入阶层及其收入状况

课题组按照居民收入水平的高低，将近代中国城市居民分为三大层次或群体，即高收入群体（阶层）、中等收入群体（阶层）、低收入群体（阶层），每个阶层或群体在近代中国城市文化娱乐需求变迁过程中发挥着不同作用。

1. 高收入阶层的规模

高收入阶层主要是由官僚、买办、工商金融资本家以及洋行、海关、电报、邮局等系统的高级管理人员等构成，这一阶层虽然人数少但文化娱乐消费能力强。以买办阶层为例，他们收入高，生活奢华，文化娱乐消费种类多、数量大。近代中国究竟有多少买办，据许涤新等人估计，甲午战争前约有买办 1 万人，1920 年曾任买办的总数将近 4 万人；买办的收入情况，甲午战争前他们的收入（不包括买办自己投资的收益）约为 5 亿两，1895—1920 年买办总收入约在 10 亿两以上③。近代中国买办群体主要集中在上海、天津、汉口、青岛、广州等几个大的通商口岸城市。买办人数最多的城市自然是上海，然后是天津、汉口

---

① 傅才武：《近代化进程中的汉口文化娱乐业（1861—1949）》，湖北教育出版社 2005 年版，第 67 页。

② 傅才武：《近代化进程中的汉口文化娱乐业（1861—1949）》，湖北教育出版社 2005 年版，第 69 页。

③ 许涤新、吴承明：《旧民主主义革命时期的中国资本主义》，人民出版社 2007 年版，第 583 页。

等城市。1854 年上海已经有银行 120 家，1876 年洋行增加到 200 多家左右，到第一次世界大战前增至 1145 家①。许涤新等人是按照一个洋行曾经有 5 名买办估计的，如果按照这一标准，第一次世界大战爆发前，即上海就约有 6000 名买办。天津是中国北方重要的通商口岸城市，同治六年（1867）已有洋行 17 家，之后随着进出口贸易的发展，洋行数量逐年增多，1936 年各国在天津开设的各类洋行达 982 家②，天津仅担任过洋行买办的就有四五千人。汉口，辛亥革命前外国在汉口设立的工厂有 40 多家、洋行 130 多家、银行不下 10 家，“形成了一支由广东帮、宁波帮、本地帮构成的为数不下 500 人的买办队伍”③。买办及其家人是上海、天津、汉口等城市文化娱乐消费需求变迁和扩大的重要力量。清末孙宝瑄就曾说：“上海一区，盖以声色嬉娱为世界者也，而出入此世界中，大抵闲民最多。闲民约分三种：一维新党人，一依西商为生者，一富豪家子弟。今者前一种人渐就衰减，且多落魄不能自存者；惟后二种人特盛，且力能维持此世界，盖有金城汤池之功也。”④“依西商为生者”主要是指买办及其家人。

工商业金融资本家队伍也随着各地工业化和城市化发展不断发展壮大。上海、天津、汉口、广州、北京、南京等大都市，是工商业金融资本家最为集中的城市。据调查，20 世纪 30 年代初上海市共有商号 72858 家，其中登记的公司共 8021 家；立案商业团体，市商会 1 所，同业公会 165 所（已登记会员数 16788 人，已登记的店员为 1295101 人）；国货团体：立案者 3 所，未立案者 2 所；登记的自由职业者团体，工程师学会 1 所，会计师公会 1 所（登录会计师 272 人）；登记的特种营业商号数，典当 113 家、押店 454 家，十之九在租界⑤。上述企业、商号、商业团体等的发展，自然形成一批工商业金融资本家。

此外，一些垄断企业和一些大中型企业的高级管理人员收入也非常可观，在当时应属于高收入群体。据调查，1931 年如海河工程局外籍职员与高级华籍职员月薪在 1000 元以上的有 6 人⑥。邮政系统的高级管理人员，外籍高级管理人员月薪近 2000 元。如一级洋邮务长月薪为 1875 元；外籍副邮务长最低月薪为 1050 元，一级外籍副邮务长月薪 1200 元。华籍邮务长月薪还不足外籍邮务长的

① 张仲礼主编：《近代上海城市研究》，上海人民出版社 1990 年版，第 127 – 128 页。

② 天津市地方志编修委员会：《天津通志 · 附志 · 租界》，天津社会科学院出版社 1996 年版，第 209 页。

③ 皮明庥：《武汉近百年史》，华中工学院出版社 1985 年版，第 45 页。

④ 孙宝瑄：《忘山庐日记》，上海古籍出版社 1983 年版，第 381 页。

⑤ 《申报年鉴 1933》第三册，上海书店出版社 2012 年版，第 219 页。

⑥ 罗澍伟主编：《近代天津城市史》，中国社会科学出版社 1993 年版，第 598 页。

一半，如一级邮务长外籍高管月薪 1875 元，华籍邮务长月薪为 800 元；二级邮务长外籍职员为 1650 元，华籍职员 750 元，如表 5－11、表 5－12 所示。此外，他们还享受比较高的薪级、津贴、养老抚恤金、年赏、医药费等福利待遇。

表 5－11　1938 年上海邮政公司洋邮务长薪水

等级	邮务长薪水（元）	加薪率（%）	副邮务长薪水（元）	加薪率（%）
第一级	1875	225	1200	75
第二级	1650	150	1125	75
第三级	1500	150	1050	—
第四级	1350	150		
第五级	1200	—		

资料来源：朱邦兴等编：《上海产业与上海职工》，上海人民出版社 1984 年版，第 450 页。

表 5－12　1938 年上海邮政公司华籍邮务长薪给

等级	邮务长薪水（元）	副邮务长薪水（元）	加薪率（%）
第一级	800	650	50
第二级	750	600	50
第三级	700	550	—

资料来源：朱邦兴等编：《上海产业与上海职工》，上海人民出版社 1984 年版，第 450 页。

关于近代中国高收入群体的人数，即高收入阶层、最富有阶层究竟有多少人，据虞和平先生估计，1887 年全国最富有阶层有 750 万人，占总人口的 1.99%，收入则为普通国民的 13.23 倍；1936 年全国最富有阶层增加到 1181 万人，占总人口的 2.36%，收入是普通国民的 15.75 倍①。

高收入阶层最为集中的城市是北京、上海、天津、广州、汉口、青岛等大都市。根据 1926 年北京警察厅对住户进行的调查，共计 254382 户，其中上户

① 虞和平：《民国时期的经济发展水平和特点》，《近代中国经济史研讨会 1999 论文集》，香港新亚研究所 1999 年版，第 66 页。

10350户①。上户的收入水平应相当于高收入群体，也因此可以推断出当时高收入人数约占总人口的4%。虞和平先生估计的是全国情况，而北京是中国首善之区，也是富豪集中的城市之一，高收入人数在总人数中占比要高于全国平均数。

2. 中等收入阶层情况

中等收入阶层也称中户、中间阶层、中等收入群体，以企事业单位职员为主体，主要包括学校（大学、中学、小学）、洋行、海关、电报、邮政、铁路、市政等行业的职员，小买办、商店职员及贸易商行管理人员等，医生、律师、新闻记者、工程师、会计师等专业人员、知识分子及自由职业者。20世纪30年代上海各业职员约为20万人②。天津随着工商业以及文化教育等事业的发展，中产阶级队伍也不断壮大，如1935—1937年仅公职人员以及从事教育、新闻、医疗、社团、宗教等行业的自由职业者就占华界人口的7.2%～9%③。再如北京，据1926年北京警察厅的调查中户56992户④，即中等收入家庭约占总户数的22.4%。而上海、北京、天津是当时中国知识分子最为集中的城市，中等收入群体要高于一般城市。其他城市中等收入群体人数也随着文化教育、工商业、邮政等事业的发展或多或少有所增加。

中等收入群体的经济收入水平差别也很大，高者月收入数百元，低者月收入一二十元。企业的高级职员、大学教授、报社主笔、编辑长的月薪在200元至400元之间，大学教师、中级职员、编辑主任、企业的职员等每月收入约在100元至200元间⑤。从事编辑群体、医生、教师、企业中的管理者等职业者都专业知识和能力要求，主要由传统知识分子、国内外高校毕业生等构成，他们是中等收入群体的重要组成部分。

课题组以近代中国棉纺织工业中规模最大的民族资本主义企业——申新纺织公司的职员薪水为例，来分析20世纪30年代纺织行业职员的收入水平。申新纺织公司由荣宗敬、荣德生兄弟1915年在上海创办，1931年发展到全盛时有9家纺织厂。表5－13是上海申新九厂职员的工资情况，能看出职务级别不同工资收入水平差别较大，厂长月薪400元，工程师月薪300元，副班长月薪仅在

---

① 陶孟和：《北平生活费之分析》，李文海主编：《民国时期社会调查丛编》城市（劳工）生活卷，福建教育出版社2005年版，第5页。

② 张仲礼主编：《近代上海城市研究》，上海人民出版社1990年版，第724页。

③ 罗澍伟：《近代天津城市史》，中国社会科学出版社1993年版，第609页。

④ 陶孟和：《北平生活费之分析》，李文海主编：《民国时期社会调查丛编》城市（劳工）生活卷，福建教育出版社2005年版，第5页。

⑤ 张仲礼：《近代上海城市研究》，上海人民出版社1990年版，第746－747页。

20～30元。

表5－13　华商申新九厂职员工资情况

职别	每月最高工资（元）	每月最低工资（元）
厂长	400	—
工程师	300	—
主任	200	100
考工	120	60
领班	60	30
事务员	60	30
副班	30	20

资料来源：朱邦兴等编：《上海产业与上海职工》，上海人民出版社1984年版，第65页。

其他纱厂职工的收入水平与申新九厂相差不远，据调研当时上海其他“华商纱厂职业的工资与申九差不多。日商纱厂的职员，日籍职员的工资比较高，华籍的职员和练习生，还不及华商纱厂的工资高。英商纱厂的外籍职员，工资很高，竟有每月七百多两银子的。华籍职员，工资也比一般的为高”①。

邮政、铁路等垄断部门职工的工资高、福利好，他们的职员是近代中国城市中等收入群体的重要组成部分。以邮政部门为例，该部门在近代时期是除海关外职员工资收入和福利待遇最好的部门。以上海邮政职员的薪水为例，来分析企业职员的收入水平。1938年上海邮局职工3300多人，加上储汇部门职工，合计3700多人②。邮政部门职员收入因职务不同而收入差别很大，除高管外甲等邮务员月薪达四五百元，低者月薪约为100元（试用工）共203人，乙等邮务员653人，他们中二等三级以上的月薪在100元以上，如表5－14、表5－15所示。

表5－14　1938年上海邮政职工数目

职务	人数	职务	人数
甲等邮务员	203	乙等邮务员	653（女职工11人）
邮务佐	562（女职工14人）	信差	945

① 朱邦兴等编：《上海产业与上海职工》，上海人民出版社1984年版，第35页。
② 朱邦兴等编：《上海产业与上海职工》，上海人民出版社1984年版，第436页。

续表

职务	人数	职务	人数
村镇信差	113	邮差	2
听差	200	额外听差	55
水手	36	邮役	483
杂役	119	共计	3371

资料来源：朱邦兴等编：《上海产业与上海职工》，上海人民出版社 1984 年版，第 436 页。

上海邮政部门的一般邮务员收入也很可观，甲等一等一级邮务员月薪 500 元，二级 460 元，甲等二等一级的收入与乙等一级邮务员收入一样即 270 元，即使最低等级邮务员，即三等三级（试用）月薪也有 40 元，如表 5－15 所示。

表 5－15　1938 年上海邮政公司甲乙等邮递员薪给表

甲等邮务员	乙等邮务员	薪水（元）	加薪率（%）
一等一级	—	500	40
一等二级	—	460	40
一等三级	—	420	40
一等四级	—	380	40
一等五级	—	340	40
一等六级	—	300	30
二等一级	一等一级	270	30
二等二级	一等二级	240	30
二等三级	一等三级	210	20
二等四级	一等四级	190	20
二等五级	一等五级	170	20
二等六级	一等六级	150	20
三等一级	二等一级	130	20
三等二级	二等二级	115	15
三等三级（试用）	二等三级	100	15
	二等四级	90	10
	二等五级	80	10

续表

甲等邮务员	乙等邮务员	薪水（元）	加薪率
	二等六级	70	10
	三等一级	60	10
	三等二级	50	10
	三等三级（试用）	40	10

资料来源：朱邦兴等编：《上海产业与上海职工》，上海人民出版社 1984 年版，第 445 页。

上海邮政部门的其他职员工资情况也因岗位、工龄等有别。邮佐月薪情况：上海本地的一等一级邮佐月薪 138 元，外地一等一级邮佐月薪的 129 元；上海本地的四等三级职员月薪 40 元，外地四等三级职员月薪 36 元。信差和邮件听差月薪收入：工作一年至二年的上海本地信差和邮件听差月薪在 31 ~ 85 元，内地信差和邮件听差月薪 26 ~ 80 元①。邮役、水手、伙夫、局内邮役、园丁、看门的，这一群体收入相对较低，工作 1 ~ 2 年的邮役、水手、伙夫、局内邮役、园丁、看门的月薪在 20.5 ~ 43.5 元②。民国时期邮政部门职员还享受薪级、津贴、年赏、养老抚恤金、医药费等福利待遇。

工资收入与知识水平、职位高低基本上成正比，不仅上海如此，其他城市也都如此，即知识分子群体收入水平在城市居民收入中属于中高收入水平。如天津，由英商所办的济安自来水公司和中外合办的海河工程局工人和职员的工资构成如表 5 - 16 所示，高级职员月薪在 100 ~ 200 元，低级职员月薪一般在 20 ~ 60 元。

表 5 - 16　天津 1931 年职员工资结构分组统计

收入	济安	占比（%）	海河	占比（%）
20 元以内	9	20	—	—
21 ~ 40 元	23	51.1	7	36.8
41 ~ 60 元	3	6.6	1	5.2
61 ~ 80 元	—	—	3	15.7
81 ~ 100 元	3	6.6	2	10.5

① 朱邦兴等编：《上海产业与上海职工》，上海人民出版社 1984 年版，第 448 页。
② 朱邦兴等编：《上海产业与上海职工》，上海人民出版社 1984 年版，第 446 - 450 页。

续表

收入	济安	占比（%）	海河	占比（%）
101～150元	4	8.8	3	15.7
151～200元	3	6.6	2	10.5
201～250元	—	—	—	—
251～300元	—	—	1	5.2
总计	45	100	146	100

资料来源：罗澍伟主编：《近代天津城市史》，中国社会科学出版社1993年版，第597页。

再以中学教师的收入为例，民国时期大、中、小教师都被列入中等收入群体，这一群体收入水平，以大学老师的收入高于中学老师，中学老师的收入高于小学教师。大学因数量少，大学教师人数规模不大。中学、小学随着学校教育的发展，学校数量，学生人数规模不断扩大，中小学教师是城市中等收入的重要组成部分。以天津为例，根据天津社会局统计，1933年市区华界共有小学142所，其中市立小学41所，私立小学101所；私立中学14所，市立师范学院1所，这些学校的教职员由三部分构成，一是校长，二是职员，三是教员，人数最多的是教员，他们的收入有差别，校长的高于教员的，教员的高于职员的，如表5－17、表5－18所示。

表5－17　1933年天津小学（公、私立）职员工资结构

教职员 / 工资组（元）	校长	占比（%）	职员	占比（%）	教员	%
10～20	17	13.3	48	34.7	215	21.6
21～30	23	18.1	39	28.2	190	19
31～40	27	21.2	29	21	213	21.4
41～50	9	7	9	6.5	161	16.1
51～60	8	6.2	7	5	92	9.2
61～70	12	9.4	5	3.6	107	10.7
71～80	17	13.3	1	0.7	7	0.7
81～90	8	6.2	–	–	–	–
91～100	4	3.1	–	–	1	0.1

续表

工资组（元）＼教职员	校长	占比（%）	职员	占比（%）	教员	占比（%）
100 以上	2	1.5	–	–	9	0.9
共计	127	100	138	100	995	100
平均工资（元）	46.7		28.2		36.3	

资料来源：罗澍伟主编：《近代天津城市史》，中国社会科学出版社 1993 年版，第 599 页。

由上表可以看出，20 世纪 30 年代天津从事小学教育的知识分子收入状况具有以下特征：一是小学校长的工资以 10～40 元和 60～80 元两段为最多，前者多属于私立小学校长，而后者属于公立小学校长；二是教员工资平均高于职员，小学教员月收入 10～20 元的占 21.6%，月收入 21～30 元的占 19%，月收入 31～40 元的占 21.4%，月收入 51～90 元 20.7%，100 元以上 9 人，占 0.9%。职员收入在 10～20 元的占 34.7%，21～30 元的占 28.2%，31～40 元的占总人数的 21%，41～80 元的占 15.7%。

表 5－18　1933 年天津中学（市、私立）职员工资结构

工资组（元）＼教职员	校长	占比（%）	职员	占比（%）	教员	占比（%）
10～20	1	7.1	13	14.2	17	8.8
21～30	1	7.1	24	26.3	27	12.8
31～40	2	14.2	25	27.4	30	14.2
41～50	—	—	10	10.9	21	10
51～60	2	14.2	6	6.5	22	10.4
61～70	—	—	3	3.2	34	16.1
71～80	2	14.2	4	4.3	37	17.6
81～90	—	—	2	2.1	8	3.8
91～100	—	—	—	—	7	3.3
100 以上	6	42.8	4	4.3	7	3.3

续表

教职员 / 工资组（元）	校长	占比（%）	职员	占比（%）	教员	占比（%）
共计	14	100	91	100	210	100
平均工资（元）	69.2		38.6		53.1	

资料来源：罗澍伟主编：《近代天津城市史》，中国社会科学出版社 1993 年版，第 599 页。

由上表可以看出，20 世纪 30 年代天津从事中学教育的知识分子收入情况为：一是校长工资较高，14 名校长中有 6 人工资超过百元，月收入在 10～40 元的校长 4 人，51～80 元的校长 4 人。二是教员工资平均高于职员，中学教员月收入 10～20 元的占 8.8%，月收入 21～30 元的占 12.8%，月收入 31～40 元的占 14.2%，月收入 51～80 元占 44.1%，81～99 元的占 7.1%，月薪 100 元以上占 3.3%。职员收入在 10～20 元的占 14.2%，21～30 元的占 26.3%，31～40 元的占总人数的 27.4%，41～90 元的占 27%。

3. 低收入阶层

低收入阶层虽然娱乐消费能力低但人数多，是推动近代中国城市文化娱乐消费需求变迁的不可忽视的力量。产业工人和人力车夫等劳工阶层是近代中国城市低收入阶层的主要组成部分。

近代产业工人收入均不高，据罗澍伟等研究 20 世纪 30 年代初期天津企业工人的月收入，20 元以下的约占工人总数的 75%；各行业工人收入平差距较大，最高者是食品企业，60% 以上的工人月工资在 11～30 元；最低者是竹木企业，无工资者即占半数以上；大企业工人的工资高于中小企业，纺织、火柴、面粉三类企业工人半数以上的月工资收入在 11～25 元，天津 1929 年民资企业工人的平均工资为 10.14 元，1933 年略有增加，即 12.13 元①。

上海是近代产业工人最集中的城市，1920 年产业工人和交通运输业工人总数已达 30 万人，1937 年超过 100 万人②。据统计，1928 年、1929 年上海主要产业的工人月收入高于 20 元者很少，大多低于 20 元，如表 5－19 所示。

① 罗澍伟主编：《近代天津城市史》，中国社会科学出版社 1993 年版，第 551 页。

② 陆兴隆等：《城市建设变迁》，上海社会科学院出版社 1999 年版，第 101 页。

表 5-19　上海各业成年工人实际月收入（1928—1929 年）　　单位：元

行业＼年份	1928 年下半年平均	1929 年平均	行业＼年份	1928 年下半年平均	1929 年平均
水泥砖瓦	15.90	19.09	火柴	20.06	21.39
油漆	16.60	18.37	漂染	20.44	21.60
锯木	19.46	19.25	制蛋	20.42	21.60
缫丝	15.12	13.21	棉织	21.25	23.54
棉纺	15.17	15.28	造纸	21.14	20.60
毛织	15.40	16.54	烟草	21.32	23.86
榨油	15.84	17.28	电机	23.16	23.49
玻璃	16.18	16.25	翻砂	23.43	23.81
搪瓷	16.21	16.25	调味罐头	24.40	25.81
面粉	17.03	17.61	自来水	25.24	27.97
针织	17.55	18.83	丝织	25.45	30.31
皂烛	17.72	18.72	电气	27.48	25.89
制革	17.25	20.39	机器	28.95	29.53
化妆品	18.64	19.65	造船	33.32	38.20
冷饮食品	19.10	18.94	印刷	44.72	47.50

资料来源：罗志如：《统计表中之上海》，《国立中央研究院社会科学研究所集刊》第4号，1932年，第76-77页。

由上表还可看出，营造业中的水泥砖瓦和油漆、针织业、皂烛业、面粉业等行业工人的月工资在16~19元，自来水、丝织、电气、机器、造船、印刷等行业的工人月薪在25~45元，但后者入职时有技能和受教育程度等的要求，可见技能和受教育程度是影响收入的重要因素之一。

（二）不同收入水平形成不同的文化娱乐消费模式

近代中国城市不同收入阶层，文化娱乐消费在产品种类、价格、消费环境等方面差别很大，从而形成不同的文化娱乐消费模式。一般情况下收入越高群体文化娱乐消费水平越高，如刘成志家、孙宝瑄家、英敛之家、鲁迅家等，他们去的电影院、茶馆、戏院等都是上海、天津、北京环境好、游艺节目质量较高的场所。居民收入水平与休闲娱乐消费水平呈正相关。据刘成志的女儿回忆，刘志成月收入约600元①。课题组以刘成志为典型代表分析中高收入群体的文化娱乐消费情况。

表5-20　1925年1—4月刘成志家庭的主要娱乐活动统计

月	电影及影院	观剧及戏院	品茗及茶馆	运动及场所	其他
一月	携孩子平安公司看电影3次	朋友庆华乐园看戏；偕内子、两儿到开明戏院看戏		游中央公园24次，行健会击球5次	扑克游戏；亲戚游农事试验场；亲戚来家作雀战
二月	4次：平安公司1次；真光剧场2次，中天台1次	看戏6次：广德楼、福春堂、华乐各1次，新明剧场3次	茶楼众友玩叶子戏、雀戏	游中央公园13次，行健会击球2次	游琉璃厂、火神庙、文化商场、海王邨公园
三月	偕妻儿广德楼看戏3次；朋友邀开明剧场看戏	偕妻儿真光剧场看电影2次	游中央公园遇友在春明馆茗谈	游中央公园25次，行健会击球5次	偕内人到四婶处作叶子戏；参观杨令茀作品展览会2次
四月	新明剧场看戏等处看戏5次	携些妻儿真光剧场看电影4次并观法国魔术1次	正昌洋行、河滨、柏斯声啜茗	游中央公园26次	

资料来源：根据《新民堂日记》（1925年至1926年上），沈云龙主编：《近代中国史料丛刊续编》第35辑，文海出版社1976年版，第2149-2270页整理。

由上表能看出，以刘成志家庭为代表的中高收入群体的文化娱乐消费具有以下几个特点：一是重视健康娱乐消费，二是消费能力强，三是休闲娱乐消费日常化，几乎每天都有娱乐活动。刘成志家庭娱乐消费的热点有三：其一是以中央公园为中心，基本上天天到公园游玩、击球、健身等。其二是到电影院看电影，一个月看电影2~5次。其三是戏院看戏，一个月要到戏院看戏2-6次。其他娱乐还有看展览会、茶楼品茗等。

从表5-20还可看出刘成志一家的娱乐消费支出水平比较高，以一个月为例，平均每月看电影4次，1次3人，以一张电影票1.5元计算，电影票消费支

① 刘咸思：《写在父亲日记的后面》，见《新民堂日记》（1925年至1926年上），沈云龙主编：《近代中国史料丛刊续编》第35辑，文海出版社1976年版，第8页。

出约为18元。平均每月看戏4次，1次以3人计算，如果一张戏票0.5元，戏剧消费支出约为6元。中央公园门票为一角，刘成志除生病外基本上天天去，经常携家人一起去，以每次2人计，一个月总计约6元；他们经常在中央公园喝茶、吃饭、击球、看画展等，各项费用合计约10元，两项合计，一个月在中央公园的消费在16元左右。此外，还到其他娱乐场所偶尔消费一两次。据此，可以大致推断出刘成志家一个月娱乐消费支出约在40元以上，即约占月收入的7%。

杂项消费支出水平反映消费质量和消费水平，一般来说杂项消费水平越高，文化娱乐消费水平也越高。为进一步验证上述观点，课题组根据孙蕙君对云南贫户、普通户、小康户、富户生活情形的调研，来分析不同收入类型家庭的文化娱乐消费结构和消费水平。

表5－21　昆明市四种家庭全年平均生活费比较表

收入组／各种支出	贫户平均每家支出（元）	普通户平均每家支出（元）	小康户平均每家支出（元）	富户平均每家支出（元）
食品	563.8	1069.85	2087.84	5848.52
衣服	8.2	24.98	458.40	819.64
房屋	5.28	37.00	173.60	820.00
燃料	27.28	174.00	421.26	822.44
其他	94.01	166.02	1870.79	6526.72
合计	698.57	1471.85	5011.89*	14837.32

资料来源："*"代表原数据合计有误，加以修正后的数据。孙蕙君：《昆明市家庭生活情形调查》，李文海主编：《民国时期社会调查丛编》城市（劳工）生活卷，第205页。

由表5－21可以计算出：贫困户每家平均食品支出占生活消费总支出的80.7%，其他支出即杂项消费支出占13.5%。普通户平均每家食品支出占生活消费总支出的72.7%，杂项消费支出占11.3%。小康户平均每家食品支出占生活消费总支出的41.7%，杂项消费支出占37.3%。富户平均每家食品支出占生活消费总支出的39.4%，杂项消费支出占44%。可见，随着收入水平的提高，杂项费用支出在生活消费总支出中占比越高，食品消费支出比越低。富户"消闲"项支出，最多的一户年达到5052元，"因为四子每人每月需看电影10次，每次需1.2元，母每月看戏2次，共需6元，电影2次，共需3元。还有母喜打麻将，一月中有25天以上的时间费在麻将赌博上面，每次输多赢少，平均每次输20元，有时输至200元以上"；其余各家之消闲"多为看电影、听戏"，5家富户全年消闲消费总支出共5560元，平均每家每年需要1112元①。此外，富裕家皆有茶、烟、酒嗜好支出，“5户平均每年需茶叶费118.4元。富户中除去家庭自饮或待客饮茶外，还有一些老翁常去茶馆饮茶，现在每一碗茶资需洋一角”②。小康户平均每户消闲支出103元，“消费之方式多为看电影、听戏、打牌”③。普通户12家中，7家有消闲生活支出，平均每家全年消闲支出25.58元，12家平均每家年需14.91元，“一般男子消闲的方法多在茶馆饮茶、谈天或听戏”④。贫困户年均每家消闲费用2元，“一般男子消闲的方法多在茶馆饮茶、谈天”⑤。可见不同收入阶层居民娱乐消费内容、消费水平不同，也因此形成与其收入水平相适应的娱乐消费需求模式。

1933年杨蔚对成都主要职业员工收入和生活消费情形进行调研，就收入水平与文化娱乐消费水平的关系与昆明得出结果基本上一致，即收入水平不同，娱乐消费水平高低不同；收入水平越低，用于娱乐的消费支出越少。杨蔚对成都市主要职业的职员杂项消费支出以及各项支出杂项费用中的占比如表5-22、表5-23所示。

表5-22　1933年成都市各收入组每成年男子单位杂项消费构成　　单位：元

成年男子均支出 / 全年收入（元）组	家数	日用	嗜好	教育	娱乐	交际	医药	其他	共计
20.1~60.0	49	1.12	1.19	1.17	0.2	0.61	0.77	3.67	8.73
60.0~100.0	38	1.8	1.75	2.88	0.39	2.4	2.45	7.76	19.43
100.1~140.0	34	2.05	2.79	3.54	1.36	3.23	2.43	14.06	29.46
140.1~180.0	19	1.57	1.46	6.75	3.25	7.97	3.06	25.46	49.52
180.1~220.0	12	2.16	0.96	7.04	2.05	5.43	3.3	23.71	44.65

① 孙蕙君：《昆明市家庭生活情形调查》，李文海主编：《民国时期社会调查丛编》城市（劳工）生活卷，福建教育出版社2005年版，第169-170页。

② 孙蕙君：《昆明市家庭生活情形调查》，李文海主编：《民国时期社会调查丛编》城市（劳工）生活卷，福建教育出版社2005年版，第169页。

③ 孙蕙君：《昆明市家庭生活情形调查》，李文海主编：《民国时期社会调查丛编》城市（劳工）生活卷，第155页。

④ 孙蕙君：《昆明市家庭生活情形调查》，李文海主编：《民国时期社会调查丛编》城市（劳工）生活卷，第144页。

⑤ 孙蕙君：《昆明市家庭生活情形调查》，李文海主编：《民国时期社会调查丛编》城市（劳工）生活卷，第134页。

续表

全年收入（元）组 \ 成年男子均支出	家数	日用	嗜好	教育	娱乐	交际	医药	其他	共计
220.1~260.0	13	2.13	1.41	1.89	2.63	9.18	4.86	30.58	52.68
260.1~300.0	10	3.7	1.2	7.7	6.77	17.5	5.6	56.38	98.85
300.1~340.0	8	3.94	3.08	38.39	6.7	46.47	4.11	58.47	161.16
340.1~1140.0	18	3.8	2.61	16.34	18.59	37.67	9.71	50.6	139.32

杨蔚：《成都市生活费之研究》，李文海主编：《民国时期社会调查丛编》城市（劳工）生活卷，第110页。

表5-23　1933年成都市各收入组每成年男子单位杂项消费之价值　百分比

全年收入（元）组 \ 成年男子支出	家数	日用	嗜好	教育	娱乐	交际	医药	其他
20.1~60.0	49	12.79	13.59	13.43	2.29	6.97	8.85	42.08
60.0~100.0	38	9.28	9.03	14.82	1.99	12.35	12.63	39.92
100.1~140.0	34	6.96	9.48	12.02	4.61	10.95	8.24	47.74
140.1~180.0	19	3.17	2.95	13.62	6.55	16.10	6.18	51.43
180.1~220.0	12	4.84	2.16	157.7	4.59	12.15	7.38	53.11
220.1~260.0	13	40.50	2.68	3.53	4.98	17.43	9.23	58.05
260.1~300.0	10	3.74	1.21	7.80	6.84	17.70	5.67	57.04
300.1~340.0	8	2.44	1.90	23.82	4.16	28.84	2.55	36.29
340.1~1140.0	18	2.73	1.87	11.73	13.34	27.04	6.97	36.32

杨蔚：《成都市生活费之研究》，李文海主编：《民国时期社会调查丛编》城市（劳工）生活卷，第110页。

由上面两表能看出，随着收入的增加成都市成年男子杂项消费支出相应增加；而杂项支出愈高者，用于娱乐和教育消费方面的支出也愈高。年收入在20.1~60元被调查组，全年娱乐消费为0.2元，占杂项支出的2.29%；教育支出1.17元，占杂项总支出的13.43%。年收入300.1~340.0元调研组，全年娱乐消费为6.7元，占杂项支出的6.84%；教育支出38.39元，占杂项总支出的23.82%。

1929年南开大学经济学院分别对天津市内199名针织女工家庭、郊区87家纱厂工人家庭的收入水平、生活水平和消费方式等进行调研，得出的结论同昆明、成都等城市一样，即工人家庭随着收入水平的提高娱乐消费支出也相应提高。表5－24、表5－25分别是郊区纱厂工人家庭和针织女工家庭两个群体的收入情况及其消费支出情况。

表5～24　1929—1930年天津纱厂工人家庭生活费支出分项统计

支出组距／项目	200元以下		201～300元		301～400元		401～500元	
	金额	%	金额	%	金额	%	金额	%
食品	134.39	66.6	207.16	62.7	207.16	62.7	260.01	63.1
房租	14.98	7.4	19.46	8	19.46	5.9	27.12	6.5
衣服	11.34	5.6	25.6	7	25.6	7.7	34.88	8.4
燃料	21.63	10.7	31.72	9.8	31.72	9.6	35.3	8.5
杂项	19.29	9.5	46.07	11.6	46.07	13.9	54.67	13.2
医药	0.82	0.4	4.18	1.1	4.18	1.2	6.3	1.5
教育	0.07	0.03	0.75	0.2	0.75	0.2	0.13	0.03
娱乐	0.54	0.2	2.57	0.4	2.57	0.7	5.7	1.3
装饰品	1.8	0.8	3.65	0.9	3.65	1.1	4.74	1.1
酬应	0.5	0.2	2.37	0.8	2.37	0.7	1.98	0.4
水	3.84	1.9	5.66	1.7	5.66	1.7	6.46	1.5
捐税	—	—	0.22	0.02	0.22	0.07	0.11	0.03
祭祀	—	—	0.46	0.1	0.46	0.1	0.51	0.1
其他	11.72	5.8	26.31	6.3	26.21	7.9	28.74	6.9

资料来源：罗澍伟主编：《近代天津城市史》，中国社会科学出版社1993年版，第603页。

表 5-25　1929—1930 年天津针织女工家庭生活费支出分项统计

项目＼支出组距	200 元以下		201～300 元		301～400 元		401～500 元	
	金额	%	金额	%	金额	%	金额	%
食品	127.4	61.2	154.2	59.3	185.5	54.6	235.2	47.6
房租	34.6	16.6	40.3	15.5	56.8	16.7	75.1	15.2
衣服	14.5	6.9	19.1	7.3	22.7	6.6	41.5	8.4
燃料	8.1	3.8	9	3.4	10.8	3.1	20.6	4.1
杂项	23.4	11.2	37.1	14.2	63.6	18.7	121.5	24.6
医药	1.3	0.6	2.4	0.9	5.4	1.5	13.3	2.6
教育	2.5	1.2	3.4	1.3	3.5	1	4	0.8
娱乐	3.5	1.6	6	2.3	10	2.9	14.6	2.9
装饰品	4.6	2.2	7.2	2.7	12.6	3.7	21.5	4.3
酬应	7	3.3	10.3	3.9	16.6	4.8	30.4	6.1
水	4.2	2	4.8	1.8	6	1.7	9.5	1.9
捐税	—	—	0.1	0.03	1.3	0.3	1.3	0.2
祭祀	—	—	0.3	0.1	0.7	0.2	1.7	0.3
其他	0.3	0.01	2.6	1	7.5	2.2	25.2	5.1

资料来源：罗澍伟主编：《近代天津城市史》，中国社会科学出版社 1993 年版，第 603 页。

由上面两个表可以看出，天津针织女工家庭和纱厂工人家庭两个群体的收入水平与娱乐消费水平呈正相关。由表 5-24 能看出，年收入在 200 元以下纱厂工人家庭，年娱乐消费为 0.54 元，占生活消费支出的 0.2%；教育消费为 0.07 元，占生活消费支出的 0.03%。年收入在 201～300 元纱厂工人家庭，年娱乐消费为 2.57 元，占生活消费支出的 0.4%；教育消费为 0.75 元，占生活消费支出的 0.2%。年收入在 301～400 元纱厂工人家庭，年娱乐消费为 2.57 元，占生活消费支出的 0.7%；教育消费为 0.75 元，占生活消费支出的 0.2%。年收入在 401～500 元纱厂工人家庭，年娱乐消费为 5.7 元，占生活消费支出的 1.3%，教育消费为 0.13 元，占生活消费支出的 0.03%。

由表 5-25 能看出，年收入在 200 元以下针织女工家庭，年娱乐消费为 3.5 元，占生活消费支出的 1.6%；教育消费为 2.5 元，占生活消费支出的 1.2%。年收入在 201～300 元针织女工家庭，年娱乐消费为 6 元，占生活消费支出的

2.3%；教育消费为3.4元，占生活消费支出的1.3%。年收入在301~400元针织女工家庭，年娱乐消费为10元，占生活消费支出的2.9%；教育消费为3.5元，占生活消费支出的1%。年收入在401~500元针织女工家庭，年娱乐消费为14.6元，占生活消费支出的2.9%；教育消费为4元，占生活消费支出的0.8。

由上面两个表还能看出针织女工家庭在娱乐消费和教育消费两个方面无论在那一种收入水平都远高于纱厂工人家庭。同一收入水平的工人家庭娱乐消费、教育消费支出水平也不一样，说明娱乐消费需求变迁是一非常复杂的经济文化现象，除受收入影响外，还受所处社会群体、性别、受教育程度、消费观念等多种因素的影响。

李景汉对20世纪20年代北京工人家庭生活消费程度进行调研，收入越高生活舒适程度越高，用于娱乐、教育的消费支出越高，如表5-26所示。

表5-26　20世纪20年代北平工人家庭年均生活消费支出构成

生活程度/用途	较为舒服的生活程度		知足的生活程度		对付着过的生活程度	
	用费（元）	百分比（%）	用费（元）	百分比（%）	用费（元）	百分比（%）
食物	200	57.1	160	64	117	68.8
米面	132	37.7	117	46.8	101	59.4
蔬菜	24	6.9	16	6.4	9	5.3
调和	18	5.1	14	5.6	7	4.1
肉	14	4	7	2.8	—	—
闲食	12	3.4	6	2.4	—	—
衣服	35	10	20	8	10	5.9
房租	30	8.6	15	6	12	7.1
水火	30	8.6	22	8.8	20	11.8
被褥	4	1.1	2	0.8	1	0.6
用具	5	1.4	3	1.2	2	1.2
卫生	10	2.9	5	2	3	1.8
医药	2	0.6	—	—	—	—
装饰	1	0.3	1	0.4	—	—
交通	2	0.6	2	0.8	—	—

续表

生活程度 / 用途	较为舒服的生活程度		知足的生活程度		对付着过的生活程度	
	用费（元）	百分比（%）	用费（元）	百分比（%）	用费（元）	百分比（%）
应酬	5	1.4	3	1.2	1	0.6
娱乐	3	0.9	2	0.8	—	—
茶叶	4	1.1	3	1.2	1	0.6
宗教	1	0.3	1	0.4	—	—
年节	5	1.4	3	1.2	1	0.6
教育	10	2.9	—	—	—	—
其他	3	0.9	8	3.2	2	1.2
合计	350	100	250	100	170	100

资料来源：李景汉：《北平最低限度的生活程度的讨论》，《社会学界》第3卷，1929年9月，第9页。

由上表也能看出，娱乐消费和教育消费是随收入水平提升而增加的，就娱乐消费而言，较为舒服生活程度、知足生活程度家庭有娱乐消费支出，对付着过家庭无娱乐消费支出；教育消费而言，只有较为舒服生活程度家庭有教育消费支出，后两者收入家庭无教育消费支出。可见，收入水平是影响娱乐消费和教育消费的最为重要原因。

需要说明的是低收入群体的文化娱乐消费水平除受收入水平、教育程度等因素影响外，还受需要养活的人数等因素的影响。一般是需要养活的人越多者娱乐消费水平越低，但就整体而言这一群体文化娱乐消费的共同特征是活动种类单一、水平低。民国时期李秉贞对成都80家牙刷厂和店铺的141名职工及学徒的娱乐情况进行调研，得出："他们根本就没有任何娱乐，惟一的事便是作手艺，哪里有工夫玩？平日是没有娱乐，就算在假期的休息时间，有的人也会趁着机会出街玩玩，看看热闹而已。141人中只有2人是看过戏的，他们所看的戏是川戏，其他还有进过茶馆的但也在少数"①。成都这80家牙刷厂和店铺店主家庭有娱乐的119人，占全数的35.10%；进茶馆的有60人，占全数的17.69%，他们上茶馆的目的，"多半是为谈生意，也有会朋友闲谈的，有其他

① 李秉贞：《成都市牙刷工业与其个人生活概况调查》，李文海主编：《民国时期社会调查丛编》城市（劳工）生活卷，福建教育出版社2005年版，第1063页。

娱乐的更是少数，游公园和看戏都是不常有的，只有两个人看过电影，其余大多是看川戏。无娱乐的有220人，占64.92%"①。成都市牙刷厂规模都比较小，不仅员工的娱乐消费支出极少，即使店主和老板娱乐水平也不高。

四、文化教育事业发展的促进

受教育程度和文化结构是影响城市居民文化娱乐消费观念、消费方式变迁以及消费结构的不可忽视因素。随着现代文化教育事业的发展近代中国城市居民中受过教育者不断增加，队伍不断壮大。新式知识分子群体、学生人数等规模的扩大，为城市文化娱乐消费结构的优化、消费需求水平的提升奠定了基础。

（一）学校教育的促进

文化程度的高低是影响人们文化娱乐消费能力和消费结构的重要因素。文化娱乐自然消费力是由知识水平、文化修养决定的，文化素养水平低者一般不选择消费出版类、高雅型和发展型娱乐产品和服务，还有些文化产品须具备专门的知识和能力类，如书法类、乐器类等。文化素养较高者是消费高雅型文化娱乐产品的主体，而文化素养较低的群体更倾向于俚俗型文化娱乐活动。

清末废科举兴学堂后，教育向大众化和平民化发展，受教育人数增多，对近代中国城市文化娱乐消费需求的扩展和水平的提升起到一定促进作用。清末民初我国各地兴建的中学、大学几乎全部集中在城市，尤其是大学集中在几个大城市和省会城市。学校的教职员工是城市中等收入群体的重要组成部分，学校的学生多数来自中产阶级以上家庭，也因此，学校的教师、在校生及其毕业生是书店、电影院等娱乐场所的重要顾客。同时，高校的毕业生还是城市新增中高收入者的重要力量，因此说现代学校教育的发展是推动近代中国城市文化娱乐消费需求变迁的重要力量。

表5-27　1912—1932年国内高等教育发展概况

年度	校数	教员	在校生	毕业生
1912	115	2312	42114	490
1916	86	2036	17241	1470
1919	—	—	—	1137
1920	87	—	—	1446

① 李秉贞：《成都市牙刷工业与其个人生活概况调查》，李文海主编：《民国时期社会调查丛编》城市（劳工）生活卷，福建教育出版社2005年版，第1049页。

续表

年度	校数	教员	在校生	毕业生
1925	108	7578	36321	2272
1928	74	5214	25198	3253
1929	76	6218	29122	4164
1930	86	6985	37566	4583
1931	103	7053	44167	7034
1932	104	6709	42710	7311

资料来源：《申报年鉴 1935》第三册，上海书店出版社 2012 年版，第 46 页。

由表 5－27 还能看出 1912—1932 年 20 年间国内高等学校教员由 2312 人增加到 6709 人，20 年间毕业的大学生合计 33160 人，他们中绝大多数人跻身到城市的中高收入阶层。

近代中国各类学校集中在上海、北京、天津、汉口、广州等大城市，尤其是上海。1930 年上海市共有学校 739 所，教职员 4693 人，在校学生总计 109469 人①。随着上海人口不断扩大，学龄儿童人数的不断增加，学校数量和规模也相应增加和扩大，1936 年上海学校增加到 1227 所，在校学生规模达到 243744 人，教师人数增加到 13977 人（表 5－28）。在校学生和教师以及其学校培养出的学生是推动上海文化娱乐消费不可忽视的力量。

表 5－28　1936 年上海全市学校数量

教育阶级	学校名称	校数	学生数	教职员数	岁入经费数	岁出经费数
初等教育	幼稚园	169	6327	304	198752	214375
	短期小学	96	8197	130	47015	47068
	初级小学	173	19073	574	288951	398107
	小学校	602	154580	6275	3638301	3953945
初等教育总计		1040	188177	7283	4173019	4613495

① 《申报年鉴 1933》第三册，上海书店出版社 2012 年版，第 224－226 页。

续表

教育阶级	学校名称	校数	学生数	教职员数	岁入经费数	岁出经费数
中等教育	初级中学	38	6065	652	496269	518236
	高级中学	2	360	56	116460	116720
	中学校	80	30728	2743	4072172	3896833
	师范学校	8	1576	263	222106	227415
	职业学校	25	4937	614	603030	226609
中等教育总计		153	43666	4328	5510037	4985813
高等教育	专科学校	9	1153	329	581063	616282
	独立学院	14	3236	670	1580342	1639984
	大学校	11	7512	1367	4665997	4809341
高等教育总计		34	11901	2366	6827402	7065607
全市总计		1227	243744	13977	16510458	16664915

《上海市年鉴1937（2）》，《民国上海年鉴汇编》第10册，上海书店出版社2013年版，第379页。

再如天津，1930年有市立小学37所，教师500人，学生13010人，专任教师薪金每月平均45.95元，兼任为37.15元；私立学校84所，教员377人，学生12080人，专任教师薪金每月平均35元，兼任为20元。中学10所，教职员工384人，学生3004人①。总之，上海、天津、北京、广州、汉口等城市文化教育消费量较大，与这些城市学校教育比较发达密切相关。

（二）社会教育事业发展的促进

社会教育事业的发展增加了公共文化产品和服务的供给，也在一定程度上推动了近代中国城市文化娱乐消费需求模式的变革。入民国后，封建专制体制下形成的愚昧思想和生活方式、文化观念的转变需要通过普及教育来实现，也因此，教育部设立社会教育司，积极推动社会教育的发展。在社会教育运动发展的推动下，政府和社会组织增加了在公共文化设施等方面的投入和供给，如民众茶园、民众图书馆、公共体育场、民众教育馆、剧场、公园、陈列馆、博物馆等方面的投入逐年增加。表5－29、表5－30为1928—1933年社会教育事业及其经费比较表，能看出公共文化设施的数量逐年增加，经费的投入也呈逐年递增趋势。1928年全国社会教育机关共计10773个，经费3632466元；1933

① 《申报年鉴1933》第三册，上海书店出版社2012年版，第259－260页。

年全国社会教育机关增加到97591个，经费增加到17487812元，即5年间全国社会教育机关增加了86818个，增长了8倍多，经费增加了13855346元，增长了3.8倍。尤其是与民众文化娱乐直接相关的公共文化产品显著增长，有利于近代中国城市文化娱乐消费水平的提升、健康文化娱乐消费观念和消费模式的形成，如民众茶园、公园、公共体育场等数量的增加，在培养和引导城市居民形成健康文化娱乐消费观念、消费模式，提高健康文化娱乐水平方面发挥了积极作用。

表5-29　1928—1933年社会教育机关比较表

事业类别（数）	1928年	1929年	1930年	1931年	1932年	1933年
民众学校	6708	28583	29302	31293	31141	36929
民众识字处	74	2811	2838	39171	4311	3561
各种补习学校	257	5361	4154	3109	3014	2064
图书馆	896	1131	1275	1395	1479	1634
民众阅报处	1402	9518	12949	14461	15611	18754
博物馆	14	34	27	34	53	68
美术馆	4	26	24	43	42	52
电影场	40	209	224	221	217	
剧场	36	313	461	675	457	
公共娱乐场	134	958	303	357	344	
音乐会	10	508	377	412	438	387
民众茶园	97	2419	1810	2121	1659	3567
公园	92	399	425	484	500	816
公共体育场	247	1139	1400	1302	1278	1731
民众教育馆	85	386	645	900	1003	1249
其他	131	7943	11603			
合计	10227	61738	67817	95978	61547	70812

马宗荣：《社会教育纲要》，商务印书馆1947年版，第154-157页。

表5－30 1928—1933年社会教育事业经费比较

事业类别	1928年	1929年	1930年	1931年	1932年	1933年
民众学校	11682	1385262	1700494	1976524	2000576	1975747
民众识字处	740	77733	38053	43957	45835	40425
各种补习学校	114919	502992	—	—	792563	1008086
图书馆	783746	966422	1258588	1198119	1283685	1184282
民众阅报处	102350	283370	330549	362600	309759	334439
博物馆	49374	109743	220177	218612	209809	120175
美术馆	460	33765	3577	18670	22333	17737
电影场	28081	4044446	2655730	1555559	3187735	5438731
剧场	33486	571589	1877992	1639991		
公共娱乐场	50130	1841299	50130	1841299	—	—
音乐会	4560	26435	4560	26435	—	—
民众茶园	8458	244676	8458	244676	—	—
公园	284832	436343	284842	436343	—	—
公共体育场	220100	257264	220100	257264	—	—
民众教育馆	468806	753759	468806	753792	—	—
合计	2161724	11535089	9122056	10573841	7852295	1019622

资料来源：马宗荣：《社会教育纲要》，商务印书馆1947年版，第155－161页。

课题组以湖北社会教育为例，对民国时期社会教育运动在民众文化娱乐消费模式变迁中发挥的促进作用进行考察。由表5－31、表5－32能计算出湖北省有社会教育机关77个，其中数量最多的，受大众欢迎的社会教育实施机关主要有：公共体育场22个、公园16个、民众茶园13个、电影院12个、剧场7个，如下面两表所示。

表5－31 1933年湖北全省社会教育概况统计表

数量 机关	机关数	职员数			常年经费数		
	计	公	私	计	公	私	计
民众教育馆	55	162	—	162	74279	—	74279
图书馆	24	37	5	42	51274	728	52002
科学实验馆	1	11	—	11	19224	—	19224

续表

机关＼数量	机关数	职员数			常年经费数		
	计	公	私	计	公	私	计
公共体育场	22	14	—	14	6294	—	6294
公园	16	35	—	35	7980	—	7980
国术馆	1	—	15	15	—	1440	1440
民众阅报处	30	14	4	18	2177	210	2387
通俗研究所	10	22	3	25	4378	440	4818
民众茶园	13	11	5	16	1370	580	1950
电影场	12	—	132	132	—	336400	336400
剧场	7	—	249	249	—	77400	77400
游戏场	2	—	170	170	—	180000	180000
音乐会	2	18	15	33	156	120	276

资料来源：湖北省教育厅编审委员会：《民国二十二年湖北教育概况统计》，汉口新昌印书馆1934年版，第15－16页。

从表5－31还可以看出，公共体育场、公园的经费主要来源于政府财政支出，即1933年公共体育场经费为6294元，全部由政府支出；1933公园经费为7980元，也全部由政府支出。社会教育机关职工共有664人，他们的收入与中小学教师相差不远。

湖北省营利性社会教育机关主要由电影院、戏园和游艺场构成，每天参观游览人数共计7370人，其中以电影院和游艺场人数最多，武昌大观电影院、上海影戏院、光明影戏院、世界影戏院、明星影戏院、中央影戏院、维多利亚影戏院7家电影院每日观众共计2600人，新市场和凌霄游艺场共有游客3500人，如表5－32所示。

表5－32　1933年湖北全省营利性社会教育机关概况

性别＼名称	职员人数			日均游览或参加人数	设备经费数
	男	女	合计		
武昌基督教青年会	14	—	14	200	100000
武昌基督教女青年会	—	4	4	50	每月经费700元
汉口基督教青年会	8	1	9	300	500000

续表

名称 / 性别	职员人数			日均游览或参加人数	设备经费数
	男	女	合计		
汉口市国术馆	11	4	15	120	1000
武昌大观电影院	11	—	11	200	1500
上海影戏院	12	—	12	400	200000
光明影戏院	14	—	14	300	120000
世界影戏院	11	—	11	700	40000
明星影戏院	13	—	13	500	130000
中央影戏院	11	—	11	300	100000
维多利影戏院	8	1	9	200	40000
新市场	120	—	120	2500	40000
凌霄游艺场	50	—	50	1000	20000
长乐戏园	12	—	12	200	5000
美成戏园	13	—	13	200	3000
合计	308	10	318	7370	660300

资料来源：湖北省教育厅编审委员会：《民国二十二年湖北教育概况统计》，汉口新昌印书馆1934年版，第58－59页。

图书馆体系的形成、公共体育事业的发展、公园在主要城市的普及，都在一定程度上促进了近代中国健康文化娱乐消费观念的传播。如北京第二民众教育馆成立后，“每月放映科学电影两次，每次印制入场券1200张免费发放。放映时，观众异常拥挤，大礼堂时有不敷应用之感，放映地点一度迁至户外”①。1934年的官方统计，北京市全年市立各图书馆和阅书报处看书报者总共180796人，阅报人数为891207人，总数为1072003人，到图书馆读书的“十之八九属于小资产阶级，十之一二是属于劳动的民众”，各类书籍中读者最多的是杂著，占到图书馆读书看报总人数的23.95%，社会科学居第二，文学居第三，有

① 万妮娜：《民国时期北京社会教育活动研究 1912—1937》，江西人民出版社2015年版，第144页。

32048 人，占 17.73%①。其他地方与北京、湖北情况相似，社会教育运动在优化民众文化娱乐结构、提升文化娱乐消费水平过程中发挥了积极作用。

（三）受教育程度变化的影响

城市居民受教育程度也是影响近代中国城市文化娱乐消费需求模式变迁的重要因素。一般情况下，一个城市居民受教育程度越高，居民的文化娱乐消费层次越高，消费能力越强；相反，一个城市居民多数为文盲，对高雅型娱乐消费需求往往偏低。以汉口为例，破产农民和小商小贩为移民主体，市民阶层中知识阶层人数较少，缺乏对高雅文化娱乐活动的欣赏能力，而有利于茶楼、戏园、书场等普及型、通俗型娱乐产业的发展。1929 年陈华寅对武汉市 625 个工人家庭，家属人口数 3621 人进行调查，得出：能看白话文字（白话报）者占被调研人数的 22%，能写白话信的人数占 16%②。武汉市的现象在当时全国具有代表性，言心哲 1933 年对南京市 1350 名人力车受教育程度进行调研，能识字者 433 人，占被调研总人数的 32.0%；不能识字者 917 人，占被调研总人数的 67.94%；能阅报者有 222 人，占 16.44%；不能阅报者 1128 人，占 83.56%③。余启中 1933 年对广州 20 种职业（主要是制造业）工人家庭 1957 人的受教育程度进行调研，能看报纸者占被调研人数的 20.3%，能写信者占被调研人数的 19.14%④。20 世纪 30 年代据对四川全省各区调查，文盲率在 90% 以上⑤。

由上所述可以看出，居民受教育程度低是造成近代中国多数城市文化娱乐消费需求不足，需求层次较低的重要根源。但总体来说，1905 年废科举兴学堂后，随着学校教育和社会教育的发展，接受教育的人数逐年增加，文盲率有所下降，是推动近代中国城市文化娱乐消费需求模式变迁、需求扩大的重要因素。

五、文化娱乐消费环境优化的影响

消费环境包括社会文化环境和物质环境，也是影响文化娱乐消费需求模式变迁的因素之一，对近代中国城市文化娱乐消费需求变迁的影响主要体现在以

---

① 万妮娜：《民国时期北京社会教育活动研究 1912—1937》，江西人民出版社 2015 年版，第 166 页。

② 陈华寅：《劳工家庭之生计调查与人口研究》，李文海主编：《民国时期社会调查丛编》城市（劳工）生活卷，福建教育出版社 2005 年版，第 763 页。

③ 言心哲：《南京市人力车夫生活的分析》，李文海主编：《民国时期社会调查丛编》城市（劳工）生活卷，第 1274 页。

④ 余启中：《广州工人家庭之研究》，李文海主编：《民国时期社会调查丛编》城市（劳工）生活卷，福建教育出版社 2005 年版，第 606 页。

⑤《西南评论》，1936 年第 3 卷第 1 期，第 32 页。

下几个方面。

（一）文化娱乐消费观念转变的影响

文化娱乐消费观念是推动文化娱乐消费需求扩大的不可忽视因素。在自然经济条件下，经济增长主要靠劳动者时间、劳动量的投入，休闲娱乐往往被正统社会伦理所排斥，娱乐活动往往被冠以“玩物丧志”，娱乐品往往被视为“奇技淫巧”。随着工业化、城市化、现代文化教育事业的发展，清末民初主要城市居民的文化娱乐消费观念逐渐发生变化，文化娱乐消费的休闲功能、经济功能、教育功能等得到广泛肯定，如《大公报》刊登的《谈谈家庭娱乐问题》中指出：“娱乐是人们工作后一种必然的天赋要求，是调剂生活最好的方法，不但能够恢复身心的疲劳，更可振作做事的精神，所以正当的娱乐是人生不可少的消遣，尤其在辛勤的工作以后。”① 中国国民党政治家陈立夫高度重视娱乐的教育价值：“衣食住行乐，是总理规定的人生五大元素。正当的娱乐，是调节精神疲劳，增加工作效能的最善的方法，这是谁都不能否认的。不过，在娱乐之中，却不可不注意到教育的成分。”② 此外，抑制女性娱乐消费观念也在逐步发生变化。清末英敛之等与洋人接触较多，思想较为解放群体，参加宴会、看戏、看电影经常携夫人一同前往。民国时期，越来越多的城市不仅接受了女性可与男性一样的拥有娱乐消费权利，而且不少城市还是专设女性座位。女性占人口的半数左右，女性可以上学、戏园看戏、电影院看电影，在扩大城市文化娱乐消费需求中发挥了重要作用。

（二）文化娱乐基础设施优化的促进

上海、天津等城市开埠后，照明、道路、交通工具等基础设施得到不断改善，也在一定程度上推动了城市文化娱乐消费需求的增长和消费需求升级。传统社会居民的生活节奏是建立在自给自足的农业社会之上，“日出而作，日落而息”，不仅是农村居民生产和生活的基本节奏，也是城市居民生产和生活的基本节奏。城市照明条件的不断改进打破了这一节奏，煤气灯、电灯在城市逐渐普及后，“夜游无须秉烛”③，使人们的生产、娱乐活动等不再受昼、夜条件的约束，拉长了可供工作和娱乐的时间。1882 年上海公共租界成立了英商上海电光公司，城市道路两旁遍设电灯，“戏园、酒馆、烟室、茗寮，更无不皎洁当空，

---

① 《谈谈家庭娱乐问题》，《大公报》上海版，1937 年 3 月 4 日，第 9 版。

② 陈立夫：《中国电影事业的展望》，中国电影协会：《中国电影年鉴 1934》（影印本），中国广播电视出版社 2008 年版，第 101 页。

③ 《春申浦竹枝词》，《申报》1874 年 10 月 16 日。

清光璀璨。入其门者，但觉火凤拏云，普照长春之国；烛龙吐焰，恍游不夜之城”①。戏馆、茶楼等娱乐场所根据民众的闲暇时间安排节目，一般安排在下午和晚上，晚上票价一般高于白天，有竹枝词描绘上海夜生活的繁荣：“洋场随处足逍遥，漫把情形笔墨描。大小戏园开满路，笙歌夜夜似元宵。”② 再如广州，“金乌坠后电灯明，夜夜如游不夜城”③。广州使用电灯后每天晚上就像过元宵节，“浑疑夜夜元宵节，用在灯中奏马忙”④。城市马路的建筑、交通工具的一再改良，使人们的休闲娱乐活动不再受制于空间约束。这种时间、空间格局的优化，对近代中国城市居民文化娱乐消费需求变迁也产生了积极影响。

（三）文化娱乐产品或服务供给条件优化的促进

一个国家或地区文化娱乐产品或服务的供给水平和消费环境不仅影响消费者的行为选择，而且影响消费者的交易成本。北京、上海、天津、广州等大城市内戏园、茶楼、酒楼、电影院等娱乐场所林立，提供多种多样的文化娱乐产品和服务，刺激着新的文化娱乐需求不断涌现，融合中西娱乐理念的产品也不断被创造出来。总之，娱乐产品供给环境的优化，使各种收入群体、来自各个地区城市居民都能找到适合自己的娱乐活动，也是近代大中城市文化娱乐消费水平高于其他城市的因素之一。

六、其他因素的助推

文化娱乐消费需求变迁是一非常复杂的经济文化现象，受多种多样因素的影响，除受上述因素影响外，其他影响因素还有很多，如闲暇时间、租界内外侨的示范和引领、社会运动等。

（一）星期制度和闲暇时间变化的影响

闲暇时间是从事文化娱乐活动的必要条件，星期制度和闲暇时间变化是推动近代中国城市文化娱乐消费需求变迁和增长的不容忽视因素。中国历代封建统治者倡导勤劳文化，不鼓励娱乐更没有在制度层面上确定的休闲时间，在中国居住半个世纪、跑遍中国大江南北的传教士约翰·麦高恩感叹道，“中国的立

---

① （清）葛元煦、黄式权、池志澂著：《沪游杂记·淞南梦影录·沪游梦影》，上海古籍出版社1989年版，第144页。

② 晟溪养浩主人：《戏园竹枝词》，《申报》1972年7月9日。

③ 《续羊城竹枝词》，雷梦水等编：《中华竹枝词》，北京古籍出版社1996年版，第3014页。

④ 邓尉山人：《续羊城竹枝词》，雷梦水等编：《中华竹枝词》，北京古籍出版社1996年版，第3015页。

法者从未想过每个人都需要假期放松自己"①。《圣经》中讲上帝是用六天创造世界的，在第七天休息，19 世纪后期西人把这一制度也带入上海、天津等租界内。《津门杂记》记录天津的洋人"礼拜"，"七日一礼拜为西人休息之期，……工歇艺事，商停贸易，西人或赴堂礼拜，或携眷闲游。缘人六日操作必精神倦怠，以此游目骋怀以均劳逸，是养生之法，殆亦七日来复之理也"②。星期制度对扩大城市休闲娱乐消费具有重要影响，19 世纪七八十年代葛元煦以"星期日"为题描述星期日即为游乐日，"不问公私礼拜虔，闲身齐趁冶游天。虽然用意均劳逸，此日还多浪费钱"③。

居民闲暇时间的增多是文化娱乐消费需求扩大的重要条件之一，"文化消费需求量与闲暇时间的长短成正比例关系"④，即在居民收入水平、文化娱乐品价格水平等条件一定情况下，闲暇时间越多则文化消费量越大，闲暇时间愈少则文化消费量愈小。现代城市是建立在资本主义工商业等基础之上，工商业经营活动与农业经营方式、谋生方式不同，劳动力不再像农业那样需要常年劳作，常年被捆绑在土地上，工作时间相对灵活、自由，逐渐产生出较多的闲暇时间。表 5－33 是 1930 年我国 29 个城市各业每日平均工作时间和每年平均放假日数，可以看出有些城市每天工作不足 8 个小时，如南通、宜兴、南京等城市每日平均工作 6 个小时；有些城市每年假期天数较多，如广州市、南通市工人平均每年放假达 62 天，上海、汉口等重要工业城市平均每年放假达 30 天以上，即使最少的也有三天假期，一般放假日在 10～20 日。

表 5－33　1930 年 29 个城市各业工人日均工作时间及年均放假日数

城市＼时间	平均每日工作时间			平均每年放假日数		
	最多	最少	普通	最多	最少	普通
上海	12	8	11	67	7	33
苏州	14	7	10	60	7	7

① ［英］约翰·麦高恩：《近代中国人的生活掠影》，李征、吕琴译，南京出版社 2009 年版，第 73 页。

② （清）张焘：《津门杂记》，光绪十年刻本，卷下：礼拜。

③ 葛元煦：《沪游杂记》，上海书店出版社 2006 年版，第 227 页。

④ 李明：《我国大众文化消费结构研究》，中国书籍出版社 2017 年版，第 10 页。

续表

城市＼时间	平均每日工作时间			平均每年放假日数		
	最多	最少	普通	最多	最少	普通
无锡	12	7	10	60	8	24
武进	12	7	10	60	8	8
镇江	12	7	9	60	5	14
南通	12	6	8	62	20	62
宜兴	10	6	6	60	3	12
南京	12	6	10	14	5	10
杭州	12	7	11	65	3	3
嘉兴	12	8	10	60	30	60
宁波	10	8	8	22	7	10
安庆	12	8	10	16	7	7
芜湖	14	8	12	50	5	6
蚌埠	11	8	9	60	5	15
九江	10	7	9	55	12	12
南昌	14	8	14	10	5	7
汉口	14	8	10	60	4	31
武昌	12	9	12	52	—	46
大冶	12	9	12	52	—	46
青岛	—	—	8	—	—	12
广州	12	8	12	62	10	62
顺德	14	8	9	36	5	36
佛山	15	9	10	40	3	40
潮安	12	9	12	—	—	3
汕头	12	8	8	65	3	13
梧州	12	7	9	40	7	16
福州	10	6	10	62	8	15
厦门	15	8	8	69	7	18

资料来源：《申报年鉴1933》第三册，上海书店出版社2012年版，第9页。

闲暇时间是影响消费需求的重要因素，鲁迅、英敛之、孙宝瑄等人不仅收入高且工作时间相对灵活、自由，经常利用星期或晚上看戏、看电影等。孙宝瑄在北京期间娱乐次数明显少于他在上海期间，重要原因就是闲暇时间不同，他在上海期间是“闲民”，回北京后需要工作，除假期外，天天需要上班。

对于城市的广大人力车夫等劳工阶层而言，他们一般是日薪制，劳动一天有一天的收入。据言心哲 1933 年对南京市 1350 名人力车夫的调查，“全无休假者占 50% 以上，因彼等每日为生活所驱迫，故不得不日日从事劳动也”，被调研人力车夫的全年年节休假日数，“休假 1 日者 230 人，2 日者 134 人，3 日者有 137 人”①。人力车夫等苦力娱乐消费水平低，不仅因为没有消费能力，而且缺乏娱乐的闲暇时间。

有钱有闲阶层队伍的不断壮大也是近代中国城市文化娱乐消费需求扩展的因素之一。近代中国消费需求模式由传统向现代转型幅度大的城市主要为上海、天津、汉口、广州、北京等大城市，与这些城市中高收入群体规模大，尤其是有钱有闲人数多有一定关系，如“寓公”为例主要集中几个城市的租界内。课题组所说的“寓公”是指客居在上海、天津、汉口等租界内的封建皇室、贵族、官僚、下野政客、地主等。租界内不仅相对安全，而且商业发达、文化娱乐设施齐全，是投资、享乐的理想场所。如天津租界，清朝遗老遗少、民国总理、各省督军众多，著名的有溥仪、袁世凯、冯国璋、唐绍仪、孙传芳等。

（二）租界内外侨文化娱乐消费的示范和引领

租界为人们提供了一个了解西方文化娱乐消费方式的窗口。西方列强在租界中修路建房、开店设厂、生活工作，不仅把西方的物质生产方式输入中国且把娱乐产品或娱乐文化也带入中国，如建赛马场、弹子房、现代剧院、电影院、舞厅等。这些娱乐场所的建造最初是为洋人服务的，但华人逐渐成为消费主体。外侨比较集中的城市，文化娱乐消费需求变迁的程度一般较深。以外侨最集中的城市——上海为例，1891 年有外侨 4956 人，1901 年为 8296 人，1911 年增加到 30292 人，1930 年达到 59285 人②，1932 年增加到 65182 人，1934 年为 73504 人③。其中，1870—1930 年在公共租界的外国侨民就来自近 40 个国家④，在法

① 言心哲：《南京市人力车夫生活的分析》，李文海主编：《民国时期社会调查丛编》城市（劳工）生活卷，福建教育出版社 2005 年版，第 1277 页。

② 徐雪筠等译编：《上海近代社会经济发展概况（1882—1931）〈海关十年报告〉译编》，上海社会科学院出版社 1985 年版，第 317 页。

③ 上海文献委员会编印：《上海人口志略》，1948 年铅印本，第 35 页。

④ 上海文献委员会编印：《上海人口志略》，1948 年铅印本，第 28－29 页。

国租界的外国侨民来自50个国家①。再如天津，随着进出口贸易等发展外侨也逐年增多，1906年有外侨1436户，6341人②。1938年天津英国租界内的6100名外国人来自32个国家，其中俄国人最多，其次为英国1372人③。近代观看赛马、跳舞热、打弹子热主要出现在外侨比较集中的城市。如近代中国赛马场主要出现在上海、天津、北京、汉口、青岛、福州等，其他城市多数居民不了解赛马活动。打弹子热也主要出现在洋人比较集中的城市，民国时期很多内地城市未设立有弹子房，僻远地区的城市甚至连电影院都没有出现。

（三）社会运动和战争的影响

文化娱乐消费是在特定的生产关系、社会文化环境中发生的，社会运动和战争也是影响文化娱乐消费的因素之一。鸦片战争前后有识之士迫切了解世界各国的历史和地理，这一时期此类图书热销，如林则徐组织翻译的《四洲志》、魏源的《海国图志》等销量很大。洋务运动期间对军事、科技、工艺类知识需求不断扩大，这一时期这些图书就成为畅销书和翻译出版的重点。洋务运动、戊戌变法、清末新政、社会教育运动、新文化运动等革新运动以及“小说革命”等社会思潮都对近代中国城市文化娱乐消费模式变迁产生或多或少的影响。甲午中日战争、八国联军侵华战争、第一次世界大战等大的战争不仅影响中国的政治格局、工商业等发展，而且直接或间接影响到上海、北京、天津等城市娱乐消费需求的变迁。

第二节　近代中国城市文化娱乐消费需求变迁的基本趋势与历史思考

通过对1861—1937年70多年间我国城市文化娱乐消费需求变迁的研究，能看出近代中国城市文化娱乐消费从结构、方式到观念与鸦片战争前相比都发生了巨大变化。各地城市的工业化、城市化发展进程不同，居民收入水平、城市人口数量及构成等有别，造成不同地区城市、城市与城市之间文化娱乐消费需求模式变迁的深度与广度不同，但从主体上看又具有共同特征和共同变化趋势，且对当前我国扩大文化消费需求、推进文化产业高质量发展具有一定镜鉴。

---

① 上海文献委员会编印：《上海人口志略》，1948年铅印本，第32－33页。

② 天津上海社会科学院历史研究所：《天津简史》，天津人民出版社1987年版，第467页。

③ 李竞能主编：《天津人口史》，南开人民出版社1990年版，第263页。

一、文化娱乐消费需求变迁的基本特征

（一）消费结构：由单一向多元、由传统向现代转变

鸦片战争前，茶园戏园看戏、书场茶社听书、茶馆品茗是中国各地城市居民的基本娱乐消费方式。自 19 世纪 60 年代后，在上海、天津等主要通商口岸城市居民文化娱乐消费构成中，西式娱乐产品的种类、数量逐渐增加，20 世纪 30 年代大中城市居民文化娱乐消费结构与鸦片战争前相比已发生了巨大变化。20 世纪二三十年代大都市已形成一个中国与西方、先进与落后、传统与现代，多元并存的文化娱乐消费需求体系，满足这一需求体系的文化娱乐产品和服务就可划分为六大类：一是曲艺等演出类，包括戏园戏院观剧、书场茶社听书、音乐厅听音乐会、歌舞厅看歌舞表演等。二是娱乐性餐饮类，包括茶楼（茶馆）、酒楼、酒吧、咖啡馆、西餐厅、大饭店等，餐饮场所是中国城市居民的重要休闲娱乐场所。亲朋好友在酒楼或饭店饮酒品茗、评诗论道、议论时政、消遣娱乐等，既能消闲排遣又能增进朋友间情谊，还可进行信息交流。三是社会教育类，包括图书馆、文化馆、博物馆、展览馆、公园、动植物园、电影院等。四是健身康体类，主要包括游泳池、球场、溜冰场、体育场、弹子房、舞厅、高尔夫球场等。部分中高收入者以运动、健身为消遣娱乐活动方式。五是博彩类，包括跑马场、跑狗场、回力球场、赌场等，赌博是近代中国城市各个阶层、各个群体的重要消遣方式。六是色情和鸦片等不健康、不正当类活动，包括各种各样的娼妓服务、鸦片烟馆等。需要说明的是，近代中国城市居民视赌、嫖、吸鸦片为正当娱乐方式。有时人到保定游玩，看到保定有娼窑四五十家①，且娼窑服务分为多个等级，一二等娼窑为政客军人会集之所，“亦有三四等之娼妓，供劳动社会中人之消遣”，感叹道“娼寮实为各地人士消遣之唯一去处，可哀也”②。虽然清政府、国民政府在社会各界的呼吁下颁布了一些禁烟、禁毒、对娱乐产品进行检查等法令法规，如《电影审查法》③《南京特别市政府管理公共娱乐场所规例》④《上海市公共娱乐场所管理规则》⑤《青岛特别市管理公共

① 奋鹏：《旅保见闻记》，《大公报》1925 年 6 月 7 日，第 6 版。

② 里乘：《及时行乐：保定之娱乐场所》，《大公报》1923 年 1 月 7 日，第 11 版。

③ 《电影检查法》，《四川省政府公报》1931 年 第 6 期 ，第 6 页。

④ 《南京特别市政府管理公共娱乐场所规例》，《首都市政公报》1929 年第 34 期，第 2 – 3 页。

⑤ 《上海市公共娱乐场所管理规则》，《卫生月刊》1930 年年第 3 卷第 11 期，第 11 – 13 页。

娱乐场所规则》① 等，都规定“妨碍风化及公安者”或“妨碍善良风俗或公共秩序者”禁止演出，但在半殖民者半封建社会条件下，这些法令和政策往往形同一纸空文，尤其上海、天津、汉口等租界内更是藏污纳垢之所，在租界内登记的妓女可以公开卖淫，鸦片烟馆、赌场林立。即使内地城市妓馆也普遍存在，如太原，妓女卖淫被戏称“卖肉”，娼窑被戏称“屠户”，到妓院风流的，“以小资产者为多，中产者次之，大资本家轻易不来——因为他们普通以趸买为事（应指包养妓女），故不零割来”②。

从近代中国城市文化娱乐消费需求结构变迁看，具有以下特征：一是虽然西式娱乐产品和消费观念逐渐渗入到中国城市文化娱乐消费体系中，但观剧看戏、饮茶听书、欣赏杂要等传统娱乐消费活动仍在居民娱乐消费中占重要地位，尤其是在中西部地区。二是高雅型娱乐消费与通俗型娱乐消费活动并存，如听音乐会、看书画展览与书场听书、戏园看戏等娱乐消费活动并存，但是高雅型和教育型娱乐消费普通不受大众欢迎，多地民众图书馆、图书馆读者门可罗雀，如河北保定莲池公园“门票仅售铜元两枚，内容有教育博物院、图书馆、阅报室等等，但多阒无一人”③。三是健康娱乐活动与黄赌毒烟不健康、不正当娱乐活动方式并存。王韬、孙宝瑄及他们的朋友一方面经常消费高雅娱乐产品，如购买书法作品等，另一方面他们还经常到妓院、烟室等场所消费。值得一提的是尽管不健康、不正当娱乐消费大量存在，但是图书馆、博物馆、陈列馆、电影院、博物馆等健康娱乐场在县级以上城市普遍出现，且参与人数和消费者人数逐渐增多。四是各种消费等级的娱乐产品需求和供给体系并存，既有装修豪华的高档电影院、现代戏院、大茶楼、大饭店，也有普及型的茶园、书场，还有街头巷尾的杂要摊、小戏场、露天电影场等，每一收入群体，每一阶层民众都能找到适合自己的文化娱乐产品或服务。

（二）消费支出主体：由小众向大众、由居民向政府发展

文化娱乐消费大众化、平民化是近代中国城市文化娱乐消费变迁的基本特征。鸦片战争前文化娱乐消费的主体为官僚富商、纨绔子弟、士绅等小众，1861—1937 年 70 多年间，不仅中高收入群体文化娱乐消费的产品和服务的种类、数量增加，而且劳工阶层也有一定的文化娱乐消费支出。各地城市产业工

---

① 《青岛特别市管理公共娱乐场所规则》，《青岛特别市政府市政公报》1930 年年第 7 期，第 1－2 页。

② 半流：《太原娱乐场所印象略记》，《监政周刊》1933 年第 3 卷第 23 期，第 24 页。

③ 里乘：《及时行乐 保定之娱乐场所》，《大公报》1923 年 1 月 7 日，第 11 版。

人、人力车夫等或多或少都有一定的休闲娱乐消费支出。北京的天桥、天津的“三不管”、开封的相国寺、南京的夫子庙附近拥挤的游客大多来自劳工群体。上海“有一些男女工人会花上一毛钱，在礼拜六或礼拜天到小戏院看江北戏或听上海戏的。还有一些爱听戏而没有多的钱的工人，到工房附近的荒场上，那里也常有江北戏、大京戏变戏法的，花上两个铜板，就可入座看看，因此他们也有最低限度的娱乐费”①。上海小影院，“每张戏券只售铜圆十枚，顾客都是短衣跣足的下层民众”，“每到夏天，泥城桥外有演露天电影者，每位只取小洋一毛”②。杨西孟1927—1928年对上海230个工人家庭的调研表明，“有娱乐消费之家庭为139家，占全家数60%”③。言心哲对南京1350名人力车夫闲暇时的娱乐活动方式进行调研，“除无特别娱乐者有770人外，以好听书为最多，赌博次之，看戏又次之，其他如好谈天、歌唱即听戏者皆在百人以上”④，有娱乐活动的580人，占被调研人力车夫的43%。再如山西太原，承庆茶园内的观众构成，“楼上，中坐的不用说是阔大爷以及他们的公子少爷、姑娘小姐、太太姨太太之类，厢外的则是些没灯米混以及特等破鞋之类（方言，应指社会混混、妓女等）。池座中前几排老是些捧角大王，新造流氓之类，后排挨着普通平民。厢座底下，池座旁边的偏座中，则是些穷光蛋”⑤。可见太原戏园内的观众，来自三教九流、各个社会阶层，区别在于有钱有地位的坐楼上包厢，低收入群体坐楼下的“池座旁边的偏座”而已。

鸦片战争前娱乐消费支出的主体是个人及家庭，但到民国时期随着社会教育运动、资本主义工业发展，公共文化消费、集团文化娱乐消费也逐渐兴起和发展起来。1861—1937年和之前相比，不仅居民文化娱乐消费呈增长趋势，而且社会集团文化娱乐消费和公共文化消费也呈增长趋势。

首先，主要城市家庭娱乐消费明显增长。地处大西南的昆明，“数十年来由滇戏渐而京戏，而电影，而话剧，费用也逐渐增加”⑥。可见，随着文化娱乐产品和服务供给的普及，昆明先是流行京剧，然后流行电影、话剧，几十年来居

---

① 朱邦兴等编：《上海产业与上海职工》，上海人民出版社1984年版，第81页。
② 郁慕侠：《上海鳞爪》，上海书店出版社1998年版，第87页。
③ 杨西孟：《上海工人生活程度的一个研究》，李文海主编：《民国时期社会调查丛编》城市（劳工）生活卷，福建教育出版社2005年版，第293页。
④ 言心哲：《南京市人力车夫生活的分析》，李文海主编：《民国时期社会调查丛编》城市（劳工）生活卷，福建教育出版社2005年版，第1276页。
⑤ 半流：《太原娱乐场所印象略记》，《监政周刊》1933年第3卷第23期，第22页。
⑥ 孙蕙君：《昆明市家庭生活情形调查》，李文海主编：《民国时期社会调查丛编》城市（劳工）生活卷，福建教育出版社2005年版，第173页。

民用于文化娱乐方面的费用逐渐增加。经济发展水平是影响文化娱乐水平的关键因素，中东部地区经济比较发达的城市居民文化娱乐消费需求增长的趋势应比昆明应更为显著。

其次，公共文化消费增长显著。随着社会教育运动的深入开展，培育和引导健康娱乐消费观念、娱乐方式成为社会教育的重要内容。各级政府、企业、社会组织等不断增加文化娱乐产品和公共文化服务方面的投入和供给，让社会大众能免费或以较低的价格享受健康的公共文化产品和服务。大中型企业的工会一般都定期举办集体游戏活动，还购买图书、报纸等以供本单位职工学习消遣。

1912 年教育部成立社会教育司后，公共文化消费支出不断增加，在社会教育经费支出中“公共娱乐场、剧场、电影场”支出增长迅速，如 1928 年投入 111697 元，1933 年增加到 5438731 元①，即 5 年“公共娱乐场、剧场、电影场”经费增加了 5327034 元，增长了 47.7 倍。20 世纪 30 年代国民政府还将电影教育、广播教育纳入社会教育中，为推动广播教育的发展，专门购置设备，1935 年 6 月“教育部购置 1000 台收音机发放到各省市”②。

（三）消费观念和功能：由保守向开放、由落后向现代嬗变

近代中国城市居民文化娱乐消费观念也发生了重要转变，主要体现在两个方面：一是娱乐活动逐渐由“玩物丧志”向开启民智、补充教育的利器转变。社会各界逐渐认识到文化娱乐消费的教育、经济等功能。《大公报》曾评论：“娱乐是人们工作后一种必然的天赋要求，是调剂生活最好的方法，不但能够恢复身心的疲劳，更可振作做事的精神，所以正当的娱乐是人生不可少的消遣，尤其在辛勤的工作以后。”③ 二是抑制女性文化娱乐消费观念有所改变。在传统社会，受“男女大防”“女子无才便是德”等观念的长期束缚，抑制女性文化消费，清末民初这一观念逐渐松动，享受文化娱乐消费的女性、接受教育的女性人数越来越多。

文化娱乐消费的功能多元化发展。娱乐活动在鸦片战争前主要功能为娱神祈福祝寿，民国时期娱乐活动承载着多种功能。由第一章、第二章研究可以看出，清末娱乐消费的休闲消遣功能已发展成为上海、天津、北京等城市居民娱乐消费的主要功能。此外，娱乐消费还承担着一系列新的功能，主要有：一是

① 赵冕：《社会教育行政》，商务印书馆 1938 年版，第 226 页。
② 万妮娜：《民国时期北京社会教育活动研究 1912—1937》，江西人民出版社 2015 年版，第 145 页。
③ 《谈谈家庭娱乐问题》，《大公报》上海版，1937 年 3 月 4 日，第 9 版。

助赈功能，一旦出现大的灾难时，各地城市在士绅等组织下，通过演戏助赈、演电影助赈、义卖书画助赈等形式筹集善款；二是商业和社交载体功能，“娱乐+宴饮+社交”消费支出是近代中国城市生活消费的重要内容，这里的娱乐消费发挥着社交、商业活动载体功能；三是教育功能，正是基于对文化娱乐在教育方面功能的认同，民国时期政府、社会组织才不断加大在公共文化产品和服务方面的投入和供给。

（四）对经济发展的双重影响：积极作用与消极作用并存

近代中国城市文化娱乐消费模式变迁是在半封建半殖民地社会条件下发生的，刻着时代的印记，对中国经济发展产生的影响是积极与消极作用共存：一方面文化娱乐消费需求模式由传统向现代转型，消费结构中健康型文化娱乐品的种类和数量不断增加，文化娱乐消费水平得到一定提高，不仅传播了健康文化娱乐消费理念，而且在一定程度上促进了现代文化产业、文化事业的发展（见第四章）。另一方面，过度娱乐观念、及时行乐观念盛行，不仅挤压了教育消费等发展性消费支出，而且造成黄赌毒等不健康、不正当产品和服务的泛滥，对民众的身心健康、社会经济发展造成巨大危害。黄式权在《淞南梦影录》曾说：“上海风俗之坏，不坏在妓馆林立，而坏在烟间、台基之属。盖妓馆至少须洋蚨一头，始能订交。若衣衫蓝缕，即不得其门而入。……至花烟间一开，而肩挑负贩之腰缠罄矣。吸烟一盒，不过百文。捉胸捺肚，无所不可。若舍番佛一尊，即能鸳鸯颠倒。尝见东洋车夫，捉襟肘见，两足如飞，尽一日之力，得青蚨二、三百文，除房饭数十文之外，俱销耗于此乡。”①

享乐主义盛行，有些人休闲娱乐成瘾，几乎发展到纵欲程度。以赌博为例，嗜好赌博人数众多，传教士麦恩高曾说：“不管是高层的人还是低层的人，富人还是穷人，天生都喜欢赌博。和那些一批烟鬼一样，为满足自己的这一爱好，他们愿不惜一切代价。”② 享乐型文化娱乐消费超过实际消费水平，势必挤压基本文化消费、发展性消费等支出，这种情况在近代中国各地城市普遍存在。众多工人嗜好赌博、鸦片等不正当活动，忽视文化教育消费。20 世纪 30 年代上海市社会局对 305 户工人家庭的生活程度进行跟踪调研，杂项消费支出结构如表 5－34 所示，由表能看出这一特征。

---

① （清）葛元煦、黄式权、池志澂著：《沪游杂记·淞南梦影录·沪游梦影》，上海古籍出版社 1989 年版，第 102 页。

② ［英］约翰·麦高恩：《近代中国人的生活掠影》，李征、吕琴译，南京出版社 2009 年版，第 189 页。

表 5-34　上海工人家庭杂项支出结构表

类目	户年均消费额（元）	百分比（%）
特别费	22.64	20.22
嗜好	19.10	17.05
社交	10.54	9.41
其他	10.51	9.38
卫生	7.87	7.02
水	7.66	6.84
医药	6.05	5.40
利息	5.73	5.12
交通	5.37	4.79
迷信	5.32	4.75
用具	4.55	4.07
娱乐	2.40	2.14
教育	1.45	1.30
修理	1.45	0.97
饰物	0.83	0.74
捐税	0.72	0.64
储蓄	0.18	0.16
合计	112.37	100%

资料来源：上海市政府社会局编：《上海市工人生活程度》，李文海主编：《民国时期社会调查丛编》城市（劳工）生活卷上，福建教育出版社 2005 年版，第 424 页。

由上表可以看出，305 家平均每家全年杂项类费用为 112.37 元，“占全部生活费用 1/4 弱，照一般生活状况统计的结果而言，上海工人的生活，应远胜于国内各地的劳工阶级，即较欧美日本诸国，亦不多让”①，实际情况并非如此，上海享乐之风盛行，劳工阶层也深受影响。劳工阶层嗜好消费支出巨大，影响到教育消费等支出，305 家嗜好费平均支出，计 19.10 元，占杂项类费用支出的 17.1%；迷信费用支出，计 5.32 元，占杂项类费用支出的 4.8%，而教育消费，

① 上海市政府社会局：《上海市工人社会程度》，李文海主编：《民国时期社会调查丛编》城市（劳工）生活卷，福建教育出版社 2005 年版，第 425 页。

不过1.45元，占杂项类费用支出的1.3%。在305家中，90%以上家庭有嗜好消费支出，其中有吸烟支出者被调研人数的92.5%，喝白酒的占92.5%，饮茶的占92.5%，有敬神祭祀支出的家庭占97%，每户每年平均支出2.02元。此外，娱乐费中赌博占半，达1.16元，接近教育费用①。上海社会局跟踪调查的305家平均每家全年耗费在嗜好的费用，较教育费高出13倍强，迷信支出也较教育费高出近4倍，“工人们平日既缺乏教育和娱乐的机会，在空闲的时候，又以赌博烟酒为惟一的消遣”②。

（五）消费节奏：由节庆、农闲向日常、夜晚发展

娱乐消费日常化、夜晚化是近代中国主要城市文化娱乐消费需求变迁的基本特征之一。鸦片战争前我国娱乐消费的节奏与小农经济发展方式相适应，从时间看，集中在节庆日；从农业时序看，集中在农闲阶段；从白天和黑夜看，主要在白天，如首善之区北京一直禁止夜晚演戏，直到20世纪初才得以解禁。由前几章研究能看出，19世纪末20世纪初上海、天津、北京等城市居民娱乐消费日常化特征显著，且晚上娱乐消费需求显著增长，即娱乐夜生活化。清末有人评论：“京津两处每日车声隆隆，昼夜不息，有冷眼人从旁观之，办事者居小半，行乐者居大半。同一行乐也，而亦有分别行乐者。多贵人之眷属茶园戏馆此往彼来，常在白昼。津之行乐者多候补之官员，娼寮饭庄呼朋引类，每在昏暮然，则正阳门外，每夜之马车、洋车、自行车络绎不绝。”③ 北京、天津有钱人的家眷一般白天到茶园戏馆行乐，天津的文化娱乐消费者多为候补官员（即“寓公”），他们多选择在晚上娱乐。总之，清末主要城市娱乐消费日常化、夜生活化趋势已彰显，民国时期这一趋势进一步强化。

二、文化娱乐消费需求变迁的基本趋势

（一）消费需求变迁是一缓慢渐变过程

近代中国城市文化娱乐消费需求模式由传统向现代转型是一缓慢渐变过程。五口通商时期，观赛马等西式娱乐活动已在上海出现，不过其消费群体主要是外侨。西式文化娱乐品成为中国城市居民文化娱乐消费的一部分始于洋务运动期间，发展于清末“新政”时期，繁荣于20世纪二三十年代。

---

① 上海市政府社会局：《上海市工人社会程度》，李文海主编：《民国时期社会调查丛编》城市（劳工）生活卷，福建教育出版社2005年版，第420页。

② 上海市政府社会局：《上海市工人社会程度》，李文海主编：《民国时期社会调查丛编》城市（劳工）生活卷，福建教育出版社2005年版，第425页。

③ 《闲评》，《大公报》1910年6月18日，第5版。

洋务运动期间，上海、天津等城市，不仅以看戏、饮茶、听书为代表的传统娱乐消费需求有所增长，而且观看赛马、打弹子、品洋酒、喝咖啡等西式娱乐活动进入部分华人的娱乐消费生活中。上海、天津等城市中高收入阶层消费的文化娱乐产品种类和数量逐渐增多，他们中有部分人经常到茶园、书场等娱乐场所，或消遣，或庆贺，或与朋友交流信息等，即在洋务运动期间娱乐消费日常化、功能多元化趋势已经在上海、天津等城市显现。19 世纪七八十年代在上海、天津等城市居民娱乐消费结构中，中西娱乐产品并存、融合趋势得到初步发展，具体表现为上海的一品香、青莲阁等酒楼、茶楼内出现了弹子房等西式娱乐产品，这些融合中西文化的娱乐产品还成为居民娱乐消费的热点，中高收入群体以到这些场所消费为时尚。清末外地人到上海者如果不到青莲阁就被认为是憾事，甚至被视为耻辱，如谷剑尘曾说“海上娱乐事业并没有现在的发达；张园愚园以外，在中心地点而最为人所在意的便是青莲阁。内地人士到了上海，不到青莲阁算是件羞耻的事情”①。

1895—1911 年是近代中国经济社会剧烈变化时期，1895 年清政府被迫同日本签订了《马关条约》，1901 年又被迫同英、德、法、俄、美、日、意、奥等国签订《辛丑条约》，民族危机深重，在维新派积极推动的戊戌变法运动和清政府大力推进的“新政”、废科举兴学堂等多项改革的促进下，近代中国资本主义工商业加速发展，现代文化教育事业兴起，并由此引发了中国传统文化娱乐消费模式生成的经济基础和文化基础发生了巨大变化。辛亥革命前的十多年间，在上海、北京、天津、广州、汉口等城市居民的文化娱乐消费结构中，西式文化娱乐品的种类和数量进一步增加，这些城市还出现了看赛马、打弹子等新消费热点。这一时期文化娱乐消费由传统向现代嬗变不仅在大都市、主要通商口岸城市出现，而且以大都市、主要通商口岸城市为中心向周边城市、其他城市延展。同时，西式娱乐活动的消费主体也开始由中高收入群体向大众化、平民化发展。总之，清末新政期间中国主要城市文化娱乐消费结构已经发生显著变化，即居民文化娱乐消费结构由单一的传统娱乐产品和服务发展成为由传统娱乐产品和服务、西式娱乐产品和服务以及融合中西文化的新式娱乐产品和服务三部分构成。

入民国后，受国内外经济、文化、教育、政治等环境变化的影响，城市化、工业化、文化教育事业都得到进一步发展，传统文化娱乐消费模式生成的经济

---

① 谷剑尘：《中国电影发达史》，中国电影协会：《中国电影年鉴 1934》（影印本），中国广播电视出版社 2008 年版，第 323 页。

基础和文化基础发生动摇，不仅东部沿海沿江地区大城市居民的西式文化娱乐消费需求呈现增长趋势，而且沿海沿江地区的一般城市、中西部省会城市居民的文化娱乐消费构成中，西式文化娱乐产品也开始出现。电影院、公园、图书馆、博物馆、体育场等现代文化服务设施在县级以上城市普遍兴建，电影院看电影、球社打弹子、公园游乐、图书馆读书看报、运动场打篮球等健康休闲娱乐方式的参与人数、消费人数都呈增加趋势。同时，在社会教育运动深入开展等因素的影响下，公共文化消费成为公共消费的重要组成部分，20 世纪 20 年代末至 1937 年间政府和社会组织增加在民众茶园、公园、电影院、运动场、公共娱乐场等公共文化产品和服务方面的投入和供给，公共文化场馆尤其公园已经发展成为城市居民的消遣娱乐中心，在转变居民文化娱乐消费观念、提升民众文化素养、提高民众文化娱乐水平等方面发挥了积极作用。

（二）消费需求变迁以通商口岸城市为中心向其他城市扩展

近代中国城市文化娱乐消费需求变迁是在半封建半殖民地社会程度不断加深社会环境下发生的，刻着时代印记。文化娱乐消费需求变迁受特定时期生产力发展水平、政治文化制度等因素的硬约束，同时也体现着特定时期经济、文化、政治、教育等领域的变革趋势和时代发展的特征。工业化和城市化兴起与发展是近代中国城市文化娱乐消费需求变迁的基础，而中国是以半封建半殖民屈辱身份踏上工业化、城市化发展之路的，这在文化娱乐领域也有明显体现，即西式文化娱乐消费兴起并发展于上海、天津、汉口等租界内，然后由租界向这些城市延伸，再然后这些城市带动、引领其他城市文化娱乐消费需求模式变迁。从近代中国城市文化娱乐消费需求变迁的深度和广度看，以上海、天津、汉口、广州、青岛等重要通商口岸城市为深、为广。从近代中国城市文化娱乐消费需求变迁的总格局看，呈现出上海、天津、汉口、广州、青岛等重要通商口岸城市的繁荣与中西部广大地区城市的落后并存局面。

（三）消费需求专项在曲折发展中演变

近代中国城市文化娱乐消费需求模式由传统向现代转型是在曲折发展中演变的。近代中国城市文化娱乐消费需求变迁是在国内外非常复杂的政治、经济、文化等环境下发生的，两次鸦片战争、甲午中日战争、八国联军侵华战争、第一次世界大战、“一二八”事变等都对广州、北京、天津、上海等城市文化娱乐消费需求结构变迁产生一定影响；同时，晚清时期的洋务运动、戊戌变法、清末“新政”，民国时期的新文化运动、社会教育运动、整理国故运动、新生活运动等也对文化娱乐消费需求结构变革也产生一定促进作用。也因此，近代中国城市文化娱乐消费需求变迁是在各种掣肘力、推动力相互交织中发展演变的。

总体上，近代中国城市居民消费的文化娱乐产品种类和数量有所增加、消费需求呈增长趋势。

首先，中高收入群体文化娱乐消费水平显著提升。课题组在前三章以王韬、冯芳缉、王锡麒、孙宝瑄、英敛之、鲁迅、刘成志等人的文化娱乐消费为典型案例，对上海、天津、北京三个文化娱乐消费需求变迁最为显著城市的中高收入群体文化娱乐消费结构、需求变化趋势进行了深入剖析，能看出中高收入群体的文化娱乐消费结构多元化发展，文化娱乐消费流行时尚变化速度不断加快，已达到比较高的消费水平。

其次，劳工阶层的娱乐消费水平也得到一定提升。在近代中国城市中，规模大、人口数量多的是劳工群体，他们的收入水平虽然不高但与他们成为劳工前的收入以及广大农村地区农民的收入相比，还是有所提高的，具有一定的消费能力。根据恩格尔定律，食物消费支出在一个国家或地区居民生活消费支出中占比越低，说明发展性和享受性消费支出占比越高，也表明该国家或地区居民的消费质量和生活水平越高。杂项费用是指居民在满足生活必需品消费外，用于追求物质、精神享受等方面的费用，其中娱乐消费、教育消费、嗜好消费等是重要组成部分。课题组在本章第一节已经讨论了近代中国城市居民随着收入水平的提高，杂项费用支出在生活消费支出中的占比提高，而杂项费用在生活消费支出中占比越高，文化娱乐消费水平也越高。表5－35是1930年汕头、汉阳、青岛、南京、厦门、芜湖、梧州、无锡、大冶、上海、南昌、汉口、杭州、武昌、嘉兴、镇江、广州、南通、苏州、佛山、武进（今江苏常州武进区）、九江、福州、安庆、宜兴25个通商口岸城市和工业城市工厂工人的生活消费支出构成情况，基本上能反映上述观点，即在城市居民生活消费支出中，用于食物消费方面的支出越低杂项消费支出（即杂用）则越高。

表5－35 1930年主要城市工厂工人生活消费支出构成

地点	每家生活费支出（元）	生活消费支出之百分比（%）					
		食物	衣着	房租	燃料	杂用	总计
汕头	555.48	46.9	5.5	11.5	7.8	28.3	100
汉阳	476.76	45.6	6.0	12.9	7.5	30.0	100
青岛	428.28	41.9	14.0	6.9	8.1	29.2	100
南京	424.20	62.4	2.1	2.9	8.3	24.3	100
厦门	393.36	39.0	10.4	19.6	7.0	24.0	100

续表

地点	每家生活费支出（元）	生活消费支出之百分比（%）					
		食物	衣着	房租	燃料	杂用	总计
芜湖	388.08	54.6	12.8	10.3	8.8	13.5	100
梧州	383.28	54.7	5.0	14.2	9.5	16.7	100.1
无锡	373.68	49.0	9.5	7.0	7.6	26.9	100
大冶	372.12	68.6	7.7	3.6	6.2	13.9	100
上海	364.92	56.8	7.6	9.1	7.3	19.2	100
南昌	360.96	54.6	3.5	16.1	16.1	9.6	99.9
汉口	355.32	53.7	8.5	13.1	9.3	15.4	100
杭州	336.36	56.3	8.4	11.0	7.5	16.8	100
武昌	334.20	54.0	6.7	9.3	11.7	18.3	100
嘉兴	332.88	44.2	10.2	11.0	7.9	26.7	100
镇江	328.32	61.8	5.5	10.7	6.0	16.0	100
广州	324.96	53.6	6.8	20.6	8.7	10.4	100.1
南通	298.68	64.7	7.3	6.2	7.4	14.5	100.1
苏州	295.56	54.1	6.4	8.8	9.0	21.8	100.1
佛山	281.28	53.2	4.7	15.7	13.1	13.4	100.1
武进	264.24	52.2	10.5	8.2	12.7	16.4	100
九江	263.88	46.7	11.0	15.6	11.5	15.2	100
福州	259.44	54.9	5.5	10.5	12.6	16.4	99.9
吴兴	257.88	59.8	6.1	10.3	9.9	14.0	100.1
安庆	225.72	51.8	7.7	16.2	12.4	12.0	100.1
宜兴	161.64	60.0	8.3	6.7	11.2	13.8	100

资料来源：参考李文海主编：《民国时期社会调查丛编》城市（劳工）生活卷上，福建教育出版社2005年版，第495－496页编制。

由表5－35可以看出，近代中国25个工业城市的工人食品消费支持在生活消费总支出中，汕头、青岛、九江、嘉兴等城市已经低于50%，就当时的生产力发展水平看，这些城市居民的消费水平和生活质量已经达到较高水平。

由表5－36可以看出，宜昌、重庆、汉阳等城市居民食品消费支出在生活消费总支出中的占比也低于50%，说明这些城市生活质量和生活水平在当时已达到较高水平。

表 5－36　1932 年全国主要城市劳工阶层生活消费支出结构

市县别	调查家数	每家平均人数	各项支出总数（元）	各项支出百分比（%）			
				膳食	服用	房租	杂项
上海	2023	3.8	32.5	56.00	9.40	6.40	28.1
苏州	26	4.0	15.55	51.45	17.17	16.08	15.3
杭州	118	4.0	26.67	50.62	33.78	6.75	8.85
芜湖	49	5.0	20.92	57.36	21.13	16.73	4.78
蚌埠	42	3.0	12.56	51.75	28.74	12.74	6.77
青岛	27	5.0	28.69	52.28	18.09	15.68	13.95
济南	26	4.5	24.58	48.82	25.75	13.21	12.21
郑州	22	4.7	23.93	58.50	25.62	7.52	8.36
北平	46	4.6	18.57	71.20	7.5	6.80	14.40
天津	89	3.8	17.68	50.51	25.45	9.33	14.71
唐山	129	2.8	24.31	52.86	22.46	4.11	20.57
太原	27	2.0	24.50	44.90	32.65	8.16	14.29
武昌	45	4.7	27.78	57.60	22.69	6.66	12.95
汉口	72	4.5	18.82	53.13	20.30	10.63	15.94
宜昌	36	3.5	11.45	43.67	21.14	12.23	22.96
大冶	42	5.0	25.01	61.98	26.43	4.00	7.59
汉阳	32	5.0	26.25	41.90	22.86	13.33	21.91
长沙	83	4.3	22.90	50.22	30.57	6.11	13.10
南昌	30	4.0	19.82	60.51	29.40	2.52	7.57
九江	29	3.0	17.90	52.07	26.28	9.50	11.7
重庆	55	5.5	15.08	39.79	30.37	9.95	19.89

资料来源：《申报年鉴 1936》第三册，上海书店出版社 2012 年版，第 140－141 页。

由上面两个表可以看出，20 世纪 30 年代通商口岸城市、工业城市居民的文化娱乐消费变迁具有两大特征：一是通商口岸城市、工业城市文化娱乐消费水平一般高于其他城市，大城市一般高于中小城市。二是主要通商口岸城市、工业城市的消费水平与国际上发达国家相差不远。当时美国的杂项费用支出在生活消费支出中的占比为26.5%、日本为25.9%、德国为21.6%、英国为14.9%、印度为18.5%①。从上面两表可以看出，不少城市的杂项消费水平高于英国工人的水平，且上海、青岛、无锡、汕头、汉阳、嘉兴等商业比较发达城市的杂项支出水平与日本、美国相当。

需要说明的是，上面两个表可能存在样本偏少等问题。汉阳、唐山、佛山、嘉兴居民消费水平较高与调查样少有一定关系，但大体上还是能反映当时中国主要城市生活水平变迁趋势的，即20世纪30年代通商口岸城市、工业城市文化娱乐消费水平、生活质量得到明显提升。

（四）消费需求变迁程度不均衡

文化娱乐消费需求变迁受政治、经济、文化等多种因素的影响，而近代中国各地城市的工商业发展水平、文化教育事业等发展非常不均衡，这必然影响其文化娱乐消费需求变迁的深度和广度。有学者曾指出“西方文化（包括器物和思想观念）以及中国近代经济、文化的变化对沿海、内地造成了不同的影响，扩大了本已存在的差异”②。近代中国城市文化娱乐消费需求结构、消费水平变迁不均衡主要表现在以下两个方面。

1. 城市间变迁不均衡

受不同城市间工业化、文化事业等发展水平不同的影响，近代中国城市间文化娱乐消费需求变迁的深度、广度存在较大差异，具体表现为：大城市变迁幅度较大，对经济文化发展的辐射和带动力量也较大大，中小城市变化缓慢，有些城市根本没有变化；同等规模的城市，通商口岸城市变迁的幅度和产生的辐射影响力大于非通商口岸城市。文化娱乐消费需求变迁程度比较深、幅度比较大的城市主要为上海、天津、汉口、广州、青岛、厦门、福州等重要通商口岸城市，北京、南京等国家政治、军事、行政中心城市，经济较为发达地区的省会城市，以及嘉兴、佛山等新兴工业城市。这些城市经济基础较好，文化娱乐产品和服务的供给较充分，居民受教育程度较高，更容易接受新思想、新事物、新观念。广大中小城市以及中西部地区城市，资本主义工商业发展缓慢，有些城市甚至尚未出现近代工业，现代文化教育事业落后，居民的收入水平长期得不到提升，文化娱乐消费需求变化缓慢，还有些城市长期处于停滞状态。从整体上看，近代中国广大中小城市和西部地区城市的文化娱乐消费需求呈现变化缓慢、消费需求不足等特点。

---

① 上海市政府社会局：《上海市工人生活程度》，中华书局1934年版，第19页。

② 孙燕京：《晚清社会风尚研究》，中国人民大学出版社2002年版，第104页。

在第三章课题组已经讨论过，无论是居民消费的传统娱乐产品种类和数量，还是消费的电影等新式娱乐产品和服务，在七大区域城市间都具有明显差别。从变迁幅度看，以华东地区、华南地区、华北地区、华中地区的大城市、省会城市变化程度为深、为广。以电影消费为例，电影的主要放映场所——电影院20世纪30年代在中东部地区县以上城市已经出现，且大城市电影院林立，广大西部地区仅在西安、宁夏等城市零星出现了几座影院，且设备落后，放映的影片多为老旧片，青海、西藏、新疆、内蒙古广大地区尚未出现电影院。偏远地区的城市即便为通商口岸城市，休闲娱乐的消费需求与娱乐产品的供给都不足，如蒙自（今云南省红河州下辖市之一），光绪十三年（1887）清政府与法国签订《中法续议商务专条》，指定广西龙州、云南蒙自为通商口岸。光绪十五年（1889），蒙自海关落成，光绪十六年（1900）英敛之担任某洋人文案，2月抵达蒙自，在那里工作三个多月后坚决离开，原因“地极瘠苦僻远，诸物昂贵，邮递艰难，无可为乐”①。广大西部地区，地广人稀，城市人口规模多不大，现代工商业发展、文化教育事业等发展缓慢，现代文化娱乐消费模式形成的经济基础和文化基础薄弱。由表5－37能看出，西部地区最大的城市之一，曾经是中华文明的重要发祥地——西安，1935年人口仅有132543人，广西的南宁、甘肃的兰州人口均不足10万人，而青岛、汕头、厦门等通商口岸城市人口规模都超过西北当前的省会城市和中心城市人口规模，而人口数量和受教育程度是文化娱乐消费需求增长的基础条件之一。

表5－37　1935年主要城市人口比较表

市别	户数	男数	女数	男女合计
南京市	190935	596944	392101	989045
上海市	407721	1157035	878278	2035313
北平市	305636	971675	603931	1575606
天津市	240808	—	—	1209998
汉口市	151845	441863	321050	762913
广州市	273799	596679	496034	1092713
杭州市	117674	326987	229550	556537

① 方豪编录：《英敛之先生日记遗稿》，沈云龙主编近代中国史料丛刊续编第三辑第21册，台北文海出版社1984年版，第121页。

续表

市别	户数	男数	女数	男女合计
青岛市	84337	281212	184700	456912
长沙市	81907	223861	160319	384180
武昌	85191	237342	182466	419908
南昌	58049	153017	115195	268212
九江	20222	47647	38984	86631
镇江	40688	113980	80270	194250
济南	98018	266172	168962	435134
西安	27845	84382	48161	132543
福州	75651	150612	172376	322988
南宁	16956	47680	39330	87010
太原	24454	100560	38898	139458
兰州市	19380	54240	39897	94137
贵阳市	22264	60773	55801	116574
汕头市	32781	120175	69821	189996
厦门市	31665	118147	77937	196084

资料来源：《申报年鉴1936》第一册，上海书店出版社2012年版，第214、224页。

2. 消费主体间变迁不均衡

居民收入水平、所处社会阶层是影响文化娱乐消费需求模式变迁的重要因素，不同收入阶层往往形成不同的文化娱乐消费模式。就近代中国城市文化娱乐消费需求变迁而言，中高收入阶层变化幅度较大，消费水平提升明显，而广大劳工群体文化变化幅度较小，有的根本没有变化且消费水平极低，即使有少量娱乐消费支出，也呈现产品种类单一、层次低等特征。1933年杨蔚对成都市劳动负贩界、商贾店主界、军政教育界的收入水平、生活消费等情形进行调研，从中选出588个家庭作为样本，其中劳动负贩界325家，商贾店主界175家，军政教育界88家。这次调研得出：军政教育界文化娱乐消费水平最高，其次是商贾店主界，最低的是劳动负贩界。从娱乐消费支出看，劳动负贩界最低，军政教育界最高，“劳动负贩界全年每成年男子单位的娱乐费，仅0.08元，商贾店主界为4.17元，军政教育界为9.01元”①。从娱乐消费结构看，劳动负贩界娱乐消费种类少、种类单一；电影等新式娱乐产品或服务主要供军政教育界、商贾店主界等消费，调研表明“军政教育界与商贾店主界的消费方式大同小异，而劳动负贩界与其他两界迥然不同”②。

20世纪30年代成都居民的文化娱乐消费种类，“不过电影、京戏、川戏、说书、坐茶馆而已。电影、京戏、川戏，收费昂贵，大半是有资阶级出入的地方，不能供一般平民普遍欣赏。一般贫乏阶级，多以坐茶馆摆‘龙门阵’（闲话之俗语）为其最经济最普遍之娱乐。但在平日，也只限于家庭中的生产者，家庭中其他分子很少有享受的机会”③。上述城市三大社会阶层的娱乐消费水平、消费需求模式差异很大，造成的原因是多方面的。

首先受收入水平的影响。劳动负贩界、商贾店主界、军政教育界收入水平差距比较大，“以劳动负贩界为最低，平均每成年男子的全年总收入，不过84.53元；商贾店主界的收入次之，平均为200.67元；军政教育界最高，平均为315.29元”④。这次调研还表明：娱乐消费支出随收入水平的提升而增加，“收入少的，娱乐费亦少，收入增加，娱乐费亦上涨。收入在60元以下者娱乐费，每年只0.20元，收入达340.1至1140元者，娱乐费达18.59元”⑤。

其次，受所处社会阶层和教育程度的影响。军政教育界多数人都受过教育，他们中还有部分人受过高等教育，收入比较高，调研得出，“军政教育界的家庭，多数受了新教育的影响，注重生活的改进，所以日用、教育、娱乐、交际、工资等甚高”⑥。

再次，受闲暇时间的影响。军政教育界的男子娱乐费用远高于商贾店主界，主要原因是受闲暇时间的影响，“军政教育界的男子，办公时间大半是有一定的，公余时间可以自由支配，同时家中操作，大半可由雇佣为之，所以家庭娱

---

① 杨蔚：《成都市生活费之研究》，李文海主编：《民国时期社会调查丛编》城市（劳工）生活卷，福建教育出版社2005年版，第108页。

② 杨蔚：《成都市生活费之研究》，李文海主编：《民国时期社会调查丛编》城市（劳工）生活卷，第97页。

③ 杨蔚：《成都市生活费之研究》，李文海主编：《民国时期社会调查丛编》城市（劳工）生活卷，第108页。

④ 杨蔚：《成都市生活费之研究》，李文海主编：《民国时期社会调查丛编》城市（劳工）生活卷，第95页。

⑤ 杨蔚：《成都市生活费之研究》，李文海主编：《民国时期社会调查丛编》城市（劳工）生活卷，第108页。

⑥ 杨蔚：《成都市生活费之研究》，李文海主编：《民国时期社会调查丛编》城市（劳工）生活卷，第107页。

乐的机会较多。商贾店主界的营业时间，自晨至晚无有间断，不便抽身外出，所以娱乐的机会较少，此项费用亦少”①。

成都主要社会阶层文化娱乐消费不均衡在当时中国城市中具有代表性，所处社会阶层不同，收入水平、受教育程度、消闲时间也往往不同，进而形成不同的文化娱乐消费模式。如上海，杨西孟1927—1928年对上海230个工人家庭的生活程度、收入水平和消费水平进行跟踪调研，得出这些工人家庭的娱乐享受很少，“平均每家年娱乐费才1.07元”②。再如河北塘沽，据林颂河1926年对塘沽久大精盐工厂61家住家工人的家庭收入水平和消费生活进行的调研，有娱乐支出的工人家庭只13家，且娱乐产品种类比较单一，即“偶尔听书看戏的，费用也极有限”③。总之，近代中国城市文化娱乐消费需求模式由传统向现代转型，在不同社会阶层之间是不均衡的。

造成近代中国城市文化娱乐城消费模式变迁不均衡的原因是多方面的，其中经济、政治、文化事业发展不均衡是根本原因，毛泽东曾指出：“中国政治经济发展不平衡——微弱的资本主义经济和严重的半封建经济同时存在，近代式的若干工商业都市和停滞着的广大农村同时存在，几百万产业工人和几万万旧制度统治下的农民和手工业工人同时存在。”④

三、文化娱乐消费需求变迁的思考与历史启示

（一）消费需求变迁的局限性

通过对近代中国城市文化娱乐消费需求变迁的研究可以看出：近代中国城市居民文化娱乐消费结构得到一定程度优化，中高收入阶层文化娱乐消费水平显著提升，且文化娱乐消费需求模式变迁对近代中国文化产业、文化事业的发展产生了深刻影响，但变迁过程存在诸多局限性，突出表现在三个方面。

一是文化娱乐消费层次普遍较低。城市居民的杂项消费中，教育消费支出占比低，尤其是广大劳工阶层的教育消费几乎可以忽略不计。从文化娱乐消费的热点看，市民阶层热衷于俚俗通俗文化娱乐产品，热衷于消遣性、娱乐性、

---

① 杨蔚：《成都市生活费之研究》，李文海主编：《民国时期社会调查丛编》城市（劳工）生活卷，第108页。

② 杨西孟：《上海工人生活程度的一个研究》，李文海主编：《民国时期社会调查丛编》城市（劳工）生活卷，第293页。

③ 林颂河：《塘沽工人调查》，李文海主编：《民国时期社会调查丛编》城市（劳工）生活卷，第857页。

④ 《毛泽东选集》第1卷，人民出版社1991年版，第188页。

低俗性、炫耀性文化消费。美国社会学家西德尼·D. 甘博，曾四次旅居中国，他对中国深入调研后指出："中国显然存在着各种紧迫的社会需求，需要解决难以置信的愚昧无知和骇人听闻的贫困，提供极度匮乏的健康的娱乐活动。"①

二是广大中低收入阶层娱乐消费需求普遍不足。民国时期学者宋思明对燕京大学72名工人生活消费支出情况进行调研，调查结果表明这些工人娱乐极少，"一则事务忙碌，无暇去享受娱乐。再则燕大距离城市较远，工人不易择暇去娱乐场。加以工人经济，并不十分充裕"，去娱乐场者只有6人，占被调研工人总数的9%，且只有2人每月到娱乐场2次，"余者每月不过一次。故吾人可说，燕大工人几无娱乐可言"②。就燕大工人的消费娱乐种类而言，种类单一，"俱属戏剧"；消费支出费用而言，每年在娱乐上花费12~14元的只有2人，3~5元的2人，6~8元的2人③，即其他66人皆无娱乐支出。燕大工人的娱乐消费情况在全国城市具有代表性和普遍性。

三是文化娱乐消费崇洋化发展。近代中国城市文化娱乐消费需求变迁是在半封建半殖民地程度逐步加深的社会环境下发生的，崇洋化是重要特征，如时人评价："影片发达，必需观众。社会同情，可助国产电影的发达。一部分对国产片成见甚深，从未一观，或经尝试发誓不愿再看。并有一部分影院，决不放映国产影片。国产片本身质量未尽善，致不为人欢迎，理由固然。当社会上不予协助反予以抵制，终不会使其臻于完善。亦属事实。德国马戏主人海京伯宣称：'在来沪前，曾在日本大阪表演。当时对面亦有日本马戏，他们明知日本马戏不如我们的好。但他们多半到日本马戏场去，不到我们这里来。'他们来到上海时，万人空巷去看，尚有候于门外而不得入者。至少赚走两三百万元。"④

近代中国城市文化娱乐消费需求变迁的规律表明：影响居民文化娱乐消费需求扩展的因素非常复杂，宏观上如受国家经济、文化、政治、教育等环境变化的影响；中观上如受区域生产力发展水平、文化教育事业发展等因素的影响；微观上如受消费者的性别、年龄、家庭规模、受教育程度、职业、收入水平、闲暇时间、消费观念等因素的约束。上述因素中，对近代中国城市文化娱乐消

---

① ［美］西德尼·D. 甘博：《北京的社会调查》，陈愉秉、袁佳等译，中国书店2010年版，第1页。

② 李文海主编：《民国时期社会调查丛编》城市（劳工）生活卷，福建教育出版社2005年版，第1139页。

③ 李文海主编：《民国时期社会调查丛编》城市（劳工）生活卷，福建教育出版社2005年版，第1139-1140页。

④ 郭有守：《二十二年国产电影》，中国电影协会：《中国电影年鉴1934》（影印本），中国广播电视出版社2008年，第191页。

费需求模式变迁产生影响最大的应是居民收入水平、受教育程度和消费观念。

首先，工业化程度低制约着城市居民收入水平的提升。尽管近代中国工业化得到一定发展，“但是它在整个经济中还是只占极小的一部分，1933 年只占国内生产总值的百分之三”①。

其次，文化教育事业发展落后。尽管清末废科举兴学堂，文化教育事业朝大众化、平民化发展，但受经济发展水平、文盲人数太多、学龄儿童太多等因素的影响，公立学校收入较低，但根本无法满足大众受教育的需求，而私立学校高昂的学费和校服等各项杂费使中低收入阶层望而却步。以青岛市为例，1933 年全市有中学 8 所，其中市立 2 所，私立 6 所。市立中学校收费情况：保证金 5 元（毕业时发还，中途退学者没收之）、体育费 3 元，实验费 3 元（无实验课不收），讲义费 2 元；市立女子中学校收费情况：保证金 5 元（毕业时发还，中途退学者没收之）、预存赔偿金 1 元、体育费 1 元，实验费 3 元（无实验课不收），杂费 3 元，讲义费 2 元②，可见公立中学的各种费用较低。私立中学要收高昂的学费，如私立礼贤中学收费情况：高中每学期学费 20 元、初中 15 元，杂费 1 元，体育费 1 元，制服费 6 元，住校生膳宿费 35 元；私立明德中学校收费情况：保证金 5 元（毕业时发还，中途退学者没收之）、学费每学期 15 元，体育费 1 元，杂费 1 元，如系住校，每学期膳费 20 元，宿费 3 元；私立崇德中学收费情况：学费每学期 12 元，膳费每学期 26 元，余还少补，宿费 4 元，杂费每学期 1 元，制服费 5 元，保证金 2 元，图书馆费每学期 5 角③。1933 年青岛有小学 14 所，市立 6 所，私立 8 所。市立小学不收学费，只收杂费，如市立实验小学校，内分高级、初级、幼稚三部，幼稚生每学期收点心费 2 元；高级生收杂费 5 角，不取学费，书籍服装等费，临时缴纳。其他各市立小学均同④。私立小学要收学费，如私立圣功女子小学校，计初级学费 12 元，高级 16 元，书籍杂费临时缴纳。立三江小学校收费情况：初等每学期学费 6 元，高级每学期 8 元，书籍制服费杂费，临时缴纳⑤。再以南京为例，全市学龄儿童，据 1931 年统计总共 50733 人，其中在私立学校肄业者 13126 人，占学龄儿童总数的 26% 强，其余在民众学校肄业者 243 人，不足百分之一，私塾肄业者 13899

---

① ［美］葛凯著：《制造中国：消费文化与民族国家的创建》，黄振萍译，北京大学出版社 2007 年版，第 52 页。

② 武康、魏镜：《青岛指南》，平原书店 1933 年版，第四编社会纪要：第 46 页。

③ 武康、魏镜：《青岛指南》，平原书店 1933 年版，第四编社会纪要：第 47 页。

④ 武康、魏镜：《青岛指南》，平原书店 1933 年版，第四编社会纪要：第 48 页。

⑤ 武康、魏镜：《青岛指南》，平原书店 1933 年版，第四编社会纪要：第 48 页。

人，占学龄儿童的27%强，则完全失学者共计23323人，即占学龄儿童的46%，“每届市校招生时，各校投考学生，极为拥挤”①。南京、青岛都为特别市（相当于今天的直辖市），尚且如此，广大中小城市和西北地区城市学龄儿童失学率就可想而知了。据教育部20世纪30年代初统计，“在80%的文盲人口中，除去六岁以下五十岁以上即盲哑废的分子，成年文盲达二万万零二百四十三万人”②。居民受教育程度低、文盲率高是制约近代中国城市文化娱乐消费水平和消费层次提升的重要因素之一。

再次，受消费观念的影响。中国传统社会数千年不重视文化娱乐观念的转变非一日之功，虽然社会上视“文化娱乐”为“玩物丧志”观念在清末已经被打破，但其影响深远。再如抑制女性文化娱乐消费观念虽已在清末也被打破，但文化娱乐场所内女性仍是小众，如1932年2—6月到湖北省立实验民众教育馆内的民众茶园喝茶、弹琴、下棋的女性人数很少，如2月到茶园休闲娱乐总人数为20325人，其中女性473人，即女性占总人数的2%，再如5月份到茶园休闲娱乐总人数为11014人，其中女性225人，即女性也占总人数的2%，其他几个月女性占比也在2%上下③。此外，文化娱乐消费观念落后，不仅纨绔子弟等就连人力车夫等城市苦力也将把黄赌毒烟不健康、不正当活动视为正当消遣方式。

（二）历史启示

当前我国无论是扩大文化消费需求，还是实现文化产业成为国民经济支柱性产业战略、推动文化产业高质量发展，都需要从供给侧和需求侧两侧同时发力，因为文化消费与文化产业二者是相互促进、相互制约，互为动力关系。近代中国城市文化娱乐消费需求变迁能为当前我国扩大和引导文化消费、文化产业高质量发展提供以下几点启迪。

一是稳步推进工业化、城镇化发展。扩大文化消费需求和提升文化消费质量，关键在于释放低收入群体潜在的文化娱乐消费需求，而释放低收入群体的文化消费需求的关键在于提高他们的经济收入。当前，提高我国低收入群体的收入水平、缩小他们与中高收入群体的差距，重在稳步推进工业化和城镇化发展。

---

① 南京是市政府秘书处编：《新南京》，南京出版社2013年版，第56－57页。

② 马宗荣：《社会教育纲要》，商务印书馆1947年版，第92页。

③ 湖北省立实验民众教育馆编辑委员会：《湖北省立实验民众教育馆》，汉口武汉印书馆出版社，第139页。

二是稳步推进教育改革，提升教育质量。提升教育质量、积极推进社会教育是扩大文化娱乐消费需求、提高文化消费质量的重要保障，城市居民文盲率高是影响近代中国城市文化娱乐消费结构、消费需求层次和文化消费市场扩展的关键因素。扩大文化娱乐消费需求，推动文化产业高质量发展，不仅要不断提高学校教育的质量，而且要不断提高社会教育的质量。

三是建构新时代文化消费观念体系。扩大文化消费需求离不开文化消费观念的变革，需要以社会主义核心价值观为指导，调整、优化文化消费结构，不仅要充分发挥文化消费的休闲消遣功能、社交功能，发挥“辅助教育利器”功能，还要加强对健康文化娱乐消费理念的宣传和推广力度，加快形成与社会主义新时代经济社会发展水平相适应的文化消费观念体系。

四是提升公共文化服务和供给质量。公共文化消费能有效弥补文化娱乐需求的不足和满足大众基本的精神文化需求，政府应在积极推进公共文化服务设施建设、创新公共文化产品供给形式的同时，充分发挥公共文化场馆的经济社会效益。

五是积极推动文化产业高质量发展。通过改革激发文化市场的创造力和活力，鼓励文化企业立足市场需求生产和供给产品，提高文化产品和服务供给的有效性和品质，满足城乡居民多样化、多层次、个性化文化娱乐消费需求。同时，对鲜有人问津的古典、高雅文化娱乐产品和服务，一方面鼓励文化产业部门创新产品形式和内容，进而提高社会大众的参与度和消费量，另一方面政府可以采用税收减免、财政补贴等手段扶持和保护相关产业的发展。对于那些通俗的、娱乐性强的文化产品和服务应加强引导和监督，推动相关企业结合时代需要、大众需求，提高产品的品质和趣味。

六是加快文化市场管理现代化建设。文化娱乐产品具有商品性、艺术性、意识性多种属性，需要协调好经济效益与社会效益之间关系。政府应根据文化娱乐产品和服务的属性创新完善管理体制机制，积极推动文化市场管理的现代化。近代黄赌毒淫秽文化产品充斥市场，关键原因在于的文化市场监督和管理不到位。扩大文化娱乐消费需求，一方面要让市场发挥主体作用，另一方面政府、社会组织要充分发挥对文化市场的监督和引导作用，不断完善文化消费、文化产业方面的法律法规、道德规范、行业标准等，如严格劳动法，以保障和增加劳动者的闲暇时间；加大对低俗化、庸俗化、媚俗化“三俗”文化产品和服务的打击，谨防粗制滥造、格调低下、质量低劣的文化娱乐产品进入市场。

参考文献

一、主要报纸期刊

《图画日报》

《申报》

《公共租界工部局年报》

《工商半月刊》

《点石斋画报》

《大公报》

二、日记、竹枝词、游记、杂记、指南

王韬著，方行、汤志钧整理：《王韬日记》，中华书局1987年版。

上海人民出版社编：《清代日记汇抄》，上海人民出版社1982年版。

孙宝瑄：《忘山庐日记》，上海古籍出版社1983年版。

方豪编录：《英敛之先生日记遗稿》，沈云龙主编近代中国史料丛刊续编第三辑第21-23册，台北文海出版社1984版。

《鲁迅全集》第15、16卷：日记，人民文学出版社2005年版。

刘成志：《新民堂日记》（1925年至1926年上），沈云龙主编：《近代中国史料丛刊续编》第35辑，文海出版社1976版。

曹亚伯：《游川日记》，上海中国旅行社编辑1929年。

雷梦水等编：《中华竹枝词》，北京古籍出版社1996年版。

曹伯言整理：《胡适日记全编1919—1922)》第3卷，安徽教育出版社2001年版。

《郁达夫文集》第9卷：日记、书信，花城出版社1984年版。

（清）叶调元著，徐明庭、马昌松校注：《汉口竹枝词校注》，湖北人民出版社1982年版。

徐焕斗：《汉口小志》，1915年版。

《海上光复竹枝词》，上海民国第一图书局1913年版。

刘豁公：《上海竹枝词》，雕龙出版部1925年版。

杨米人等著，路工编选：《清代北京竹枝词（十三种）》，北京古籍出版社1982年版。

《羊城竹枝词》，广州科学书局1921年版。

商务印书馆编译所编纂：《上海指南》，商务印书馆1910年版。

商务印书馆编译所编纂：《上海指南》，商务印书馆1916年版。

沈伯经、陈怀圃编：《上海市指南》，中华书局1934年版。

《实用北京指南》，商务印书馆1926年版。

田蕴瑾：《最新北京指南》，自强书局1938年版。

武汉书业公会编：《汉口指南》，武汉书业公会1920年版。

周荣亚等编：《武汉指南》，新中华日报社1933年版。

古学谦：《天津指南》，新华书局1922年版。

广州市政府编：《广州指南》，培英印务局1934年版。

《厦门指南》，苏州文新印刷公司1931年版。

叶春墀：《济南指南》，大东日报社1914年版。

唐幼峰：《重庆旅行指南》，重庆书店1933年版。

杨世才：《重庆指南》，重庆书店1937年版。

朱瑾如、童西洋：《镇江指南》，镇江指南社1922年版。

张光剑：《杭州市指南》，杭州市指南编辑社1935年版。

郑拔驾：《福州旅行指南》，商务印书馆1935年版。

山西民社编：《太原指南》，北平民社1936年版。

朱揖文：《苏州指南》，苏州文新印刷公司1929年版。

南京市市政府秘书处：《新南京》，南京出版社2013年版。

［美］亨利：《旧中国杂记》，沈正邦译、章文钦校，广州人民出版社2000年版。

［美］施美夫：《五口通商城市游记》，温时幸译，北京图书馆出版社2007年版。

（清）张焘：《津门杂记》，光绪十年（1884）刻本。

（清）葛元煦、黄式权、池志澂著：《沪游杂记·淞南梦影录·沪游梦影》，上海古籍出版社1989年版。

（清）葛元煦撰：《沪游杂记》，上海书店出版社2009年版。

徐珂:《清稗类钞》第7册，中华书局1986年版。

徐珂:《清稗类钞》第11册，中华书局1986年版。

陈荣广、伯熙:《老上海》，泰东图书局1919年版。

陈无我:《老上海三十年见闻录》，上海书店1928年版。

郁慕侠:《上海鳞爪》(民国史料笔记丛刊)，上海书店出版社1998年版。

包天笑:《钏影楼回忆录》，香港大华出版社1971年版。

三、社会调查、年鉴、史料等

《民国上海年鉴汇编》第1-10册，上海书店出版社2013年版。

民国丛书续编编辑委员会:《申报年鉴》第1-16册，上海书店出版社2012年版。

李文海主编:《民国时期社会调查丛编》，福建教育出版社2005年版。

中国电影协会:《中国电影年鉴1934》，中国广播电视出版社2008年版。

甘亚子、陈定:《中华影业年鉴》第一集，中华影业年鉴1927年版。

罗志如:《统计表中之上海》，《国立中央研究院社会科学研究所集刊》第4号，1932年。

金周武:《上海租界游戏场调查》，沪东公社1938年版。

张履谦:《相国寺民众娱乐调查》，开封教育实验区出版部1936年版。

余启明:《广州工人家庭之研究》，国立中山大学经济调查处1934年版。

伍瑞麟:《广州市六百人力车夫生活状况之调查》，岭南大学社会系社会调查所1940年版。

[美] 西德尼·D. 甘博:《北京的社会调查》，陈愉秉等译，中国书店2010年版。

国立中央大学教务系:《国立中央大学实验学校小学部110个学生的调查》，国立中央大学出版委员会1933年版。

陶孟和:《北平生活费之分析》，商务印书馆1930年版。

上海市地方协会:《上海市统计》，上海商务印书馆1933年版。

上海市地方协会:《上海市统计第二次补充材料》，上海市地方协会1936年版。

上海市政府社会局:《上海市工人生活程度》，上海中华书局1934年版。

教育部社会教育司:《中华民国十九年度全国社会教育概况》，南京京华印书馆1934年版。

教育部社会教育司:《社会教育法令汇编》，商务印书馆1940年版。

教育部编：《中华民国二十二年度全国社会教育概况统计》，商务印书馆1936年版。

济南市政府秘书处编：《济南市娱乐场所调查统计报告》，济南市政府秘书处1936年印。

《上海市市政报告（1932—1934）》，上海汉文正楷印书局1936年版。

朱邦兴等编：《上海产业与上海职工》，上海人民出版社1984年版。

屠诗聘：《上海市大观》，上海中国图书馆志公司1948年版。

［日］水野幸吉著，湖北樱求学社译：《汉口》，光绪三十四年（1908）刊行。

李必樟译编：《上海近代贸易经济发展概况1854—1898年英国驻上海领事贸易报告汇编》，上海社会科学院出版社1993年版。

徐雪筠等译编：《上海近代社会经济发展概况（1882—1931）〈海关十年报告〉译编》，上海社会科学院出版社1985年版。

上海文献委员会编印：《上海人口志略》，1948年铅印本。

湖北省教育厅编审委员会：《民国二十二年湖北教育概况统计》，汉口新昌印书馆1934年版。

教育部统计室：《二十三年全国高等教育统计》，教育部统计室1934年印制。

陆庄：《小学教师业余生活》，教育编译馆1934年版。

阴景曙、王轶三：《国民学校休闲教育》，商务印书馆1928年版。

赵冕：《社会教育行政》，商务印书馆1938年版。

山东省立民众教育馆：《山东省立民众教育馆设施概览》，山东省立民众教育馆1933年第三次增订版。

吴学信：《中国社会教育概述》，国民图书出版社1942年版。

浙江省教育厅第三科：《浙江省社会教育概况》，杭州长兴印刷公司1936年版。

陈学恂主编：《中国近代教育史教学参考资料》上册，人民教育出版社1986年版。

陈学恂主编：《中国近代教育史教学参考资料》中册、下册，人民教育出版社1987年版。

刘晓云主编：《近代北京社会教育史料汇编》，河北科学技术出版社2011年版。

张静庐辑注：《中国近代出版史料·二编》，群联出版社1954年版。

张静庐辑注：《中国现代出版史料·甲编》，中华书局1954年版。

张静庐辑注：《中国现代出版史料·乙编》，中华书局1955年版。

张静庐辑注：《中国现代出版史料·丙编》，中华书局1959年版。

宋原放主编：《中国出版史料》第1卷，现代部分，山东教育出版社2000年版。

陈元晖主编：《中国近代教育史资料汇编·学制演变》，上海教育出版社1991年版。

四、研究著作

[美] 凡勃伦：《有闲阶级论：关于制度的经济研究》，李华夏译，中央编译出版社2012年版。

[美] 李欧梵：《上海摩登——一种新都市文化在中国1930—1945》，毛尖译，北京大学出版社2001年版。

[美] 施坚雅主编：《中华帝国晚期的城市》，叶光庭等译，中华书局2000年版。

[美] 张英进主编：《民国时期上海电影与城市文化》，苏涛译，北京大学出版社2011年版。

[英] 约翰·麦高恩：《近代中国人的生活掠影》，李征、吕琴译，南京出版社2009年版。

阿英：《晚清小说史》，东方出版社1996年版。

包亚明：《文化资本与社会炼金术》，上海人民出版社1997年版。

毕苑：《建造常识：教科书与近代中国文化转型》，福建教育出版社2010年版。

陈伯海：《上海文化通史》，上海文艺出版社2001年版。

陈昌文：《都市化进程中的上海出版业1843—1949》，上海人民出版社2012年版。

陈大康：《中近代小说编年》，华东师范大学出版社2002年版。

陈刚：《上海南京路电影文化消费史（1896—1937）》，中国电影出版社2010年版。

陈国庆主编：《中国近代社会转型研究》，社会科学文献出版社2005年版。

陈元刚等主编：《文化经济学》，重庆大学出版社2017年版。

华文贵、王珍仁著：《大连近代城市发展史研究1880—1945》，辽宁民族出版社2010年版。

戴慧思、卢汉龙译著：《中国城市的消费革命》，上海社会科学院出版社2003年版。

房宏婷：《首都文化消费与文化产业研究》，中国书籍出版社2014年版。

冯天瑜：《武汉现代化进程研究》，武汉大学出版社2002年版。

傅才武：《近代化进程中的汉口文化娱乐业（1861—1949）》，湖北教育出版社2005年版。

高福进：《“洋娱乐”的流入——近代上海的文化娱乐业》，上海人民出版社2003年版。

高艳林：《天津人口研究》，天津人民出版社2002年版。

葛涛：《唱片与近代上海社会生活》，上海世纪出版集团2009年版。

耿云志：《近代中国文化转型研究导论》，四川人民出版社2008年版。

顾长声：《传教士与近代中国》，上海人民出版社1981年版。

关晓红：《科举停废与近代中国社会》，社会科学文献出版社2013年版。

郝良真，孙继民著：《邯郸近代城市史》，测绘出版社1992年版。

何大进主编：《近代广州城市文学与文化资源》，天津古籍出版社2009年版。

何一民主编：《近代中国城市发展与社会变迁1840—1949》，科学出版社2004年版。

洪煜：《近代上海小报与市民文化研究（1897—1937）》，上海世纪出版集团2007年版。

侯杨方：《中国人口史》第6卷，复旦大学出版社2001年版。

胡全章：《清末民初白话报刊研究》，中国社会科学出版社2011年版。

胡霁荣：《中国早期电影史1896—1937》，上海人民出版社2010年版。

黄德泉：《民国上海影院概况》，中国电影出版社2014年版。

黄林：《晚清新政时期图书出版业研究》，湖南师范大学出版社2007年版。

姜红：《西物东渐与近代中国的巨变：收音机在上海（1923—1949）》，上海人民出版社2013年版。

蒋建国：《广州消费文化与社会变迁（1800—1911）》，广东人民出版社2006年版。

来新夏：《中国近代图书馆事业史》，上海人民出版社2000年版。

郎净：《近代体育在上海1840—1937》，上海社会科学院出版社2006年版。

乐正：《近代上海人社会心态：1860—1910》，上海人民出版社1991年版。

李江主编：《近代昆明城市史》，云南大学出版社1997年版。

李竞能：《天津人口史》，南开人民出版社1990年版。

李菊梅等著：《西部文化消费与文化市场》，云南大学出版社2016年版。

李希泌、张椒华编：《中国古代藏书与近代图书馆史料》，中华书局1996年版。

李长莉：《中国人的生活方式：从传统到近代》，四川人民出版社2008年版。

李少兵、齐丽华、郭艳梅著：《民国百姓娱乐与节庆文化》，中国文史出版社2005年版。

刘晓云：《近代北京社会教育发展研究（1895—1949）》，知识产权出版社2013年版。

楼嘉军：《上海城市娱乐研究1930—1939》，文汇出版社2008年版。

陆汉文：《现代性与生活世界的变迁——20世纪二三十年代中国城市居民日常生活的社会学研究》，社会科学文献出版社2005年版。

罗检秋：《近代中国社会文化变迁录》第三卷，浙江人民出版社1998年版。

罗澍伟主编：《近代天津城市史》，中国社会科学出版社1993年版。

罗苏文：《近代上海都市社会与生活》，中华书局2006年版。

马军：《舞厅·市政：上海百年娱乐生活的一页》，上海辞书出版社2010年版。

马嘶：《百年冷暖：20世纪中国知识分子生活状况》，北京图书馆出版社2003年版。

马薇薇：《文化传承与文化消费——电影产业的文化道路》，北京大学出版社2009年版。

马宗荣：《社会教育纲要》，商务印书馆1947年版。

商丽浩：《近代公共教育经费配置研究》，河北教育出版社2001年版。

闵杰：《近代中国社会文化变迁录》第2卷，浙江人民出版社1998年版。

潘懋元、刘海峰：《中国近代教育史资料汇编·高等教育》，上海教育出版社1993年版。

上海社会科学院经济研究所编：《上海永安公司的产生、发展和改造》，上海人民出版社1981年版。

沈亮：《大世界：综合性文化娱乐场馆的经营之道》，上海书店出版社2011年版。

《上海出版志》编纂委员会编：《上海出版志》，上海社会科学院出版社2000年版。

汪耀华:《上海书业同业公会史料与研究》，上海交通大学出版社2010年版

王笛:《茶馆：成都的公共生活和微观世界1900—1950》，王笛译，社会科学文献出版社2010年版

王建平:《中国城市中间阶层消费行为》，中国大百科全社会出版社2007年版。

王雷:《中国近代社会教育史》，人民教育出版社2003年版。

王敏:《文化视域下中的消费经济史：迈克·费瑟斯通的日常消费理论研究》，中国社会科学出版社2012年版。

王宁：《消费社会学——一个分析的视角》，社会科学文献出版社2001年版。

王余广、吴永贵:《中国出版通史·民国卷》，中国书籍出版社2008年版。

王云五:《商务印书馆与新教育年谱》上下册，江西教育出版社2008年版。

吴琛瑜著:《晚清以来苏州评弹与苏州社会——以书场为中心的研究》，上海人民出版社2010年版。

吴贻弓:《上海电影志》，上海社会科学院出版社1999年版。

谢灼华主编:《中国图书和图书馆史》，武汉大学出版社2005年版。

忻平:《从上海发现历史——现代化进程中的上海及其生活1927—1937》，上海大学出版社2009年版。

徐文明：《现代转型与民国时期宁波市民的文化娱乐》，宁波出版社2010版。

徐新吾、黄汉明主编：《上海近代工业史》，上海社会科学院出版社1997年版。

徐小群:《民国时期的国家与社会 自由职业团体在上海的兴起》，新星出版社2007年版。

薛理勇:《老上海：娱乐游艺》，上海书店出版社2014年版。

严文郁：《中国图书馆发展史——自清末至抗战胜利》，中国图书馆学会1983年。

严中平等编:《中国近代经济史统计资料选辑》，中国社会科学出版社2012年版。

杨才林:《民国社会教育研究》，社会科学文献出版社2011年版。

杨朕宇:《〈新闻报〉广告与近代上海休闲生活1927—1937》，复旦大学出版社2011年版。

尹世杰、蔡德容:《消费经济学原理》，经济科学出版社2000年版。

尹世杰：《消费文化学》，湖北人民出版社2002年版。

伊志宏主编：《消费经济学》，中国人民大学出版社2004年版。

张小莉：《清末新政时期文化政策》，人民出版社2010年版。

张仲礼主编：《近代上海城市研究》，上海人民出版社1990年版。

赵倩：《现代化语境下的民众教育与社会改造：1928—1937年北平地区民众教育馆研究》，中国人民大学出版社2015年版。

郑永福、吕美颐：《近代中国妇女生活》，河南人民出版社1993年版。

郑红娥：《社会转型与消费革命——中国城市消费观念的变迁》，北京大学出版社2006年版。

郑曦原编：《共和国十年：〈纽约时报〉民初观察记（1911—1921）：美国人眼中的民国初年〈纽约时报〉版的中国近代史》，当代中国出版社2011年版。

郑祥福等：《大众文化时代的消费问题研究》，中国社会科学出版社2008年版。

郑友揆：《中国的对外贸易和工业发展》（1840—1948），上海科学出版社1984年版。

郑大华、彭平一：《社会结构变迁与近代文化转型》，四川人民出版社2008年版。

周慧梅：《近代民众教育馆研究》，北京大学出版社2012年版。

周俊旗主编：《民国天津社会生活史》，天津社会科学院出版社2004年版。

周利成、周雅男编：《天津老戏园》，天津人民出版社2005年版。

朱煜：《民众教育馆与基层社会现代改造（1928—1937）》，社会科学文献出版社2012年版。

邹华亨、施金炎：《中国近现代图书馆事业大事记》，湖南人民出版社1988年版。

邹依仁：《旧上海人口变迁的研究》，上海人民出版社1980年版。

五、主要论文

陈鸣：《近代上海城市的文化娱乐消费》，《上海大学学报（社会科学版）》1991年第4期。

樊卫国：《近代上海的奢侈消费》，《探索与争鸣》1994年第12期。

何王芳：《民国时期杭州城市社会生活研究》，浙江大学，博士学位论文，2006年。

何昀、谢迟：《正确认识四项关系 持续提升文化消费》，《消费经济》2015

年第6期。

黄益军，魏向东：《从〈申报〉看晚清上海人的娱乐生活及其特征（1872—1911)》《苏州大学学报（哲学社会科学版)》2006年第4期。

刘秋阳、孙明阳：《略论近代城市苦力的娱乐状况》，《甘肃社会科学》2012年第4期。

苏全有、张超：《对近代中国娱乐史研究的回顾与反思》，《河南理工大学学报》(社会科学版) 2011年第3期。

王笛：《茶馆、戏园与通俗教育：晚清民国时期成都的娱乐与休闲政治》，《近代史研究》2009年第3期。

尹世杰：《提高精神消费力与繁荣精神文化消费》，《湖南师范大学学报(社会科学)》，1994年第2期，第20页。

叶中强：《近代上海市民文化消费空间的形成及其社会功能》，《上海财经大学学报》2006年第4期。

姚星、龙涛：《跑马场与近代汉口消闲娱乐方式的转变》，《江汉大学学报(社会科学版)》2009年第4期。

邹振环：《西餐引入与近代上海城市文化空间的开拓》，《史林》2007年第4期。